4479.

Le cahier CCC est transposé après le feuillet R.

Z. 319.
1.

Reserve

Les Controuersses des Sexes Masculin/et Femenin.

Auecq Priuiliege du Roy.

Il est deffendu par lettres patêtes du Roy nostre sire/a toutz Imprimeurs/ Libraytes/Marchans/et aultres/De non imprimer en ce Royaulme/ou exposer en vente le present Liure dedans quattre ans a venir/sur la peine de confiscation desdictz Liures/amendes arbitraires/& aultres peines côtenues audict Priuiliege furce despesche. Sy ce nest par conge et permission de celluy qui en a la charge de le faire Imprimer.

De par ledict Seigneur.

Epistre De Lautheur.

A Treshumain et treshonore seigneur/Monsieur Maistre Pierre Du ffaur/Maistre des Requestes ordinaire Du Roy nostre sire/Protecteur De Vertu et vray zelateur De Justice/ton humble Cousin/en toute humilite.   Salut.

Salomon Roy et monarche des Hebreulx/par le tesmoingnage des Divines lettres entre toutz humains qui furent/sont/et seront/repute saige analogicque/nous a laisse/par adage memorable au sacraire de ses escriptz/que le lyen simple ou double/ est facillement et a peu Desffort dissipe/mays quant il est triple/il est Difficille Destre rompu. Pourras tu ores demander(O tresbonnore Seigneur/amy et Cousin)quest la cause/que me meult en ceste petite nostre preface/faire sy longue narratiue et aller pescher sy loing le thesme et fondement Dycelle? A quoy ie respondz/soubz la beniuolle correction/que neusse peu trouuer ailleurs propos/ne fondement myeulx conuenable ne plus assortissant a nostre presente intention/que le dessus escript/Car entre toy et moy/Ie trouue triple lyen indissoluble. Le premier est De Origine et natiuite. Le second De parentelle et consanguinite. Le tiers Damystie et diuturne conuersation. Quant au premier/Dieu et nature nous ont produictz non seullement en vng mesme Climat ou Region/ains en vne mesme clostrure/cest en la famigeree Bille et Cite De Tholose/ Sy grande et incomprehensible est lamour Du terroir natif et pays originaire/ que Pomponius iureconsulte au premier Liure des pandectes/la voulu mettre et equipparer a lamour que nous debuons a Dieu et a noz prouchais parentz. Le Iurecõsulte Marcellus/ au Vnziesme Liure desdictes pandectes/ prefere lamour de la patrie a lamour des parentz ascendans/Descendans ou collateraulx Daultant quilz Dit que les anciens constituerent guerdon et premiation au filz qui tueroit son pere/syl pourchassoit la destruction de sa patrie/plus estimans le lyen de Natiuite que de parentaige/Marc Tulle cicero Patron et Vexilligere Deloquence Romaine/ auant lesdictz iurecõsultes

Salomon)

Ecclesiastes.iiij.cc.

Pomponius in.l.ves iuri.ff.de iustit.et iur.

Marcellus in.l.mini me.ff.de relig.et sup. funer.
C. in offi.cui adde tex.in.l.postliminiis ff.de cap.et postlim. reuer.et in.l.s.de vitre in poss.mitte.

C ii

Epistre de Lautheur.

en ses offices a preferee lauant dicte amour a toute aultre/ Combien que parauant en eust autant escript Platon Philosophe diuin prince de la secte academicque/ duql ledict Cicero comme appert en ses oeuures a este singulier ymitateur et venerateur vnicque. Daduantage sy exemples approffitent a la comprobation de nostre dire. Attilius Regulus ayma plus cher mourir desmembre cruellement en affricque que de porter aulcun dommage a son pays/ Marcus Curtius noble Cheuallier Rōmain ne se gecta il pas de sa franche voulente dedans le gouffre abismal ayant plus chere lamour de sa cite que sa vie? Ancurus filz de Mydas Roy de frigie/ apres auoir prins cōgie de son pere et baise sa femme/ se getta volentairemēt dedās labisme borragineulx/ pour rachapter la deliurance de son terroir. C. Marius Consul Rommain penseant auoir des dieux plus facille victoire cōtre les Cymbres peuple hardy aux armes et cruel en Bataille/ occist et sacrifia sa fille de ses propres mains/ preferant lamour de son terroir a la vie de sa fille/ Que fut la cause mouuente que exita Cassius Cherea a tuer lexecrable tirant Caligula/ fors que la liberte de la chose publicque Rōmaine par ledict tirant en seruitude redigee? Que fut pareillement la vrgente occasion que exita Brutus Cassius ꝯ leurs cōplices a occire et murtrir Julle Cesar monarche inconuincible fors que lamour du pays? Sy les exemples des Barbares et des Roinmains ne suffisent/ nous pourrons appeller en ce party les grecz entre lesquelz florit encore et florira par memoire Codrus Roy des Athenyens qui pour rachapter son pays de seruitude senferra luy mesmes sur lharnoys de ses ennemys extimant estre chose vertueuse de mourir pour deffendre sa liberte. Themistocles Duc ꝯ cōducteur des auāt ditz Athenyens ayma plus cher aualler le sang du Thoreau poyson mortifere que faire guerre a sa patrie/ combien quelle luy fut ingratte Daduantaige sy les hystoyres des getilz et ethnicques ne habondent nous trouuerons en lhystoyre des Machabees que Eleazar inflamme de lamour de son terroir se mist entre les iambes du monstrueulx Elephant pour loccire plus facillemēt/ ce quil fist cōbiē que dessoubz

Plato. In libris de republic.
Attilius regulus.
Marcus Curtius.
Ancurus.
C. Marius. Cymbri.
Cassius cherea.
Caligula.
Brutus cassius.
Julius cesar.
Codrus.
Themistocles.
Eleazar. j. machabeor. vj. capit.

Epistre de Lautheur.

ledict Elephant il fut opprime. Que diray ie daduantai/
ge: cest le pmier lyen(et a laduenture le plus fort)que soyt
entre nous deux. Quant au second/nostre consanguinite
est notoire/Laquelle conglutine daduantaige nostre amy
stie/Car cõbien que vniuersellement nous debuons porter
a toutz amour & charite/Touteffoiz linstinct naturel nõ9
incline daduantaige a noz parentz/que aulx estranges.
Sainct Hierosme homme de scauoir absoulu/& parfonde　Hieronymus.
litterature/nous exhorte daymer/et cherir noz parentz et
aliez/par lexemple du Pellican/oyseau renomme/qui se
tue pour alimēter ses poussins/lequel iouxte la trepologie
des Docteurs Moraulx/prefigure Jesuchrist nostre saul/
ueur et redempteur. Sainct Paul vaisseau de election/es j.ad Thimo. v.to
criptuant a Thimothee dit/que qui nayme ses prochains
parentz/est pire qung infidelle. Enee siluien scauant Ora
teur & Poete/de son tempsentre aultres florissant/& des　Aeneas Sſulus q
puys pour ses vertutz et litterature esleu Pape/et nom/　et plus secundus.
me Pie second/portoit pour singularite en sa deuise ledict
Pellican/perceant sa poyctrine/et abreuant de son sang
ses poussins. Ce que a la mode des anticques Rõmains/
fist rediger en medaille dung couste/ensemble de laultre
son ymage yconicque/quest aultãt a dire en langue grec/
que/comme en la nostre. Apres le dit/effigiee/Et ce de la　ymago yconica.
main du tresexcellent ymagieur Andre de Cremone/ioin　Andreas cremonē
cte a pcelle elegãte inscriptiõ/cõposee par Cãpanus/Ora　sis.
teur dadmirable extēporalite/cõme recite Raphael de Vol　Cãpanus.
terre en son Antropologie/ien puys parler audacieusemēt/　Raphael volater
pour aultãt quay veu ladicte medaille dartifice superlatif　Antropologia.
& ouurage admirable. Et neust pas hõte ledict Pape de pu
blier:et remõstrer en ppetuelle memoyre:lamour & laffectiõ
q̃l portoit a ses parētz:ce q̃l neust mye faict: sy ce fust chose
par droict diuin:ou humain reprouee. Cest donc(O cher
seigneur et Cousin) le second lyen quest entre nous deux:
reste q̃ pour lapprobatiõ du tiers:ne puys myeulx alleguer
q̃ ladage du Philosophe: souuēt rememore:q̃ dict q̃ coustu　Aristoteles.
me:cõuersatiõ & nourriture est aultre nature: La vigueur de
cõuersatiõ est sy grãde q̃ la mõstrueusete des Elephãtz:la　Elephantis.

C iii

Epistre de Lautheur.

Leones.
Tygres.
Lupi.
Vulpes.
Lepores.
Homo.
Microcosmus.

Plato.
Aristo.

Cicero.

fierte des Lyons/la cruaulte des Tygres/la Rapacite
des Loupz/la dolosite des Regnardz/la pusillanimite
des Lieures/en est rendue domesticque/manyable et fami
liere/Que dirõs nous au surplus/Lhomme(par les sai
ges Grecz appelle mineur mõde)est repute pire que brutal:
sy l na en soy la cõmunicatiõ de ciuilite/cõme ont escript
les anciẽs Philosophes moraulx. Et mesmemẽt le diuin
Platon preallegue. Daduãtaige Aristote prince de la secte
peripatheticque mesmement en ses oeuures politicques/et
apres luy le preallegue Cicero/pour le plus grant differẽt
quest entre lhõme et les bestes brutes/assignent ciuilite et
familiere conuersation/Or a este entre nous/des nostre pre
miere/et imbecille enfance/iusques a nostre presente virili
te/cõtinuelle & familiere cõuersatiõ/laquelle par aulcuns
mouuemẽtz d ire/ne courroux:na iamays este scismaticq.

Genesis.xxxvij.c. Et combiẽ que nous lisons aulx diuines lettres/que yng
songe(quest chose ymaginaire:faincte & nõ mye realle)iadiz
sema discorde/et zizanitie entre Joseph/et ses freres/ et

Adagium. que les Royaulx(Jouxte le commun Prouerbe)aulcunes
fois se entrebattent/sy puys ie bien dire que pour la be
nignite/et humanite que sont en toy/nas eu oncques que
relle a homme de ta conuersation. Les troys Lyenes(O
Mõseigneur amy & Cousin)ont este cause/que a toy seul/
plus que a tout aultre/Jay voulu adresser ma presente
(telle quelle est)lucubration/laquelle pour faire plus re
sonante aulx oreilles des escoutans/et trouuer aulx li
sans plus plaisante/et plus facille a Rememorer/ay vou
lu Composer en Rythme francoyse/excerccant mon plus
que petit engin/en diuerses facons et modes de Rythmes/
a plusieurs de noz Ancestres/pour la difficulte dicelles
encore incongneues.Et pour aultant que(comme tresex
pert en lart de Rhetoricque)as este vnicquemẽt esleu/Mai
cteneur des Jeux floraulx/Jadiz par la tresbonneste et sa
migeree Dame Clemẽce Instituez/et despuys dedans le
Capitolle Tolosain a la Compaignie de plusieurs Sei
gneurs/Presidens/Conseilliers/et aultres/tant Clercz q̃
Nobles de grande estime/et reputation annuellement/

Epistre De Lautheur.

en eminent honneur et pompe superlatiue celebrez/ne pouuoye myeulx adresser mes Rythmes que a toy/le Paragon q̃ centre de toute Rhetoricque/Affin que par ta prouidence soyẽt expurgees/reueues/lymees/et reduyctes a Vraye harmonye/mesure et proportion/mays pour aultãt que(côme dit Platõ en son thymee)les engins des hõmes sont cõparez a la nature de diuerses Bestes/les engins infimes et terrestres qui ne peuuent guieres hault leuer leur cõtemplatiõ/sont cõparez aux Verms q̃ serpẽs reptibles q̃ par faulte de piedz se traynẽt sur la terre/Les aultres engins qui excedent vng peu les precedẽs/sont de la nature des Bestes quadrupedalles/qui marchent vng peu plus hault que les reptibles. Aulx opseaulx aeries qui Voltent iusques a la region etheree/sont comparez les engins des hõmes litterez et cõtemplatifz/qui Vont frapper iusques a la regiõ cristalline/Mays nostre petit engin est du premier et plus bas ordre/pour raison quil ne peult transceder guieres hault de sa terrestrite. Parquoy a toy il sest adresse/presumant que pour les Raisons dessus dictes/supporteras plus amplement que tout aultre son imbecilitte. Licurgus iadiz sat ge q̃ renõme/legislateur des Lacedemoniẽs disoit/que les dieux se contẽtent de petit sacrifice pourueu que icelluy soyt offert de bon cueur/Et cõbien quil fut gentil q̃ ethnicq̃/sadicte sentence est digne destre recitee de la bouche dũg bõ chrestiẽ/Tu dõcques(Omõ seigneur et Cousin)nauras regard a la petitesse/rudesse/ne simplicite de nostre petit pñt. Cõsidere le cueur et le Vouloir de loffrãt/Ains syl te plaist le garẽtiras des traictz q̃ dardes de infiniz enuieulx/qui(cõbiẽ quilz ne facẽt aulcũ fruict)taschẽt incessammẽt a picquer et blasonner les trauaulx q̃ lucubratiõs des aultres. Et ce faisant necraindra ma petite oeuure intitulee Les Cõtrouersses des Sexes Masculin/q̃ feminin/nõ obstant toute enuie/se presenter aulx yeulx des hõmes Vertueulx/q̃ se mettre au champ de publication/Priãt Dieu tresgrant et tresbon/pour faire fin/qui te Veuille donner longue Vie et perpetuelle felicite.

Thymeus Platõnis.

Licurgus.

Apophthegma.

Peroratio.

C iiii

Epistre a Lautheur

¶Guillaume de la Perriere tolosain/A Gratian du Pont Escuyer/Seignr de Drusac/Lieutenant layc en la Seneschaulcee de Tolose/Autheur du present Liure.　　　　Salut.

Ourtant q̃ iaye faictz mes effortz/a esleuer mō rude ꝙ massis engin/au plus hault degre de cōtemplatiō intellectuelle. Sy nay ie peu encore puenir/a entēdre quest la raisō impulsiue/cause mouuāte/ou sugēte occasiō/pour laqlle as obmys de decorer ꝙ illustrer tō elegāt Liure de linsertiō de ton nom/cōtre la louable coustume de toutz bōs Autheurs/tāt Hebreulx/Caldees/Arabes/Grecz/q̃ Latis/de tout tēps en cas pareil oꝫ seruee. Sy ce nest(cōme ie psume)q̃ layes aisy faict/pour esuiter les brocardz et blasons daulcunes meschātes femmes/lesqlles de leur naturelle inclinatiō/sont negligētes a biē parler/et prōptes a mesdire. Mays telle craincte/cōme pusillanime/ꝙ indigne de resider en cueur dhōme constāt doibt estre de toy totallemēt rabbatue. Attēdu mesmemēt que de leursdictz Brocardz ꝙ blasons nen pourras Salloir q̃ mieulx. Car nous lysons/q̃ Socrates Philosophe: iadiz par Appolin oracle/entre toutz mortelz seul repute saige/estoit coustumier de dire/q̃ les improperes/courroux/oultraiges/reproches/maledictiōs/et iniures quil enduroit en sa maison de ses femmes/Myrto ꝙ Xāthippe/lapprenoyēt iournellemēt de vser de la vertu de patience en toutz aultres lieulx. Sy dōcques Socrates enduroit les oultraiges de ses femmes/Pourquoy nendureras tu les improperes des estranges? Nauoit pas Socrates occasiō destre plus marry/de ouyr les oultrages domesticques/q̃ toy des foraines? Nauoit il pas plus de droict a se venger(sil eust voulu)des oultrages de ses femmes/q̃ toy de celles qui ne te sont aulcunnemēt subgectes? Ne debuoit il pas estre plus crainct/ame/chery/seruy/ꝙ honnore de sesdictes femmes/que toy de celles/sur lesquelles nas aulcun droict ꝙ superiorite/ne lyen de ciuilite? Que craings tu doncques les brocardz femenis? Veulx tu priuer les femmes de leurs

Epistre a L'autheur.

sornettes et babilz accoustumez? Penses tu abbatre leur coustume de quacquetter de long temps reduicte en nature? Veulx tu clorre les ptuys/lesqlz tout le monde ne pourroit estouper? Penses tu imposer silence a la langue femenine/laqlle toutz engins humains nont sceu/ne peu refrener? Veulx tu dompter la plus farousche et saulvaige beste quaye iamays este cree? Le Lyon doibt il craindre les souriz? A lon iamays apperceu/que les fourmycz ayent estonne les Elephantz? Laisse/laisse(Monsieur mõ amy)laisse les parler a leur aise/desgorget a leur appetit/iacquettent a leur souhaict/gergonnent comme Souldrõt/devisent comme bon leur semblera/babillet/cacquettet/mesdisent/murmuret: barbouillent devuidant leurs fusees/ton honneur nen peult diminuer/ne ta renõmee aulcunement amoindrir. plustost sera lassee la langue dung mesdisant/q flestry lhonneur dung homme vertueulx. En oultre tu as en maintcz et divers lieulx de ton liure/proteste que tu nentendz a deprimer que les femmes meschãtes/lesquelles lon ne peult suffisamment vituperer/ainsy que a lopposite lon ne peult les honnestes condignement louer. Et sy aulcunnes soulloyent arguer que tu debuoys plustost forger ton liure/sur la louenge des honnestes/que sur la vituperation des infames(combien que ie suys suffisammẽt aduerty que tu as le cerueau farcy de plusieurs solutions pour respondre a leurs debilles argumentz/q que a ce faire nayes besoing de coadiuteur)Ce nonobstant leur pourras absoluement respondre/quen vituperant les meschantes/tu collaudes les vertueuses/car daultant quon deprime les vices/lon exaulce les vertutz. Et pourras semblablement respõdre/que lengin de lorateur est plus agu/plus enclin/et le stille plus fluant et copieulx en inuectiue et oraison picquãte/quen oraison collaudatiue/et panegericque. Le qua mõstre par experience Marc Tulle Cicero patron deloquence Romaine/en ses inuectiues/contre Marc Anthoye/lesquelles a lymmitation de Demosthenes soulut appeller Philippicques. Et que pour ceste cause:tu as plustost prins le propoz en ton present Liure/sur la vituperation des meschantes femmes que sur la collaudation des honnestes.

Epistre a l'autheur.

¶ D'aduantaige combien que de mes premiers ans/et tendre adolescēce/ie t'aye(pour l'accumulation de tes Vertutz) aymé d'amour plus(que le nou Dhercules)indissoluble/ Sy suys ie esmeu a present de t'aymer/et priser a l'aduantaige/pour raison qu'en tō present Liure n'as voulu cacher/ ne pallier la Verite/Ains as escript frācbemēt sans craicte/ et pour suyuy ton propoz sans flatterie/ou adulation aulcunne. Aristippus disoit. Que l'hōme n'est digne d'estre appellé franc/sy par Philosophie il n'est exempt de toute craicte. Mays au temps present(ne scay par quel maling aspect/ou malheureuse influance)La pluspart des escripuantz sont semblables au poisson marin/nommé Polype. Basylle docteur grec/pour son superlatif engin/et absolue doctrine surnommé le grand/faict cōparaison du flateur audict Polype. Car tout ainsy que ledict poisson change de couleur selon la place et lieu ou il est affige/comme recitent Aristote/Aelian/et Pline. Semblablemēt les flateurs changent leurs propoz/e scriptz/et sentences a la volupte des escoutantz/ou lysans. Qui pourroit(O bon dieu)suffisamment descripre/ne condignement denombrer les execrables maulx/e horribles malefices qui sortēt de flatterie/mesmement quand elle habite aulx palaix royaulx/et triclines des princes? N'est ce pas flaterie/laquelle faict ouurir les portes des dignitez aulx ydiotz et ignorantz/Et ycelles clorre aux scauantz et litterez? N'est ce pas celle mesme furie infernalle/que faict preferer le bien priue au publicque/Et que faict repputer mensonge pour Verite/tyrānie pour iustice/Vice pour Vertu/et asnerie pour doctrine? Diogenes philosophe/par grecque diction surnommé cynicque/ disoit qu'il valloyt myeulx estre expose aulx Corbeaulx que aulx flatteurs/ Car les Corbeaulx ne pinsent que les charoignes et corps mortz/Et les flatteurs pinsent les vifz/deuorent et escorchent les bons/ despouillent/e tourmentent les iustes. Je scay bien que ce propoz sera fascheulx a quelque flatteur courtisain/ou aultre qui a l'aduenture le lyra/Mays non pourtant/n'ay permys a ma plume de s'arrester en plain chemin/que preallablement rien aye desgorge sa rastellee/ Remectant le sur

Epistre a Lautheur.

plus de ce propoz/a Lucien Orateur grec/qui a bien monstre par ses escriptz/ quoncques ne voulut rien flatter. De rechief il sera apparent et notoyre)a toutz ceulx qui auront saluees les bonnes lettres de front)quen ton Liure as de poinct en poinct accomply le commandement du Poete Horace/meslant en ycelluy/Vtilite auecques Volupte. Lutilite/est au sens/lequel est grand/agu/subtil/parfond/ et vniuersellement proffitable/mesmement aulx Jeunes hommes qui sont communement par faulte dexperience (comme dict Platon)chaulx en follie/froidz en sagesse/ et enclins a toute precipitation/La Volupte dicelluy est en lestille/lequel est souef/ doulx/ fluant/copieulx/ et pour la variete et richesse des Rythmes/plain de toute recreation. Parquoy selon mon iugement(tel petit comme il est) sans aulcun scrupulle/pouuoys tu inserer ton nom en ton dict Liure. Ensupuant en cas pareil Autheurs infinitz de reputation et Memoyre florie. Et mesmement ceulx qui sont inserez aulx diuines lectres/seulles fondees en Verite. Côme sont les Prophettes de la Loy ancienne/a Vieulx Testament/ lesquelz ont presque toutz insere leurs noms en leurs Oeuures/ comme appert aulx Commencementz de leurs Liures propheticques. Salomon Monarche pacificque/ mist son nom/ tant en ses Parabolles quen son Ecclesiaste. En la loy de grace et nouueau Testament. Sainct Paul vaisseau delection/ a insere son nom en toutes ses Epistres/reseruee celle quil dirige aulx Hebreulx/ ce que ne fut pas(comme dict le benoist Hierosme)sans mystere et rayson. Les aultres Apostres en leurs Epistres feirent le semblable/ excepte Sainct Jehan en la premiere des siennes:combien quil ne laye pas obmyse en son Apocalipse. Le Docte Macrobe aulx commentaires du songe de Scypion dict/que les Lecteurs se troublent facillement quâd ilz ne trouuent en vng Liure le nom de Lautheur Je suys recordz et memoratif que Jehan Andre Docteur decretiste/a la fin de ses questions(lesquelles a surnommees Mercurialles)a dispute de ce propoz:fort prolixement:et peu elegamment:Mays le bon Homme est excusable pour

Epistre a Lautheur

Rayson que de son temps les lettres humaines estoient suffocquees/et consequemment toute Eloquence abastar-die. A tant mectray fin(Monsieur mon amy)a ma fascheuse Epistre/me recommandant a ta grace/Et priant Dieu tresgrād et tresbon/quil te veuille mainctenir(tant desprit que de corps)en paix/et tranquillite.

Redime me a calumnijs hominũ.

⁋ Bertrandi Helie Appamiensis Fuxi Collegiati
ad musarum chorum extemporaneum carmen.

OTc michi turba precor cuius monumenta poete?
   Quisue hoc eximium protulit author opus?
Siquis vel generis titulum:vel stēmata dicet.
   Indicij accipiet premia magna sui.
Cur timet exire in medium:aut quid nobile tandiu
   Nomen in obscuro delituisse iuuat?
Prodeat in campum.nam palladis aegide tectus
   Excipiet prompta tela inimica manu.
      Musae respondent.
Nosse virum cupitis quem nos complexibus arctis
   Stringimus:atque ori basia mille damus.
Quem nos castalijs iampridē mersimus vndis.
   Quēq3 aluit tepido calliopea sinu.
Hic est Drusacus:latum quem fama per orbem.
   Deuehit:et cuius gloria longe patet
Hic probe femineos depingit carmine mores.
   Atq3 puellarum turpia facta notat.
Huic primum charites nomen:cognomine pontis.
   Desuper imposito:tres peperisse ferunt.
Gratior vtq3 esset titulus:tunc nomen honestum.
   E greco versum: gratia grata dedit.
Hic vir preclarus:vel tempore summus vtroq3 est.
   Siue velis pacem:seu magis arma placent.
Hic etiam magnam moderatur viribus oram.
   Proq3 Tholosano preside sceptra tenet.

Epistre a Lautheur.

Bernard Destopinhan Cõseiller et Solliciteur du Roy de Nauarre a Tholose/a son tresBõnore seignr Gratien du Pont escuyer et Seigneur de Drusac/ Lieutenãt layc du Seneschal de Tholose. Humble Salut.

Ie ne cesse de trauailler mon espzit/pour soigneusement contempler mon treshonnore Seigneur/ les mouuementz par lesquelz as este induict prendre la plume pour tirer au Vif le pourtraict de labisme des abuz femenins/et tes enhardy entrer au gouffre perilleulx de leurs diabolicques cautelles tresnuysantes et dõmageables fainctises/voulãt par ta sagesse descouurir les rhetz/clapiers et latz/ ou est le plus souuẽt enueloppee mal pourueue de prudẽce ieunesse/ et tellemẽt enlassee quest cõstraincte de perdre son eage fleurissant et totallement se enuieillir au Venimeulx amusemẽt de leur execrable dissimulation que par instinct naturel presque leur est baillee: comme tesmoigne Leon Albert/tressage philosophe/et Autheur bien famigere disant estre vne deesse de fainctise tant propice au sexe femenin Que liberallemẽt et en abondante mesure leur fournist la science de flatterie/de Ruse/et toute malignite. Or doncq cella par mon entendement passe ne puys arryuer a lintelligence de ton entrepzinse par plusieurs ptinentes raisons: lesquelles bien calculees te eussent peu diuertir souffisamment du propoz comẽce. Car sy par ratiocinatiõ ciuile et garnie de argumentz subtillement inuentez/as propose rapporter la victoyre contre les femmes/ne pense estre aulcun sy hault en lobscure nuyct daueuglee ignorance ensepuely qui ne veoye cleremẽt parler par raisons aulx femmes/ne estre aultre chose que pescher en lair et en vain se trauailler/comme ceulx qui a peu de consideration se essayẽt de querir layct des oyes et aultres choses a nature cõtraires et impossibles a trouuer. Et sy les Veridicques oracles des parangons de sagesse font foy facille/est a entendre ce que nous a este par la bouche de Verite Socrates/comme recite Plato/a printz par nature estre produict deux genres da

Epistre a Lautheur.

nimaulx les Vngz douez de rayson(certain & seul refuge de bon conseil)par lequel est maintenu et renforce le fort Vol uert/qui tient les hõmes en doulce/benigne et amiable cõ munite. Laultre danymaulx esgarez de sens/rayson & cõ seil/quon appelle communement Bestes irraisonnables. Et ne peult bonnement iuger icelluy en quel Rencq voiß uet estre colloquees les femmes/pource que ont plus grãde participation/et cõmunite auecques les Bestes irraisonna bles/que auecques les hõmes/et leur nature est beaucoup plus a ycelles confinante & prochaine. Et ramenteuant ce que nous a este par les anciens a nostre grosse Vtilite mis aulx champs/ pour estre a tamays imprime dans nostres memoyres/me taysant de leurs rudesses intollerables/et fastidieuse gloyre/ay trouue auoir este perpetuellement les femmes litigieuses/ riouteuses/yracundes/furieuses/ pleynes de tout babil. Et lors que limpetueulx oraige de fureur les a rauyes/et fouruoyes de la sente de droict iuge ment/ont le cerueau sy casse que toute honnestete et Vergõ gne abolye:nont de riens doubtance:mays forcennees te merayrement se gectent en toutz dangiers:dont est hydeu se et espouuentable la consequence/sy les hommes sont pa resseux a refraindre leurs couraiges attainctz de flamme furieuse. Car despuys q̃ le brandon de ire est alume dãs leurs entrailles:et commence peu a peu se spandre/nest rien sy execrable que ne soyt par elles attente/ sans aduiser a li gnominieux Vitupere,q̃ en escheopt de leurs plorables mal heuretez/ et en ya sy appuyees a pernicieuse Vengeance que pour briefuement comprendre leur blason. a Menãder poete grecq(de eminãte litterature)Vsurpe Vng prouerbe disant que femme accariastre nest que tonnerre domesticq̃ et in euitable tourmẽt/mal qui semble souef/& est dommageux et peu proffitable/et pour conclure vif exemplayre de tou te cruaulte/ce que presente deuant tes yeulx pourroyt estre stimulant achanger de propoz/dressant ta pensee au no ble malheureux Orphee(Poete)cõsacre a Bacchus et aul tres/ que sans fascheuse prolixite ne pourroye declayrer/ce que bonnement ne pourras eschiuer. Car laschant la Voyle de ta plume:soufflant le Vent a ton gre/ne peulx tassouuyr de declayrer et escripre les mussees fainctises du sexe fe

Epistre a Lautheur.

menin. Mays apres вigilante inquisition/et plusieurs rai∫onnementz passez par les archifz de mō pusille engin/ay aduise la somme de tō entreprinse auoir este pour mōstrer les perilleux passages: les euidens inconueniēs quon scoyt yssir iournellemēt de la suytte de folle amour. En quoy as merite louenge immortelle/redre caulx et sages les iouuenceaulx/ dōt ∫nauāt soubz les cauteleux et deceptifz malices des femmes: se deliurant hors de leur iniuste et insuppor∫table ioing: et puys quil sont nez en frāchise et liberte/ne se soubzmectre a femme: et ne sequestrer leur frāchise et liberte a vne beste que ne peult estre dōptee dhōme. Ne se atten∫dre a leurs peulx mignotās: a leurs igenieulx atournemētz a leurs guygnarderies/q̄ ne sont fors las pour mener a perdition les foulx esuentez. Et ia soyt q̄ en y aura bō nōbre de ceulx/qui embrasez de raige amoureuse se mectrōt en lisse pour malignemēt calūpnier tes escriptz: ne doubte pourtāt que a layde de la bōne querelle que pretendz/auec secours de ta sagesse/eloquēce/et subtil esprit/vaincras lenuieulx abayemēt de ces furieux mastins. Pource q̄ sans palliatiō as declayre lampable verite. Laq̄lle p quelque assault de desmesuree insolence: iamays ne peult estre abatue/ains cōme la palme tāt que plus est chargee pour estre a terre/tant plus se exaulce/et eslieue/et vient au dessus de son faix/ de laquelle p ta glorieuse victoyre/et victorieuse puyssance/ as deuement gaingne estre corōne/ayāt sy difficille laberinthe absoluemēt accōply. Et sera ta debōnairete au tableau de ppetuelle memoyre plus parfond insculpe/de ce q̄ tadreissant aux femmes vicieuses du tēps q̄ court/les admōnestes chāger leur corrōpue vie: ou seras cōstraict les mectre a la bāde des aultres en ton oeuure inserees/car pl9 pfsite la craicte des mauluays q̄ lespāce des bōs. Ne craictz doncq mō seigr̄ les iniures des enuieulx/mectz arriere la craincte de fureur femenine/abatz leur hault caquet/mesprise leur indignatiō peu dōnageable/prēdz le ∫auf cōduict de verite q̄ te rend seur cōtre les assaulx de tes aduersayres: mōstre tō preux et cheualeureux couraige/leq̄l te menera au hault degre de la chayre dhōneur/et ppetuelle felicite. En laquelle: supplie le createur longuement te vouloir maintenir. Me recommandant humblemēt a ta bonne grace.

¶ Eiusdem ad eundem carmen.

Ars cum pallade si diu fuere
Discordes/coeunt colunt vicissim.
Id factum est opera tua drusace.
Quod nemo potuit puto maiorum.
Etas consilio sagaci abhorrens:
Hunc filum veluti ducem sequatur.
Si querit labirintheos reflexus.
Exire: incolumis soluta nodis
Es plus nominis inde consequutus.
Cite quod patrijs modis reponas:
Sexus feminei dolosq3 technas
Incautos quibus impetunt ephoebos.
Cogens ad numeros suos poema.
Demulces teretes/sonis et aures.
Dum sensus salibus ligas disertis.
Promptos ex additis sacris minerue.
Exemplo reliqui tuo poete.
Docti: acrius parciusq3 dicent.
Aularum proceres tui sequaces:
Posthac ad studium trahes citando
Contendit sata de iouis cerebro.
Cum vasti pelagi potente rege:
Nomen clare vtrius ferant átbene.
Est contentio lege sed sopita hac.
Qui palmam placuit ioui reportet
Quid prestantius aedat: ast deus tunc
Acrem eduxit equm minerua olluam
Quo dono merito tulit triumphum
Certabant vter asserat te alumnum
Iuris sed sibi vendicat minerua.
Plus: quamquā retinet super quod extat
Qui diuus studio souuet benigno
Clarus militiȩ nimis quo vtraq3
Fulgorem generis pio nitore
Morum: pieradiasq3 vita honestas
Que raro coeunt simul vel herent
Archa progrediens tulit columba
Multis candida seculis retrorsum:
Rostris stemmata sanguinis volatu
Antiquum titulum aperit quod ipsum
Te prudentia: comitas: et omnis
Rectum iusticia intuesq3 cuncta.
Ornant vndique: percolunt: beantq3.
Foelix viue diu: soles vt ardens
Virtute eximia. suoq3 semper
Ter bannusia protegat sinu: nam
Tantis ne inuideat bonis verendum.

Epistre a Lautheur.

¶Estienne de Dignalz Tholosain
A Gratian Dupont/escuyer Seigñr
de Drusac/Lieutenãt Layc en la Se
neschaulcee de Tholose/Autheur du
present Liure.   Salut.

Zechiel ancien/et veridic/
que Prophete(auquel par diuin vouloir fa
rẽt reuellez en esprit de prophetie/maintz par
fondz et sages dictz graues et pondereuses
sentences/dignes de perpetuelle memoyre/
et commendation)au trezieſme chappittre de sa prophetie
entre aultres choses recite & mect.Que malediction diuine
est donnee a toutz ceulx/qui soyent choses veritablement
vaines/et les celent/par mensonge/dissimulation/ou fla
terie.Lesquelz(ainsy que dict le cõmun Adage)ont miel
en leurs bouches pour couurir le fiel & amertume quilz ont
es cueurs.Telles gens sont iustement et a bon droict com
parez a ceulx qui blanchissent vne vieille et ruyneuse mu
raille/en la fardant/polissant/& decorãt par dehors/dau-
cunnes visues/plaisantes/et belles couleurs/affin de ce-
ler/cacher/& abscõcer/la ruyneuse impfectiõ que gist soubz
celle blancheur et faulce couuerte.De ceulx qui sont de tel
le cõditiõ parloit sainct Paul/docteur des gẽs/au vingt
& troysieſme chappitre des actes des Apostres/parlãt auec
Ananias prĩce de la synagogue q̃ estoyt hõme cault/cou
uert/& sainct & soubz espece de religiõ diuine et pallie simu
latiõ/cõmectoit rappines/tyrãnies/extorciõs/et plusieurs
aultres griefz/et execrables forfaictz leql Ananias ledict
sainct Paul appelle paroy emblanchie.Sẽblable sorte de
gẽs flateurs par blãdes & aornees parolles:veullẽt couurir
plusieurs grãdz vices soubz la couuerte de q̃lle petite vertu
Que seroit autant que vne petite gouttelette deaue souffi
sante pour estaindre le continuel feu de lardãt et espouuẽ
table mõt dethna/ou bien vng peu de miel pour adoulcir
toute la mer sallee Cõtre lesquelz parloit le ãcien et saige
Philosophe Socrates/disant que entre toutes les vertutz

CC

Epistre a Lautheur.

que Ung homme doibt auoir/La principalle est quil soyt veritable et non manteur/flateur ne sainct/eslisant (: preferant le bien ou mal/ Vertu a Vice/verite a mensonge/en toute maniere de collaudation. Et cecy diz ie(Monsieur mon bon amy) pour aultant que en nostre temps Le souuerain Plasmateur de sa grace ta donne congnoissance et notice de produyre/ et manifester/ ce que par tant de temps et infinitz Autheurs a este passe par dissimulation/ou bien succinctement dict et tracte/ En quoy nas voulu vser de flatterie ne de ladicte simulation/Ains en suyuāt Lappostolicque doctrine (disant la verite) as amplement deteste/les fraulbes/deceptions/cruaultez/machinations/inhumanitez/murmurations/opprobres/malheurtez/fallaces/contumelies et trahisons que ont este commises et perpetrees (et se peuuent iournellement commectre et perpetrer) par femmes enuers les hommes. Car ainsy que disoit le susnomme Philosophe Socrates/ femmes sont les appareilz et tentes pour prendre les hommes ausquelz vrayement ne sont prins que ceulx la que y veullent estre prins ou ceulx qui ne le congnoissent. Et ce as non moings copieusement que elegamment tracte en hault et riche stille/ Dont toute personne de bon iugemēt et louable scauoir peult facillement iuger/et clerement congnoistre au contraire de quelle louange et collaudation sont meritoirement condignes/ Les vertueuses et honnestes femmes tout ainsy quil y a difference et inequalite des vertutz aulx vices/ Laquelle chose ne se peult aultrement iuger que par les oeuures/ aussy/ dict le Philosophe que toute perfection est myeulx congneue par limperfection que de soy mesmes. Par ce as close la bouche a mainctz detracteurs et calumpniateurs ouuerte a gens doctes qui verront tel oeuure/ tant copieuse que laborieuse. Semblablement as donne lieu de tayre et contenir la plume a plusieurs escripteurs qui dung Exemple et auctorite font ung volume/ car en cestuy en ays mys et inserees presque infinitz. Dont oultre les plaisirs/ recreations et inenarrables ioyes que prendront mainctz beaulx et vigilans esperitz en lysant ladicte presente Oeuure

Epistre a L'autheur.

Les biens proffitz et commoditez en seront grandz, ainsy q̃ disoit Platon le diuin Philosophe. Que sçauoir adresse les sens, et viuiffie les esperitz. Dont cil qui veult trouuer sapience des choses, fault quil lise et laboure auant que auoir la cõgnoissance dicelles. Auquel dire nous pouuons asseurement ioindre le dire de Aristote, prince de la secte peripateticque, qui disoit que le deffault de science cause les malices et faict souuent trebucher τ tumber au lac d'herreur et gouffre de misere, par le moyen et conduycte de ignorance, ce que lon peult euiter et fouyr par sciences, doctrines, et aussy par experiences que font les gens sages ainsy que notoyrement nous appert. Et non seullement proffitera la lecture de ton dict liure aulx ignorãs. Mays semblablement confirmera establira les sçauans τ doctes en leur congnoissance ou sçauoir tout ainsy que dict le sage en ses Prouerbes au premier chappitre ou dict. Lors que le sage oyt et entẽd doctrine et sçauoir, il se confirme en sagesse. Car dict Platen que le seul sage se delecte en sapience. Pareillemẽt la Lecteure dicelluy proffitera grandement a ceulx qui par malheureulx sort infortune accident, et infelice aspect seront escheuz es noudz ou liens des feminines decepuãtes cautelles. Car fẽmes par leurs illecebres, par leurs astuces, par leurs blãdices, par leurs caultz et dereptueulx artz, Incessamment ne taschent, et ne procurẽt, que a soubmectre la liberte des hõmes a leur puissance et domination totalle, par ce cuidãt recouurer ycelle liberte que de long temps (par leurs demerites) ont perdue ce que (a mon aduis) ne recouureront iamays. Car a iuste raison dieu les a voulues soubmectre a la puissance de l'homme, par quoy pourront yceulx cheptifz en la lecture de cedict Liure soy rendre comme vaincuz et confonduz par raisons, auctoritez, exẽples, τ facillemẽt trouuer moyẽ ou remede opportune pour yssir du pilleux τ inextricable labirithe auql lõ entre souuẽt par fẽmes. Mays sy aulcũs τ messieurs les muguetz: escumeurs de festis τ bãquetz: suppoz τ naqtz semenis, seullẽt brocardizer mes dictz. Semblablemẽt sy aulcũs mariez coeffez de toutz subiectz τ soubzmys au vouloir de leurs fẽmes q̃ sans leur octroy τ

CC ii

Epistre a l'autheur.

longe ne se oseroyt moucher et q̃ suyuẽt leurs totalz Sou-
loirs et plaisirs liez et atachez a leurs geartieres/en gaudi-
rõt ilz/en larderont ilz/en iaserõt/ilz poinct. Veritablemẽt
ie croy q̃ ouy/Touteffoys pceulx et leurs adherãs (cõme
aydes mauluaise et courte Veue) Vouldrez rentir et bien exhor-
ter a prẽdre des Lunettes et de lire ou faire lire/Ruminer
et entendre Le segond et cinquiesme chapitres des Prouer-
bes de Salomon/laissant plusieurs et infinitz passages
daultres Autheurs gens de foy et reputation tresbonne.
Et croy que pour malle Veue quilz ayent ilz y Verront cle-
remẽt: et pour sourdz quilz soiẽt ilz y ouyrõt par fondemẽt:
Dont a iuste raison tant pour l'agument et inuention que
la description/et cumulation de ce present Liure tu as cõ-
dignemẽt merite hault bruyct loz et renommee immortelle.
Lesquelz prie le benoist createur te dõner ensemble comble
de tes desirs et sante en longue Vie/et te preseruer des en-
combres q̃ mainctes femes te souhaicterõt. Que sera pour
faire fin a la presente incõpte et rude lettre apres moy estre
recommande a ta grace.

¶ Francoys Cheuallier natif de Bourdeaulx
Collegie du College de foix a Tholose.
Rondeau au Lecteur.

Comme il me semble Ung mot ie oze bien dire
Noble Lecteur/sans nullement mesdire
Que ce beau Liure/na son per Vrayement
Je dis en Rithme/selon bon iugement
Oncques Viuant/nen Veist sy beau descripre.

¶ Dedans Serrez l'au long sy Voulez lire
Blasmer les femmes/meschantes a souffrir
Aultres toucher/ny Verrez seurement.
      Comme il me semble.

¶ Sy Vostre cueur/a tristesse se attyre
Lisez ce liure/qui dit maincte satyre
Et mainct brocquard/donnant esbattement
Qui Vous pourront/au Vray totallement
Vous inciter/gayement a bien rire.
      Comme il me semble.

Table du premier Liure.

¶ Sensuyt la Table de ce
present Liure, Intitule les Controuerses des Sexes Masculin et Femenin, contenant troys petitz Liures.

Et premierement.

¶ La Declaration dudict tiltre, et la cause pourquoy Lautheur a composé ce Liure, et en ql̃ tẽps. feuillet. i.

¶ Prologue de Lautheur. f. ii.

¶ Ballade Vnissone a refrain, contenant la priere et supplication du sexe Masculin enuers Lautheur, en luy priant le Vouloir secourir et deffendre. audict feuillet.

¶ Virelay sur le mesme ppoz. f. iii

¶ Narratifue de Lautheur. f. iii.

¶ Ballade Vnissone a refrain, et cordõnee par equiuocques du sexe Masculin, se cõplaignãt du sexe femenin, priant Lautheur de rechief le Vouloir secourir. f. iii.

¶ Rondeau batelle sur ledict propoz. feuillet. iiii.

¶ Rondeau simple audict propoz. audict feuillet.

¶ Loqution de Lautheur, contenant lacceptation de faire le present Liure, Remõstration de son insuffisance, protestation de nen tendre parler q̃ des femmes meschantes et Vicieuses, et supplication aulx honnestes femmes, authoriser ledict Autheur, sans reprehension dycelles pour composer ce dict liure. feuillet. iiii. et V.

¶ Sexe masculin parlant entre soy mesmes, se complaignãt du sexe femenin, par vne Ballade Vnissone a refrain, par Vers enchaisnez esuocquez en sen allant. feuillet. V.

¶ Incident de Lautheur, contenant la Venue de fortune enuers ledict Autheur du train de ladicte, de ses Vestementz, de ses mõtures, et de quelz gens elle estoit accompaignee. feuillet. Vi.

¶ Champ Royal a refrain, et dizain, contenant Vingt et cinq coupletz, et lenuoy, auquel parle fortune audict Autheur, se iactãt de son pouuoir quelle pretend. feuillet. Vii. Viii. ix. et x.

¶ Ballade Vnissone a refrain, corõnee par equiuocques mariez en la pmiere terminaison, la ou sont accordez deux contraires, cest le plurier auecques le singulier. Et le Masculin auec le femenin. Car le chief est masculin et plurier, et la corõne femenine et singuliere laql̃ le dict aussi fortũe a lautheur. f. xi.

¶ Aultre narratifue, contenãt le depart de fortũe et de lautheur. f. xi

C C iii

Table du second Liure.

¶ Le premier argument de Lautheur pour le sexe Masculin contre le sexe Feménin, et pour quoy n'a dyablesses en enfer, ny dyables en ce monde.　feuillet.xii.
¶ Aultre raison surce mesme propoz.　feuillet.xiii.
¶ Exemple de la Magdaleine.　feuillet.xiiii.
¶ Raison pourquoy les femmes ont deux langues.　feuillet.xvi.
¶ Aultre raison demonstrant q̃ la femme a esté faicte de os. f.xvi.
¶ Les quaqtz des femes quãd elles se treuuet ensẽble. f.xvi.q.xvii
¶ Aultre caquet desdictes femmes quãd elles ont leur malle sepmaine et le mal de maire. f.xviii.
¶ Caquet desdictz femmes quãd elles sont enceinctes.　audict.f.
¶ Aultre caquet desdictes femmes q̃ ont beau pere ou belle mere, et de leur facõ de faire. audict.f.
¶ Caquet desdictes femes quãd elles ont eu quelques bruyctz ensemble.　feuillet.xix.
¶ Aultre caquet desdictes femmes touchãt le braguerie que font maintenant les femmes quand elles sont accouchees. feuillet.xx.
¶ Aultre caquet de la braguerie et des grandz gorres que portent aulcunnes feuues mariees, et de la maniere de leurs accoustremẽtz　feuillet.xx.et.xxi.
¶ Aultre argument sur ledict propoz.　feuillet.xxi.xxii.q.xxiii.
¶ Aultre raison sur ledict propoz　feuillet.xxiii.
¶ Aultre raison. f.xxiii.et.xxiiii.
¶ Exemple comme les hommes sont plus dignes au seruice de Dieu q̃ non pas les femes. f.xxiiii.
¶ Exemple dunne chappelle qui est au bourg de Paupe.　f.xxv.
¶ Aultre exẽple dune chappelle de sainct Jehã baptiste. audict.f.
¶ Exẽple de la chapelle de sainct Fiacre en Brie. feuillet.xxiiii.et.xxv.
¶ Cy fine la Table du premier liure.

¶ Sensuyt la table du second liure.

Et premierement.
¶ Le prologue de Lautheur pour le second liure.　feuillet.xxvi.
¶ La pmiere raison de Lautheur sur la Continuation du second liure.　feuillet.xxvii.
¶ Aultre raison de Lautheur touchant les souldars de Venus lesquelz luy annonceoyent mortelle guerre, et de lharnoys q̃ portoiẽt lesdictz assaillans. feuillet.xxvii.
¶ Les cheuaulx et mõteures desdictz assaillans. feuillet.xxviii.
¶ Les arcs et flesches desdictz assaillans.　audict feuillet.
¶ Lartillerie desdictz assaillans.　audict feuillet.
¶ Les enseignes que portoiẽt lesdictz assaillans et des armes en ycelles.　audict feuillet.

Table du segond Liure.

❡Lauantgarde desdictz assaillans.　audict feuillet.
❡La Bataille desdictz assaillās/ quelles gens la conduysoyent/τ lordre dycelle.　feuillet.xxix.
❡Les auantcoureurs τ descouureurs desdictz.　audict feuillet.
❡Les terraillons desdictz assaillans.　audict feuillet.
❡Les aesles desdictz assaillās/ et q̃lles gēs les faisoyēt.audict.f.
❡Les pēdiers(dictz dās tholose)τ trāsiz des carmes.audict.f.
❡Les espies/le guet τ escoutes τ les Postes desdictz assaillans. audict feuillet.
❡Les trōpettes/les tabourins τ les fiffres desditz assaillās.f.xxx.
❡Les Capitaines/chefz/et lieutenantz/les porteurs denseignes/ les sergens de bande/et les mareschaulx des logeis et fourriers desdictz assaillās.audict feuillet.
❡Les Biuandiers/les tresoriers/ les salaires et gaiges/et larrieregarde desdictz assaillans/et quel les gens la menoient.　f.xxxi.
❡La merueilleuse guerre que les femmes muguettes vindrent faire a Lautheur τ des harnoys q̃lles portoyent.feuillet.xxxi.et.xxxii.
❡Les bonnes senteurs/les pouldres: τ les bōnes herbes q̃ portoyēt lesdictes muguettes.　f.xxxiii.
❡Aultre forme de senteurs.les gandz perfumez/les eaues des bonnes senteurs/que portoyent lesdictes muguettes.　fe.xxxiiii

❡Le fardement desdictes femmes.　audict feuillet.
❡Celles qui portoient lesdictes senteurs.　feuillit.xxxv.
❡Les esponges que portoient les dictes muguettes.audict feuillet.
❡Linuention pour garder de tō ber le boyau.　feuillet xxxv.
❡Les liurees desdictes femmes. audict feuillet.
❡Les senteurs puātes.feuillet. xxxv.et.xxxvi.
❡Le premier argument du secōd liure faict sur Adam et Eue noz premiers Peres/ demonstrant q̃ lhōme est plus digne que la femme pour cinq raisons/dont la pre miere est la priorite.　f.xxxvii.
❡Raison seconde quest par raison de forme.　audict feuillet.
❡Aultre raison tierce dicte pour raison de la matiere.　f.xxxviii.
❡De quoy le fer se faict.feuillet xxxviii.xxxix.et.xl.
❡Aultre raison quest par lauto rite.　feuillet.xl.et.xli.
❡Aultre raison a cause du degre.　feuillet.xli.et.xlii.
❡Declaration quest ce que femme.　feuillet.xlii.et.xliii.
❡Coupletz espars contre Eue re trans sur chascun mot de Respō de mihi.f.xliii.xliiii. xlv.τ.xlvi.
❡Excuse de Lautheur/disant que bonnemēt il ne scauroit prier pour les fēmes:a cause des maulx q̃ le poure genre humain a/τ souf fre par leur faulse induction des

❡❡iiii

¶Table du second Liure.

pechez/lesqlz ledict Aucteur narre par ses vers/au moindz la plus part. feuil.xlvi.xlvii.et.xlviii.
¶Que la femme fut commencement de peche/& q̃ pour elle toutz mourrons.
¶Que la femme fut seduicte/et non poinct lhomme.
¶Du nom de Eue.feuil.xlviii.
¶Que lon doibt prendre la femme de son voisin/et de bone mere
¶Qui hante auecques les chiēs il aprend de huller.
¶Qui veult chastier femme/est autant q̃ le tieulle/q̃ tãt plus on le laue/& plus ord se faict.f.xlviii.
¶De adã & de Sãsõ.audict.fe.
¶De dauid/de Salomõ/et de Virgille. feuillet.xlix.
¶Ballade vnissonãte a refrain/ leonine et batellee a deux terminaisons tant seullement.En abhominãt les femmes/pource que iamays a lhomme ne furent profitables. feuillet.xlix.
¶Virelay audict propoz. fe.l.
¶Cinq Rondeaulx doubles cõsequtifz & sēs aulx poures amoureulx. Et premierement.
¶Rondeau qui entre/et ne clost poinct. audict feuillet.
¶Aultre Rondeau qui reentre/& ne clost poinct. audict feuillet.
¶Rondeau consequtif/qui reentre/et clost.
¶Aultre Rondeau consequtif/ qui clost et reentre.
¶Ong aultre q̃ clost & reētre.f.li.

¶Nouuelle forme de rythme/p laq̃lle vne lettre satiffaict a deux vers/tant au cõmencement desditz vers que a la fin diceulx/les q̃lles lettres toutes assemblees/ tant celles dudict cõmencement que celles de la fin/chascū en son endroict/sõt tel prouerbe . femme folle est/et follie/et tousiours foliera. feuillet.li.et.lii.
¶Couplet en Rythme senee/das lequel vous trouuerez par le cõmencement de chascun mot tirat en bas:tel prouerbe(fy de femme) leq̃l couplet est retrograde de sens par chascun mot/en quelq̃ sorte q̃ le veuillez prendre ou mesler/sail lant ou vous plaira. f.lii.et.liii.
¶Ballade vnissonãte a refrain/ batellee et coronnee par double coronne equiuocque/chascūne ligne portant son equiuocque . Aultre ment dicte Rythme emperiere.
¶Aultre Ballade vnissone a refrain/batellee par termes leonismes/riches/hors mys le refrain & son subgect/coronnee a deux coronnes/par coronez mariez/dicte emperiere/ par equiuocques/tant le Masculin que le femenin.fe.liii.
¶Escheqer faict en forme deue et selon le vray terme de Eschequier. feuillet.liiii.
¶Ballade vnissonante a refrain coronnee par equiuocques/et batellee par semblans coronnez equiuocquiez/aultrement dicte coronnee par equiuocques redoublez/en

Table du second Livre.

¶ laqlle est aussy cordne le refrain p equiuocques.

¶ Virelay p equiuocqs audict ppoz.

¶ Rōdeau dict Triollet monosyllabe retrograde en plusieurs lieulx/tāt au rebours q aultremēt duql se peuuēt faire cinq Triolletz/ou bien Rondeletz.

¶ Aultre rondeau de mesme sorte que le dessus a deux syllabes duquel aussy sen font cinq.

¶ Aultre susdict Rōdeau a trois syllabes duquel aussy sen font cinq.　　　feuillet.lv.

¶ Aultre Rondeau a quattre syllabes de la sorte de ceulx de dessus/sauf que en cestuy ne se peuuent faire que quattre Rōdeaulx a cause de la superfluite des syllabes.　　　feuillet.lvii.

¶ Aultre Rondeau pareil a cinq syllabes/leql ne faict que troys Rōdeaulx a cause de ladicte multiplicatiō des syllabes. audict.f.

¶ Aultre Rondeau de six syllabes en la forme q dessus. audict.f.

¶ Aultre a sept syllabes duquel ne se peult faire que vng Rōdeau pour les raisons dessus/de laql le forme suffira aulx lysans/car le demourāt est cōmun. audict.f.

¶ Aultre forme de Rythme/laql le est par cordnes/en forme de dyalogue/declairāt quest ce q femme: et en forme de la resonnance de Ecko.　　　feuillet.lviii.

¶ Ballade vnissonante en dialogue leonisee/declairant quest ce que femme.　　feuillet.lviii.

¶ Rōdeau double en la sorte de la susdicte ballade. audict feuillet.

¶ Aultre couplet de la sorte plus mesle　　　audict feuillet.

¶ Ballade vnissonāte a refrain leonine q batellee.　feuillet.lix.

¶ Rondeau double par equiuocques.　audict feuillet.

¶ Sensuyuent certains diuers Couplets par rythmes fort difficilles par maniere de incidēt/tāt vers equiuocquās a chascū mot de la ligne/vers que les deux ne semblent que vng/vers cordnez a chascun mot/vers cordnez par equiuocques/ et que les deux lignes ne semblēt quevne/vers en latin et francoys/en la terminaison/vers en latin q francoys en la terminatisō q en la lettre/vers ou chascun mot se lyst en retournant cōme en allant/vers que en le lysant lettre pour lettre ont tel sens et substance en retournāt comme en allāt/vers qui en allant sont en francoys/et en retournāt est latin q aultre sens. feuillet.lix.et.lx.

¶ Ballade vnissonante par equiuocques a refrain/exhortatiue et demonstratiue/quest ce que damour des femmes et de ses sotz amoureulx.　　　feuillet.lx.

¶ Virelay par equiuocques sur ledict propoz.　　feuillet.lxi.

¶ Sensuyuent quattre cens quarante deux Bourdons par equiuocques sur ce deshonneste/vil

Table du second Liure.

laín:(de tresperuerse nature mot
con. Suppliant les lysans di/
ceulx/nen vouloir mespriser/re/
darguer/ne aulcunnemēt en blas
mer:ny vituperer Lautheur/pour
nōmer ycelluy. Et mesmemēt q̄
ledict Autheur ne le nōme poinct
pour volupte/ne pour plaisir. de
deshōnestemēt parler/ains pour
demōstrer les grādz maulx/mal
heurs/et pouuretez que par ledict
meschant en sont venuz vien/
nent/et en peuuent aduenir toutz
les iours. Et principallement le
faict pour labhomination dicelle
meschāte/orde/salle/trespuāte/(
abhominable beste de ss⁹ nōmee. f.
lxj.lxij.lxiij.lxiiij.lxv.lxvj. (lxvij.
¶ Combien que par Rhetoricque
soit deffendu ne coucher/ny vser
daulcuns termes latinisez en aul
cunne composition/ ce nōobstant
Lautheur craignant estre reprins
et inculpe dignorāce de ce faire/
a faicte vne Ballade vnissonāte
a refrain et leonisee/ Sauf ledict
refrain par motz latinisez/et aul/
tres. Termes scabreux/a tout le
moindz diceulx semee/côme sen/
suyt. Ballade latinisee par motz
et termes scabreux/ et latinisez.
    feuillet. lxvij.et.lxviij.
¶ Epithetes contre les femmes
par le dire de plusieurs Autheurs
    feuillet. lxviij.lxix.et.lxx.
¶ Laage de femme desparty en
neuf septaines des annees.
    feuillet. lxx.lxxj.(.lxxij.

¶ Des fleurs des femes. f. lxxij.
¶ Du liberal arbitre des fem/
mes.   feuillet. lxxij.et.lxxiij.
Que les femes ne peuent estre iu
gesses/arbitraresses/tesmoigne: en
testamētz car sōt variables (mu
ables/ne peuēt tesmoigner en cho
ses feudataires/ny en choses cri/
minelles/excepte es cas que les in
famies son creuz/(ne peuuent po
stuler/ accuser/ ny adopter/ que
ne peuent estre procureresses/ ny
faire mōnope/ny succeder en feu
de/ny a la corōne/(generallemēt
en toutz offices tant ciuilz que pu
blicz ne doiuent estre admises.
    feuillet. lxxiiii.et.lxxv.
¶ La respōce des femmes quād
on leur dict q̄lles ne vallent rien
et la solution. f.lxxv.et.lxxvj.
¶ Ballade a doubles equiuoc/
ques que la femme est le contrai/
re de lhomme/et des tours quel
les ont faict faire a Lautheur.
    feuillet. lxxvij.et.lxxviij.
¶ Cōplaincte de Lautheur fai/
cte en sa ieunesse pour la perte du
ne dame par amours quil preten
doyt durant le temps quil estoyt
detenu es prisons et laz de ve/
nus/soubz la charge/garde (pou
uoir de Cupido son filz. feuillet
lxxviij.lxxix.lxxx.lxxxi.lxxxij:
et.lxxxiij.
¶ Aultre complaincte de Lau/
theur/par luy faicte le temps sus
dict. en blasonnāt vne femme des
loyalle. f. lxxxiij.lxxxiiij.(lxxxv.

Table du second Liure.

¶ Petite epistre dudict Autheur, faicte du temps susdict pour scauoir le cueur et vouloir d'une femme. audict feuillet.

¶ Aultre epistre composee par ledict Autheur, du temps susdict, pour cuyder gaigner lamour d'une femme. feuillet lxxxvi.

¶ La beaulte que femme doibt auoir. f. lxxxvi. et lxxxvii.

¶ Lautheur retournant a son propoz, parlant de lestat de mariage, assauoir mon sil est licite de soy marier. f. lxxxviii. et lxxxix.

¶ Comet les femmes tuēt leurs marytz. feuillet. lxxxix.

¶ Commēt les femmes donnēt les biens de leurs marytz, et comment il faignēt estre ialeuses. f. xc.

¶ Commēt les femmes faignēt estre fort marryes et courroussees de ialousie, et de leurs fictions au naturel. feuillet. xc. et. xci.

¶ Aultre sorte de mocqrie pour decepuoir leurs marytz. f. xci.

¶ La brutallite et sottize des maritz qui sendorment au dire de leurs femmes. f. xci. et. xcii.

¶ Aultre sorte de traicter leurs marytz, cest de questions, de noyses, et courroux.

¶ Qui vault mieulx habiter en terre deserte, que auec femme rioteuse, ou se asseoir au coing de la maisō, la tuylle distillāt au tēps du froyt, et femme litigieuse, est chose equipparable, et qui la tiēt en sa maison, est comme qui tient le vent en vne main, et layser aler lhuylle de laultre.

¶ Troys choses ya qui gectent thomme hors de la mayson.

¶ Quil nest teste sy mauluaise q̄ celle de la couleure, et ire sur pl9 mauluaise que celle de la fēme.

¶ Qui sapplicque a femme folle et accariastre, descēdra en enfers, et qui la fuyra yra en paradis.

¶ Que la femme est tempeste en la maison.

¶ Que lhōme est tousiours deshonnore par sa femme.

¶ Quil ne fault demourer auecques les femmes.

¶ Que liniquite de lhomme est meilleure, que la femme qui bien faict. f. xcii. et. xciii.

¶ Quest ce que mariage, et pour quoy lon dict plustost matrimoyne que patrimoyne.

¶ Dou est venu mariaige.

¶ Quil ya double mariaige.

¶ Que mariaige spirituel est equiparé au charnel.

¶ Quest mariaige spirituel.

¶ Que les mariez le premier soir de leurs nopces se doibuent abstenir de la copule charnelle.

¶ Que les mariez ne se doibuēt aymer libidineusement.

¶ Que celluy qui se marye pour saouller ses appetitz, et na vouloir soy marier nest poinct sye. feuillet. xciiii.

¶ Que les mariez ne doibuent ministrer en lesglise pres de lau

Table du second Liure.

¶ tel durãt que lon faict le sacrifice.
¶ Que le mary qui scait que sa femme est adultere/se doibt separer delle/et ne la cõgnoistre charnellement/aultrement il peche.
¶ Sy le mary nest idigne ꝯ courtousse de ladultere de sa femme est a presumer quil est Ruffien.
¶ Tout alsy que celluy q̃ laisse son hõneste fẽme est cruel ꝯ inicq̃/semblablemẽt est vng grãd sot/ꝯ iniuste qui tient sa femme adultere/car q̃ scele le peche de sa femme il est participant du crime.
¶ Le mary acertene de ladultere de sa femme/encor quelle en aye faicte penitence/et la retire/il en court bygamie.
¶ Et pour adultere la fẽme pert tout le droict quelle a au mary. feuillet.xciiii.ꝯ.xcv.
¶ Que il fut dispense a la fille de pape Alexandre de laisser son mary et en prendre vng aultre.
¶ Que ledict pape Alexandre dispensa au feu Roy Loys.xii.
¶ Vng aultre argument. f.xcvi.
¶ De mariaige/du mal qui en aduient/et des choses qui y sont requises/cõme extensilles ꝯ aultres choses. feuillet.xcvi.xcvii. xcviii.xcix.et.C.
¶ De prẽdre ieune femme en mariage. feuillet.C.
De prẽdre vieille fẽme.f.ci.ꝯ.cii.
¶ De prendre fẽme veufue.f.ciii.
De prẽdre belle fẽme.f.ciiii.et.cv.
¶ De prendre laide femme.f.cv.

¶ De prendre femme grasse/femme maigre/femme blanche/femme noyre/et femme riche. f.cvi.
¶ De prẽdre pouure fẽme/fẽme saige/et femme docte. f.cvii.
¶ De prendre femme indocte et sotte. feuillet.cviii.
¶ Des ioyes des amoureulx/et syl est bon daymer damour folle/Cest a dire venerique. feuillet.cviii.cix et.cx.
¶ Signification damour venericque selon aulcuns et la significatiõ damour despaignol.f.cxi.
¶ La signification de lamour de Lautheur. feuillet.cxi.
¶ Que les docteurs disputent sy vng amoureulx peult faire testament.
¶ Que vng homme ieune chaste est martyr.
¶ Que les femmes ne se contentent dung seul aymer.
¶ Que qui a double cueur est vray inconstant.
¶ Que on ne peult seruir a deux maistres.
¶ Que la pluspart des femmes tãt plus se fardent tãt plus sont laides.
¶ Que a tous asnes ne conuiennent bien celles. f.cxii.
¶ Que lon cõgnoist les femmes a leur parler.
¶ La lyre au son/le pelerin au bourdon/et le cheual a la merq̃.
¶ Que quand les femmes portẽt deuises ꝯ diuerses couleurs sont

Table du segond Liure.

¶ signes lasciuieulx.
¶ Que les femmes quand veullent faire rie achapter a leurs maritz pour elles/cherchēt ung marchant qui faigne auoir necessite dargent ⁊ par quoy la laisse a vil le prix/⁊ puys son amy paye en cachettes le surplus/ou bien elle delargēt q̄lle a desrobe a son mary.
¶ Que de regarder se engendre amour.
¶ Commēt lon congnoist les aymez des femmes.
¶ Que ce qui plaist nourrist.
¶ Pourquoy lhōme ne prēd aultant de plaisir auoir affaire a sa fēme q̄ a vne aultre. f.cxiii.⁊.cxiiii
¶ Contre les bastardz.
¶ Pourquoy les fēmes sortēt plus tost hors de tutelle q̄ les hōmes.
¶ Que la mauluaise herbe vient plustost que la bonne.
¶ Quil ne se fault poinct attendre a la fallace des femmes/ car leur langue est pl⁹ ague qung cousteau qui couppe de deux costez. feuillet.cxiiii.
¶ Que amy de fol se faict tost semblable.
¶ Que sont troys choses insatiables/⁊ la quatriesme que iamays ne dict il suffist
¶ Quentre les supbes il ya tousiours noise.
¶ Que le morceau du pain sec en la maison auecques ioye vault myeulx que pcelle plaine de biēs auecques noise.

¶ Qui se veult deffaire de son amy il cherche occasion.
¶ Que les folz desirentce q̄ leur nuyst.
¶ Que le fol qui se taist est repute saige.
¶ Epithetes des femmes faictz p menāder quāt a leur nature. s.cxv
¶ Prouerbe commun des fēmes
¶ Que la fēme est chaste qui nest de personne priee.
¶ Que le droict presume q̄ toutes femmes sont malicieuses.
¶ Que Diogenes dit que il nest sy bonne femme quon ny trouue quelque chose a redire.
¶ Que la fēme mue trops foys en vne heure de vouloir.
¶ Que Plaute/ ⁊ menāder disent que il nya poict de bōnes fēmes.
¶ Que pour les bonnes femmes ne fault faire loy/pource quelles sont claires seinees. ouy biē pour les mauluaises/qui sont en grād nombre.
¶ Que vng petit de formēt mauluays corrōpt toute la pille. f.cxvi.
¶ Que il ya troys choses de grād valeur/desq̄lles on a bon marche
¶ Que aulx femmes est requise plus de chastete que aulx hōmes
¶ Que la femme qui se laisse prostituer a beaulcoup dhōmes doibt estre pugnye de adultere/et non les hommes que a elle sont.
¶ Que la femme faict plus de mal de adulterer q̄ de desrober.
¶ Que la femme faict plus de

Table du second Liure.

⁋tort a son mary de adulterer/que le mary a elle. f.cxvii.

⁋Que les fēmes sont pl⁹ chauldes q̃ les hommes selon aulcuns.

⁋Que les bestes q̃ font souuent cela/sont de plus briefue vie que les aultres.

⁋Que dieu pugnist aulcunnesfoys les innocens pour les faultes de leurs compaignons.

⁋Que fortune a droict est paincte en forme de femme/pource q̃l le est variable.

⁋Que la ou tu veulx ne vouldront aller/et la ou ne vouldras que aillent elles yront.

⁋Que suyuēt ceulx q̃ les fuyēt et fuyent ceulx qui les suyuent. feuillet.cxviii.

⁋Que les fēmes desirent estre louees.

⁋Tant plus vng hōme est fol tant plus se veult mōstrer saige.

⁋Ballade vnissonante a refrain batellee a.xii.lignes.

⁋Que les femmes fault q̃ soyēt subgectes a leurs marytz. f.cxix.

⁋Que celle q̃ ne crainct son mary doibt estre dicte Virago/et porte les brayes de son mary.

⁋Quil fault saluer femme barbue de loing/auec neuf pierres au poing.

⁋Que la fēme ne peult sans licence de son mary sur peine dexcommuniement/tondre le poil de sa teste.

⁋Que la femme est tenue rendre le debuoir de nature a son mary pourtāt q̃l soit difforme ou ladre.

⁋Que a la femme luxurieuse/fault bailler curateur.

⁋Que toute femme qui est luxurieuse est mise soubz le pied comme vng estronc en vng chemin.

⁋Que les femmes ne doibuent boyre de vin.

⁋Que iadiz a Romme la femme qui beuoyt vin on la tenoyt a sy peu destime que vne adultere.

⁋Que selon aulcūs lon viuroit plus de la seulle eaue que du seul vin. Ce que les bōs beueurs ne sy veullent accorder. f.cxx.

⁋Que ma dame Caracouse se restriagnit tāt pour plaire mieulx a son mary que ledict ne aultre depuys ny ont peu entrer.

⁋Que il est difficille chose de trouuer vne femme constante.

⁋Que leaue desrobee est plus doulce que laultre/et le pain caché meilleur.

⁋Que aulx indes est de coustume q̃ les fēmes se vōt brusler toutes vifues quād leurs maritz sōt mors/auecques les corps de leurs dictz maritz.

⁋Quil vault myeulx aller en la mayson de deuil/que en la maison de conuy.

⁋Daulcunnes femmes Tholozaines qui font mestier de suyure les conuyz/bancquetz/ꜩ de iouer aulx masques. feuillet.cxxi.

⁋Que aulx branslees qui courēt

Table du second Livre.

mainctenant/les femmes apprenent a remuer le cul.

¶ Que en ce temps icy est fort difficille de trouuer femme modeste/ doulce/fidelle q̄ aye bōne amour en elle/patiēte enuers son mary/ humble/honoraale/sans discorde/obeyssante/aymant concorde et paix.

¶ Couppletz en forme de Lyrielle et aultrement interrogatoires/et responces. f.cxxii.et.cxxiii.

¶ Aultre sorte de Rythme q̄ lon dict arbre fourchu.

Aultre sorte darbre fourchu sur le mesme propoz. f.cxxiii.et.cxxiiii.

Soixāte epithetes et synonymes cōtre les fēmes. f.cxxiiii.t. cxxv.

¶ Que les femmes sont retraictz des hommes. f.cxxv.

¶ Les Autheurs qui blasment les femmes. f.cxxvi.

¶ Troys ballades a double sens vnissonantes retrogradees en plusieurs sortes/demonstrāt le vouloir de Lautheur desquelles vne mesme chose dict mal/t biē/chascunne de cesdictes troys Ballades de sa sorte. Car la p̄miere en lysant toute la ligne dict mal des femmes/pareillement retrogradant au rebours/cest moyctie derriere vers la premiere moyctie/tyrant et lisant toutes deux/Et sy ne lysez que la moyctie de ladicte ligne ou trouuerez sens et Rythme/dira bien des femmes/chascunne et chesque moyctie sembla-

blemēt retrogradāt lesdictes moyctiez en hault tyrant du bas en haultt y a sens et rythme/et en b̄ bien.

¶ La seconde Ballade en lysant toute la ligne dit bien/et lesdictes moyctiez disent mal retrogradāt ainsy q̄ la dessus.

¶ La tierce ballade en lisant toute la ligne dict bien/et la premiere moyctie dict mal/et laultre moyctie dict bien. Et par ainsy sont differentes lune de lautre. feuillet.cxxvii.et.cxxviii.

¶ Ly fine la Table du second Liure.

¶ Sensuyt la Table du tiers liure. ¶ Et premierement.

¶ Le prologue de Lautheur.

¶ Lautheur reprenāt le dire du temps present et futur. f.cxxix.

¶ Des femmes du temps present q̄ Lautheur ne veult nōmer.

¶ Du temps futur quand aulx femmes.

¶ Du temps preterit quād aulx femmes. feuillet.cxxx.

¶ Sensuyuent les exemples de la saincte escripture. Et premierement de Eue nostre p̄miere mere/ sur le peche dorgueil.

¶ De Athalia mere de ochozias.

¶ De bersabee mere de Salomō et de Jezabel. feuillet.cxxxi.

¶ De agar chābriere de Sarra/t concubine de son mary abraham

Table du tiers Liure.

⁌ De la mere de sainct Jehan le uangeliste.
De michol fille de Saul. f.cxxxii
⁌ De la femme de Job.
⁌ De la seur de moyse.
⁌ De Basti femme de assuaire.
⁌ De deux nonnains qui par su perbe sen allerēt au pape, pour obtenir se confesser lune de laultre. feuillet.cxxxiii.⁊.cxxxiiii
⁌ Dunne femme que par le grād orgueil quelle auoit de ses Bestemētz lon Beit Bng iour (elle estāt en lesglise) plusieurs dyables sur la queue de sa robbe. f.cxxxiiii.
⁌ Dunne femme que pour aorner sa teste fut dampnee.
⁌ Dune femme que pour accoustrer sa fille troppōpeusement fut griefuement pugnye.
⁌ Dunne femme que pour se penser estre fort deuotte et saicte, fut dampnee.
⁌ Les hystoyres Ethnicqs ⁊ gentilles, tirees des historiographes. approuuez, tant chrestiēs q̄ payēs sur le Bice dorgueil.

Et premierement.
De Cleopatra femme de Anthonius. f.cxxxv.⁊.cxxxvi.
⁌ De ipsicrata femme de mitridates.
De semiramis Royne. f.cxxxvi.
⁌ De Jehanne la papesse, natifue de maiance en allemaigne.
⁌ De troys femmes de grece, nōmees Laschenea, Axiotea, et Mātinea.

⁌ De xantippe femme de Socrates. feuillet.cxxxvii.
⁌ De Arthemisia fēme de grece
⁌ De Lucilla fille de marcus,⁊ seur de Anthoyne comode, iadiz Empereurs de Romme.
⁌ De Lignes, femme de grece. feuillet.cxxxviii.
Les histoyres tirees des euangiles des Poetes, desqllēs les Bnes selon mainctes oppinions sont Brayes, les aultres fabuleuses.
⁌ De Arachne lidienne, fille de Jdmo.
⁌ De Rhodope Royne de Trace. feuillet.cxxxix.
⁌ De anthigone fille de larmedon, et des filles de Cynara, roy des Assiriens
⁌ De Niobe fille de Tantalus, et femme Daphion et de cassiope, femme de Cepheus roy des Ethioppes. feuille.c.xl.
⁌ De athalanta, fille de Scheneus Roy de Cypre.
⁌ Des femmes Trachiennes.
⁌ Du Bice de luxure.
⁌ Qui premier trouua luxure, ⁊ mist en executiō.f.cxli.cxlii.⁊.cxliii
⁌ Exemples sur ledict peche de luxure. Et premierement des histoyres de la saincte escripture.
⁌ De thamar fille de iudas patriarche, et Beufue de Her filz du dict Judas.
⁌ De Respha cōcubine de Saul et puys dabner.
⁌ De michol fille de Saul, et

La suite apres le fueillet 8

Table du tiers liure.

espouse de Phaltiel filz de Lais.
⁋ De Bersabee/femme de Hurie/et concubine du Roy Dauid. feuillet.cxliiii.
⁋ De thamar fille de Dauid qui fut congneue charnellement par son frere Amon.
⁋ Des filles de Loth/qui enyurerent leur pere/pour le congnoistre charnellement.
⁋ Des troys cens concubines/et sept cès femes de salomon.f.cxlv.
⁋ De Dalida ribaulde de sanson.
⁋ De Balla concubine de Jacob: laquelle puys sadonna a Ruben filz dudict Jacob.
⁋ De la feme de phutiphar Eunuch/maistre dhostel de pharao/ laquelle prioit fort Joseph/filz de Jacob/ et seruiteur dudict Eunuch de coucher auec elle/et en la fin elle le voulut forcer. feuillet.clvi.¶.clviii.
⁋ Six exemples prises du disciple en la fleur des cōmandemētz de dieu. Et premierement/ dunne femme inhumaine que pour sa paillardise apres que sa mere congneut ꝗlle auoit eu affaire auec sō pere charnellement/les empoisonna toutz deux/par le conseil dune vieille. f.cxlviii.
⁋ Dunne fille qui se feist engrosser/ et puys accusa faulsement sainct Machaire.
⁋ Dunne femme qui vsa toute sa vie en paillardise et son mary au contraire.

⁋ Dune feme qui fut tāt amoureuse dung clerc/laquelle le pressoit toutz les iours de paillarder auecques elle/et du despit quelle eut de ce quil ne le voulut pas faire/se alla plaindre au iuge disant quil lauoit voulu forcer/dōt fut mys en prison/ et puys en la fin bruslé. feuillet.cxlviii.
⁋ Dunne femme qui fut tant enflammee du feu damours ꝗ par plusieurs foys pria le portier de son chasteau de la cōgnoistre charnellement/ce que ne voulut faire.
⁋ Dunne femme sodomitte qui apres fut dāpnee f.cxlix.
⁋ Sensuyuent les hystoyres ethnicꝗs des histoziographes approuuez quand audict peche de luxure.
⁋ De rhodope femme egiptienne
⁋ De Varine femme rōmaine.
⁋ De Spatale
⁋ De Lays corinthienne
⁋ De thays.
⁋ De phirne
⁋ De flora/dicte laurentia.f.cl.
⁋ De celia.
⁋ De hermia
⁋ De abzetome
⁋ De manilia rommaine.
⁋ De campalpe vne fille que fut au roy Alexādre/et puys a appelles le grand painctre.
⁋ De leena. feuillet.cli.
⁋ De timandra.
⁋ De philenis
⁋ De alce
Des quatre vierges vestalles ꝗ
CCC

Table du tiers Livre.

furent toutes uisues enterrees/ pour sestre habandõnees au peche de luxure.
¶ De heleine/ femme du Roy menelaus.
¶ De clytenestra/ femme du roy Agamenon. f.clii.
¶ De leuina.
¶ De thelesina.
¶ De Julia agrippina/ mere de Neron le cruel.
¶ De messalina/ femme de lempereur claude tybere. f.cliii.
De semele fille du roy Cadmus Roy de thebes.
¶ De olympias femme du Roy Phelippe de macedoine/ de laqlle parlerons plus amplement au tiltre de cruaulte.
¶ De Pasiphee/ femme de Mynos Roy de Crethe/ qui se feist cõgnoistre a ung thoreau
¶ De Rosemõde/ femme du roy Albonin/ de laquelle parlerons plus âplemẽt au tiltre de cruaulte. f.cliiii.
¶ De Brunichilde/ de laquelle sera plus amplemẽt parle au tiltre suyuant.
¶ De cleopatra secõde de ce nõ/ femme de Ptholomee Roy degypte/ surnomme Energetes
¶ De perixione femme de aristoneus/ mere du philosophe Plato
¶ De basine/ femme du Roy childeric/ Roy de france iadiz.
¶ De gersonde cõcubine de charles le grant.xxiiii.Roy de france/

et empereur de Romme.
¶ De regie/ aussy cõcubine dudit
¶ De Adalinde/ aussy dudict cõcubine.
¶ De Romulde/ fẽme de gysulphe duc de fourly. f.clv.
¶ De Ysis/ fille de prometheus/ et femme de apis Roy des arginoys/ laquelle fut appellee deesse de la terre
¶ De philomena/ fille de Pandion/ Roy dathenes/ et seur de Prognes.
¶ Des femes paniciennes.f.clvi.
¶ Dunne malheureuse femme q̃ charnellement se faisoit congnoistre a ung ⟨bien⟩ dans Tholoze.
De circe fille du Roy de colcos/ et de Persa sa femme.
¶ De sepronie/ ⟨&⟩ calfurnie deux femmes rommaines.
¶ Des paillardes incestueuses.
¶ Et premierement/ de Myrrha fille du roy Cynare/ seigneur de Cyppre. feuillet.clvii.
¶ De Biblis/ seur de Chaunus.
¶ De canace/ seur du ieune machareus.
¶ De cleopatra/ seur du roy ptholomee roy degypte
¶ De Julia/ femme dung Empereur qui prit son fillastre en mariage.
¶ De anfilena rommaine.
¶ De hypermestra.
¶ De Valeria tusculana/ fille de Valerius.
De cyane/ femme de grece.f.clviii.

Table du tiers Liure.

¶ De ladicte Iulia agrippina/ mere de Nero/ de laquelle auōs parle au tiltre de adultere.
¶ De Semiramis Royne des assyriens/et babylloniens/ de laqlle auons parle au tiltre de supbe
¶ De pelopia/fille du roy Thiestes/iadiz roy de Mycenes.
¶ De arsiure que fut femme du roy Agas/roy de Cyrenes. f.clix.
De Opis/seur du dieu saturne
¶ De Thetis/seur de occeanus dieu de la mer.
¶ De Juno/seur de iuppiter.
¶ Sensupt le tiltre de homicide et cruaulte touchāt les femmes q̄ ont tuez les estrāgiers/maritz/ peres/meres/leurs propres enfantz/ ꝗ elles mesmes en diuerses facōs.
¶ De Jezabel dessusdicte.
¶ De Judith. f.clx.
¶ De Dalida qui fut cause de la mort de Sason/ꝛ de plusieurs aultres hommes et femmes.
¶ De Herodiade/femme du roy Herodes/qui feist decoller sainct Jehan baptiste. ¶ Des femmes thaxciēnes qui tuerent Orpheus
¶ Des femes qui ont tuez leurs maritz. Et premicrement.
¶ De Brunichilde mere de Clotaire/roy des frācois.iii. de ce nō.f.clxi
¶ De fredegōde femme de chilperic/iadiz roy des francoys.
De Rosemōde/fille de thurimōs roy des gepides ꝗ feme de Albonyn/pmier roy des lōbardz.f.clxii.
¶ De olympias fille de Nepto

lomus roy des Epyrottes.
¶ De aggrippina/feme de tyberius claudius.
De semiramis royne de babiloine
¶ De clytenestra/fille de Tindarus/roy de laconye en grece/fille de ledas/seur de la belle helene ꝗ feme du roy agamenō.f.clxiii
¶ De Erudice/fille de thalaon Roy des Arginoys/ꝗ feme de amphiaraus: euesque de la cite argos.
¶ De la feme de Lathonet/ Venant au propoz du dess' exēple/ De Erudice q̄ descouurit le secret De son mary amphiaraus/ ainsy que fist ladicte femme de Lathonet. f.clxiiii.clxv.et.clxvi.
¶ Exhortatiō aulx hōmes q̄ disent leurs secretz a leurs femmes
feuillet. clxvi.ꝛ.clxvii.
¶ Des ciquāte filles de danaus/ roy des Arginoys q̄ tuerēt toutes (la pmiere nuyct de leurs nopces)leurs maritz.
¶ De celles q̄ ont tuez leurs peres et meres. Et pmierement.
¶ Dunne fille qui empoisonna sō pere/ꝗ sa mere. f.clxvii. ¶ De cyana/deuāt dicte/feme de gr ece.
¶ De sylla fille de Nysus/roy des megerecoys. ¶ De celles qui ont tuez leurs ppres enfans.
¶ De Athalia qui fut fille de Achab/roy des.x.lignes des iuifz.
¶ De Drognes fille de pandiō roy dathenee/ꝗ feme de theseus.
De Medea/fille de oetha/roy de lisle de colcos feme de iasō.clxviii

CCC ii

Table du tiers Liure.

¶ Dunne fille de Rieux qui en terra son enfant tout vif/lequel y demoura lespace de dix et sept heures couuert de terre/q̃ fut descouuert p aulcũs chasseurs de lieure/ lequel enfãt est encores en vie. f.clix.
¶ Des femmes qui se sõt tuees delles mesmes.
De Lucresse: noble fẽme rõmaine
¶ De Portia/fille de Cathon.
¶ De Oppia. feuillet.clxx.
¶ De Aria/ampe de Petus.
De cleopatra/fẽme de Anthoyne
¶ De Nera/et Cleomine/seruãtes de ladicte Cleopatra.
¶ De Sabina/mere de Lempereur Adrianus.
¶ De Satyra/et Roxana/seurs du Roy Mitridates.
¶ De Theoxena.
¶ De calluce/fille de Lyceus/ homme cruel.
¶ De Nerea/vierge tresbelle. feuillet.clxxi.
De berceto/mere de Semiramis.
¶ De la belle Tisbee/ampe de Pyramus.
¶ De Dido/Royne de Carthaige. feuillet.clxxii.
¶ De la fẽme de Asdrubal/Capitaine fort renomme.
¶ De Euadne/fille de mars/ Dieu des batailles.
De Anne/seur de ladicte Dido.
¶ De Hyllonie/femme des Centhaures.
¶ De Jocaste/fẽme de Layus/ Roy de Thebes.

¶ De Amata/et Biblis.
¶ De Aragnes dicte/a de philis
¶ De Anaxerette et de Sapho.
¶ Resolutiõ des maulx venuz p femmes:q̃ ont este dessusd. f.clxxiii.
Aultres maulx venuz par fẽmes oultre ceulx qui sont ditz dess'.
¶ De la perdition du Royaulme des Assyriẽs faicte par Sardenapal' a loccasiõ des fẽmes.clxxiiii
De la perte du Royaulme Dasie/et destruction de Troye.
¶ De la perdition du Royaulme de Rõme p Lucresse.f.clxxv.
¶ Exẽple dune fẽme Rõmaine q̃ trõpa le diable.f.clxxvi.clxxvii. et.clxxviii.
Ballade vnissone a refrain/cordonnee p equocques/a batellee p cordnes equocqes.f.clxxviii.a.clxxix.

¶ Cy finist la Table de ce present Liure.

¶ Sensuyt la Table des Ballades/Rondeaulx/Virelayz/a aultres Rythmes de hault stille/et les differences dicelles.
¶ Ballade vnissone a.ix.lignes/ et dix syllabes. f.ii.page.ii.
Ballade dyaloguee a.viii syllabes/et.x.lignes. f.lviii.
¶ Ballade vnissone par dizains feuillet.lxxviii.pa.ii.
¶ Ballade vnissone: batellee.a.x syllabes/et.viii.lignes. f.lix.
¶ Ballade vnissone leonine: et batellee a deux terminaisons tant

Table des Ballades et Rondeaulx

seullement a dizains. f.xlix.
¶ Ballade Bnissone par termes scabreulx/et latinisez a dizains. feuillet.lxviii.pa.ii.
¶ Ballade Bnissone/τ Batellee.a. xii.lignes. feuillet.cxix.
¶ Ballade Bnissone par equiuocques a dix syllabes.et.x.lignes. feuillet.lx.pa.ii.
¶ Ballade Bnissone a doubles equiuocques. feuillet.lxxvii.
¶ Ballade Bnissone coronee par equiuocques a dizains. f.iii.pa.ii.
¶ Ballade Bnissone par Sers en rhaisnez/ equiuocquez. f.v.pa.ii.
¶ Ballade Bnissone coronee par equiuocques mariez en la premiere terminaison/ou sont accordez deux contraires/cest le plurier/auec le singulier/et le masculin/auec le femenin:car la teste est masculine et pluriere/τ la coronne femenine et singuliere. a dizains. feuillet.xi.
Ballade Bnissone/coronee par equocques/τ Batellee par coronez equocquez. f.clxxviii.page.ii.
Ballade Bnissone/Batellee et corōnee par double coronne equiuocquee/chascune ligne portant son equiuocque/aultrement dicte emperiere. feuillet. liii.
Ballade Bnissone/Batellee p termes leonismes/riches hors mys le refrain et son subgect/coronnee a deux cordes/par coronnez mariez/dicte emperiere par equiuocques/tāt le masculin que le feme

nin. feuillet.liii.pa.ii
¶ Ballade Bnissone/coronee par equiuocques/et Batellee par semblables coronnes equiuocquees aultrement dicte coronnee par eq uocques redoublez/en laquelle est coronne le refrain. f.lv.
¶ Ballade Bnissone a double ses retrogradee en diuerses facons/dont en lysant toute la ligne dit mal des femmes/aussy en la lysant au rebours mot a mot. Et ne lysant que vne moytie de chascun quartier que Sous souldrez dit bien desdites femmes/tāt le lysant en hault que en bas.
feuillet.cxxviii.pa.ii.
¶ Ballade Bnissone a double ses et de mesme sorte que la dessus quand a lestille. Mays contraire a laultre deuāt/car en lysant toute la ligne dit bien des femes/τ les moytiez en disēt mal.f.cxxviii
¶ Ballade Bnissone de mesme stille q̃ les dessus dictes/sauf que en lysant toute la ligne dit bien des femmes/et des moytiez lune dit mal et laultre bien desdictes femmes/par ainsy toutes les troys susdictes ballades sont differētes lune de laultre/cōbien que soyent dung mesme stille et se retrogradent dunne sorte.
feuillet.clxxviii.pa.ii.
¶ Rōdeau dit Triollet/ou biē Rōdelet/monosyllabe. Retrograde en diuerses sortes/tant au rebours q̃ aultremēt/duq̃l se peuēt

CCCiii

La table des Rondeaulx et Ballades.

faire cinq ditz Triolletz. feuillet lB.page.ii.

¶ Rondeau dit Triollet de mesme sorte que le dessus a deux syllabes. f.lB.page.ii.

¶ Rondeau dit Triollet/comme ceulx de dessus/a troys syllabes. feuillet.lB.pa.ii.

¶ Rondeau ou Triollet/comme ceulx de dessus/sauf que ne sen peuuent faire que quatre/a quatre syllabes. f.lBii.

¶ Rondeau dit Triollet pareil a ceulx de dessus: sauf que ne faict que troys triolletz a cinq syllabes. audict feuillet.

¶ Rondeau ou Triollet a six syllabes/qui ne faict q̃ troys Triolletz/comme le dessus. audict.f.

¶ Rondeau dit Triollet a sept syllabes/lequel ne peult faire que vng Triollet. audict.f.pa.ii.

¶ Rondeau Double.f.lxxiii pa.ii.

¶ Rondeau quatrain simple. feuillet.iiii.pa.ii.

¶ Rondeau Double qui reentre/ et ne clost poinct. feuillet.l.

¶ Rondeau Double/comme le dessus. audict feuillet.

¶ Rondeau Double qui reentre et clost. f.li.

¶ Rondeau double/comme le dessus. audict feuillet.

¶ Rondeau quatrain/batelle. f.iiii.

¶ Rondeau Double/ Dyalogue. feuillet.lBiii.pa.ii.

¶ Rondeau quatrain par equiuocques/ et batelle. feuil.lxxix.pa.ii.

¶ Rondeau Double/par equiuocques. feuillet.lix.

¶ Rondeau quatrain par Vers coronnez. feuillet.lxxix.pa.ii.

¶ Rondeau quatrain par Vers enchaisnez. feuillet.lxxix.

¶ Rondeau par Vers coronnez mariez equiuocquez. feuil.lxxxii.

¶ Virelay simple. feuillet.iiii.

¶ Virelay simple. f.lxxx.

¶ Virelay simple. f.lxxxi.pa.ii.

¶ Virelay redouble/ aultrement dit lay. feuillet.l.

¶ Virelay par equiuocques.f.lxi.

¶ Virelay par equiuocques cordnez/ aussy redouble. f.lB.

¶ Couplets espars reentrans sur le latin/sur chascun mot de Responde michi. feuillet xliii.xliiii. xlB.et.xlBi.

¶ Nouuelle forme de rythme/en laq̃lle vne lettre satisfaict a deux Vers/tant au commencement de la ligne que a la fin. feuillet.li.

¶ Rythme senee/en laquelle la p̃miere lettre de chascun mot/sert a faire vng prouerbe. feuil.liii.

¶ Couplet a dix syllabes/et.ix. lignes Dyalogue. f.lBiii.page.ii.

¶ forme de Rythme enchaisnee par mesmes termes.f.lxxix. pa.ii.

¶ Rythme dicte Arbre fourchu. feuillet.lxxxi.

¶ Couplets concathenez.f.lxxxii.

¶ Aultres couplets de mesme sorte. feuillet.lxxxiii.

¶ Couplets en forme de Lypzielle feuillet.cxxii.

Table du tiers Livre.

¶ Arbre fourchu daultre sorte q̃ le dessus. f.cxxiii.

¶ Aultre arbre fourchu daultre sorte que les dessus dictz. feuillet.cxxiii.page.ii.

¶ Couplet par Rythme senee. feuillet.lxix.pa.ii.

¶ Loquution: cõtenãt quatre cens.xlii.lignes par equiuocques sur ce mot con.f.lxi.lxii.lxiii.lxiiii.lxv.lxvi.et.lxvii.

¶ Sorte de Rythme nouuelle p termes cordonez, en forme de dyalogue/ & sur la resonãce de Echo. feuillet.lviii.pa.ii.

¶ Vers a chascun mot par equiuocques. feuillet.lix.pa.ii.

¶ Vers equiuocquans a chascun mot/ auec la ligne suyuante/ dõt semble q̃ les deux lignes ne soyẽt que vne mesme chose. f.lx.

¶ Vers qui sont cordonez a chascũ mot/ equiuocquez. audict feuillet.

¶ Vers coronnez p̃ equiuocques a chascun mot/ cõtre la ligne suyuante/ dont ne semble que vne mesme chose/ comme le dessus dict. audict feuillet.

¶ Vers en latin et francoys a la pronuntiation/ equiuocquãs l'ũg a laultre a chascun mot. audict.f.

¶ Vers comme le dessus/ tant a la platid que a la lettre. audict.f.

¶ Vers a chascũ mot a mesmes lettres/ tãt en allant quen retournant. audict feuillet.pa.ii.

¶ Vers ou tel sens et telz motz/ en lysant en arriere lettre pour lettre/ est comme en lysant en auant. audict feuillet.pa.ii.

¶ Vers que en allant sont francoys/ & retournãt latin et bõ sens. audict feuillet.pa.ii.

¶ Champ royal Jnissone a.xv. coupletz/ et Lenuoy/ leonismes disains de lygnes et syllabes. feuillet.viii.ix.x.et.xi.

¶ Eschequier en forme deue/ faisant le sault de toutes les pieces du ieu des eschecz/ le sault du quynault/ du mouton/ et de la pye. quest aultant a dire que de par tout. feuillet.liiii.

finis.

¶ Les noms des Autheurs tant Theologiens/ Historiographes/ Legistes/ Canonistes/ Poetes/ q̃ francoys/ par lesquelz est conferme le dire de Lautheur.

¶ Moyses au Genese	Exodus.
Numeri.	Deuteronome
Josue.	Judicum.
Libri regum	Ester.
Job.	In parabolis/ et in
Esayas.	ecclesiastes.
Jheremias.	Thobias.
Judith	Sapiẽ. et puerbys
Jhesus fily syrac	Matheus.
Marcus	Lucas.
Joannes	Paulus
Petrus	Jacobus.
Acta apostolorum	Augustinus.
Hyeronymus	Chrisostomus.
Gregorius.	Ambrosius
Dyonisius.	Beda
Adrianus	Thomas.
Codrus	Biblia aurea
Rosarium busti	Discipulus.
Textus iuris canonici	Innocentius.
Panormitanus.	Joannes andre
Felynus.	Anthoni⁹ de butrio

CCC iiii

Table des Autheurs.

Joannes de anania.
Barbatias.
De selua:in tractatu de beneficio.
Benedicti:in repetitione cap. Raynutius.
Textus iuris ciuilis.
Bartholus.   Baldus.
Cynus.   Paulus de castro.
Alexander.   Angelus.
Iason.   Lucas de penna.
Joannes de platea   Joannes fabri.
Hyppolitus de marsilijs
Bauerius.   Sozinus.
Speculator.
Boeri/in tractatu consuetudi. Bituricensium.
Anthonius de prato in tractatu de secundis nuptijs.
Joannes neuisanus seu Sylua nuptialis.
Bologinus/in repetitione autē. habita.
Paris in tractu de syndicatu.
Johannes de montaigne in tractatu de bigamia.
Franciscus bouis in tracta. de iudicijs.
Caxialippus in consilio de monachis/ contra canonicos.
Ropellus in monarchia.
Montfrancus in repetitione si constante
Jacobus de montelon in promptuario iuris.
Florianus.
Joannes lycier in tractatu de primogenitura.
Albericus in dictionario.
Cornelius in .l. cū oportet.
Fortunius garcia in repetitionem .l. iurisgentiū.
Tiraquellus in ll. connubialibus.
Titus Liuius.   Salustius.
Valerius maximus
Josephus de bello iudaico.
Plutarchus.   Herodianus.
Herodotus.   Sabellicus.
Justinus.   Plinius.
Diogenes.   Eusebius.
Plato.   Suetonius.
Solinus.   Strabo.
Lactantius.   Paulus orosius.
Mapheus regius.   Petrarca.
Aulus gellius   Macrobius.
Boccassius de viris illustribus.
Isidorus.   Erasmus.
Fulgosius.   Baptista pius
Cornelius tacitus.
Caelius rhodiginus.
Theophrastus.
Bebellius.
Beroaldus.
Vergilius polydorus.
Eneas Syluius seu papa pius.

Dominicus.
Decius.

Supplementum cronicarum.
Jacobus yualin in sanctuario papie.
Enchiridion militare.
Aegidius de regimine principum.
Hubertus.
Budeus.
Seneca.
Lucanus.
Cichus esculanus.
Guaguinus.
Sophologium sapientie
Marsilius ficinus.
Philelphus.
Xenophon.
Polyantea.
Textor.
Dares frigius.
Terentius.
Diodorus siculus.
Aristoteles.
Morus in vtopia.
Simphorianus
Iginus.
Aelius spartianus
Homerus.
Menander.
Hesyodus.
Vergilius.   Ouidius.
Strosa pater.
Strosa filius.
Ausonius.
Martialis.
Codrus.
Jouianus pontanus.
Pamphilus saxus.   Horatius.
Juuenalis.   Persius.
Propertius.   Catulus.
Tibulus.   Plautus.
Mantuanus.

¶ En francoys.
¶ Bouchet aulx epitaphes des Roys.
Le champion des dames.
Le Romant de la Rose.
Merlin   Matheolus.
Celestine.   Alain charretier.
Chichefaçe   Trop tost marie
Les secretz et loix de mariage.
Les abuz du monde.
Le debat de l'homme et de la femme.
Les sept sages de Romme.
Les quinze ioyes d mariage.
La malice des femmes.
Les cent nouuelles de maistre Jehan boccasse.

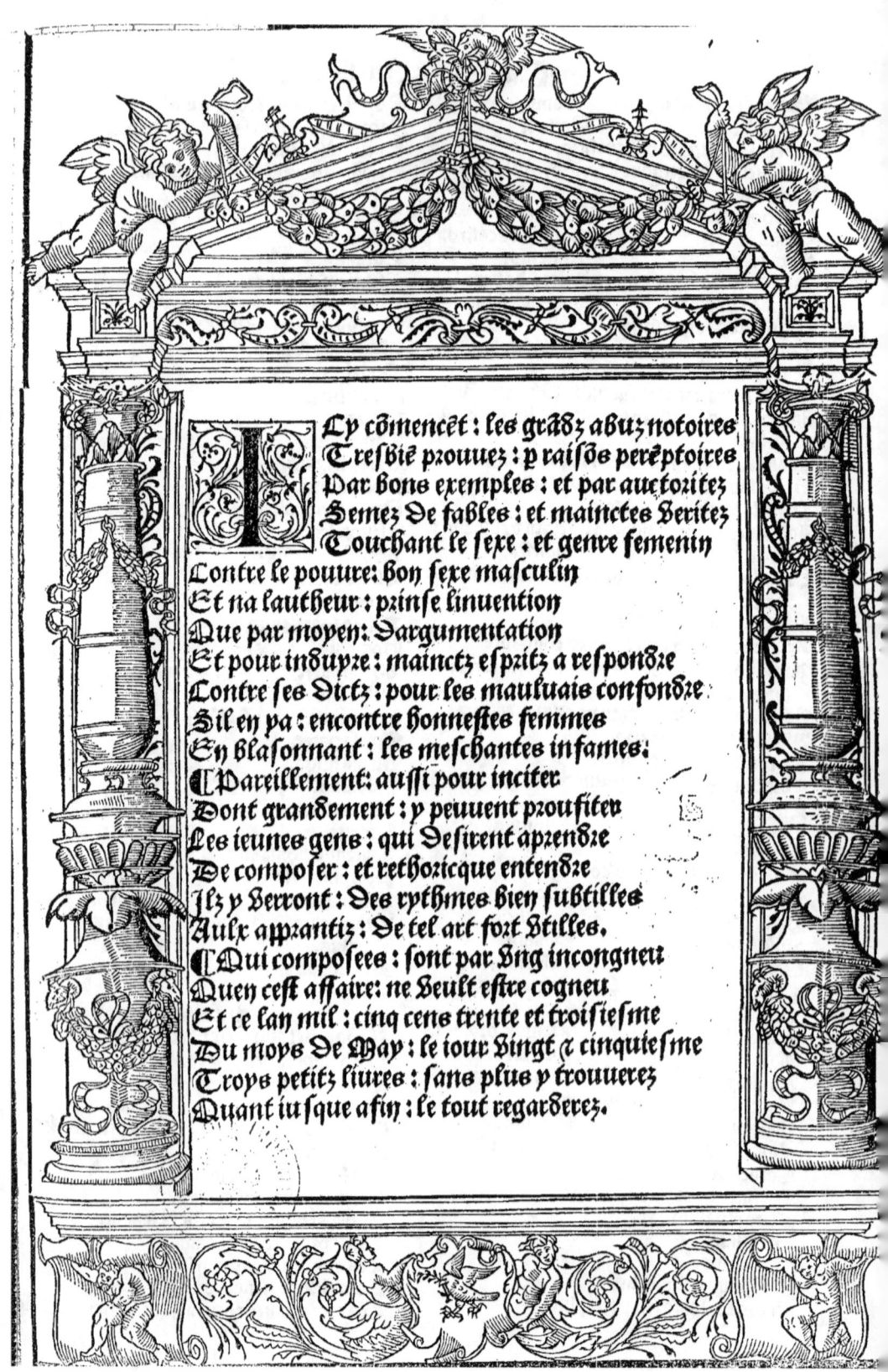

Ly cõmencẽt : les grãdz abuz notoires
Tresbiẽ prouuez : p̃ raisõs perẽptoires
Par bons exemples : et par auctoritez
Semez de fables : et mainctes veritez
Touchant le sexe : et genre femenin
Contre le pouure: bon sexe masculin
Et na lautheur: prinse linuention
Que par moyen: dargumentation
Et pour induyre: mainctz espritz a respondre
Contre ses dictz: pour les mauluais confondre
Sil en ya : encontre honnestes femmes
En blasonnant : les meschantes infames.
⁋ Pareillement: aussi pour inciter
Dont grandement: y peuuent proufiter
Les ieunes gens : qui desirent aprendre
De composer : et rethoricque entendre
Ilz y verront : des rythmes bien subtilles
Aulx apprantiz: de tel art fort vtilles.
⁋ Qui composees : sont par vng incongneu
Quen cest affaire: ne veult estre cogneu
Et ce lan mil : cinq cens trente et troisiesme
Du moys de May : le iour vingt τ cinquiesme
Troys petitz liures : sans plus y trouuerez
Quant iusque afin : le tout regarderez.

℧Prologue de lautheur.　Feuillet.ii.

Ng iour que soing: soucy/trauail/& cure
Me eurẽt mis hors: de leur prison obscure
Me deliurant: au seuil dhumain repos
Pour euiter: les dangereulx propos
Le sain conseil: de lasche oysiuete
Et de sommeil: la tenebrosite
Fut bon aduis: lequel me deliura
Au bon vouloir: de remede et liura
Qui me incita: tellement me conduyre
Que icy dessoubz: vous ay voulu desduyre.
℧Or estant donc: hors doccupation
Pour prandre esbat: et recreation
Je men alliz: dans vng boys a lombrette
Ou me couchiz: dessus la fresche herbette
Et soubz les esles: dung aubespin fort beau
Dessus lequel: chantoit mainct vng oyseau
Le rossignol: y disoit a merueilles
Qui sur tous aultres: contentoit mes oreilles.
℧Cella escoute: lespace de long temps
Prins ces plaisirs: et menuz passetemps
Les melodies: et ces choses passees
Digestion: faisant de mes pensees
Souddain me mis: sur choses temporelles
Que bonnement: ne me souuient desquelles
Tant furent lors: obfusquez mes espritz
Par maincts souhaytz: souddainement surpris.
℧Fantasiant: sur celle resuerie
Et contemplant: en maincte feerie
Vng beau viellard: veiz venir a grand erre
Courant vers moy: bruyant comme tonnerre
Pasle deffaict: ses yeulx couuertz de larmes
Tenant facon: et fort estranges termes
Tant quil sembloit: le bon viellard eage
De son regard: homme presque enrage.
℧Marry sembloit: de parolle et de faict
Et larmoyoit: si tresfort en effect
Questoit pitie: deveoir sa contenance

a ij

Liure Premier   Du sexe Masculin
Ouyr ses plainctz : ses criz et doleance
Par ses propoz : la mort fort desiroit
Ses vestemens : et cheueulx desfiroit
Du grand despit : quil auoit eu daulcun
Qui luy auoit ditz : de reproches mainct vng.
¶ Des que ie veiz : ce pouure mal content
En tel estat : mestonniz si trestant
Que ie ne sceuz : sestoys en ciel ou terre
Ne qui iestois : ne auec qui men enquerre.
¶ En quelque sorte : reprins en moy couraige
En demandant : au susdit personnaige
Devoir quil estoit : et quil me dist son nom
Lequel bon homme : ne men dist poinct de non
Il se nomma : le sexe masculin
Se complaignant : du sexe femenin
En me disant : par parolles semblables
Que ne me furent : grandement agreables.

¶ Balade Vnissonne a refrain/ contenant la pri-
ere et supplication du sexe masculin enuers laus-
theur.En luy priât le vouloir secourir et deffendre.
¶ Le sexe masculin.

Frere germain : humblement si te prye
Le pouure corps : qui de toy tant se fye
Quen son affaire : le veuilles secourir
Femenin sexe : par sa grande follie
La tant blesse : de maincte villainie
Que de grand dueil : en est cuyde mourir
Par quoy te vient : de bon cueur requerir
Qua le deffendre : tu veuilles estre enclin
Guarde lhonneur : du sexe masculin.

¶ Je scay tresbien : sans nulle flatterie
Que si tu veulx : mettre ta fantasie
Facillement : le scauras mainctenir
Car mainct passaige : de la theologie
Du droict commun : et de philosophie
Tu trouueras : pour le bien soubstenir

Contre le sexe feminin. Feuillet.iii

Ne parmectz plus : si mal lentretenir
Je ten supplie : mon doulx frere benyn
Garde lhonneur : du sexe masculin.

¶ Ce nest rien plus : le droict de ma partie
Que opinion : caquet et menterie
Pensant bon droict : en maulvais convertir
Par ses propoz : et grande baverie
Par ses menasses : et par sa crierie
Pense les gens : de raison divertir
De telz abuz : ie ten veulx advertir
En declairant : son cauteleux engin
Garde lhonneur : du sexe masculin.
                ¶ Lenvoy.
¶ Frere lequel : sans plus men enquerir
En briefz de iours : tous mes maulx peulx guerir
Et mon proces : mettre du tout affin
Garde lhonneur : du sexe masculin.

            ¶ Dixelay.
¶ Tant oppresse
Suys ô sexe
Surbonne loy
Si fort blesse
Le tout pense
Quau bas me voy.
¶ Si de par toy
De cest esmoy
Ne suys recours
Sans nul renvoy
Croy sur ma foy
Quay faict mon cours
¶ Mes iours sont courtz
Si ton secours
Ne me mect sus
Par meschans tours
Villains et lourdz
Lon ma confuz.

                            a iii

Liure Premier   Du sexe Masculin

¶Lautheur.

Pres narrez : telz motz desolatifz
Enuers pitie : tresfort incitatifz
Pource que poinct : du grand estonnement
Bien ne retins : son propos seurement
Je luy priay : que mieulx me declairast
Sondict affaire : & de fraiz racomptast.
¶Le repriant : encore vne aultre foys
De sapprocher : & plus haulser sa voix
Car le bon homme : si tresbas il parloit
Et de propos : si tresfort chancelloit
Que bonnement : ie ne pouuoys comprendre
Son piteulx cas : ne gueres bien entendre.
¶Le quel apres : reprint vng peu couraige
Et sefforca : de crier dauantaige
En sapprochant : de moy si bien apoinct
Et de si pres : que ie ne failliz poinct
De bien entendre : trestous ses piteulx motz
Ne de comprendre : bien au vray son propos
Il commenca : redire ses deuis
Par semblans motz : ainsi quil mest aduis.

   ¶Balade vnissonne a refrain/ & coronnee par
equiuocqs du sexe Masculin/ se complaignant
du sexe Femenin/ priant Lautheur derechief
le vouloir secourir.

¶Le sexe Masculin.

As ie me plains : de mainctz estourdiz/ditz
Qua ma partie : par faulx intenditz/ditz
Contre lhonneur : de mes fleurissans/sens
Dont par le iuge : des dampnez maulditz/dis
Auant desioures : si ne mesconditz/dis.
¶Lauras vaincu : tes faictz si puissans/sens
Mes desirs sont : a toy adressans/sens
Auoir le cueur : vers aultre quel quil soit

Contre le sexe feminin · Feuillet.iiii.

De motz picque : suys par maintcz fissans ℓ cens
Les bons amys : au besoing lon cognoist.

¶ Laisse pour moy : tous tes amolliz ℓ lictz
Et prens tes liures : ou par mes delictz ℓ liz
Et trouueras : des motz competens ℓ tantz
Las ie trouuitz : si mal ses deduictz ℓ duitz
Que si trouue : ieusse nulz conduitz ℓ huys
Leusse fouy : par long (comme entendz) ℓ temps
En brief vaincuz : ces dictz inconstans ℓ tendz
Par toy si peine : tu mectz en cest endroict
Tes arcz desprit : les plus resistans ℓ tendz
Les bons amys : au besoing lon congnoist.

¶ Sur tous viuans : dargumens essuytz ℓ suys
Car en oyant : ce que ie poursuys ℓ suetz
Du despit queuz : ouyr telz meschantz ℓ chantz
Gaigner cuydoit : dhonneur par surprise ℓ prise
Ayant sur moy : propos de mesprise ℓ pris
Se monstrant fol : sur toutz les marchantz ℓ champs
Tu luy abbatras : ses faulx deceuans ℓ sentz
Tant par raison : que par le commun droict
A toy mes droictz : sans nulz reseruans ℓ sendz
Les bons amys : au besoing lon congnoist.

¶ Enuoy.

¶ Prince puyssant : sur tous les regentz ℓ gentz
Conforte moy : si poinct faire se doibt
Car comme disent : poures indigens ℓ gens
Les bons amys : au besoing lon congnoist.

¶ Rondeau Batelle.

¶ Femenin sexe : ie mauldis tes effaictz
Et meschantz faictz : sans aulcune apparence
Par ta iactance : ie viz en desplaisance
Car sans doubtance : vng grand tort tu me fais

¶ Je congnoys bien : tes lasches tours infaictz
Et les meffaictz : de ta grande meschance.

a iiii

Liure Premier　　　Du sexe Masculi,/
　　Femenin sexe.

¶ Fort suys attainct: De souffrir si gros fayz
Tant imparfaictz: τ de telle importance
Mais iay fiance: τ tiens pour asseurance
Quen brief vengeance: iauray de tes forfaictz
　　　　Femenin sexe.

　　　　¶ Rondeau simple.

¶ Plus que moy il se dit valoir
Mais certainement il abuse
Car tout son cas nest fors que ruse
Et ce pour les gens deceuoir.

¶ Aussi se dit il plus scauoir
Mais par raison bon droict laccuse.
　　　Plus que moy.

¶ Quil ne soit dabuz le myroir
Il ne scauroit trouuer excuse
Car si vne foys aulcun si amuse
Tost mauldira son fainct vouloir
　　　Plus que moy.

　　　　¶ Lautheur

Incontinent: ces parolles passees
Par son propos: enuers moy adressees
Luy respondiz: que de tout mon pouuoir
De tresbon cueur: y feroys mon debuoir
Luy demonstrant: quil auoit mal pense
Pour vng tel cas: sestrea moy adresse
Considere: que ie ne suis capable
Pour entreprendre: chose si tresnotable
Car ne suys homme: de lectre ne destude
Fors vng sotart: desprit materne τ rude
Qui ne scay loy: rayson ne auctorite
Ne de scauoir: que naturalite,

Contre le sexe femenin.   Feuillet.8.

¶Et fut la cause : de poinct ne lefcondyre
La grand pitye : que ieuz de luy ouyr dire
Les gros oultraiges : quil disoit luy estre faictz
Tant de parolle : que par maintz meschans faictz
Par quoy : promis entreprendre laffaire
Ainsi qua moy : seroit possible faire
Et que nature : me souldroit secourir
Sans ce que poinct : ie pretende encourir
La malle grace : du sexe femenin
Mon bien ayme : mon parent/mon affin.
¶Tant seullement : ie nay intention
Que par rayson : dargumentation
Garder lhonneur : du sexe masculin
Mon grand amy : & doulx frere begnin
En demonstrant : tant par auctoritez
Que par raysons : les grandes dignitez
Et les vertuz : que dieu a donne a lhomme
Que sont si grandes : quon ne les scait en somme.
¶Par quoy si tost : queuz la chose promise
Luy fut par moy : telle chose requise
Cest/ quil voulsit : ung peu me faire place
Tost sen aller : et me vuyder la place
Ce que fut fait : par luy souddainement
Obeyssant : a mon commandement
Je luy promis : son cas prest a deffendre
Des lendemain : et quil le vein se prendre
Il me pria : bien fort lexpedier
Par quoy prins plume : de lancre & du papier
Pour commencer : de faire sa deffense
Et besoingner : a toute diligence.
¶Mais toutesfois : auant que cela faire
Je protestiz : que ne voulops mesfaire
Pour rien que fut : enuers les nobles dames
De damoyselles : bourgeoises & aultres femmes
De rien contre elles : ne veulx estre inuenteur
Veu que ie suys : leur humble seruiteur.
¶Des vertueuses : ne me veulx poinct mesler
En ceste affaire : ne contre elles parler

a.8.

Car ie nentendz : parler fors que de celles
Que se desdyent : a fraulde & cautelles
Et ne ce veullent : gouuerner par raison
Et que ne pensent : que a abuz et traison
¶ Et si ien parle : tout generallement
Si nentendz ie : certes poinct aultrement
Et de cela : proteste de rechief
Car ne vouldroye : venir a tel meschief
¶ Parquoy mes dames : toutes mexcuserez
Et ceste chose : vous mauctoriserez
Que faire puisse : sans que soye repris
De vous ce liure : puis que lay entrepris.
¶ Or doncques telle : protestation faicte
Paracheuee : aussi bien ma requeste
Et tout ainsi : que soloye commencer
De besoingner : le bon viellard tancer
Entre soy mesmes : entendiz luy parlant
Telles parolles : pas a pas sen allant

¶ Sexe masculin parlant entre soymesmes se complaignant du sexe feminin : Par vne balade vnissonne a refrain par vers enchaisnez equiuocquez.

¶ Sexe masculin.

Femenin sexe : si de toy me complainctz
Plainqs ┐ et souspire : de tes propoz infaictz
Faiz ┐ ie point mal : veu que par montz et plains
Plainctz ┐ contre moy : tu faiz fort imparfaictz
Contre raison : grandement tu mesfaitz
Faix ┐ si pesans : me charger par confort
Fort ┐ men desplaist : dont respondz quen mainctz faictz
Tel blasme aultruy : quil mesmes a le tort.

¶ Pource que tu as : tes espritz trop haultains
Tainctz ┐ sont tes bruytz : dauoir mainctz affinez
Nes ┐ tu meschant : qui par despitz certains
Tainctz ┐ telz sur moy : mas chargez et donnez

Contre le sexe feminin

Ilz sont sur toy: tous vices ordonnez
Metz/sont mes faictz: maulgre ton faulx raport
Port/bon ne appuy: nont tes dictz mal ornez
Tel blasme aultruy: quil mesmes a le tort.

¶Qui sercheroit: ce quas fait aux rommains
Mainctz/meschans tours: trouueroit te promectz
Mis/a plusieurs: as donnez de tes mains
Moins/profitables: que la fiebure a iamais
Beaucoupz meurtriz: sont par toy et assommez
Mais/ne ten chault: et nen eulx onq remort
More/te desire: car de ce que tu metz
Tel blasme aultruy: quil mesmes a le tort.

¶Enuoy.

¶Prince mauldit: poinct ne crains tes proces
Secz/de vertu: sont pour me faire effort
Fort/nes assez: car touchant telz exces
Tel blasme aultruy: quil mesmes a le tort.

¶Laucteur.

Ce dict apres: ie luy tourniz le schine
En inuoquant: la puissance diuine
Me illuminer: de ceste oeuure parfaire
Entierement: et de sorte la faire
Que dieu ne soit: offense nullement
Ne desplaisant: en rien aulcunnement
Priant aussi: aux liseurs de bon cueur
De supporter: les faultes de laucteur.
¶Incontinent: me mis a mon debuoir
Pour besongner: a mon petit pouuoir
Mais tout ainsi: que commenceiz descripre
Je viz venir: si ie le scay descripre
Ung grand trouppeau: de cheuaulx et de gens
Qui de marcher: estoyent diligens
Entre lesquelz: ung chariot branslant
Veiz riche et beau: aumoins a mon semblant

Liure Premier　　　Du sexe Masculin

Dedans lequel : ie veiz vne grand Dame
Fort diapree : ie vous iure mon ame
Dacoustrement : si tresfort admirable
Et si diuers : quest chose inestimable
Couuertz estoyent : ces cheuaulx de lytiere
De fin drap dor : tant deuant que derriere
Ses petitz pages : vestuz de drap dargent
Moytie velours : de couleur verd changeant.
¶ Ses damoyselles : vestues de liuree
Chascune ayant : vne belle hacquenee
De couleur blanche : ainsi quil mestaduis
Et leur mignon : chascunne viz a viz.
¶ Ses gentilzhommes : estoyent si bien empoinct
Que de si braues : oncques ie nen veiz poinct
Montez/armez : fins au plus moindre page
Questoit plaisir : de veoir leur equipage
De pierrerie : dieu scait sil y en auoit
Chascun sur soy : vng gros nombre en portoit.
¶ Ses cheualiers : faisoient les algarades
Deuant les dames : & force desplanades
Cestoit vng songe : de veoir leur ordonnance
Veoir leur facon : & seure contenance
Tant gens de pied : que les gens de cheual
Tout estoit bien : ie diz en general.
¶ Pour abreger : la dame vint vers moy
Que mestonna : ie vous iure ma foy
Veu son gros train : & les choses descriptes
Que bien au long : nay poinct encore escriptes
Et daultre part : de ce quelle me dist
Me prononceant : mainct vng tresrude dict
En me disant : questoit cause pour quoy
Je ne mestoys : adresse deuers soy
Puisque entreprins : iauois vng tel affaire
Car rien sans elle : ne pourrois ie bien faire
¶ Lors luy priay : que son nom me nommast
Et quelle estoit : aussi me declairast
La quelle dame : sans aulcun conttredict
Par motz pareilz : ainsi me respondit

Liure Premier   Du sexe Masculin

¶ Chap Royal/Vnissonne a refrain/cõtenãt.xx8.cou
pletz/Auql est itroduicte fortune se iactãt tãt de son
pouuoir q̃ De ses effectz lesq̃lz ne sont telz/q̃lle Dict/
car to⁹ cas humains Depẽdẽt de puisãce Diuine. Et
ne se fault esmerueiller si elle mẽt car elle porte figu-
re de femme/ã les fẽmes p leur presumptiõ naturelle
cõmunemẽt se pẽsent ã Disent Baloir pl⁹ q̃ ne sont.
                ¶ fortune.

Fortune suys : qui gouuerne ã Domine
faiz ã Deffaiz : tant suis habille ã fine
Toutes les choses : selon mes appetitz
A faire mal : ie suys tousiours encline
Nature humaine : tiens soubz ma Discipline
Hommes ã femmes : tant les grans que petitz
A qui me plaist : force biens Despartiz
A qui ie hays : De grans maulx habondance
Car comme scauent : ceulx quen sont aduertiz
Tout en ce monde : me fait obeyssance.

¶ Pointct ie nespargne : parent affin ne affine
Frere ne seur : ne cousin ne cousine
Princes ne roys : silz ne sont mes amys
A mainctes gens : faiz bonne chiere ã myne
Et plusieurs : tant Desruys ã myne
Que bien soubdain : a pouurete sont mys
Amon plaisir : bien et mal est soubmys
Douloir Diuin : en a faict lordonnance
Dont tout ainsy que par luy mest permis
Tout en ce monde : me fait obeyssance.

¶ Aulx Vngs ie monstre : faincte face Vulpine
A Daultres puys : ie suis plusque marrine
Les Vngs ie loue : Des aultres ie mesditz
Aulx Vngs ie Donne : Des aultres ie rapine
Les Vngs aduise : ã les aultres affine
Aulx Vng ottroye : aulx aultres esconditz
Mainctz me Demandent : a mainctz ie contreditz
Je ne fais rien : sil nest a ma plaisance
Les plus subtilz souuent rendz estourditz
Tout en ce monde : me fait obeyssance.

Contre le sexe feminin   Feuillet.8iii.

¶Qui tous mes faictz : bien calculle et rumyne
Les ungs appaise : aultres metz en ruyne
Les ungs exaulse : aultres metz a despris
A qui me plaist : apprens bonne doctrine
A plusieurs : de mal faire endoctrine
Dont mainctz en ont : iadis este surpris
Et bien & mal : a mainct ung en a pris
A mon moyen : pour toute recompense
Chascun peult veoir : que le tout bien compris
Tout en ce monde : me fait obeyssance.

¶Aulcun me boyt : ma teste cerberine
Et ne cognoist : ma poyson crapauldine
Que de grant paour : ne soyent esbahys
Quant une fois : contre aulcuns me mutine
Si fiere suys : si despite & mutine
Qua tout iamais : iusque a mort les hays
Les ungs asseure : les aultres ie trahys
Ung chascun iour : lon voyt lexperience
Chascun me craint : tant que par tout pays
Tout en ce monde : me fait obeyssance.

¶Il nest royaulme : que par tout ne chemine
Nauigue aussi : par dessus la marine
Ou iay tant fait : que mainctz y sont periz
Dessus la terre : souuent meine famine
Et daultresfois : force vins/bleds/& farine
Tant en espaigne : a romme qua paris
A mainctes femmes : ie priue de maritz
Et donne aussi : de maincte difference
Saiges & foulz : & subtilz esperitz
Tout en ce monde : me fait obeyssance.

¶Aulcuns alaicte : de ma doulce tetine
A daultres suys : une rude mastine
Quant une foys : leur donne le defiz
Mainctz corps humains : sont soubz terre a vermine
Ce non obstant : maincte une medecine

Livre Premier   Du sexe Masculin

Que de par moy : ont esté desconfitz
Tant par envye : que pour mondains proufitz
Jay deslivrez : mainctz a desesperance
Je tiens subgetz : peres/meres/et filz
Tout en ce monde : me fait obeyssance.

¶ Jay fait tirer : mainct coup de serpentine
Mainct gros canon : mainct coup de couleurine
Quont fait mourir : plusieurs hors leurs lictz
Jay faict ruer : mainct coup de iaueline
Mainct coup de picque : & briser maincte hauguyne
Pour soubstenir : le droict des fleurs de lyz
Par les fossez : iay mainctz ensepuelíz
Tant dallemaigne : despaigne/que de france
Le mest tout ung : en lestat que ie eslíz
Tout en ce monde : me fait obeyssance.

¶ Jay descouuerte : la myne cristalline
Clers dyamans : et toute pierre fine
Et celle suys : qui premier les trouuiz
Jaspe/iayet : pur ambre cornelline
Et le courail : plus vermeil qune guyne
Qua patinostres : ma inctes gens a servíz
Lart de les faire : aussi bien controuuiz
Dont la plus part : ie liure a la balance
Quoy que ie face : en suyuant mes aduis
Tout en ce monde : me fait obeyssance.

¶ Dieu permettant : de cité alexandrine
Je feiz mourir : la vierge catherine
Auec razouers : ses tetins arrachíz
Jay fait mourir : sibille tyburtine
La belle heleine : medee/melusine
Dido/& lucresse : dessoubz terre couchíz
Barthelemy : aussi bien escorchíz
Et daultres mainctz : ayans ferme constance
Sainct pierre en croix : rudement attachíz
Tout en ce monde : me fait obeyssance.

Epistre aulx Lecteurs.

L'autheur aulx Lecteurs de ce present Liure.
Salut.

Enings lecteurs: tant que puys ie vous prie
Et de bon cueur: encores vous reprie
Humble salut: seigneurs presupposee
Que pcy pmiere: ie deusse auoir posee
C'est les deffaulx: de ce Liure excuser
Sans derigueur: les iuger/ne accuser
Consyderez: que ce que ien ay faict
Est impossible: que puysse estre parfaict
Pour les Raisons: que cy dessoubz orrez
Fort apparentes: tout ainsy que verrez
La premiere est: Des raisons que vous liure
Que iamays plus: ie nay compose liure
Par quoy ledict: grand chose ne peult estre
Plustost varlet: il fault estre que maistre
Homme de lettre: ny destude ne suis
Le naturel: tant seullement iensuytz
Maternel suys: non speculatif
Et sy de france: ie ne suys point natif
De france diz: c'est de langue francoyse
De Tours/Paris: Dorleans ny Damboyse
En Languedoc: me suys tousiours tenu
Bien peu iay veu: et ce mal retenu
Toutes les faultes: ne procedent de moy
De la pluspart: ien ay este en esmoy.
Mays accuser: ie ne vouldroys personne
Jayme trop myeulx: que le tord on men donne
Les miennes faultes: sont facilles congnoistre.
Qui sen vouldra: vng petit recongnoistre
Vng Errata: cy dessoubz trouuerez
Ou la pluspart: des faultes veoir pourrez
A tout le moindz: celles quay apperceues
Les plus patentes: et les plus mal tyssues
Aussy seigneurs: ie vous prie humblement
Que sy respondre: voulez a larguiment.
Que ie vous fais: de sexe masculin.

Epistre aulx Lecteurs.

Sur les abuz: Du sexe femenin,
Que vous sera: chose tresque facille
Me respondez: en Rythme et tel stille
Comme ie argue: poinct pour poinct/ou ie annonce
Que ne seroye: content de la responce
Car ce seroyt: chose mal raisonnable
Que la responce: ne fusse conuenable
A largument: ny la resumption
Insuffisante: seroyt solution.
Cella seroyt: vouloir latin confondre
Destre congrue: pour en francoys respondre.
¶ Pource de vous: aulcun ne se dispose
De me respondre: en grec/latin/ne prose
En aultre langue: ne forme que ie fais
Equiparables: soyent voz dictz a mes faictz
Plus pour la Rythme: ce liure commence
Jay/et de sorte:(que voyez)aduance
Que pour le sens: ny des femmes mesdire
Et qua mes dictz: voulsissiez contredire.
¶ Quand la responce:(de vous)faicte serray
Il peult bien estre: que ie replicqueray.
Me parforceant: faire myeulx que nay faict
Commencement: ne peult estre parfaict.

¶ S'ensuyt ledict Errata, tant sur le premier Liure, second, que tiers. Et premierement il fault noter que toutz les Liures de ceste Impression sont subgectz au present Errata, car les vngs ont este corrigez presque au commencement de l'impression, les aultres vers le millieu, les vns vers la fin, et les aultres poinct, mays ou trouueres faulte, vous retirerez a cestuy Errata. Et peult estre que toutes les faultes ne sont audict present Errata, tant a cause de inaduertence, que de trop s'en passer de legier.

¶ Item debuez noter que en ce dict Errata n'est faicte mension, de ce mot z terme plusieurs, qui est souuent en ce Liure, vne foys pour trois syllabes, aultre pour deux, ainsi que le commun parler requiert. Et c'est a cause que lesditz Liures ont este composez a ladicte Impression par diuers Compositeurs et corrigez par diuers correcteurs. Et les vngs disent que le dict terme plusieurs, doibt estre prononce long a troys syllabes. Les aultres disent que tant seullement a deux, disans que la commune pronociation est telle. Mays soyt a troys ou a deux, ne vous y arresterez, toutz deux sont passables.

¶ Item quand vous trouuerez ce mot soyent, auoyent, tenoyent, z aultres leurs semblables, ne se doibuent pronocer que pour soyht, auoyent, z tenoyent, combien que soyent escriptz aultrement, a cause de l'orthographie.

¶ Item n'est faicte mension des faultes de l'orthographie, des commas obmys, ou bien posez trop tost ou tard, qui doibuent estre mys a la quarte syllabe du masculin, et du femenin a la cinquiesme ou se doibt faire la coppe, ou repos.

¶ Item n'est faicte mension des poinctz, ny virgulles hors de leurs places.

¶ Item n'est faicte mension des cottes du marge, qui ne sont la plus part ou doybuent estre.

¶ Errata sur le premier Liure.

¶ feuillet. iij. ligne. xxiij. du sexe masculin, pour du sexe femenin.
¶ feuillet. iiij. page. ij. ligne. ij. fayz pour fayt.
¶ feuill. vj. ligne. xix. trouu's pour tournes. Et lig. xxx. estoient diligens pour estoient fort diligens.
¶ feuil. vij. page. ij. lig. xvj. a qui se bays, pour mays a qui le bays.
¶ f. viij. li. xj. me voyt pour ne voyt. Et li. xiij. ne soyēt pour ilz ne soyēt.
¶ feuil. ix. lig. iiij. tout pour toutz. Et lig. vj. i tue pour le tue. Et li. ix. let de spit pour en despit. Et au dict pag. ij. li. xij. qualcunes pour quaulcunes.
¶ feuil. x. li. ix. tant soyēt pour tāt ilz soyēt. Et li. xxix. soyēt accomplis pour soyent ilz accoplis. Et li. xxxv. coline pour eoline.
¶ feuill. xiij. lig. iij. estoyēt anges pour toutz estoyent anges. Et li. vij. il ne pour il ny. Et au dict f. pa. ij. l. vij. z toujours pour et que toujours. Et lig. xxj. seze pour sexe. Et li. xxxviij. de ne toucher pour de ny toucher.
¶ feuil. xiiij. lig. xiiij. a ce soyēt admises pour qu'elles y soyēt admises.
¶ feuil. xv. li. j. encor y pert pour en cor y appert. Et lig. ix. en faictz et en dictz pour en leurs faictz z dictz. Et en la page. ij. li. xv. plaines soyēt de ire pour plaines que soyēt de ire.
¶ feuil. xvj. au mar. li. vij. seclo maris pour seculo muta. Et plāte9 pour plantu9. Et au f. pa. ij. li. xxiij. soyēt sottes pour tant soyēt sottes.
¶ feuil. xviij. xxij. son pffit pour a son pffit. Et au f. pag. ij. li. vij. succeder pour succede. Et au mar. li. viij. politis pour politicis.
¶ feuil. xx. pag. ij. ligne. xxxj. baille pour vaille.
¶ feuil. xxj. pa. ij. li. xvij. Mays ay meroys pour Moeulx aymeroys.
¶ feuil. xxij. lig. xxv. preuuent pour pichēt. Et pa. ij. li. vij. testous pour trestoutz. Et ligne. x. vouldroye pour vouldroyent. Et li. xxvj. neū cust pour ne eust. Et ligne. xxviij. que de luxure pour qui de luxure.

¶ feu. xxiij. li. j. oup anez pour ouy en auez. Et au. d. f. pa. ij. li. xiij. de saincte pour de saincte eglise. Li. xxxj. y auoit de interualle pour y auoit pl9 de interualle. Et ligne. xxxv. endurēt pour enduroyent.
¶ feuillet. xxv. pa. ij. li. ij. quil veult pour qui veult. Li. iij. qua son pour a son. Et li. xix. bien pour soit bien.

¶ Errata du second liure.
¶ feuil. xxvij. lig. xvj. escriptz pour esputz. Audict. fueil. pa. ij. li. xxxj. soulerois pour soulerées.
¶ feuil. xxviij. li. x. compaire pour campaigne.
¶ feuil. xxix. pag. ij. li. vij. familler pour familiers.
¶ feuil. xxxiiij. li. x. sont pour sont. Et li. xxxvij. violes pour violettes.
¶ fe. xxxv. lig. xxxvj. moeau pour moue. Et lig. sequēte loeu pour loue. Et audict. f. pa. ij. li. x. estoyēt en effaict pour estoyent lors en effaict.
¶ f. xxxvi. li. xxxvij. tout pour toutz.
¶ feuil. xxxvij. au mar. lig. j. genfis pour genesis. Et prima pour ptime. Et au. d. f. pa. ij. li. xxix. Milli pour nulli. Et au mar. lig. xj. omegistica pour trigemistica.
¶ feuillet. xxxviij. lig. xxiij. fructifereux pour fructiferans.
¶ feuil. xxxix. lig. xxvj. qu'en choses pour que telles choses, ont tous les enfans pour ont les enfans etc. Et au mar. li. ij. puerē pour puluerē. Au dict. f. pa. ij. li. xiij. Ira de pour Iacde. Et de motelhō pour de mōthelon. Et li. xxj. oubū pour oebū.
¶ feuil. xl. pa. ij. li. xxij. cās samays pour car iamays.
¶ feuil. xli. du mar. li. ix. foimantis pour foimatis.
¶ fe. xlij. lig. xxxvij. auez lieu pour auez le lieu. Et au. f. pa. ij. au mar. lig. xxiij. ap9 sanctas in eccelia fault engelos in accessu.
¶ fe. xlvj. li. iiij. il ay d'hōies pour il ya des hommes.
¶ feuil. xlvj. pa. ij. li. vj. ou par iustice etc. pour qui par iustice etc. fouetez pour sont fouetez.
¶ feuil. xlvij. li. xxj. cur doit l pour

cur doit il, quant l eust pour quant il eust. Et a la pa. ij. lig. iij. ca ce pou car ce. Et li. xxj. veu pour veue. Et au mar. li. xvj. nome pour nomi.
¶ feuil. lij. li. vij. traistreusemēt pour traistreusemēt. Et au mar. vina pour viual.
¶ f. liij. li. ij. nētedēt pour ne tēdēt.
¶ feuillet. lvij. li. xxi. xxxij. xxxvij. ne faictes pour n'en faictes, etc.
¶ feuil. lviij. en la Ballade byaloguee ne fault comas, ains virgulles. Et au. d. f. ag. ij. li. xxxvij. certes pour cert. et ou quels pour mais quelle.
¶ feuil. lix. pa. ij. li. vj. tay pour toy. Et li. vij. tbaye pour ie te baye. Item au dessus du couplet au. f. q comēce par faictz parfaictz, fault ce tiltre, versa chascū mot equiuocquez. Et li. xv. fait pour faict.
¶ feuil. lx. li. iiij. femme pour fame.
¶ feuil. lxj. lig. xxxvj. Mays sont pour maintz sont. Et pa. ij. lig. xxxv. plus ny pour plus my.
¶ feuil. lxij. pa. ij. lig. xv. beaucoup pour beaucoups. Et li. xvij. les filles toutz pour que les paillardz. Et lig. xxxvj. que a mainctz pour lesquelz maintz.
¶ fe. lxiij. lig. xviij. que pēnit pour que poinct. Et li. xxxvj. de celles pour de ce les. Et audict. f. pa. ij. li. xj. plusieurs pour a plusieurs.
¶ feuil. lxv. pa. ij. lig. vij. con pour cōno. Li. xv. ioy pour ien. Et li. xxxvj. a elles pour a celles.
¶ f. lxvj. pa. ij. li. iiij. qui se pour q se.
¶ feuillet. lxvj. pa. ij. li. xxij. croyez pour croyez.
¶ feuil. lxvij. pa. ij. lig. xij. iusques pour iusque.
¶ fe. lxix. lig. vij. mainctz pour las mainctz. Li. xxv. qua pour que. Ligne xxxiiij. le faict pour le fault. Et au. f. pa. ij. li. xxvj. donq pour doncques.
¶ feuil. lxx. li. xix. e pour ne. Et au. feuil. a este obmys de mettre apres la derniere ligne du marge ceste ligne. Setotē in lecto.
¶ feuil. lxxj. pa. ij. lig. xxvj. ne me pour ne leur.
¶ f. lxxij. li. xj. par pour pour. Et au

marge.lf.gl.respud.pour repud. Et aud.f.pa.ij.li.xij. ne soyēt pour ilz ne soyēt.τ au mar.li.iiij. nulla inde tauit pour multū inquietauit.

¶feuil.lxxv.lig.xvj. Notayresses pour Notariesses. li.xviij. maīctes pour mainctes.τ aud.f. au mar. lig. xxiij. amarissimū pour amarissimū. Et audict fueil,pa.ij.li.xxxvj. auez pour aimes.

¶feuil.lxxvj.pa.ij.li.xiij. vouloir pour vollez.

¶se.lxxix.pa.ij.li.v. en la fin de la qlle y a me, q doibt estre au cōmencemēt de la lig. suyuāte.τ aud.f.ligne xxiij. τne cloīt pour τ cloīt.

¶feuil.lxxx.au couplet Quand me songiēt τc.les motz escriptz en oys/ fault pnoncer en es.τ aud. fe. pa.ij. li.xx.oyble pour oyable.

¶feuil.lxxxi.sur la.ij.li. y fault ce tiltre. Rythme dicte Arbre fourchu lig.xvj. sosser pour soffert.li.xvij. gost pour goust.lig.xxxv. elle pour celle.et aud.f.pa.ij.li.vij.τ viij.les crochetz des Equinocques,ne sont la ou doibuent estre.

¶se.lxxxij.pa.ij.li.xj. forsaice pour sort faict.

¶se.lxxxiij.lig.xxiij. me pour men.

¶se.lxxxv.pa.ij.li.vij. te pour me.

¶feuil.lxxxvj.li.xj. par pour pour entendre.

¶se.lxxxvij.li.xx. dont pour du quel.li.xv. a la susdicte pour dessus la dicte.τ aud.f.pa.ij. au mar. ligne xlvj. et pour vt.

¶feuil.lxxxix.pa.ij.li.xxxvij. paillardes pour paillardz.

¶feuil.xc.li.f. au lpct pour dedens le lpct.et aud.fe.pa.ij.li.xxxj. disent pour disantz.

¶feuil.xci.li.xxj. las pour la.τ aud fe.pa.ij.li.xxvij. de pour du. Et au mar.li.xj.parat pour parant.

¶se.xcij.li.xix. bagues ou aultre don pour les bagues ny aultre don. Et aud.f.pa.ij. lig. xxiiij. auec Luci fer pour quecques Lucifer. li. xxxij. tant pour tient.τ au mar. li. siij. iracūdia pour iracunda.

¶se.xciij.pa.ij.li.x. ou a le bruyet pour ou en a le bruyet.τ au mar. lig. vij. siue pour sue.

¶se.xciiij.lig.xvij. a matre pour a mere.τ au mar.lig.xl.sunt pour sint.

¶feuil.xcvi.lig.v. nul ne faict pour a nul ne faict.

¶f.xcvij.pa.ij.li.ix.sera pour seroit lig.xviij. pncipallemēt pour pncipalment.

¶se.xcviij.li.ij. lichefroyes pour le chefroyes.lig.vij. culieres pour cu liers.li.xij. brides τ celles pour cru ches τ seilles.li.xij. sont bōs vayš seaulx pour sont vaysseaulx. li.xvij. moyes pour moyennes.et siez pour oziers.li.xxij. estraltz pour escrals. τ.li.xxix. il y fault pour il y en fault aud.f.pa.ij.li.xiiij. loges pour lon ges.τ lig.xxxij. alumes pour aussi alumetz.

¶feuil.xcix.li.xij. tou pour tour.li. xviij. ioncz pour ioucz. lig.xxvij. li

noys pour linoys. lig.xxviij. grays pour goys.τ li.xxxij. alguieres pour arguieres.τ aud. f. pa. ij.lig.vi. puil lons pour paueillos.

¶se.C.li.vi. q toutz pour q bōs. et au mar.lig.xxix.pelle pour pellēt. et aud.f.pa.ij. lig.xxxvij. vismes pour oziers. ¶se.ci.lig.xxxv. dedans pour dans.τ au mar.li.vij. pungan tur pour pinguātur.τ li.xxxv. busolento pour bissulco. ¶se.ciij.li.f. grins pour groings.et aps groings en la mesme li.y sault/ de pleurs τc. τ lig.xxvj.et pour est.τ aud.f.pa.ij. li.xxxj. luy est de chanter pour luy est li de chanter. ¶se.ciiij. pa. ij. li.xxix. il la voulēt nōmer pour il la veult nōmer sotte. ¶se.cv.li.xvj. ennuye pour ennemye.et au mar.que pour quā. ¶se.cvj. pa. ij. au mar. li.viij.sapiens pour sapientis.

¶se.cvij.li.x. la fame pour lassame et li.v. pouldroit pour vauldroit. et audict.f.pa.ij.li.iiij. phāsilus sapus pour saxus. ¶se.cx.pa.ij.li.x. ge mir τ plozer pour gemir/plozer. ¶se.cxij.pa.ij.li.xvij.et pour est.et aud.f.pa.ij. au mar.lig.xiij.Roluit pour Rolut.τ li.xxij. rescript pour de rescript.

¶feuil.cxiij.lig.ij. male pour meil leur.li.vij.cōferment pour cōsomer lig.xxvj. ouyez la pour ouyes biē la, li.xxviij. que petit pour qua petit. li. xxx.om que pour ou que. et au mar. li.xxxv.parias pour varios.τ aud.f. pa.ij.li.xxiiij.secure pour se cure.

¶se.cxv.li.xix. que iamais nest sa oule pour que iamais saoulle nest.li gne.xxv. par pour, pour.τ au mar.li. xvij. nā mulier pour nā vna mulier. ¶se.cxxvi.li.xvj. quam rogat pour rogat ipsa. ¶seu.cxx.pa.ij. li.xj. lactance pour la tance.τ ligne xxxij. prenēt pour praynemēt.

¶feuillet.cxx.au mar.li.xxviij. qua pour quia.τ li.seq. siue pour sue. aud feuil.pa.ij.li.xxxij. bō pour bōs. et li.seq. cōsentirogēt pour cōsentirōt. ¶feuil.cxxj.li.v. brusler pour brašles.τ li.vij. remuer pour remener. Et aud.f.pa.ij. lig. xxvj. q τce pour quest ce. lig. xxxj. elle suyt pour elle suyt.et li.xxxvj.et q de honte pour et de honte.

¶feuil.cxxij.li.iij. laine pour lame et li.xv.τ amie pour et lame.

¶seu.cxxv.li.iiij. quautelles pour querelles.τ ligne.xxiiij. tel dit pour telz dictz.

¶Nota que au.f.cxxvi.lig.ij. il est dit(au lieu quaez au marge)pource que Lautheur auoit couche en son Original pour mettre aud Marge/ les lieux esquelz les autheurs nom mez aud.feuil.parlent des femmes. Mais limptineur ou correcteur ne les y a voulu mettre/ pour cause de briefueté.

¶feuillet.cxxvij.au tiltre τ declara tion des trops Ballades.li.xxi.chā tes pour meschantes. Et aud.f. pa. ij.li.x.qui pour qui.et lig.xxx. sorme pour sorme.

¶feuil.cxxviij. li.xxvij. ayme pour ay mant.τ aud. f. pa. ij. li. xxv. tous iours forfait pour sans fin messait.

¶Errata du tiers Liure.

¶feuillet.cxxx. pa. ij. li. xxv. doncq pour oncq.

¶feuillet.cxxxj.pa.ij.li.xxiij. Ma thain pour Mathan.τ li.xxxj. Jeha pour Jehu.

¶se.cxxxij.lig.iiij.ne pouuoit pour ne pouuoir.li.xxj.la dicte sarra pour Sarra la dicte.li.xxvj. la poure sar ra pour celle Sarra.et li.xxx. la di cte Sarra pour Sarra nōmée.

¶se.cxxxiij.pa.ij.lig.vij. luy auoit pour illuy auoit. li.xx. manucha pour Damucha.et lig.xxix. monast.pour monastere.

¶feuillet.cxxxiiij. li.xxv. surement pour serement.

¶feuil.cxxxvij.au mar.lig.f. Pau lus ozo'us pour orosius.

¶feuil.cxxxviij.lig.xxx. tel nō luy pour tel nom lon luy.et.li.xxxvi. lu cilla pour lucilla.

¶feuil.cxxxix.li.xxvi. ventree eust pour ventree ilz eust.

¶feuill.cxl.pa.ij.li.v. se pour se, et au mar.li.xj. minina pour numina,

¶se.cxlj.au mar. lig.j. Iginius pour Vigin9, pa.ij, li. xij, Orphe9, pour a orpheus, et baceau pour bacch9, et au mr. lig.ix. impugne pour impune, τ li.x.lit9 pour lytus.

¶se.cxlij.pa.ij.lig.xxxvj. en postu lant pour postulant.τ au mar.lig.ij. hunc pour hinc.

¶se.cxliij.pa.ij. li.xxij. que celle pour que celluy.τ au mar.li.ix. car peium pour carpeium.τ liuiem pour limen.et li.seq. adoramus pour ado ra pronus. ¶feuil.cxlv. lig. xxix. a luxure pour la luxure.

¶feuil.cxlvj.pa.ij.li.xxxiiij. pharō pour pharaon.

¶feuil.cl.au mar.pa.ij.lig.xvij.tū pour tunc.

¶feuil.clj.pa.ij.li.xvj.grand pour grande.τ li.xxix. somē pour sommee τ au mar.li.iij. viribus pour viris.

¶feuil.clij.li.xvij.lardure pour lar deur.τ aud.f.pa.ij.li.xxxiiij.cipriēs pour ciprienes.et li. xxxvj. certe pour adultera certe.τ.τ li.xx, in egi stus pour egistum. Et oristus pour orestes.

¶feuil.cliij.au tiltre il y a de supbe pour de luxure, aud.f.li.x. thelesina pour thelesine.τ pa.ij.li.ij. sa po, ta, et au mar.lig.ix.tegete pour tegeté. li.xj. angusta pour augusta. et ligne xvj. gabero pour galero.

¶feuil.clv.li.xiij. energetes pour euergetes.et lig.xxiij. infame pour la infame.

¶feuil.clvij.pa.ij. au mar.li.xx. ab scano pour obceano.

¶se.clviij.pa.ij.li.xxxv. ciaue pour ciane.τ au mar.li.iiij. laus est pour laudes.li.v.arcete pour arsit.li.xxi. soroz pour soroz.τ li.xxx. arthoces pour arbores.

¶seuil.clix.pa.ij.li.x. voulent estre pour suit elle inceste.

¶ feuil. clx. li. xxix. auecq pour auec ques. et li. xxxiij. femes pour femmes
¶ feuil. clxij. pa. ij. li. xxxiij. audict se. Emelchis pour a Emelchis.
¶ feuil. clxij. li. xv. sa femme pour et sa femme. et pa. ij. lig. xxxv. a son pour a ton. en fist pour en fis.
¶ feuil. clxiij. li. iiij. de dire pour de ce dire. et lig. ix. lequel Egistus ou mays Egistus pour car Egistus. li. xv. argues pour argos. lig. xxxv. mōstreroyt pour monstreloys. Et ton pour son. et li. xxxvij. Condice pour Erudice.
¶ feuil. clxv. pa. ij. li. ij. quays pour quay. li. iij. lois pour lors. li. xi. fusse se destaincte pour fusse destaincte. li. xv. il moit pour il est mort. et li. xxxv. boche pour bouche.
¶ feuillet. clxvj. pa. ij. li. xvij. sont ouuerture pour sont ouuerture. et ig. xxxvij. eriphite pour eriphile.
¶ feuil. clxvij. li. j. faict pour sainct et li. xxv. plaintes pour plaine.
¶ feuillet. clx. pa. ij. li. j. ouyz pour ouys. ligne. x. ne fault pour ne vous faulte z li. xiij. nommee pour nommee Bupraude vpbos.
¶ feuil. clxxv. pag. ij. lig. j. tua Si cheus pour tua Sichee.
¶ feuillet. clxxix. pag. ij. li. ij. hylonie pour las brionie.
¶ feuillet. clxxiij. pa. ij. lig. xj. b pour chien.
¶ feuillet. clxxvij. au mar. li. iiij. tere pour peto.
¶ Item au .i. feuillet de Lintitution est escript Controuersies, et fault q Controuerses auec simple
¶ Item a la declaration du presēt Errata. ligne. ij. sont subgectz, pour ne sont subgectz.
¶ Item a la Table des Auctheurs ligne. v. co. ij. ij. In parabolis, pour Salomon in parabolis.

¶ Fin du present Errata.

¶ Claude de Desc a Lautheur Rondeau contre les Calumpniateurs de ce Liure.

Pour tes escriptz
Ceulx qui des Dames: se disent estre serfz
Par leur sentence: te condampnent aulx fers
Car en tes vers
Tu dys mal delles: et leurs faultes descriptz

¶ Ilz nont compris
Sens ne substance: qua rebours et trauers
Mays sy la poisent: leur iugement peruers
Sera conuers
Et de mesdire: de toy seront repris.

¶ Pour tes escriptz.

¶ Damour surpris
Sont comme bestes: que lon chasse aulx desertz
Ou sans pasteure: des amoureulx boys serdz
De deuil couuers
Les prendz ez cordes: de tes subtilz espritz

¶ Pour tes escriptz.

Epistre de Lautheur aulx Dames.

¶ Lautheur a toutes honnestes femmes/ de quelque
estat et condition quelles soyent humble. Salut.

DAmes Dhonneur: par faictz et bonnes fames
Vous Damoyselles: et toutes aultres femmes
Ie vous supplye: ne soyez desplaisantes
Sy ie mesditz: des folles inconstantes
Des arrogantes: ny des luxurieuses
Des inhumaines: ne daultres vicieuses
En mesdisant: de telles deshonnestes
Cest hault louer: a vous qui estes honnestes
Chose licite: est faire difference
De bien a mal: ny faictes poinct doubtance
Les bonnes choses: chascun doibt estimer
Et les meschantes: lon ne peult trop blasmer.
¶ Que vicieuses: femmes ilz ney soyent poinct
A mon tiers liure: ie respondz a ce poinct.
¶ Aulcunnes femmes: disent que les predictes
Femmes pour vray: ne doibuent estre dictes
Mays ie ne scay: par quel droyct soustenir
Pourroyent tel dire: elles ny maintenir
Quand lon dit hommes: cest generallement
Quand on dit femmes: aussy pareillement
Bons et mauluays: ilz y sont toutz compris
Telz termes sont: certes generaulx pris
Qui ne declaire: ou ne veult protester
Comme ie fays: les bonnes exempter
Et pource doncques: sy des femmes mesditz
Cest des meschantes: que ientendz et le dys
Par quoy nauez: occasion ny droict
De men hayr: quand est a cest endroict
Ains daduantaige: vous men deussiez aymer
Men honorer: non poinct desestimer
Ainsy que font: mainctes iournellement
Contre raison: et bon entendement
De quoy ie diz: a toute femme ingratte
Qui soyt roigneuse: hardiment sy se gratte
Qui soyt morueuse: aussy bien que se mouche

Epistre de Lautheur.

Qui en sera lasse:pareillement se couscke.
¶ Sy iay des blanches:noyres/maisgres/& grasses
En general: parle/et maulnaises graces
Belles et laydes: ce leur vient de nature
Loeil vous demonstre:lhumaine pourtraicture
Sy grasses sont:maisgres ne les puys dire
Sy noyres sont: ie ny puys contredire
Chascun le veoyt: ie ne le puys celer
Sy le vray dys:est ce doncq mal parler
¶ Des gras ou grasses:lon scait la consequence
Des noires ou blans: lon voyt lexperience.
Pareillement: des aultres que ie mectz
Comme dieu veult: nous sommes toutz formez
Les gras subgectz:sont naturellement
A ce que dys:au moindz communement
Maisgres aussy:blans/noirs/les beaulx/et laidz
Aultant les maistres: tout vng que les varletz
¶ Ce nest pas moy: qui nature leur donne
Selon les armes:fault que ie les blasonne
¶ Sy daultres motz: desplaisantz y trouuez
Ie ne scay pas: sy on les a controuuez
Ie vous allegue:les lieux/et les Autheurs
Dou ie lay pris:que ne tiens pour menteurs.
¶ Parquoy mes dames: a ce mot entendrez
Que patience: vng petit vous prendrez
Car vous promectz: quauant quil soyt long temps
Sil plaist a Dieu:absouldre ie pretendz
Mon argument:en telle mode/et sorte
Que vrayement: ains que du propoz sorte
De mes escriptz: ne serez mal contentes
Ains seurement: trestoutes bien contentes
¶ Sy ce nestoyt:il vous plaira scauoir
Que ce pendant:quelques gens de scauoir
En eussent prise: de respondre la charge
Sy cela estoyt: sur eulx ie men descharge
De ce plus doncq:blasmer ne me debuez
Vng seruiteur: meilleur que moy nauez.

¶ finis.

¶ Sans espargner: ne voysin ne voysine
Jay faict mourir: vardres maincte racine
Dont peu de gens: le me prennent pour ris
Et tout les iours: encor en desracine
Les vngs desseiche: les aultres enracine
Les vngs i tue: les aultres ie nourris
Les vngs preserue: les aultres ie pourris
Toutes ces choses: sont dessoubz ma puyssance
En tous endroictz: et despit des marris
Tout en ce monde me fait obeyssance.

¶ Or toutes langues: ientendz sans que deuine
Jay translate: Grec en langue latine
Ainsi qua pert: par mainctz nobles escriptz
Jay controuue: quest heure matutine
Et tierce/Sexte: et Nonne/et Vespertine
Les differences: en mainctz lieux ien descriptz
Par motz notables: tous les iours en escriptz
Et ne croys poinct: quon y face doubtance
Qui quen murmure: par ses plainctes et cris
Tout en ce monde: me fait obeyssance.

¶ Je suys maistresse: des maistres de cuysine
Le plus souuent: moy mesmes ie cuysine
Mes bons chiefz doeuure: en mainctz lieux sont requis
Je fais puree: et saulce Camelline
Je sais menger: maincte grasse poyctrine
Mainctz gras Chappons: mainctz nouueaulx mez exquis
Aulcunnes gens: en ont grans biens acquis
Et sont tresbien: moyennant tel science
Affaire en ont: Seneschaulx et Marquis
Tout en ce monde: me fait obeyssance.

¶ Je suys picquante: plus que aguillon ne espine
Plus furieuse: quen enfer Proserpine
Pour faire mal: ie ne dors iours ne nuyctz
A ceulx ou celles: que ie tourne le schine
Tant de grans maulx: leur pourchasse et machine

B

Que tost ou tard : grandement ie leur nuytz
A de grans gens : iay donnez mainctz ennuytz
Ayans en moy : toute leur esperance
Tous corps mortelz : en terre ie reduys
Tout en ce monde : me fait obeyssance

¶Ie faiz pescher : et prendre la pourcine
Harencz/Merluz : les Seiches/et Tonnine
Et les Balleines : en des lieux plus de six
Ie faiz bastir : mainct Moulin et mouline
Et Paixiere : nespargne ny courtine
Dont ay faict croistre : plus de quatre soulciz
Na pas long temps : qualcunnes acourciz
Maulgre raison : bon droict et conscience
Si tost les bons : que les faulx ie transiz
Tout en ce monde : me fait obeyssance.

¶Quant vne foys : ma sentence termine
Contre quelcun : ou ie me determine
Mectre en effect : contre aulcungs mes despitz
Sans rapport craindre : de langue serpentine
Si bien ie fais : et si bien pateline
Que de tous maulx : ne scauroient auoir pis
Testes et bras : a de grans gens coupiz
Na pas cent ans : non obstant leur vaillance
Si tost les grans : que petiz ie acroupiz
Tout en ce monde : me fait obeyssance.

¶Mainctz par sentence : de grans biens dessaisine
Ou par arrest : que ie deliure et signe
Dont de grand deuil : fort se sont amesgris
Aulcuns ayans droict : si cler que serrine
Ie leur ostiz : possessoire et saisine
Dont leurs parties : grandement allegris
Na guieres iours : certains en reintegris
A la requeste : de faueur et linstance
Riches et poures : les ieunes et les gris
Tout en ce monde : me fait obeyssance

Contre le sexe femenin. Feuillet .x.

¶ Je crains bien peu : nature masculine
Jay abatue : la force Rollandine
Et Sansonique : iadis les affoiblis
Encores moins : nature femenine
Jay fait mourir : pasiphe et perusine
Et mainctes aultres : Dessoubz terre establis
Par coups mortelz : plusieurs dessemblis
A qui iostis : beaulte/biens/et cheuance
Hommes et femmes : tant soyent annoblis
Tout en ce monde : me fait obeyssance

¶ Mainct ung corps sainct : de terre sarrazine
Et de iudee : soubz puissance turquine
A Charlesmaigne : desliuriz/et donniz
Qui sont dedans : leglise saturnine
Car par vouloir : de puissance diuine
Dedans Tholose : leur giste iordonniz
Maintz infidelles : enuers dieu retourniz
Qui foy nauoient : aulcunne ne creance
Depuis que Adam : et sa femme estonniz
Tout en ce monde : me fait obeyssance.

Ne suis ie pas : subtille medecine
Les ungs meurtriz : les aultres medicine
Mainctz fortifie : les aultres assimpliz
Jay fait fonder : leglise obseruantine
Les Augustins : leglise Jacobine
Les Cordelliers : bons hommes bien compliz
En maincte ville : cest moy qui leur suppliz
Et les induictz : a faire penitence
Dessoubz moy sont : tant soyent acompliz
Tout en ce monde : me fait obeyssance.

¶ Quant ie desploye : ma fierte leonine
Il nest tempeste : ne malice coline
Que ie nabatte : si tresbien me regiz
Comme le feu : fond la cire et rosine
Par mon vouloir : se fond neuble maligne

B ii

Et la ou me plaist : aussi la dispergiz
Je faiz brusler : villes/chasteaulx/logis
De faire mal : a mainct ung ie dispense
Soyent enchanteurs : plus scauans que maugis
Tout en ce monde me fait obeyssance

¶ A mainctz larrons : maincte grace interine
Quont desrobe : maincte grasse geline
Et destroussez : plusieurs et meurtriz
Et puis a daultres : pour peu quon larrecine
Les faiz mener : au beau son de bucine
Au pillory : et la ie les meurtriz
Le temps passe : plusieurs esuentriz
Le plus souuent : pour malice et vengeance
De grans seigneurs : en lestat accoustriz
Tout en ce monde : me fait obeyssance.

¶ Par voulente : ie vous ditz pallatine
Les fleurs de lys : ie fiz ioindre a lhermine
Pour lors regnant : le feu bon roy Loys
Mais atropos : qui genre humain decline
Et qui sur luy : onq de frapper ne fine
Par mon conseil : tost les eust desruys
Mainctz resiouyz : les aultres peu esiouys
Mais force fut : de prendre patience
Et roy et royne : dans ung an ie ployz
Tout en ce monde : me fait obeyssance

¶ Celle ie suys : que plus vault que or de myne
Je riz/ie pleure : ie faiz la contremyne
A qui me plaist : ie liure ou dessaysiz
Mainctz esperitz : lesquelz dieu ne illumine
Quant ie les ayme : qui que les examine
De grans offices : et biens ie les saysiz
Le quil me plaist : ie conserue ou moy siz
Tout est soubz moy : aultrement nul ne pense
Les ignorans : pour saiges ie choisiz
Tout en ce monde me fait obeyssance.

Du faict damours: a mainctz ie suys benigne
Mais a mainct ung: ay ie repute indigne
Pourtant que hurtassent: iamais ne leur ouuriz
A daultres faiz: mainct ung bon tour et signe
Et temps et lieu: de bouche leur assigne
Mainctz na long temps: en celyz et couuriz
A plusieurs: tout leur cas descouuriz
Cest ung mestier: ou na poinct de fiance
Na pas longs iours: que a la mourt en liuriz
Tout en ce monde: me fait obeyssance
    ¶Lenuoy.
¶Par desespoir: le col iudas sangliz
Et dune corde: soubz ung sebuz lestrangliz
Ou les diables: luy creuerent la pance
Sanson le fort: aussi bien aueugliz
Tout en ce monde: me fait obeyssance

¶Balade vnissonne a refrain / coronnee par equiuocques mariez/ en la premiere terminaison/ la ou sont accordez deux contraires: Cest le plurier auec le singulier
Et le masculin auec le femenin: Car le chief est masculin et plurier: et la coronne femenine et singuliere. Laquelle dit aussi fortunne.

        ¶fortunne.
Dame ie suys: par sus toutes gens gente
Par tous pays: villains et corps gentz ie hante
Jay bruyt et loz: sur tous fortunnez nez
Plus merueilleuse: ne vint onq de geants geante
Tant de richesses: a mainctz indigens ie ente
Que ie les vendz: tant soyent mal aornez netz
Tout est soubz moy: clercz et desolez laicz
Hommes et femmes: de toute qualité
Beaulx mugueteurs: et sotz marioletz laidz
Sus toutes gens: fortunne a auctorite.

¶Je suys la droicte: de mainctz florissans sante
Il nest cellup: qui mes faiz puyssans sente
                    B iii

Qui ne mexaulce : sur tous les parfaictz fees
Souuentesfois : plusieurs inconstans tente
De folyer/et de peyne/extendz tante
Quilz sont reprins : et chargez dinfaictz faix
Je faiz gros biens : aussi grans meffaictz faiz
Chascun me crainct : tant soit en dignite
Deuz mes grans cas : exemptz dimparfaictz faictz
Sur toutes gens : fortunne a auctorite.

℣ Aulcunesfoys : plusieurs fort scauans sante
Et pour ung temps : les sotz de telz ventz vente
Mais puys a neant : to,̃ telz (a iamais) metz
Si grand fauueur : donne a mainctz dolentz lente
Que mainct mauldit : qui de telz galans lente
Oncques porta : ne telz diffamez mez
Mainctz esleuez : iay dont vous promes meshays
De lauoir fait : car ne lont merite
Fort me mauldissent : plusieurs difformez mais
Sur toutes gens : fortune a auctorite.

℣ Lenuoy.
℣ Princes et Roys : mainctz de mes repais pais
Tant est en moy : grande benignite
Dont maulgre vous : qui enuers moy rompez paix
Sur toutes gens : fortunne a auctorite.

℣ Lautheur.
Si tost que ieuz : entenduz telz deuiz
Soubdainnement : de terre me leuiz
Pour laccueillir : a toute diligence
En luy faisant : honneur et reuerence
La teste nue : le bonnet a la main
Dung bon vouloir : comme son serf humain
Je labordiz : sans en rien mestonner
Luy requerant : me vouloir pardonner
Si luy auoys fait : las desplaisir ne offence
Car si lay fait : ce prouient dignorance.
Me declairant : du plus parfond du cueur
A tout iamais : son humble seruiteur

Si luy plaisoit : en rien me requerir
Luy suppliant : me vouloir secourir
En cest affaire : sans me escandaliser
Ains par sa grace : du tout fauoriser.
¶ Ce que par elle : me fut ainsi promis
Me retenant : ung de ses bons amis
En me disant : le cognoistre a l'affaire
En toutes choses : quelle pour moy peult faire.
¶ Sur ces parolles : de moy se despartit
Ladicte dame : et du lieu se partit
Auec les choses : que ne scez oncq pareilles
Me promettant : des choses nompareilles
Mais a son dire : il n'a aulcunne asseurance
Car en fortunne : certes n'a pas fiance
En ses propoz : seurte ie ne ediffie
A ses promesses : aussi point ne me fie
Au iourd'huy fait : puis demain veult deffaire
De la cognoistre : il y a beaucop affaire
Car elle mesmes : la dessus navre et dit
Par mainct exemple : et mainct notable dit
Ie n'ay fiance : seullement qu'en ung lieu
C'est au bon roy : et mon souuerain dieu
Auquel ie prie : la grace me donner
Mon pouure esprit : en sorte illuminer
Qu'en cest affaire : affin puisse venir
Sans nul reproche : sur moy en aduenir
¶ Or doncq pource : qu'est besoing de me haster
Sans ce que plus : pretende me arrester
Pour mon principe : et pour commencement
Ainsi ie fonde : mon premier argument.

¶ Le premier Argument de l'autheur pour
le sexe Masculin / Contre le sexe femenin.

Femenin sexe : maintient par ses propoz
Par faulx exemples : et plusieurs fascheux motz
Que luy qu'est dit : le sexe femenin
Vault tant et plus : que sexe masculin

b iiii

Mais le contraire : maintenant veulx prouuer
Et telz abuz : deuement reprouuer
En demonstrant : au vray ses malheurtez
Tant par exemples, raisons que auctoritez.
¶ Premierement : la raison ou me fonde
Je dis que dieu : auant creer le monde
Ce ne sont poinct : pour vray choses estranges
Pour le premier : voulut creer les anges
Pour le seruir : touchant la deite
Et pour monstrer : sa grande dignite
Mais en faisant : ces belles gentillesses
Dieu ne crea : aulcunnes angelesses
Quest a noter : car dieu omnipotent
En ce temps la : ie dis scauoit autant
Quil scait cest heure : en toute faculte
Aussi viuant : nen fait difficulte
Il scauoit bien : ce que despuis sest faict
Que se fera : & se mect en effect
¶ Mais parauant : que largument parfaire
Ung incident : sil vous plaist ie veulx faire
Anichillant : la proposition
De mainctes femmes : & sotte inuention
Et mesmement : touchant le fol langaige
Par lequel cuydent : faire leur aduantaige
En demandant : comme pouures asnesses
Pour quoy na poinct : en enfer diablesses
Comme diables : qui tourmentent les ames
Dire voulantz : que nature de femmes
Est si tresnoble : si tresdoulce & humaine
Quelle nest faicte : pour nous augmenter peine
Mais le contraire : nous hommes bien scauons
Comme trop mieulx : au long declairerons
Car toute peine : tout malheur et diffame
En cestuy mõde : nous prouient de la femme.
¶ Or retournant : a nostre intention
Pour a leur dire : donner solution
Respondz & dis : que touchant a ce poinct
Brief diablesses : en enfer il na poinct

Contre le sexe femenin.   Feuillet xiii.

Car il fault croire : par raisons veritables
Que les espritz : que lon nomme Diables
Estoient anges : De leur creation
Jusques au poinct : de leur transgression
Que Dieu voulut pugnir : leur arrogance
Par quoy puis dire : & faire consequence
Puis que angelesses : nauoit en leur manoir
Que Diablesses : il ne pouuoit auoir.

¶ Aultre raison.

¶ Aultre raison : trouue fort euidente
A ce propos : & tresfort aparente
Que nous dirons : si la voulez noter
Dieu veult au monde : vng chascun contenter
Et toutes choses : a voulu despartir
Selon les gens : les liurer & partir.
Les vngs fait beaulx . & nont aulcunne grace
Les vngs plaisans : aultres ont chiche face
Les vngs fait maigres : & les aultres fort gras
Les vngs mect sus : & les aultres mect bas
Les vngs fait riches : sayssans bien scauoir
Les aultres pouures : fort remplis de scauoir
Si bien party : il a dire ie lose
Que chascun sert : au moins de quelque chose.
¶ Dieu a permis : les Diables seruir
Au lieu denfer : pour les ames pugnir
Quont merite : estre a iamais dampnees
Audict enfer : nuyct & iour tourmentees
Les Diablesses : en voulut exempter
Pour en ce monde : toutz hommes tourmenter
Je diz trestous : sans que nul en exempte
Car aulcun nest : quil ne sen malcontente
Si tost les bons : tourmentent que mauluais
Soit fort ou droict : & feront a iamais
Les gens desglise & les poures mondains
Toutz fault que passent : vne fops par leurs mains.
¶ Il est donc dict : pour resolution
Que diablesses : sont pour pugnition

Liure Premier   Du sexe Masculin

Des pouures hommes : en ce monde habitans
Dont plusieurs : sen trouuent mal contens
Car Diablesses : il n'y a poinct en enfer
Et tous Diables : sont auec lucifer.
¶ Mais retournant : apres nostre argument
Que nous auons pris : au commencement
Puisque Dieu donq : toutes choses scauoit
Et tousiours : bien et mal cognoissoit
Dire donq fault : que Dieu qui tort ne fait
A nul iamais : ne de dict ne de faict
Sans cause neust : mis en sy grand mespris
Sexe de femme : sans quil nen eusse pris
Pour son seruice : en son throsne des cieulx
Ou il se tient : le bon roy precieulx
Il y cogneut : quelque maultuais venin
Au pouure genre : et sexe femenin.
¶ Si souffisant : le bon Dieu leust cogneu
Si bien du leur : que du nostre eust voulu
Insoufisant : la trouue ie le dis
Pour le seruice : du haultain paradis
Et son veult dire : quanges nont aulcun sexe
Certainnement : cela ie leur confesse
Quilz ayent sexe : leur octroye que non
Mais vrayment : ilz en portent le nom
Nom masculin : portent en verite
Si fait bien Dieu : qu'a plus d'auctorite.
¶ S'en paradis : angelesses eust eues
Ie tiens pour seur : que se fussent batues
Auec les anges : par malices extresmes
Ou comme croy : plustot entre elles mesmes
Brief elles eussent : tout voulu dominer
Estre maistresses : hault et bas gouuerner.
¶ Par les raisons : donc que dictes auons
Et mainctes aultres : quen brief dire pouuons
Est a noter : quen nul diuin seruice
Dieu ne veult poinct : que aye la femme office
Il leur deffend : quant a la deite
De ne toucher : en toute qualite.

Contre le sexe femenin. Feuillet .xiiii.

Car tout ainsi : quil na voulu angelesses
Semblablement : il na voulu prebstresses
Les sacrez ordres : femmes ne peuuent prandre
Si elles se veulent : bien garder de mesprendre
Femme ny a : que puysse consacrer
Venistre esglise : et moins encor sacrer
Donner ne peuuent : aulcun sainct sacrement
Car deffendu : leur est expressement
Dieu na voulu : tant les fauoriser
Que femme puisse : creature baptiser
Et na voulu : encores dauantaige
Que donner puissent : serment de mariaige
Pour diacresses : ne peuuent estre mises
Le droict ne veult : que ace soyent admises
Donner ne peuuent : poinct confirmation
Priuees sont : douyr confession
Messe ne doybuet : pareillement chanter
Et si ne peuuent : preschement accepter
Et dauantaige : leur benediction
Nest extimee : que malediction
Les ornementz : de lautel sans pecher
Et sans esclandre : ne peuuent poinct toucher
Dhomme ne peuuent : porter accoustrement
Et ce sur peine : dexcommuniement.
Le createur : a plus extime en somme
Le plus meschant : et le plus infaict homme
Le plus mauluais : et plus villain infame
Que la plus saincte : et plus deuote femme
Telle parolle : bien prouuee peult estre
Amon aduiz : par lexemple dung prebstre
Car sil estoit : le plus abhominable
Le plus larron : et meurtrier detestable
Excommunie : mille foys aggrege
De sacrilege : semblablement charge
Et de tous maulx : que nommer lon scauroit
Si tresuillains : que dire lon pourroit
Encor quil fust : du pape desgrade
Si ne scauroit : il point estre garde

In. c. mulieres.
xxxij. distin.

In. ij. j §. iiij. lij.

In. c. noua de pe-
niten. z remiss.

xxiij. dist. c. muller
z in dicto. c. noua
de peni. z remiss.

xxiij. distin. c. sacra-
tas.

Per text. in. ca. si
qua muller. in. ij.
xxx. distin.

De clerico excõi-
ministran. ca. ij. et
glo. fi. c. ij. de pe.
in. vj.

Liure Premier   Du sexe Masculin

De consacrer: sil alloit chanter messe
Tant est en lhomme: de dignite et noblesse
Le prebstre dict: doncques des plus villains
Fera venir: dieu vray entre ses mains
Ce que iamais: dieu na voulu permetre
A femme aulcunne: car ne se veult soubmectre
En main de femme: par son hault iugement
Aussi sans faulte: ne seroit seurement.
¶ Par ces exemples: deuement est prouue
Que dieu parfaict: a du tout reprouue
Toutes les femmes: les reputant indignes
Faire aulcuns actes: quant aulx choses diuines
Il appartient: aux hommes seullement
Et non aulx femmes: resolutiuement
Le plus meschant: a plus de dignite
En telles choses: et plus dauctorite
Comme iay dict: et comme est trop certain
Que la plus saincte: et deuote nonnain.
            ¶ Aultre exemple de la Magdaleine.

Par aultre exemple: veulx encores prouuer
Que Iesuchrist: na poinct voulu approuuer
Ausdictes femmes: sainct Iehan la recite
Au moins depuis: quil fust ressuscite
Son corps toucher: cest trop chose certaine
Patent exemple: nous est la magdaleine
Laquelle dieu: beaucop fauorisoit
Car son seruice: grandement luy duysoit
Ce non obstant: quant sapparut a celle
En iardinier: cecy nest poinct cautelle
Lors que de luy: se voulut approucher
Dieu luy dist femme: ne me veuilles toucher
En la poussant: sur le sourcil des doigz
Laquelle chose: fermement croyre doybz
Le caractere: lon en voit en Prouence
Dessus son front: sans y faire doubtance
Ou de sa vie: Magdeleine prinst fin
Dedans le lieu: nomme sainct Maximin

Encor y pert: et pareſtra a iamais
Le caractere: De ce ie vous promectz
D'hommes lont veu: ſi bien mille comme vng
Le miracle eſt: euident et commun
⁋Brief ceſte choſe: fuſt demonſtration
A magdaleine: de la preſumption
Quelle euſt pour lors: et generallement
A toutes femmes: car naturellement
Preſumptueuſes ſont: en faictz et en dictz
Toutes le monſtrent: et lont monſtre iadiz
⁋La deite: na trouue femme digne
Pour la toucher: chaſcunne trouua indigne
Ce que na faict: a lhomme pour certain
Car a Thomas: dieu fiſt mettre la main
En ſon couſte: ſans nulle fiction
Qui fuſt apres: la reſurrection
⁋Par quoy eſt cler: veu tout ce deſſuſdict
Que lhomme a plus: enuers dieu de credit
Que na la femme: et ſans comparaiſon
Qui dit du contre: nentend droict ne raiſon
Mais auant ce: que plus oultre me fonde
Il eſt beſoing: et fault que ie reſponde
A celle folle: et groſſe bauerie
Que femmes tiennent: par leur grand reſuerie
Diſans que dieu: les a trop plus aymees
Par les raiſons: icy deſſoubz nommees.
Car veullent dire: que dieu la demonſtre
Pource quaulx femmes: tout premier ſeſt monſtre
Apres quil fut: ſorty du monnument
Et croy que ſoit: leur meilleur argument
Mais la reſponce: neſt pas fort dificille
Touchant a moy: ie la trouue facille.
⁋Il eſt bien vray: que dieu ſe demonſtra
Premierement: a femme et ſe monſtra
Iadiz apres: ſon reſſuſcitement.
Difficulte: ny faiz aulcunnement
Mais ie reſpondz: que touchant ce paſſaige
Cella neſt pas: fort a leur aduantaige

Contre le ſexe femenin   Feuillet.xb.

Job.5.17.c.

Liure Premier   Du sexe Masculin

¶Le principal : des articles quauons
En nostre foy : cest que croyre debuons
De Jesuchrist : quil est ressucite
Parquoy estoit : fort de neccessite
Que telle chose : fut bien tost esuentee
A toutes gens : et lieulx manifestee.
¶A qui se fut : dieu mieulx sceu presenter
Pour telle chose : faire manifester
Que sadresser : a femme a brief parler
Que rien ne scait : ne couurir ne celler.
¶Femme tiendra : tant secret ie lordonne
Durant le temps : que ne trouue personne
Apres cella : sous promectz nul ne asseure
Car ma promesse : ne seroit guieres seure
Si elles ne trouuent : personne a qui le dire
Le celleront : tant plaines soyent dire
Et si ne se osent : le dire auenturer
Den faire signe : ne sous seulx asseurer

Biblia aurea .c.
lxxix. de loquacita
te mulierũ. et Al-
bertanus de vita
humana: lib. ij. co
vij. q̃ garrulitas
muliebris id solũ
celare nouit q̃ ne
scit.

¶Scaues vous bien : que femme celle : cest
Tant seullement : cella que poinct ne scait
Si ne scauoient : daultruy dire nouuelles
Certainement : plustost en diroyent delles
Quoy quelles fussent : encontre leur honneur
Car souuent parlent : a leur grand deshonneur.
¶Par deux raisons : quoy quen y aye au surplus
Je seulx prouuer : que femmes parlent plus
Cent mille foys : que les hommes ne font
Par vng tel dire : que tous aultres confond.
¶Premierement : que leur langue fut faicte
De quoy ycelles : font leur plus grande feste
Comme disoit : le sainct homme vieillard
(Quant il preschoit) frere Oliuier maillard
Cest de la queue : dug cheureau tressoubdaine
Que incessamment : nuyct et iour se demaine
Car tout ainsi : que ycelle na repos
Ne aussi leur langue : bien souuent sans propos

¶Aultre raison.

Contre le sexe femenin.

¶ Aultre raison : est tresfort euidente
Car ont deux langues : la chose est apparente
Auec deux bouches : lune soubz lautre sus
Que toutes deux : mainctes gens ont deceupz
¶ Les raisons veues : qui sont les nompareilles
Ce nest pas donc : grandement de merueilles
Si femmes parlent : beaucop plus que les hommes
Par ce dessus : bien aduertyz en sommes
Deux langues doibuent : plus parler dauantaige
Que vne ne fait : si ne sont dauantaige
Les hommes nont : que vne langue aulcun deulx
Mais comme est dit : les femmes en ont deux

¶ Aultre raison.

¶ Aultre raison : soubdain mest suruenue
Que poinct encores : ne mestoit souuenue
Que ie diray : me rompist on le doz
Cest que les femmes : ont este faictes doz
Or est il vray : que lor a tel nature
Cecy ne diz : ie poinct a lauenture
Car ien ay veu : souuent lexperience
Et sont plusieurs : qui scauent la science
Que silz se trouuent ensemble plusque dung
Qui les remeine : lexemple en est commun
Ilz meneront : si gros bruyct et tempeste
Quil nest si sourd : quilz ne rompent la teste
Prenez des oz : dans vng sac a brief dire
Remues les : et vous verrez beau rire
Trestous ensemble : meneront grans querelles
Mais les entendre : il nen est poinct nouuelles
Remuez les : cent ans et iour et nuyct
Poinct ne se taisent : tousiours meneront bruyct
¶ Cecy denote : ainsi quil me ressemble
Pour vray les femmes : quant se trouuent ensemble
Elles babillent : cryent a plaine voix
Toutes ensemble : car souuent ie le voys
Et qui se y fonde : ce nest que abusion
Tout leur propos : nest que confusion

Feuillet. C.lxxxi.

Herald. in oratio
ne prouerbia.
q̊ mulieres lih
guacule sūt et grā
diloque. et nulla
fuit inuēta in oi se
culo matris τ pla
ctꝰ suppellex mu
lieris clamor.
Gellus lib. s. c. xv
q̊ sunt leues quia
habent duo ora et
plures linguas.
Alcen. in pmento.

Genesis. ij. c.

Cichus esculanꝰ.
li. v. c. xi. q̊ mulier
fuit de costa ade:
ideo plures coste
vel ossa faciūt stre
pitum: de quo Se
ly. i. c. Ollecta. ad fi.
de ma. et obedien.
facit Egidiꝰ de reꝗ
ginie ipꝛi. lib. ij. c.
xxj.

Nul les entend : elles poinct ne sentendent
Lugne de laultre : finir propos nattendent
Cela tiendront : tant que ensemble seront
Car de parler : onq ne se lasseront.

¶ Caquet des femmes quant se treuuent ensemble.

Voyre dieu scait : quelz bonnes fantasies
Les vnes parlent : quant aleurs ialousies
Les aultres comptent : celles de leurs mariz
Et des muguetz : desquelz ilz sont marriz
Les vnes parlent : de leurs acoustremens
Daneaulx/de bagues : cheisnes/et vestemens
Les aultres disent : que nen peuuent auoir
Car leurs maritz : ne font pas leur debuoir
¶ Et du despit : que nont ce que demandent
De leurs maritz : fort leur honneur gourmandent
Car silz estoient : Anges doulx ampables
Elles diront : quilz sont pis que Diables
Pour peu de chose : dequoy les desdiront
Jusque ala mort : leurs maritz hayront
Et pourroient faire : doze en la braye miracles
Quelles diront : quilz sont demoniacles
Sil est propos : de chose les desdire
Soit le meilleur : le diront estre pire
Pour vng despit : soyent sottes et mornes
Aleurs maritz : feront porter les cornes
Faictes leur bien : par toute la sepmaine
Faillez vne heure : perdue est vostre peine.
¶ Les aultres parlent : de leurs nobles lignaiges
De leurs prouesses : et de leurs heritaiges
Que aladuenture : les leurs pour abreger
Sont droictz villans : et nont dequoy manger
Leur bas lignaige : tousiours exaulceront
Et les plus haulx : des aultres baisseront
¶ Brief cest la chose : que plus noblesse gaste
Que damoyselles : quon fait auiourduy en haste
Vous en verrez : vng bon nombre en Tholose
Mais les nommer : pour ceste heure ie nose

Contre le sexe femenin. Feuillet.xlii.

Que seront filles : les vnes dung notaire
Dung chandellier : ou dung Apoticaire
Dung charretier : ou filles dung Bastier
Dung ferratier : ou daultre bas mestier
Des qua Docteurs : elles sont mariees
Ou graduez : pour espouses donnees
Qui pour Argent : ont fait le mariaige
Pour leurs parens : ou pour leur heritaige
A Procureurs : escumeurs de practicque
Solliciteurs : ou facteurs de boutique
Vng Chapperon : de velours chargeront
Et se nommer : damoyselles feront
Huy les verrez : villaines sans sequelles
Et puys demain : les verrez damoyselles
Menans apres : chascunne derriere
Quelque varlet : ou quelque chambriere
Vous les verrez : aller le petit pas
Marcher par compte : par mesure et compas
Baissant les yeulx : faisant la chatte mytte
Vngz patynostres : aussi gros qung hermite
A vng Aneau : pendens a la ceincture
Aulx marques dor : et toute garniture
Ne fault pas dire : si gourmendent la soye
Car celle nest : pour si laide que soye
Que ne sen charge : tout son corps lais ou gens
Voire qui est plus : du drap dor et dargent.
¶Les poures sottes : iamais ne veirent rien
Et si ne scauent : quest ce que honneur ou bien
Ne de leur vie : nen eurent congnoissance
Et toutesfois : par leur oultrecuydance
Dessus les aultres : souldront bien entreprendre
Redarguer/blasonner/et reprendre
Car si en banquet : brief se trouuent ou feste
Et soyent homme : qui viegne faire feste
A quelque dame : scauante de noblesse
Sans rien plus faire : que tours de gentillesse
Pour ce que nont : iamais veu tel desduyt
Aulx poures sottes : cela poinct ne leur duyt

c

Liure Premier   Du sexe Masculin

Car si elles soyent: ne baiser ne accoller
Leur est aduiz: seoir vng a/ne soller
Dont retournees: que sont en leur maison
Incontinent: sans propos ne raison
A leur maritz: tout ce quont veu racomptent
Encores plus: mille foys leur en comptent
En leur disant: par telle bauerie
Que vrayement: cestoit grand mocquerie
De veoir les tours: que telz fasoient a telles
Et que pour vray: chascun se mocquoit delles
Dont leurs maritz: ont dit aulx pouures folles
Et souuent disent: par semblables parolles
Je ne seulx plus: veu ce que dict auez
Quen nul banquet: ne feste vous trouuez
Car lon pourroit: de vous tout ainsy dire
(Que vous des aultres) sen mocquer & mesdire.

¶ Or dela vient: que les dames sont chieres
De les auoir: auiourdhuy en bonnes chieres
Car aulx maritz: ont mis tel fantasie
Telz verms en teste: & telle ialousie
Quen festes plus: ne les laissent aller
Quelque parent: qui sen saiche mesler
Ce sont bien choses: quilz trouuent fort contraire
Poinct ne ce fient: quant a ce de leurs freres.
¶ Des bonnes cheres: les bons sont retirez
Et les mauluais: se font plus empirez
Tant quauiourdhuy: pour aulcune requeste
Mainct vng refuse: de ce trouuer en feste
Chascun ensuyre: veult celle theorique
Que Salomon dit: & mect en practique
Quant dit que mieulx: en maison conuiendroit

*Melius est iread
domũ luctꝰ ꝗ ad
domum conuiuij.
Eccles. vij. c.*

De deuil aller: vrayement et sauldroit
Pour si tresmal: quon deust estre seruy
Quen la maison: de banquet & conuy

¶ Aultre caquet des femmes
quant se trouuent ensemble.

¶Or retournant : a la babilerie
Desdictes femmes : quest vraye feerie
Les vnes parlent : de leur male sepmaine
Et des douleurs : que celluy mal ameyne
Laultre dira : las certes ma commere
Je suis subiecte : tant fort a mal de mere
Que quant ie doybz : de mes fleurs deuenir
Vng si grand mal : aulx reins me fait venir
Tant de douleur : si tresgrosse a mon ventre
Que dans mon cueur : iusque au plus parfons entre
Tant que iendure : si grosse penitence
Que sil nestoit : la grande diligence
Que mes seruentes : mettent toute la nuyt
A meschauffer : tant fort ce mal me nuyt
Que de la peine : que iendure & tourment
Je croy / que certes : mourroys soubdainement
Mais mon mary : ne sen rompt pas la teste
Onq ne me dist : veulx tu rien sotte ou beste.

¶Aultre caquet desdictes femmes.

¶Les aultres disent : soit il vray ou soit faincte
Certes commere : ie croy que suis en ceincte
Car desgoutee : suis sans nul appetit
Manger ne puys : & boyre plus petit
Et si me vient : de cueur certainement
A chesque fois : vng tel soublieuement
Quauant que iaye : souuent de lieu change
Rendre me fault : ce petit quay mange.

¶Lautheur.

Our le grand mal : que leur fault endurer
Dedans leur bouche : ne peult rien demeurer
Touchant de boyre : le peuuent affermer
Toutes les femmes : trouuent le vin amer
Car le prouerbe : le nous dit & le chante
Quant dit que femmes : ayment mieulx vin que trente

Si la femme est : malade ou que soit grosse
Et pert le Sin : faictes luy tost la fosse
Sauf touteffois : icelle Tholozaine
Qua de pareilles : trop plus dune douzaine
Que ne boit Sin : aumoins par son parler
Mais Ypocras : on ne la peust saouler.

Aultre caquet de femmes.

¶ Les aultres parlent : celles quont belle mere
En la maison : belles seurs ou beau pere
Du tractement : mauluais que leur feront
Mais par leur dire : le meilleur droict auront
Les aultres parlent : de leur mesnaigerie
Et font merueilles : selon leur bauerie
Mais dieu scait bien : de quel sorte ont vescu
Chiches de maille : & larges dung escu.
¶ Si leurs maritz : ont des aduersitez
Et quilz empruntent : en leurs neccessitez
Quelque raison : quilz ayent de le faire
Incontinent : diuulgueront laffaire
Et maintiendrõt : par leur faulx demené
Que si elles eussent : brayement gouuerne
A leur entente : veullent quon sache bien
Quil neust faillu : vendre ne engaiger bien.
¶ Mais chascun scait : quest ce que leur sagesse
Leur chichete : auarice ou largesse
Comme iay dit : sont saiges dung denier
Dung escu folles : ne le sçauroient nyer.
¶ Sil est propos : dachapter chanure ou lyn
Ou friandise : ou bien quelque bon sin
Quoy que leur coustent : si peuuent en auront
Daultres affaires : point ne se mesleront
Cest la sagesse : que gist en sens de femine
Chascun le scait : cler est le bruyt & fame.

¶ Salomon dit : en ses prouerbes saiges
Que les maisons : richesses heritaiges

Contre le sexe feminin   Feuillet.xix.

Par les parens : sont donnez grayement
Mais femme saige : donne Dieu proprement
Les femmes saiges : meritent estre aymees
Mais au bray dire : elles sont cler semees
Dont pour conclure : apetit de parolles
Communnement toutes femmes : sont folles.
☙Car la Cronicque : ainsi la recite
Laquelle ma : de ce dire incite
Ou trouuerez : au long certainement
Que par nature : sont au commencement
Presumptueuses : tresfieres et doubteuses
Au millieu folles : puys en la fin honteuses
Trop plus en nombre : de tres que folles sont
Que simples folles : en ce monde ne sont
Par leur follie : parlent tres follement
Il en ya peu : que parlent saigement
☙De trop parler : lon ne les scait restraindre
Ne leur mary : ne les en peult contraindre
Comme dit Balde : docteur scauant en droict
En ung notable : quil couche a cest endroit
Nen alleguons : plus Code ne Digeste
Car sans parler : ne scauent tenir geste.
☙Nature humaine : si folle femme fist
Que conseil donne : contraire son proufit
Dont non sans cause : celluy bon Roy de france
Charles dernier : si bien iay soubuenance
Dist a celluy : qui parloit de sa seur
Cest madame Anne : de Borbon que pour seur
Nauoit en france : une dame si saige
Mais le reprint : le Roy surce passaige
Disant tu es fol : dire telle parolle
Pour bien parler : debuois dire moins folle
Luy declarant : que touchant ace poinct
En cestuy monde : femme saige na poinct.
☙Et de la bient : quen france la couronne
Pour heretaige : a femme ne se donne
Guaguin le dit : comme a toutz est notoire
Et du contraire : ne fust onques memoire.

Domus et diuise dantur a parentibus a domino auté pprie vxor prudens. Prouer.xix. c.

In cronicqua Ionue, de anno dni cccl.iiij. versi. dicitur, q earum natura est in principio habere psumptionez, in medio stultitiaz, et in fine verecundiam.

Biblia Aurea. c. lxxrix. Jnlipl los quuntur.

Bald.li.iij. constitter.in questione dni Agiliani col. ante penult.

Tex.in.l.si pater. C. de spon. z arris et a modo in dialogo de amicitia car.xij. Bal. in addi. specu. in si. de mag. reffert. Bal. in reperi. auré.ba bita. C. ne si p pa. col.xlij.

Guaguin⁹ li.vij.

Liure Premier   Du sexe Masculin.

Ut ait dsile. in ca.
gradi. de supple.
neg. pla. in. vj.

¶ Si droit commun : ne seulent exceder
Oncques en regne : ne peuuent succeder
Saulcunes ont : telle subiection
C'est par abus : et vsurpation
¶ Sainct augustin : de dire sauenture
Qu'il n'est trouue : en la saincte escripture
Qu'en aulcung regne : femme aye succeder
Aussi ne doibt : leur estre concede

Erasmus in pte. ps
uerb. cccc. lxxxiij.
mulier imperatoꝛ
et mulier miles.

¶ Erasme dit : plain de subtilite
Que pour le sexe: qu'ont de fragilite
Femmes ne doyuent : empire gouuerner
Car ne conuient : a femme dominer.

Philosophꝰ i po
lit. dicit ꝗ silium mu
lieris ee iualidū et
lib. seq. ꝗ a mulie
rib9 nō bñ regitur.
ciuitas Bal. i ru
bri. C. ɞ re. pulū. et
aristo. li. ij. politi.
Lucas de pēna i
l. peñ. C. de pfes. et
medi. li. x. ꝗ si re
gna regūt vulūt
gens tota procla
mat simul.

¶ Conseil de femme : iamais n'est profitable
Le philosophe : dit qu'il est inuallable
Regne ou cite : ne ville en ce bas estre
Bien pour la femme : regiz ne peuuent estre
¶ De penna dit : qui fort m'a en couragy
Que si de femme : est royaulme regy
Il n'est celuy : qui bien fort ne se plaigne
Et qu'a bon droict : ne crye et se complaigne.

¶ Aultre caquet.

¶ Les aultres parlent : touchant a leurs querelles
Mainctes nommant : putains et maquerelles
Pource qu'ont eu : ensemble quelque bruyt
Mettans au bas : tout leur honneur et bruyt
Disans par dieu : vne telle est putain
Ie vous asseure : que cela est trop certain
Et que pys est : la meschante maraulde
De plusieurs : est villaine et ribaulde
Elle s'adonne : a d'hommes plus de dix
N'en doubtes poinct : car pour vray le vous dits
Chascun scait bien : que d'aulcun ne se garde
Grans et petitz : en sont a la moustarde
Et telz et telz : vng chascun l'entretient
Que pour les mousches : couuert sont cas ne tient
A tout le moins : en deburoit auoir honte
Veu que desia : aulcun n'en fait plus compte.

Contre le sexe feminin — Feuillet.xx.

Mais les pouretes : que disent telz parolles
Et qui desgorgent : semblables paraboles
Redarguer : pourroyt on franc & net
Dela Doctrine : Du petit Catonnet
Quant dit quil est : au Docteur laide chose
Qui daulcun fait : en mesdisant propose
Blasmer aultruy : & contre celluy argue
Quant telle coulpe : luy mesmes redargue

> Cato.
> Turpe est doctor
> cum culpa redar
> guit ipsum. et. ff.
> de in ius vocando
> l. z siba c lege. §. p̄
> stituta. et l Authē
> de presid. pnū. §. z
> ex diuerso super ꝟ
> bo exēplis. col. ij.

¶ Aultre caquet.

¶ Laultre dira : comme trop mesdisante
Hellas commere : dunne telle gesante
Si sous soyez : la pompe & braguerie
Vous iugeriez : quest vraye mocquerie
Elle a ses lictz : la popine acouchee
Et mesmement : ou ladite est couchee
Si bien garniz : & si tresbien apoinct
Que mieulx en ordre : nen scauroit estre poinct
Ung lict dantique : painct dor & dasur dacre
Au bord duquel : pour seruir de soubzdiacre
Mainct ung muguect : trouuerez & causeur
Prothonotaire : ou bien aultre iaseur
Quentretiendra : icelle dicte dame
Sans honte auoir : en cestuy monde de ame
Sur vne chaire : le galland sera assis
Qui de pareilles : aura bien cinq ou six
De fin velours : de drap dor ou broche
Sur celles chaires : par grand gloire couche
Lict & couchete : & chambre ou morte soye
Sont toutz garniz : de drap dor ou de soye

¶ Si la chambre est : perfumee & paree
Nen fault parler : elle est equiparee
Ou bien ya : encor plus de richesse
Quen nulle chambre : de grand dame ou duchesse
Et si nay paeur : que disse chose vaine
Quant ie diroys : (quest plus fort) dunne Reyne.

¶ Du demeurant : sil est bien / Dieu le scait
Dessus son corps : elle porte ung corset
Dung fin drap dor : frise pour vray le diz
Fourre de martres : ilz sont veu plus de dix
Et qui pis est : sans que du propos sorte
Tous les dymenches : en a change de sorte
¶ De menestriers : puys quil fault que le oye
Et dinstrumens : ya telle melodie
Tant de chansons : dorgues et de plaisir
Que vous nauriez : certes aultre desir
Que descouter : leurs acordz et cadences
Et compasser : maintes sortes de dances
Dancer verrez : celles dances lombardes
Que lon appelle : en ce temps cy gaillardes
¶ Maintz ungs les disent : le bal des putains fines
Daultres a mieulx : les nomment pantoflines
Et daultre part : si vous me demandez
Si lon y ioue : ieu de cartes ny dez
Ie vous respondz : par telz dictz pertinentz
Que lon ny ioue : saufz trestous les seigneurs.

¶ Aultre caquet.
¶ Les aultres parlent : ung tas de variees
Daulcunes femmes : et ieunes mariees
De fascheux motz : par enuye ung grand tas
Quant aleurs gorres : et touchant leurs estatz
Disans commere : le dyacle men porte
Si telle sotte : trop plus destat ne porte
Que conseilliere : dame / ne presidente
Chascun sen mocque : la chose est euidente
Il semble aduis : a celle glorieuse
Si fort elle est : de braguer curieuse
Que drap ne soye : chesque aulne quoy que baille
A son mary : ne vient a une maille
Le drap dargent : le drap dor et broche
Quoy quil se vende : elle en fait bon marche
Ne fault pas dire : si de chaines / aneaulx
De pierres fines : et tous aultres ioyaulx

Contre le sexe femenin Feuillet.xxi.

Est Dyaprée : dorotee, pimpee
Por mainctz muguectz : tost prendre ala pyppee
De la grand Dame : elle Veult contrefaire
Trop plus que celles : qui le peuuent mieulx faire
Car Veulx que saiche : icelle oultrecuydee
Chatte breneuse : affaictee / fardee
Que mieulx porroys : telle chose entreprendre
De quelque part : quelle le Vueille prendre
Car ie Vaulx elle : et certes dabuantaige
De biens / parsonne : et touchant au liguaige
Et mon mary : a plus de dignite
Trop plus destime : et plus dauctorite
Que na le sien : et fait mieulx ses besoignes
Quelques grans gorres : quelle face ne troignes.
¶ Pour a telz ditz : donner conclusion
Touchant les aultres : cest grand derrision
Des grans follies : que peuuent raconter
Que sont fascheuses : a narrer et compter
Lune dit gris : laultre blanc / laultre / noir
Lune ne Veult : et laultre a bon Vouloir
Lune se plainct : laultre dit quelle est bien
Lune est fort poure : et laultre a trop de bien
Lune me dit : laultre loue et soubstient
Lune dit Vng : le contre laultre tient
Jamais leur langue : na seiour ne repos
Incessamment parlent : sans nul propos
Comme iay dit : ainsi quil me ressemble
Toutes acuop : quant se treuuent ensemble
¶ Lexemple auez : bien approuue des os
Quon doibt noter : Car est digne delos
Quant sont ensemble : cest Vne sinagogue
Que de leurs cas : pour faire brief prologue
Et par ainsi : touchant leur bauerie
Leur grand caquet : et leur babillerie
Vous dit lautheur : quaulx liseurs souffira
Car pour ceste heure : plus ne Vous en dira.

¶ Aultre argument.
c ij

Or retournant : au propos commence
Aultre argument : a par moy iay pense
Pour ce dessus : faire mieulx approuuer
Et ma maieur : plusamplemẽt prouuer.
Quant iay tenu : que Dieu notez ce poinct
Sur sa personne : oncques na Voulu poinct
Cest que les femmes : en aulcuñ grand mistere
Payent touche : Dece ne me puys tayre.
¶ Sauf touteffois : quẽ Veulx bien exempter
La Vierge pure : qui la Voulu enfanter
De celle la : ie ne Vouldroys penser
En sorte aulcune : la blasmer ne offenser
Myeulx aymeroys : mourir de mort amere
Cent mille foys : ains que tant noble mere
Que le filz Dieu : neuf moys entiers porta
Et sans douleur : en Bethlem enfanta
Je blasonnasse : ie seroys bien dampne
Mais aymeroys : onq nauoir este ne
Elle fut cause : tant de grace fut plaine
De rachapter : toute nature humaine
¶ Et pource donc : Vous qui lisez ce liure
Ou lescoutez : tel parolle Vous liure
Que ne soyez : si tresmeschans infames
Que quant ie parle : communement des femmes
Veuillez penser : que ie parle dy celle
Mere de Dieu : Marie la pucelle
Parler nen Veulx : particulierement
Quen reuerence : ne generallement
¶ Aussi ie prie : a tous les composeurs
Aulx amoureulx : deuiseurs et causeurs
Que si les femmes : aulcuñ Veulx Veult deffendre
Par ses propos : il ne Veuille entreprendre
De Vouloir mettre : ladicte Vierge en dance
Contre les hommes : pour en faire deffense
Car la responce : que seroit en tout lieu
Certainement : lon allegueroit Dieu
Et Daultre part : tant du corps que de lame
La Vierge fut : aussi plus que de femme

Contre le sexe feminin   Feuillet xxii.

Auant le monde : fut cõceputz et fut faicte
Et puys au monde : seulle femme parfaicte
Aussi fut elle : de peche preseruee
Chose qua femme : ne fut onq reseruee.
¶ Et par ainsi : quant a nostre argument
Nous entendons : prouuer facillement
Par tel exemple : et demonstration
Qua dieu mõstre : quant a sa passion
Quil na trouue : les femmes assez dignes
Pour le toucher : mais les a trouue indignes
Le bon Jesus : ie prens tel fondement
En aulcun acte : de sa peine et torment
Il na voulu : que femme le touchast
Et que de luy : grandement sapprochast
Il se laissa : aulx hommes attacher
Lyer/baguer : au visaige cracher
Batre/frapper : sur vne croix estendre
Ou rudement : Pilate le fist pendre
Cella que aulx femmes : il ne voulsist permectre
Car nappartient : ace la main y mectre
Mectre la main : sur dieu omnipotent
Dieu ne voulsist : onq les extimer tant
Pource que poinct : ne leur appartenoit
Tant de faueur : aulx femmes ne donnoit
Et toutesfois : touchant ace passaige
Elles le preuuent : fort aleur aduãtaige
Car elles disent : que ne sont si cruelles
Et ne vouldroyent : que lon les disse telles
Pour rien quil soit : le tout certifie
Que femmes eussent : Jesus crucifie
Batu/frappe : et luy auoir fait offence
Car plus tost mises : se feussent en deffence
Pour len garder : tant sont elles humaines
A dieu ne plaise : que tant soyent inhumaines
Plustost voulussent : luy faire tout seruice
Que le meurtrir : pas nont tant de malice
En femme na : que clemence et doulceur
Sans aulcun vice : cella tiennent pour seur.

Antecħ terra fie‑
ret nondum erant
abissi ego iam cõ‑
cepta eram. prouer.
viij.

Liure Premier　　　Du sexe Masculin.

*In muliere deus
bndixit mamillas,
ventre, et alia q̄ sūt
dulcia et amicabil’
lia, sz de capite nō
luit se impedire sz
pmisit facere o mo
nt. Silua nuptia. t
suis postil. lib. j.
Supradicc⁹ silua
nuptialis dicit q̄
est fatuū dictuz q̄
non possint misse
inseruire qz nunq̄
pficeretur Kyrie
eleyson qr semper
vellent esse vltime
ad loquendum.*

*Non est ira super
iram mulieris. Ec-
clesiasti. c. xxv. Et
Bal. in. l. si apud.
C. de reuoc. dona-
tionibus.*

¶ Mais le contraire : lon pourroit bien prouuer
Par mainctz autheurs : et telz Ditz reprouuer
Desquelz leur nom : ne sera recite
Pour euiter : trop de prolixite
¶ Tant seullement : ie prens pour tesmoignaige
Les poures hōmes : qui sont en mariaige
Desquelz ne doubte : que par leur iugement
Qui les orroyt : tetous a leur serment
Pour la meilleur : quilz scauroient renommer
Dyabolique : la Souldrope nommer
De sa nature : femme a teste si folle
Que seult tousiours : la derniere parolle
Astance dit : que chose trop sotte est ce
De ce que femmes : ne seruent a la messe
Kyrie eleyson : oncques paracheue
Ne seroit il : ne iamais acheue
¶ Tant leurs parolles : tiennent singulieres
Que seullent elles : que soient les dernieres
Communement : lon dit que la plus doulce
Neuf foys le iour : fault quelle se courrouce.
Malice nest : sur malice de femme.
Il nest si iuste : que femme ne diffame
Sil sont trois femmes : dedans vne maison
Les deux y sont : trop en toute saison
Cest bien le texte : mais ie tiens pour la glose
Quil nen eust poinct : seroit fort belle chose
La femme nest : poinct de necessite
Que de luxure : ne feroit incite
Bien est il vray : puisque si parfond entre
Quelles concepuent : les enfans en leur ventre
Et dans neuf moys : sil ny suruient malheur
Elles enfantent : en grand peine et doleur
Mais touteffois : touchant a tes affaire
Sans poinct de femme : cela se pouuoit faire
Comme fist Dieu : au beau cōmancement
Quant il fist lhomme : de terre vrayement.
Lexemple auez : pourquoy mieulx vous appere
Du bon adam : le nostre premier pere

Contre le sexe femenin   Feuillet .xxiii.

¶ La femme vint : de l'homme puis après
Par quoy de Dieu : la femme n'est si près
Plus amplement : nous le declairerons
Au second liure : quant de ce parlerons.
¶ Comme i'ay dit : la femme vint de l'homme
Encores femme : il n'estoit poinct en somme
Ainsi despuys : mais qu'il eust a Dieu pleu
fussions venuz : a qui qu'en eust despleu
Et peult bien estre : qu'ainsi se fusse faict
Si de la femme : n'eust este le mesfaict
Car quant Dieu vist : sa coulpe sa meschance
Pour que a iamais : en fusse souuenace
Leur a donnee : telle pugnition
Qu'en grande peine : douleur et passion
Enfanteront : les masles & femelles
Moyse tient : que Dieu dist choses telles.

Cum dolore pa-
ries fillos. Gene.
tertio.

¶ Or retournant : donq a nostre matiere
Pour demonstrer : nostre parolle entiere
Nous prouerons : par deux ou trois raisons
Que poinct aulx femmes : aulcun tort ne faisons
Quant nous disons : qu'en nul acte diuin
Il n'est permis : au sexe femenin
Mectre la main : & c'est la verite.
Et que iamais : n'eust telle authorite.
¶ Premierement : par la raison premiere
Que dessus toutes : trouue singuliere
Ie diz que quant : a ce noble mistere
Aulcun de ce : ne me feroit poinct taire
Il fust passe : par voulente diuine
Que ce seroit : la vraye medecine
Que gueriroit : toute nature humaine
Qu'auoit blessee : celle femme inhumaine.
¶ Semblablement : aussi fust arreste
De quelles gens : seroit execute
Le bon Jesus : pour souffrir ce tourment
Dont n'eusse l'on : poinct sceu fere aultrement
Il fust le tout : par le roy precieux
Arreste & dit : en hault trosne des cieulx.

¶ Aultre raison.
¶ Aultre raison: qui sera la seconde
Dessus la quelle: pareillement me fonde
Cest que si auez: le tout bien aduise
Il fust deuant: aussi prophetise
Par les prophetes: aussi par les sibilles
Que pour ce faire: furent bien fort habilles.
¶ Aultre raison.
¶ Aultre raison: qui bien au vray contemple
Se peult monstrer: et prouuer par exemple
Que ie diray: qui me vouldra escouter
Et mest aduis: quest digne de noter
Je presuppose: que ainsi soit ordonne
Que vng homme soit: a la mort condampne
Et que eschapper: il soye estre impossible
Il est certain: que sil estoit possible
Execute: estre mieulx aymeroit
Du plus noble homme: que trouuer lon scauroit
Dung duc/dung conte: ou roy quest daduantaige
Que dung meschant: ou villain personnaige
Dung sien parent: ou bien de ses amys
Que ne feroit: dung de ses ennemys
Vous en auez: mainct exemple et figure
Tant aultre part: quen la saincte escripture
Que regarder: pouuez facillement
Dedans le vieulx: et nouueau testament
Aussi bien Dieu: le seul roy quest parfaict
Et que neust peu: faire mieulx quil a faict
A mieulx ayme: souffrir mort par les mains
Des faulx bourreaulx: et cruelz inhumains
Estre mocque: et toux aultres diffames
Que des plus iustes: et plus deuotes femmes
Quest aprouer: celluy notable dict
Que nous auons: dessus mainctenu et dit
Quant nous disons: que plus a Dieu ayme
En tous ses actes: et trop plus estime
Le plus meschant: et lhomme plus infame
Que la plus saincte: et plus deuote femme

Qu'il soit ainsy : & comment ce peult estre
Ouy auez : vray exemple d'ung prebstre
Et c'est icy : qui poinct l'aultre n'a folle
Car c'est la preuue : de la dicte parolle
¶ Et d'aultre part : en acte de vertu
Toutes les femmes : ne valet ung festu
Toute leur force : en leur langue consiste
Encontre y celle : aulcun n'est qui resiste
Bien est il vray : quont de l'habilite
En leur cerueau : & de subtilite
Tant seullement : sachez en tout affaire
De tromperie : & touchant a mal faire
Car a bien faire : n'ont arrest ne raison
Vollaiges sont : en tout temps & saison
¶ D'aultre part disent : elles touchant cest acte
Que vrayement : la femme de Pylate
Manda par lettre : tel dire a son mary
Que sur la peine : de s'en trouuer marry
Comment qu'il fust : Jesus ne iugeast poinct
Et que aduertie : elle estoit de ce poinct
Car celle nupct : au lict auoit songe
Que si Jesus : estoit par luy iuge
Il en seroit : en tresque grand dangier
Dont luy prioit : ne le vouloir iuger
Mais de ce dire : il leur part d'ignorance
Car c'est contre elles : vne telle deffence
Dire telz motz : n'est pas fort leur honneur
Ains leur redonde : a tresgrand deshonneur
Car telle lettre : & telle inuention
De sathan fust : a l'instigation
Pour perturber : que ne fust rachaptee
Nature humaine : de grace deboutee
Car tout ainsy : que celluy faulx dyable
Trouua la femme : fragille & variable
Et de le croyre : fort hastiue & soubdaine
Quant elle fist : perdre nature humaine
Semblablement : sy voulsist adresser
Celluy dyable : pour cuyder renuerser

Par son moyen : celle redemption
Qu'a faicte Dieu : par sa grand passion
Mais poinct ne fust : encor si bien apprise
Que perturber sceust : de Dieu lentreprinse
Parquoy cler est : ces choses disputees
Bien entendues : et bien au vray notees
Ce non obstant : des femmes les cautelles
Que si tresnobles : que l'homme ne sont elles
Dont nous ferons : fin a nostre argument
Lequel prouue : nous auons iustement.

¶ Aultre exemple.

Par aultre exemple : encores prouuerons
Et puys la fin : de ce liure ferons
Que quant a Dieu : et faictz de saincte
Celle puissance : n'est a femme permise
Quelle est a l'homme : si vous le notez bien
Quoy que l'on dye : tant soit femme de bien
Comme i'ay dit : en nul acte diuin
Ne fust permis : au sexe femenin
Mettre la main : Dieu ne leur a aprouue
Comme dessus : bien ie vous ay prouue
Ains qu'est plus fort : de l'esglise l'entree
Leur fut iadiz : pour certain temps ostee
Ce ne requiert : probation plus ample
Car l'on doibt croyre : que iadiz dans le temple
Femme n'entroyt : quant auoit enfante
Pour si gros don : qu'elle eusse presente
De quarante iours : la chose est approuuee
Que la dedans : n'osoit estre trouuee
Le terme dict : entendez d'enfant masle
Car des femelles : y auoit d'interualle
Car pour les masles : endurent vng tel trouble
Mais pour femelles : le terme estoit au double.

¶ Les femmes sont : aussi trop deshonnestes
Pour se trouuer : en lieulx sy treshonnestes
Les anciens : l'ont trouue gros mesfaict
Et vous promettz : que n'est encor bien faict

Contre le sexe Femenin.　　Fueillet.xx.b.

Qu'en lieulx sacrez : Dames ne Damoyselles
Ayent leurs sieges : au moins dans les chapelles
Ou l'on ministre : le divin sacrement
Et que l'on chante : messe iournellement
Plaisir n'y prent : le bon roy glorieulx
Monstrez exemples : il en a en divers lieulx.

　　¶ Exemple d'une chapelle
　　　qu'est au bourg de Pauye.

I Aques pitale : dit qu'au bourg de Pauye
　Est deffendu : sur peine de la vie
　Femme n'entrer : dedans une chapelle
Qu'au dict bourg a : que de sainct Jehan l'apelle
Pour les miracles : qu'il en sont advenuz
Telz estatutz : sont encores tenuz.

Jacob py uallain in
sanctuario papie.
cap. iiij. lib. iiij.

　　　¶ Aultre chapelle.

¶ Une semblable : qui qu'au contraire insiste
Vous en avez : du bon sainct Jehan baptiste.

Il refert Aluas us
pitalis lib. 4.

　　　¶ Aultre chapelle.

V Ne aultre en y a : de plus grande merveille
　De sainct Fiacre : qu'est chose nompareille
　Et que merite : qu'on tienne le compte
S'il est ainsy : que gaguyn le racompte
Car il mainctient : (¶) dit par ses parolles
Que mainctes femmes : enragees & folles
Sont devenues : quant temerairement
Estoient entrees : dedans tant seullement
Cela qu'aulx hommes : n'est advenu iamais
Car sont plus dignes : aussy ie vous promectz
Et par ainsy : qui ne faict difference
Entre homme & femme : bien luy part d'ignorance
Qui tient du contre : y mectant cure & soing
Il veult scavoir : trop plus quil n'est besoing

Gaguinus in vita
clotarij ad fi. v. re
fert filius nup.

d

Liure Premier — Du sexe Masculin

Lecclesiaste dit que la creature
Quil seult scauoir oultre dieu et nature
Equiparant : la Jument au Cheual
Qua son aduis : cela sonne fort mal

Faciamus homi-
nem ad ymaginez
et similitudiné no-
strã. Genesis.j.c.

Lhomme fut faict : chascun scait le passaige
A la semblance : du vray dieu et ymaige
Mais de la femme : le contraire fut faict
Car quoy quon die : femme est homme imparfaict
Le philosophe : le tient parlant des femmes

Au champion des
dames.

Au liure dict : le champion des dames.

Lucas de Penna
in l.j. C. de mil. et
in quo loco lib.x.z
Scão. hec ymago
xxxiiij. q.v. Ande-
glo.j.c. oblecta filia
de malo. et obedie.
In versic. iurid. est
imperfectionis vir-
tutis et imbecillio-
ris nature.
Polistathea in ver-
siculo mulier.

De Penna dit : au marge auez le lieu
Que femme nest : point ymaige de dieu
Et dit aussy : que femme est tant infaicte
Quen vertus est : vrayement imparfaicte
Et si nest pas : tant habille et subtille
Quelle ne soit : de nature imbecille
Maintz bons autheurs : soubstiennent telz passaige
Pour ce de dieu : ne sont elles ymaiges
Disant que tant : soyent bien cheuellees
Dedans lesglise : doyuent estre sellees
Signifiant : quant a la verite
Que point les femmes : nont tant dauctorite
Quont bien les hommes : questre peuuent couuers
Dadans lesglise : aussy bien descouuers
Denote aussy : quont liberal arbitre
Que deffendu : est aux femmes tel tiltre
Daller quon point : franchement iour et nuyct
Que fort desplaist : a leurs douloirs nuyct
Les hommes peuuent : aller teste leuee
La femme point : tant soit elle esleuee
Car tout le mal : que homme a faict et diffame
Il a tout faict : au moyen de la femme
Sans mal penser : ains par bonne amytie
La femme point : mais par sa maulitaistie
Et par ainsy : fault quen portent les signes
Quenuers de lhomme : les femmes sont indignes
Dauoir honneur tel : en aulcune guise
Soit quant au monde : ou soit quant a lesglise

Contre le sexe femenin. Feuillet.xxxi.

Auecques ce: feray fin a mon liure
Lequel des trops: pour le premier sous liure
Intitule: les grans abuz notoires
Tresbien prouuez: par raisons peremptoires
Touchant le sexe: et genre femenin
Contre le pouure: bon sexe masculin
Du quel auons: pris nostre fondement
Auant quau monde: eust eu commancement
Et demonstre: par exemples expres
Qubcques les femmes: dieu nayma de sy pres
Que aulcunement: puissent estre condignes
faire aulcuns actes: quant aulx choses diuines
Cela quaulx hommes: il a voulu permectre
Et tous les iours: entre leurs mains se mectre
Car telle chose: il luy pleust ordonner
Quant de ses mains: il se voulsift donner
faisant la cene: a toutz ses douze apostres
Dedans le pain: ce sont articles nostres
Lesquelz debuons: toutz croyre fermement
Et ce sur peine: deternel dampnement
Pour lors aulx femmes: ne declaira ce poinct
Car apostresses: aussi nauoit il poinct
Les hommes veirent: aussi bien a ce iour
Comme est sainct Jehan: sans faire plus seiour
Les cieulx ouuers: et lhaultain paradis
Il est escript: ainsy que le vous dis
Les femmes oncq: neurent tel aduantaige
Qui ne le croit: ie dis quil nest pas saige
Pour faire fin: vng chascun note bien
Que dieu laissa: aulx hommes corps et bien
Estre ie preuue: vng tel dict pertinent
Car de sainct Pierre: dieu fist son lieutenant
Et si luy dist: le bon roy precieulx
Ce que tu lies: il sera lye es cieulx
De ce premier: liure la fin aurez
Duquel les faultes: vous prie excuserez.

Johannis .xiii.c.
Marthel.xxvj.c.et
Luce.xxij.c.

Matthel.xvj.c.

℃ fin du premier liure.
d ii

Liure Segond   Du sexe Masculin.

¶ Le Prologue: Lautheur sous liure
Dez grans abuz: Du segond liure
Touchant le sexe Feminin
Contre le sexe Masculin.
¶ Lautheur.

Ource qung homme: qui ne tient sa promesse
Pour hault ql soit: en Dignite ou noblesse
Est repute: plus brutal que vne Beste
Laquelle na: sens ne raison en teste.
¶ Moy cõtemplant: vers les choses passées
Rememorant: par my de mez pensées
Toutes les choses: que me toucheoient au cueur
Et que vouldroye: accomplir de bon cueur
Jay rencontree celle promesse faicte
Que ne merite: Demeurer imparfaicte
Laquelle fiz: de cueur doulx & Begnin
A mon bon frere: le sexe Masculin
Quant luy promis: a cause des oultraiges
Quon luy auoit faictz: & des Villains langaiges
Sur luy couchez: par sexe Feminin
Ma main et plume: nuyct ne iour nauoir fin
Tant que pour luy: auroye dictez troys liures
Lesquelz de sens: ne trouueroit desliures.
A resister: encontre toute offense
Pour a iamais: en faire sa defense.
¶ Or tout ainsi: que lauoye promys
A mon debuoir: si tresbien me suis mys
Que desdictz liures: le premier acheue
Jay dieu mercy: il est paracheue
¶ Mais maintenant: ie ne scay que doibs faire
Perseuerer: ou delaisser laffaire
Pour les raisons: lesquelles ie diray
Et bien au long: ie vous declareray.

¶ Premiere raison.
A premiere est: que si las ie me sens
Si tresrompu: de memorie & de sens

Contre le sexe femenin.   Feuillet.xxxii.

De ce quay faict : aulcun ne sen merueille
Que ie ne scay : si ie dors ou ie veille
Mon que ie die : loeuure de tel stille
Si difficille : si parfaicte et subtille
Quelle merite : estre dicte de peine
Car le contraire : est chose trop certaine
Presupposant : au moins a bons espritz
Quant telles choses : ilz auroient entrepris
A quelques gens : de scauoir et de lettre
Quant leur eust pleu : en ce la main y mettre

⁋ Mais de moy pouure : vray docteur dignoraré
Aueugle en droict : en praticque et science
Ung pouure layc : inhabille en scauoir
Sot apprentiz : facille a decepuoir
Plus ignorant : que les enfans a naistre
Esmerueillez : de ce ne vous fault estre
Si mes escriptz : se trouuent empeschez
De telle peine : obfusquez et faschez
Car gens y a : qui passent plus de mal
Dalier dix lieues : ie vous diz a cheual
Que daultres cent : qui sont vieulx et chanuz
Allans a pied : bien souuent les piedz nudz
Daultres aussi : quont ung faict auance
Plus tost dix foys : quaultres ne lont pense
Et si le font : mieulx a perfection
Sans vice aulcun : et sans reprehension.

⁋ Aultre raison.

⁋ Laultre raison : que plus encor mestonne
Et qua penser : trop plus beaucop me donne
Cest quung gros nombre : des souldars de venus
Sont deuers moy : na pas long temps venuz
Lesquelz estoient : presque a couuerte terre
Pour manoncer : a iamais noyse et guerre
Et de parolle : si fort mont assailly
Que pres qua peu : le cueur ne mest failly

d iii

Liure Segond　　Du sexe Masculin.

Si bien surprins:mont a leur aduantaige
Que presque mont : oste force et couraige
Car tant armez : ilz estoient de tout poinct

*Lharnoys q̃ por-
toyēt les assaillās
moralise.*

Que mieulx en ordre : ne pouuoient estre poinct
De tous harnoys : tant de traict que de main
Ainsi que sont : sans attendre a demain
Force arbalestes : hacquebutes/et Picques
Que mainctz broquardz : designent et repliques
Force Hallebardes : Lances/Haches/et Masses
Verduns/Espees : qui denotent menasses
Dardz/Jauellines : mainctz Rancons/et Dardelles
Bloquiers/Pauoys : et force de Rondelles
Qui signifient : harnoys de resistence
Ferme propoz : bon vouloir et constance
Dagues/Poignartz : auoyent et Mandoceines
Qua se deffendre : de pres lon trouue saines.

　　❡ Harnoys des capitaines.

❡ De telles gens : ie aparceupz aussy mainctz
Questoient armez : despees a deux mains
Et mest aduis : qua leurs gestes haultaines
Estoyent leurs chiefz : et plus grans capitaines
Telles espees : ie prens a bien noter
Pour mainctz amans : lesquelz oncq contenter
Ne se vouldroyent : tant ont vouloir infame
Destre amoureulx : et naymer que vne femme.

　　❡ Harnoys de corps/bras/et iambes.

❡ Harnoys de corps : estoient bien acoustrez
Ainsi que sont : Cuyrasses/Alecretz
Pourpointz de Maille : descaille/et Brigantines
Puys Espaulletes : Auant bras/force Hauguynes
Cuyssotz/Tacettes : Greues/et souleretz
Si beaulx a veoir : que oncq ne men souleroys
Lesquelz harnoys : denottent hardiesse
Pour ce quen eulx : est grosse forteresse.

　　❡ Harnoys de teste.

Contre le sexe feménin.   Feuillet.xxviii.

Harnoys de teste: estoint ilz bien armez
De conductieres: de salades/armetz
Coyffes descaille: cabassetz et chappeaulx
De Montaulban: qui souloiēt estre beaulx
Signifians: plusieurs euasions
Pour resister: a noz conclusions
Subtilitez: contre bon droict notoires
Par allegances: tant de fables que hystoires.

¶ Les cheuaulx et montures desdictz assaillans.

De grans cheuaulx: auoient plaine campaigne
Roussins/Courciers: turcz et cheuaulx despaigne
Cheuaulx gascons: chanfrenes et bardez
Meritans fort: destre bien regardez
Lesquelz cheuaulx: tant hyuer que leste
Pour seur denotent: desprit legierete.

¶ Les arcz et flesches desdictz
assaillans.

Arcz venimeux: aussi gros nombre y auoit
Et force flesches: ou mon cueur ne pouuoit
Bien resister: sans estre fort blesse
En plusieurs lieux: lont asprement perce
Lesdictes flesches: estoient les souuenirs
Les entreprinses: les allers et venirs
Que dautresfois: ay ie faictz pour les dames
Pour damoyselles: bourgeoises et aultres femmes
Les passetemps: les entretenemens
Les danceries: ioyeulx esbatemens
Les bonnes cheres: que iay en mainctz lieux faictes
En mainctes nopces: conuiz/banquetz et festes.

¶ Lartillerie desdictz assaillans

Artillerie: menoient grosse habondance
Qui me tiroit: grans cops de demonstrance

D iiii

Liure Segond　　　Du sexe Masculin.
Quen male grace: seroys de diuers gens
Qua sen venger: ne seroient negligés
Pour abreger: telz gens nestoient desliures
De tous harnoys: ꞇ si auoient forces viures
De terraillons: et de tout equipaige
Tout estoit bien: iusquau plus moindre paige.
　　¶Les enseignes que portoient lesdictz assaillās
　　et desarmes en icelles.
Touchant de lordre: que tenoient telz souldars
force guydons: apportoient est andars
Des banny eres: banderolles ouurees
De mainctes sortes: et diuerses liurees
Ou Cupido: estoit en pourtraicture
Painct en chascunne: en fort belle paincture
Les yeulx bendez: Arc et flesches en main
Comme le painct: cheſque bon painctre humain.

　　¶Lauantgarde desdictz assaillans.
De telles gens: ie men donnay bien garde
Cōdup soient ilz: et menoient lauantgarde
Les gens desglise: qui souuent proprietaires
Des femmes sont: comme Prothonotaires
Moyens/Abbez: et de toute aultre guise
Car femmes ayment: sur toutes gens lesglise.
¶Celle auant garde: et belle compaignie
Desdictz harnoys: estoit fort bien fournye
Dartillerie: bonne a perfection
Pouldres/Boulletz: aultre monition
De Terraillons: Canoniers Boutefeuz
Cheuaulx/ferrures: gros routaiges afustz
Dauant coureurs: escoutes et de guetz
Fort bien en ordre: en estoint telz muguetz
Desquelles choses: vous noteres ce poinct
Pour le present: ne nous est venu apoinct
Vous declarer: la forme ne substance.
Pource quen bref: et sans longue distance
Pareille forme: bien au long veoir pourrez
En la bataille: que maintenant orrez.

iiij G

¶Contre le sexe femenin.　　　Feuillet.xxix.

¶La bataille desdictz assaillans/quelles gens la con
duysoient/et lordre dicelle.

　　Pres venoient : pour tost expedier
　　Les ieunes gens : subgectz a marier
　　De tous estatz : et toute qualite
Quant est au monde : en grande quantite
Grans et petitz : moyens de toute taille
Qui conduysoient : et fasoient la bataille
Laquelle estoit : tresiolie et fort coincte
Car eussiez veuz : ala premiere poincte
Mainctz mugueteurs : amoureux marioletz
Les vngs fort beaulx : et les aultres fort laidz
Lesquelz marchoient : en fort bonne ordonnance
Pour massaillir : trestous dune aliance.

¶Les auantcoureurs et descouureurs
desdictz assaillans.

Les maquerelles : seruoiet de descouureurs
Les macquereaulx : aussi dauant coureurs
Lesquelz faisoient : extreme diligence
De descouurir : tout vouloir et puissance.

¶Les terraillōs desdictz assaillans.

¶De telz souldars : il y auoit bataillons
De pouures gens : que lon dit terraillons
Qui se tenoient : pres de lartillerie
Mais de les veoir : cestoit grant mocquerie
Car tous estoient : de mestier et trauail
Vachiers/bergiers : qui gardent le bestail
Pouures rusticques : et gens de bas estat
Questoit pitie : de les veoir en lestat.

¶Les esles desdictz assaillans et quelles gens les
faisoyent.

d 8

Liure segond   Du sexe Masculin

Apres telz gens: et leurs grandes sequelles
En tresbō ordre:ilz marchoiēt sur les aesles
Mainctz cōbatans: Dacquebutes et traictz
Quon dit et nomme: les amoureux secretz
Qui sont leur coupz: cōmunemēt de loing
Et qui ne tirēt: guieres fois quau besoing
De leurs oeillades: et penetrans regardz
Tant subtilz sont: et bien expertz souldars.

¶ Les prebendiers dictz dans Tholo-
se et transsis des Carmes.

Parmy telz gēs: faisoiēt ilz de grās armes
Les prebendiers: et les transsis des Carmes
Qui dans Tholose: sont nōmez deuemēt
De toutes gens: aumoins communement.

¶ Les espies desdictz assaillans.

Pour les espies: auoient ilz aussi mys
Les domesticques: et familiers amys
Qui des maritz: scauoiēt les entreprinses
Et souspecons: pour euiter surprinses
Pour declairer: les charges et improperes
Quant est aux filles: de leur meres et peres.

¶ Le guet et escoutes
desdictz assaillās,

Ceulx qui faisoient: le guet τ les escoutes
Et que des bādes: iestimoys pl9 q̄ toutes
Cestoient pour vray: sans q̄ les espairgnōs
Desdictz amans: leurs plus grans compaignons
Qui nuyt etiour: font leguet a merueilles
Et puys les aultres: leur rendent les pareilles.

¶ Les postes desdictz
assaillans,

Contre le sexe Femenin.   Feuillet.xxx.

Touchant les postes : cestoient leurs petitz
  paiges
Qui iour et nuyt : font beaucop de passaiges
Enuers les fēmes : dames et Damoiselles
Par lesquelz scauent : Delles toutes nou-
  uelles.

¶ Les trompetes Desdictz assaillans.

Puys les trōpetes : et clairōs quilz auoiēt
Et q̄ sonnoiēt : le moins mal q̄lz pouuoiēt
Estoient des fleuttes : les melodieux sons
Et de mainctz aultres : istrumēs et chāsōs
Dōnez aux Dames : apres les ambassades
Par mainctz muguetz:q̄ font mestier Daul-
  bades.

¶ Les tabourins Desdictz assaillans.

Les tabourins : qui sonnoient deuant eulx
Estoient ung tas : de subtilz amoureulx
Qui sont cognuz : en hurtant p̄ les portes
De leurs ampes : la nuyt en maictes sortes

¶ Les fiffres Desdictz assaillans.

Fiffres estoient : les siffletz de la nuyt
Pour ce qua mainctz : bien souuēt lheurter
  nuyct
Lesquelz siffletz : promptemēt font ouurir
Secretz et portes : sans le cas Descouurir.

¶ Les Capitaines chefz et lieutenans
  Desdictz assaillans.

Les Capitaines : lieutenās et leurs chiefz
Estoient ung tas : de perduz Desbauchez
Lesquelz ne font : iamais aultre mestier
Combien que point : ne leur seroit mestier

Liure segond　　Du sexe Masculin

Que de courir: et baguer par les rues
Apres meschantes: desbauchees perdues
Perdre le temps: apres ung tas dinfaictes
Pantolfiner: par les banquetz et festes
Par les eglyses: deux adeux pourmener
Vendre engaiger: pour braguer et donner.

¶ Les porteurs denseignes desdictz
assaillans.

Porteurs denseignes: estoient a brief parler
Les poures sotz: lesquelz dissimuler
ne sçauent oncq: leurs vouloirs et couraiges
Tant esuetez: sont en faictz et langaiges
Dont lon cognoist: leur folle affection
Tout leur vouloir: et leur intention
Parquoy telz gens: a tresbonnes enseignes
Nommer voulons: les vrays porteurs denseignes.

¶ Les sergens de bande desdictz
assaillans.

Je vous diray: sans quon le me demande
Dequelles gens: faisoient sergens de bande
Lesdictz muguetz: en amours abusez
Certes des vieulx: amoureux fort rusez
Qui damours sçauent: la practicq et sciece
Pource quen ont: veu maincte experience.

¶ Les mareschaulx des logis et
fourriers desdictz assaillans.

Les mareschaulx: des logis et fourriers
Tãt des gẽsdarmes: que des aduãturiers
Estoiẽt leurs bonnes: cõmeres et gperes
Qui les fournisẽt: de maisons et repaires
Vordes iardrins: pour faire leur descharge
Ou bien souuent: ilz sont logez au large

Contre le sexe feminin.　　　Feuillet.xxxi.

¶Les Viuandiers desdictz
　assaillans.

Les Viuandiers: apres telz gens marchás
Estoiét pour vray: vng grád tas de marchás
Lesqlz fournissét: dargét daccoustremés
Lesdictz muguetz: et telz susdictz amás.

¶Les tresoriers desdictz assaillás.

Les tresoriers: qui telz gens ont payez
Payent touſiours: et payeront croyez
Soit pour ne soit: plus lóg téps decenu
Le temps passe: preſent et laduenir.

¶Les salaires et gaiges desdictz
　assaillans.

Dant aulx salaires: de semblablz personnaiges
Les payemens: appointemens et gaiges
Sont vrayemét: les mauluais iours et nuytz
Les fascheries: regretz/ souspirs/ennuyz
Les mauluais tours: les despitz/fenaysies
Les faulx semblans: les aspres ialousies
Les inconstances: les faulx cueurs volaticques
Quen diuers lieux: en amours ont practicques
Les mocqueries: dung tas de morquerreſſes
Les fainctz regardz: et les faulces promesses
Le temps perdu: les dommageulx oustaiges
Engaigemens: de bien grandz heritaiges
Maliuolences: reproches/et diffames
Perte des ames: bons bruytz/et bonnes fames
Ce sont les gaiges: et salaires dargens
De quoy son paye: communement telz gens.

¶Larrieregarde desdictz assaillans
　et quelles gens la menoient.

Dys en apres: marchoyt larrieregarde
Laquelle estoit: fort pompeuse et bragarde

Liure segond   Du sexe Masculin

Foulle de gens : qua peine le diriez
Car tous estoient : ou neufz ou mariez
Il en y auoit : de ieunes et gaillardz
Et plusieurs : muguetteurs fort vieillardz
Quont bon vouloir : mais bien peu de puissance
Car ne pourroient : rompre fors qune lance
Pour le plus fort : non obstant leur babil
Et ne seroit : encores de droit fil
Le plus souuent : a tort et de trauers
Pourtant quilz saichent : trouuer moyens diuers.

¶ Entre telz gens : estoient ilz fort marriz
Ceulx la qui veullent : estre dictz bons mariz
Et qui des femmes : font le commandement
Et noseroient : auoir fait aultrement
Apres receu : le vent de la chemise
Quelque aultre chose : quayent ailleurs promise
Trestous ensemble : ien ay bien souuenance
En fort bel ordre : et tresbonne ordonnance
Vindrent sur moy : aspremẽt me combatre
En me cuydant : du tout vaincre et abatre
Par mainctz oultraiges : dont mon cueur cuyda fendre
Et me seruist : tresbien de me deffendre
Touchant leur ordre : aulcun ne sen informe
Car ilz tenoient : semblable mode et forme
Tant gens de pied : que les gens de cheual
De toutes choses : sans faillir dung cheual
Du moindre harnois : ne du plus moindre paige
Dartillerie : et de tout equipaige
Quen la bataille : auez ouy compter
Et bien au long : poinct par poinct racompter
Brief les susdictz : mont faicte telle guerre
Que ie ne scay : si suis en ciel ou terre.

¶ La guerre que les femmes muguettes
Vindrent faire a Lautheur.

Liure segond　　Du sexe Masculin

Incontinent : apres ces choses faictes
Point ne faillirent : Oy venir les muguettes
Qui nuyct & iour : ne font que muguetter
Rire/gaudir : aller/venir/troter/
Par les banquetz : & donner les oeillades
Par les eglises : escouter ambassades
Rendre responses : assigner temps & lieulx
A mainctz muguettz : desquelz elles font dieux.
¶ Deuers moy vindrent : en grosse quantite
De toutz estatz : & toute dignite
Dont maborder : promptement ne faillirent
Puys de parolle : rudement massaillirent
En me disant : mainctes rudes parolles
Ainsy que font : esuentees & folles
Entre lesquelles : par leurs fieres audaces
Toutes ensemble : me firent grandz menasses
Me defendant : par grosse fellonie
De me trouuer : plus en leur compaignie
Et ce sur peine : destre scandalise
De ce par elles : fuz ie bien aduise
Sy ce quay faict : ie ne souloye brusler
Et sy contre elles : ie souloie plus parler
Ou sy souloye : paracheuer laffaire
Et mectre afin : ce quay entreprins faire.
¶ Et daultre part : masseurerent tresbien
Quau grand iamais : de moy ne diroient bien
Ains tout le mal : que pourroient controuuer
Soit ou non soit : dessus moy et trouuer
Et que iamais : ne me feront plaisir
Ains toute offense : oultraige & desplaisir
Aussy que plus : ne soulsisse penser
Pour passer temps : vers elles madresser
Pour diuiser : & les entretenir
Quelque blason : quil en sceust aduenir.
　　　　¶ Harnois que lesdictes muguettes
　　　　appourtoient contre Lautheur.

Touchant lharnois : que sur elles portoient
Nestoit a craindre : car armees nestoient

Contre le sexe femenin. Feuillet.xxxiiii.

Que de fardures: sur leurs mains et visaiges
Et sur tetins: dont par semblans vsaiges
Leur est aduis: quelles en sont plus belles
Et que chascun: doibt estre amoureulx delles
Pour ce que nont: la beaulte de nature
Elles sefforcent: de lauoir par paincture.
¶ Les bonnes senteurs q̃ lesdictes muguettes pourtoiẽt

Dys estoient elles: chargees de senteurs
pour plaire mieulx: a maletz ãges muguetteurs
Ainsy que font: quest chose souueraine
Petitz trocisques: muscatz/qui doulce alaine
font les pourtant: especialement
Dedans la bouche: car ont bon sentement.
¶ Les pouldres desdictes muguettes.

Aussy apportoient: sur leurs accoustremens
Plusieurs pouldres: et sur leurs vestemens
Sur leurs manchõs: sur mouchouers ꞇ coulletz
Comme de musc: et de chippre oy selletz
Et mainctz sacchetz: de pouldre a violete
Pouldre de chippre aussy de la cyuete
Que dans leur col: tant en mectent petit
Grand challeur donne: et tresgrand appetit
¶ Aussy pourtoient: de pouldres dambregris
Grand quantite: aussy pouldre de yris
Daultres compostes: que lon mect en praticque
Du calamy: quest fort aromaticque
Souchet/Cyprès: Girofle et cynamome
Aussy des cedres: apportoient grosse somme
Du beniuyn: storax calampde
Ladpane aussy: et de storax liquide.
¶ Les bonnes herbes que pourtoient les
dictes muguettes.

Dys de toute herbe: que bonne senteur maine
Mente/Lauande: Serpoillet/mariollaine
Romaryn/Sauge: Roses et marguerittes
Des Girofflees: grandes et des petites
Soulciz/Violes: aussy des esglantines
Lys/fleurs de seucz: pensees gallantines

e ii

Liure segond   Du sexe Masculin

Et toutes aultres : herbes/fleurs/et fleurettes
Que sentent bon : apourtoient les muguettes.
  ⁋ Aultre forme de senteurs desdictes muguettes.
Aultres senteurs : puys que a tant nous en somes
Apportoient elles : dedans certaines pommes
En brasseletz : aussy mainctz patinostres
Desquelz souuent : font elles grosses monstres
Pour recompense : mainctes foys aloues
Lesquelz lon nomme : de lignum aloes
Daultres senteurs : portoient grosse habondance
Desquelles nay : a present souuenance.
  ⁋ Les gandz perfumez desdictes muguettes.
Es grans perfums : de leurs gandz perfumez
Je vous promectz : quon en eust affumez
Et faictz mourir : dedans leurs taysnieres
Jeunes et vieulx : de toutes manieres
Tous les regnardz : que nous auons en france
Qui pour fourrer : nous font grosse souffrance.
  ⁋ Les eaues des bônes sêteurs q̃ portêt les d. muguetttes
Touchant les eaues : si voulez que les renge
Elles portoient : eaue de fleur dorange
Eaue de naphe : eaue de romarin
Eaue de murtre : qua sentement bening
Aussi de leaue : quest des Roses sauluaiges
Qui bien leur sert : souuent a leurs visaiges.
  ⁋ Fardement desdictes femmes
Quant a leurs fardz : par art medicinal,
De certain laict : vsent dict virginal
De la ceruse : et de mainctz lauemens
Aussi fontelles : de diuers oignemens
Elles portoient : aussy par mainct ducat
Celles muguettes : de bon sauon muscat
De quoy se lauent : tant visaiges que mains
Dont de beaulcoup : lon les estime moins
Des fleurs de febues : pour leur tainct refreschir
Apportoient eaues : et visages blanchir
Et pour oster : les taches des visaiges
Et plusieurs : fardemens fort sauluaiges

Contre le sexe Femenin.   Feuillet.xxxe.

¶ Celles que pourtoient les
senteurs susdictes.

Es senteurs dictes : pourtoiēt les trop camuses
Les Verolleuses : celles quont les dentz creuses
Auec lesquelles : ne fait bon deuiser
De guieres pres : encor pys les bayser
La puanteur : estoit si penetrante
Que sous promectz : que ien veiz plus de trente
Que par tout lieu : quelles passoient et place
Bien lon les eusse : suyuies ala trasse
De grans senteurs : dessus elles versees
Sans poinct faillir : ou elles estoient passees.

¶ Les Esponges que pourtoyent lesdictes muguetes.

Plusieurs esponges : apourtoient aussi celles
Entre leurs Cuysses : et dessoubz les aycelles
Ou soye ie : bien batu dung baston
Pour ne sentir : lespaulle de mouton
Le faganas : et telz senteurs infames
Mais telz harnois : pourtoient les grasses femmes.

¶ Linuention pour garder de tumber le Boyeau.

Femmes inuentent : mainctes subtilitez
Aussy souuent : grandes habilitez
Car en dansant : celles dances lombardes
Que lon appelle : en mainctz lieulx les gaillardes
Et dans Tholose : les aulcuns pantolfines
Notez si sont : bien habilles et fines
Pour ce que a mainctes : tumbe estoit le Boyeau
Lequel nommer : ne seroit guieres beau
Combien que mainctz : puys quil fault que le die
Disent et tiennent : que cestoit la Landie.

¶ Pour donner ordre : Doncques en tel affere
Certaines Brayes : elles ont faictes faire
A certains maistres : de leurs secretz ouuriers
Quelles appellent : pour vray Cyre brayers
Dont maintenant : ne craignent sauādnc et
A telles dances : pour les aller dancer
Ainsy que Chieures : saillans faisans la moeu
Laquelle chose : guieres saiges ne soeu

e iii

Liure segond   Du sexe Masculin

De telles brayes: faire nen fault doubte en ce
Car les ay veues: sans aulcune doubtance
Dont au conflict: vne ycelles folles
Apres diuers: reproches et paroles
Lesdictes brayes: elle se deschauſſa
Puys rudement: contre moy saduancea
Pour me gecter: au trauers du visaige
Ung tel present: et fort plaisant ouuraige
Ce que pour rien: ne vouldroys queuſſe faict
Car telles brayes: estoient en effect
Et vous promectz: que ce ne sont poinct fainctes
De troys couleurs: fort mal sonnantes painctes.

¶ Les liurees des femmes.

DE Rouge/Blanc: et Tane le ſiſſant
Qui ne le sçoit: a tout le moins le sent
Par braps blasons: les susdictes liurees
A toutes femmes: deuement sont liurees
Lesdictes brayes: menoyent telle senteur
Que ne sentiz: oncq telle puanteur.

¶ Les senteurs puantes.

IAmais Galbane: Castor ne Serapin
Armoniac: Souffre Aloes Comin
Huyle de cade: ne Laſſafetida
Tant ne sentirent: dont le cueur me cuyda
Du tout faillir: et si le tout desgorge
Je suz bien pres: lors de rendre ma gorge
Oncques retraict: neuſt senteur sy mauluaise
Quelles auoient: ne camuse pugnaise.
¶ Pour abreger: quant au surdictz approches
Elles me firent: beaulcop daultres reproches
En me disant: quoncq ne me furent chieres
Dentretenir: et faire bonnes chieres
Dancer/chanter: ny aultres esbatemens
Et que mont faictz: mainctz entretenemens
Dont se repentent: mauoir fait tel honneur
Veu que leur serche: sy tresgros deshonneur.
¶ Et daultre part: me reprocherent elles
Tant les Bourgeoises: dames que damoyselles

Contre le sexe femenin.　　Feuillet.xxxvi.

Que ce nestoit : ce que leur promectoye
Quant amoureulx : iadiz delles estoye
Et ne trouuois : ne repos ne seiour
Quant auec elles : ie nestois nuyct et iour
Me demonstrant : aussy pour abreger
Que me suys mys : entresque grant dangier
Car ie seray : hay de mainctes gens
Que a sen venger : ne seront negligens
Et mesmement : quant ung tel cas verront
Dont de grans maulx : aduenir men pourront.
¶ Considerees : les choses sus escriptes
Que bien au vray : au long vous ay descriptes
Ie ne suys pas : sans mainct ung pensement
Sans grosse craincte : sans esbahyssement
Sans gros dangier : et sans melancolie
Car y pourroit : auoir de la folye
Parquoy ne scay : bonnement que doyvs faire
Paracheuer : ou bien laysser laffaire
Car vous promectz : que ce nest poinct sans doubte
Et nay pas tort : si de ce faire doubte
Bien est il vray : quant au tout bien ie pense
Et mest aduis : quil ya de lapparence
Que ung homme doibt : plus tost la mort souffrir
Abandonner : ses biens et corps offrir
A tout martyre : et tout aspre torment
Aumoins selon : mon sot entendement
Combien que poinct : il ne leust merite
Que de taiser : de dire verite
Atout le moins : quant elle est dommageable
Au bien public : ou bien fort profitable
Comme est cecy : que beaucop profiter
Pourroit a mainctz : dont peuuent resister
Aux naturelles : folles affections
Quant est aux femmes : et leurs deceptions
Et mesmement : aux ieunes sotz pupilles
Qua decepuoir : en tel cas sont faciles
Lesquelles gens : si bien vous y songes
Sont tout de droict : beaucop priuilegiez

e iiii

Liure segond.   Du sexe Masculin

Qui loquitur mē-
dacia peribit. Pro-
uer.xix.c. Nec ve-
ritas est pprer sci-
da luz obmittenda
ij.q.iij.c. Inter vōa
Esdre.c.iij. q̄ veri-
tas magna & for-
tior p̄ oībus vir-
tutibz: veritati osa
cedūt.c. fraternita-
tis de frigid. z mal.
et veritas sup ōia
est amāda.l. cum
ita legatū. ff de cō-
dit. et demōstra.
Simulator ore de-
cipit amicū suum.
Prouer.xj.
De fructu oris sui
vnusquisqz reple-
bitur bonis. puer.
xij.
Abhominatio est
dn̄i labia mēdacia.
Prouer.xij.

Mortellement: peche celluy qui ment
Et doibt perir: selon drap iugement.
¶ Car quātōp doncq veu: ce que iay dit dessus
Et pour garder: telz gens nestre deceupz
Laquelle chose: ainsy quest tout notoire
Ne scauroit estre: oeuure plus meritoire
Je delibere: de tirer alauant
Non obstant ce: qua bons dit parauant
Et mesmement: car ie nentendz parler
Quelques parolles: que lon mecte par lair
Que des meschantes: villaines deshonnestes
Non point des bonnes: ne des femmes honnestes
Comme iay dit: et vous ay a teste
Au premier liure: sans faincte et proteste
Les bonnes femmes: nont cause men blasmer
Ains men deburoient: elles trop plus aymer
Les femmes bonnes: ne doybuent maintenir
Femmes mauluaises: ne iamais soubstenir
Car le droict dit: quest chose fort notable
Que chascun ayme: et cherche son semblable
Pour ce doncq celle: qui blasmer men vouldroit
La presumer: mauluaise seroit droict
Et daultre part: aussy mez bons amys
Est a notter: quainsy ie lay promis
Et comme est dit: qui ne tient sa promesse
Nest qune beste: tant hault soit en noblesse
Or doncques bref: sans plus men enquerir
Si ie debuoys: cruellement mourir
Comme vng martire: soubstenant verite
Blasonneray: qui laura merite
Mectant afin: maugre qui men desprise
Si plaist a Dieu: en bref mon entreprinse
Et pour ce doncques: ie men boys aduancer
Le segond liure: dez abuz commencer
Au quel ie veulx: pour mon commencement
Prendre et fonder: mon premier argument
Sur nostre pere: Adam et nostre mere
Eue nommee: qui tant nous fut amere

Contre le sexe feminin.　　　Feuillet.xxxvii.

¶Premier argument du segond liure: faict sur Ada
et Eue noz premiers peres: demonstrant que lhomme
est plus digne que la femme par cinq raisons dont la
premiere est la priorite.

Our paruenir: a nostre intention
Nous fonderons: la proposition
Consequtiue: de ce quest dessus dit
Au premier liure: par mainct notable dict
¶Disant que lhomme: en toute faculte
A ce ne fault: faire difficulte
Soit enuers dieu: ou soit enuers le monde
Est trop plus digne: plus en vertus habonde
Que nest la femme: fut ne sera iamais
Et de present: le prouuer me soubsmectz
¶Quant enuers dieu: tel dire est approuue
Au premier liure: ie le vous ay prouue
Quant est au monde: ie le demonstreray
Tout mainctenant: et le vous prouueray.
¶Premierement: que lhomme soit plus digne
Mainctes raisons: en ouyr vous assigne
Tresbien fulcies: de maincte auctorite
Dont la premiere: est la priorite
Car lhomme fut: plus tost faict et forme
Que nest la femme: ien suys bien informe
Par le genese: au chapitre segond
Pres du milieu: ou telles choses sont.
¶Or est il vray: que les docteurs en droict
Tiennent et disent: aussy bien cest le droict
Vous pouues veoir: en ce marge les lieulx
Que ceulx qui sont: plus anciens et vieulx
Si leurs estatz: sont en equalite
Preceder doibuent: en toute qualite
Et lez aysnez: ceulx qui sont apres nez
Semblablement: lez derniers ordonnez
Aulx premiers doibuent: lhonneur de preference
Par droict humain: et diuine ordonnance
Cest vne chose: raisonnable et prouuee
Et toutz les iours: iustement obseruee

Genes. ij. et hſ
prima ad Thim.
ij.t. xxiiij.q.v.c.

Quis ratōe pri
ritatis dignior
et preferendus
gumento.tex.in
singul.instit. de
diuision.c.l.ſ.ff.
ſlb.ſcrib.

e ij

Liure segond — Du sexe Masculin

Qui sont preferez aux cours souueraines.

Et mesmement : dans les cours souueraines
Ou sçauent bien : que sont gloires mondaines
Car les premiers : en telles cours receupz
Sont preferez : ny soyez poinct deceupz
Et vont deuant : en trestoutz les honneurs
Tant soyent les aultres : en biens plus grans seigneurs
Trop plus sçauans : ou plus grans en noblesse
Aux aultres cours : tel ordre aussy bien est ce

Quelz graduez sont preferez.

Semblablement : sans que du propos sorte
Tous graduez : vsent de telle sorte.

Deus voluit mulierem reseruari vt eā faceret cū alijs bestijs. Simphor. in theologia puegestica particula. v. Crisosto- mi sermo. xliij. car. l.

¶ Et d'aultre part : aux femmes l'on les charge
Qui sont ceulx la : les trouuerez au marge
Que dieu le pere : estant en tel affaire
Ladicte femme : il ne voulsist poinct faire
Si tost que l'homme : car en fut reseruee
Icelle femme : et de ce preseruee
Pour que fut faicte : tant sont desraysonnables

Plato dubitabat vtrū in genere po- neret mulierem ra- tionalium animā- tium an brutorum eū refert Eusebius de euangelica pre- paratione lib. xij. c. vij. et Erasmus in morib. cap. viij.

Auec les bestes : qu'on dit irraysonnables
De quoy Platon : des philosophes maistre
Doubtoit si poinct : les femmes debuoit mectre
Au ranc des bestes : par raison dominees
Ou bien des bruttes : du monde abhominees.

¶ Raison segonde qu'est par raison de forme.

Ratione forme.

Oultre rayson : et bon argument forme
Que homme est plus noble : par raison de la forme
Car a l'ymaige : et semblance fut faict

Et creauit de9 ho- minem ad ymagi- nē et similitudinē suam Genesis. i. c.

L'homme iadiz : du createur parfaict
En son premier : Genese le mainctient
Aussy Gilly : le contraire ne tient

Mulier non est fa- cta ad ymaginē di gl'o. in. c. Dilecta si lie de maso. et obe. et vsi. iurisdictōis et Lucas de pēna in. l. s. C. de mull. et in quo loco libr. x. col. s. z lu cano. hec ymago. xxxiij. q. v. vt supra dictus est.

Quant a la femme : elle n'est si parfaicte
Car a l'ymage : de dieu poinct ne fut faicte
Comme auons dict au marge les docteurs
Vous trouuerez : et les dictz des autheurs
Et n'y faict rien : si le latin comprend
Femme pour homme : comme chescun le prend
Car ie respondz : que touchant a tel faict
Il est bien vray : quelle est homme imparfaict.

Contre le sexe feminin   Feuillet.   xxxiiii.

Etheroclite : par deffault de nature
Parquoy poinct nest : parfaicte creature
Ainsy quest lhomme : que fut faict a lymage
Du createur : comme dessus dit ay ie.

¶Aultre raison tierce dicte par raison de la matiere.

Oltre raison : fort bonne et tresentiere
Dirons a cause : notez de la matiere   Ratione materie.
Lhomme fut faict : du lymon de la terre
Auec moyse : sous en pouuez enquerre   Genesis.ij.capto.
La femme poinct : car fut faicte de los   Formauit igitur
Qui nest si noble : ny tant digne de loz   dominus de ꝰ hoiem
Quil soit ainsy : sous en auez la preuue   de lymo terre ꝛc.
Tout mainctenant : dont ainsy ie le preuue.
¶Cest de la terre : dont nostre vie vient
Quant a ce monde : et tout bien en aduient
Comme ble/vin : et toutes nourritures
Dont sans lesquelles : ne viuroyent creatures
Lor et Largent : en prouuient aussi bien
Les pierres fines : quasi tout aultre bien
Toutes verdures : toutes fleurs et fleurettes
Foeins aultres herbes : de quoy viuent les bestes
Et celles la : quon fait les medicines
Et toutes aultres : herbes fleurs et racines
Trestous les arbres : fructifereux ou non
Desquelz fascheulx : seroit dire le nom.
¶Pour abreger : la terre tout nourrist
Produict et leue : aussy bien tout pourrist
Parquoy cler est : le tout bien debatu
Que la terre a : et puyssance et vertu
Ce que los na : car sans poinct de doubtance
Il na de soy : ne vertu ny substance
Combien que femme : lhomme tient a despriz
Pour ce que dieu : de la terre la pris
Dont celles la : que disent les parolles
Demonstrent bien : que sont sottes et folles
Car cest contre elles : vne telle defense
Laquelle na : ny raison ne apparence

Liure Segond   Du sexe Masculin.

Los nest il pas : De lhomme prouenu
Lequel homme est : De la terre venu
Duquel fut faicte : iadiz Eue la femme
Tant malheureuse : et pecheresse infame
Je le vous preuue : par genese susdict

Genesis.ij.c.
In misit q̃ dominus
deꝰ soporẽ in adã ꝗ
cuꝗ obdormisset
tullit vnam de co=
stis ei9 et repleuit
carnẽ pro ea et edi
ficauit dñs de9 co=
stam quã tullerat
de Adam in mulie
rem.

En ce chapitre : que dessus vous ay dit
Encor quest pis : ie vous mectz en effaict
Que de lescume : de la terre fut faict
Le surdict os : que la coste lon nomme
Lequel fut pris : comme iay dit de lhomme.
¶Par consequent : si la femme est venue
Des os de lhomme : de terre est prouenue
Non pas saichez : de la plus noble et bonne
Sy beau louange : encor poinct ne leur donne
Car de la bonne : fut faict le sang et chair
Le quon extime : de lhomme le plus cher
De quoy sans ce : ne viuroit corps humain
Qui ne le croit : ie le diz inhumain
Parquoy plus noble : est la chair que los nest
Plus necessaire : ie le diz franc et nect
Los ne proufite : ie le veulx soubstenir
Fors seullement : que pour la chair tenir
Et ne seroict : chose si difficille
Viure sans os : ains seroit plus facille
Que sans la chair : pour vous donner entendre
Qua sentement : est delicate et tendre
Los na substance : vertu ne sentement
Parquoy si noble : nest il certainnement
¶Que los soit faict : de lescume de terre
Il est trop vray : plus ne sen fault enquerre
Car choses dures : rudes et peu vaillables
Communnement : se font de leurs semblables

¶De quoy le fer se fait.

DE quoy se fait : le fer quest chose dure
Et que beaucop : plus que latendre dure
Cest de la pierre : quest de los vraye seur
Qui de lescume : de terre aussy pour seur

Elle se faict: cest chose bien prouuee
Car dans la terre: toute pierre est trouuee
Le fer du sucre: faire lon ne scauroit
Ne du froumaige: pierre ne se feroit
Par quoy notter: fault que la chair fut faicte
De la plus doulce: noble terre et parfaicte
Que dieu trouua: quant fist lhomme iadiz
Mays quant aux os: le contraire ie diz
Car de lescume: de terre furent faictz
Par quoy ne sont: sy nobles ne parfaictz
Comme la chair: que de la plus subtille
Terre fut faicte: plus tendre et plus gentille
Cest de la terre: que trestous nous venons
En terre aussy: trestous retourneront.
¶Une aultre chose: le cueur dire me incite
Laquelle dit: laduersaire et recite.
En ce beau liure: le champion des dames
Quant il racompte: des femmes les diffames
Que ie diray: ains que du propos sorte
Car dit que femme: fut faicte de la sorte
Que ung potier faict: quant de terre les potz
Il a tous faictz: lequel ne prent repos
Que des roigneures: desditz potz il ne face
Quelques marmotz: ou bestes contreface
Pour les plaisirs: et tresgrans appetiz
Quen choses ont: toutz les enfans petitz
Qui trestoutz ayment: fort naturellement
Telles follies: pour leur esbatement.
¶Ainsy fist dieu: car quant il eust faict lhomme
De ses roigneures: la femme fist en somme
Pour estre dhomme: passetemps et plaisir
Non pour luy nuyre: ne faire desplaisir
Ainsy que font: toutes iournellement
Tant nuyt que iour: au moins communement.
¶Ie croy que dieu: ce dire maduanture
Neusse iamais: femme mise en nature
Qui quen murmure: et telle chose nye
Que pour tenir: a lhomme compaignie

Gen.iij.ca. Quia puluis es et in puluerem reuerteris.

Le champion des dames.

Liure Second   Du sexe Masculin

Et Voulcist Dieu: que fust belle et propice
Pour plaire a lhomme: et luy faire seruice
De corps/de biens: comme delle greigneur
Et lhonnorer: comme maistre et seigneur.

¶ De cecy dire: delles rien ne gaignons
Car elles disent: amys et compaignons
Contre ledict: de Dieu veoir le pourrez
Au tiers/Genese: car la le trouuerez

Genesis .iij. c.
In dolore paries
filios & sub viri po-
testate eris et ipse
dominabitur tibi.

Quant dit que femme: ce luy fut grand malheur
Enfanteroit: en grand peine et douleur
Et sy seroit: pour sa coulpe et meschance
Soubz le vouloir: de lhomme et la puyssance
Et que aussy bien: ladicte abbominee
Seroit de lhomme: a iamais dominee
De telles choses: ie ne suys inuenteur
Ce sont parolles: de Dieu le createur.

¶ Pour le plaisir: de lhomme Dieu fist femme
Qui ne le croyt: merite grand diffame
Mais pour la femme: lhomme point ne fut faict
Qui le diroit: commectroict gros meffaict
Car vrayement: lhomme venu nest point
Jadiz de femme: et notez bien ce poinct
Mais cest la femme: quest venue de lhomme

Non vir ex mulie-
re est. Sed mulier
et viro et enim nō
est creatus vir pro-
pter mulierem sed
mulier propter vi-
rum. ij. a.b.c. vt res-
fert Jra de Mos-
tholo edue in sur iū
doctor in suo prō-
ptuario iuris.
Jo. andr. et Pan.
in.c. litteras col. fi.
de resti. espo. affli-
ctus decis. xliiij. de
tribus adsi. ij. Dus-
bij facere lectum &
scoppare.

Auquel manger: fist la mauldicte pomme
Lhomme pour femme: na Dieu voulu creer
Ains femme dhomme: pour celluy recreer
Or nulle femme: nen soyt desplaisante
Femme de droict: est de lhomme seruante
Le Jehan Andre: ensemble le Panorme
Tiennent pour vray: que nest point chose enorme
Car cest la femme: qui quen soyt marry
Qui doibt garder: les choses du mary
Disent aussy: et cella est trop notoyre
Quelle accoustrer: luy doibt manger et boyre
Et daultre part: chose plus deshonneste
Luy doibt lauer: et les piedz et la teste
Daultre couste: de lafflicte son lict
Que scober doibt: et luy faire le lict

Contre le sexe femenin   Feuillet.xl.

Lesquelles choses : prinses de tout cartier
Des chambrieres : est le propre mestier
¶ Or retournant : a noz premiers propos
De quoy nous seruent : en ce monde les os
Ace dessus : sy bien y regardez
Et dautre part : que lon en fait les dez
Desquelz en viennent : inestimables maulx
Mainctz lon en voit : pour eulx aux hospitaulx
Car cest vng ieu : sur tous aultres dhasard
Vng ieu mauldict : tresuillain et paillard
Jeu quon debuuroit : fort hayr en tout lieu
Lon en ioua : iadiz la robe dieu
Des cure oreilles : lon fait des os des bestes
Aussy a Paris : en font des pyrouettes
Petitz coffretz : painctz de maincte couleur
Bilhardz et pignes : de petite valeur
En aultres choses : tant soyent ilz mis a point
Plus proufitables : ne nous seruent ilz point
¶ Par la rayson : quauons dessus tenue
Est bien de los : que la femme est venue
Dont contre celle : tel argument faisons
Mais veritable : estre point ne disons
Que pour plaisir : nous nentendons le faire
Et que apropos : il nous vient a laffaire
Lequel ainsy : que sensuyt formerons
Et de la sorte : que verrez prouuerons
¶ Croyre sur peine : fault il de dampnement
Que quant viendra : le iour du iugement
Trestoutz les corps : mortz ressusciteront
Et ce iour la : sy parfaictz ilz seront
Que iamais furent : quant au faict de nature
Cela ne diz : ie point aladuanture
Ainsy leglise : le dit et le soubstiet
Tout bon chrestien : le croit et le mainctient
¶ Est dit aussy : que veritablement
Le sang et chair : quont eu au comancement
Et mesmes os : chascun recouurera
Les docteurs disent : que ainsy lon le verra

Symbolū.
Jo. Crisost.sup.j.
episto.ad corin.xv.
lactancl. firmia. de
vina.institutio lib.
vij.c.xxiij.
Mortui resurgēt
cū ppijs carne os
sibusqz ite et nō de
ficiet vn̄ capillus
nec vna vnguis vt
inquit Augusti.in
encherid̄i.ca.vij.f.
pte et Mat.x. om̄s
capilli capitis vrī
nūerati sunt: t ma
gister sentē.xliij. ds
stinctio.iiij.

Liure Segond — Du sexe Masculin.

Daultre part tiennent: que satisfaction
Faicte sera: sans nulle fiction
De toutes choses: sy de laultruy lon tient
A ce iour la: acelluy quappartient
Sil est ainsy: la rayson nest infaicte.
Quil ne soit lors, satisfaction faicte
¶ Au bon Adam: de celle coste prise
Pour faire femme: que tant lhomme desprise
Icelle coste: que Adam auoit perdue
Doncques fauldra: quelle luy soit rendue

Et Pau. ad ephe. iiij.(inqt) donec oc curramus oēs i vnitate fidei z agnitiōis filij dei/ in virū pfectū in mēsuraz etatis plenitudis christi. post̃ ergo omnes resurgemus in vir pfectū Ergo nō erūt mulieres in resurrectione.

Ladicte mesmes: sil est vray ce quest dict
A ce ne fault: quon face contredit.
¶ En quelque sorte: que ce propoz lon tourne
En coste donc: fault que femme retourne
Et par ainsy: au monde terrien
La pouure femme: doncques ne sera rien
Par consequence: qui bien y pensera
Jamais au monde: plus femme ne sera.
     ¶ Aultre raison quest par lauctorite.

Raisōde auctorite.

A ultre raison: pour singularite
Dirons acause: cest de lauctorite
Las iamais dieu: qui tout bien ordonna
Auctorite: a femme ne donna
Ou lhomme fut: sy bien fut elle aprise
Soit quant au monde: ou soit quant a leglise
Beaucop dexemples: vous en ay declairez
Et dabuātaige: plus aplain en aurez

Tullit ergo dn̄s deʒ holez z posuit eū in paradiso vo luptatis: vt opera retur z custodiret illum. Gn̄.ij.cap.

Naues vous pas: pour le commancement
Qua lhomme dieu: bailla en gouuernement
Le paradis: quon appelle terrestre
Que de plus beau: ne seroit possible estre
Auec Genese: vous le pourrez scauoir
En son chapitre: segond le poues veoir.
¶ Bref telle charge: a la femme ordonnee
Elle ne fut: ne tel grace donnee
Mais ou sont femmes: toutes choses desmellent
Et quoy quil soit: fault que du tout se meslent

Contre le sexe féménin.　　Feuillet.xli.

Le plus souuent: trop plus Sault leur absence
Cent mille foys: ie diz que leur presence
Que pleust a Dieu: quau furdict paradiz
Aulcune femme: neuft eftee iadiz
Car neuffions eu: tant de calamitez
Que nous auons: ny de neceffitez
¶ Or retournant: a noftre intention
Faicte iadiz: celle trangreffion
Que fit Adam: quant pour Eue offenfa
Auquel des deulx: Dieu premier fadreffa
Le fuft alhomme: comme le chief et maiftre
En telle gloire: ne Soulfift femme mectre
Car de la femme: ie le diz de rechief
Lhomme eft le maiftre: le Sray feigneur et chief
Sy Sous me dictes: comment le prouuerez
Il eft ou marge: ou Sous le trouuerez
Pour ce de lhomme: femme eft fugecte doncq
Au tiers Genefe: le trouuerez au long.
¶ Je nay point leu: au nouueau teftament
Ny dans le Bieulx: que femme aulcunement
Aye eu de Dieu: aulcune preheminence
Que fort merite: den auoir fouuenance.
¶ Lhomme toufiours: il en euft laduantaige
Comme plus noble: de faict et de couraige
Entre aultres chofes: neuft il auctorite
Lhomme iadiz: par fingularite
Mectre les noms: et nommer toutes beftes
De ame de Sie: au commencement faictes
Lefquelles Dieu: audict homme mena
Pour les nommer: lequel nom leur donna
Et celluy la: que leur mift ledict homme
De celluy mefmes: encores fon les nomme
Ceft bien de lhomme: lauctorite premiere
Que fort fe treuue: Srayement finguliere
Apres bien peu: que lhomme fut forme
Tel bonneur euft: ien fuis bien informe
Par le genefe: au chapitre fegond
Deuers la fin: ou telles chofes font.

Muller viro debet subeffe cū vir fit caput mulieri xxxiij. q.vlt.c.becymago

Et dicit ū eft: et sub viri poteftate eris et ipfe dñabitur tibi. Geneſis iij.c.

Formatis igitur dñs deus cunctis animalibus terre et vniuerſis volatilibus celi: adduxit ea ad Adā vt videret quid vocaret ea. Dē enim qd vocauit Adā anime viuētis ipsū eft nomē eiꝰ. Gene.ij.c.

f

Liure segond — Du sexe Masculin

¶ Aultre rayson a cause
Du degre.

Ratione gradus:

Aultre raison : sy le prenez a gre
Nous la dirons : a cause du degre
Car cest bien lhomme : quest de la femme pere
Prouuer le veulx : pour que mieulx vous appere
Tant par raison : que par mainct vng exemple
Fort raisonnables : sy bien lon y contemple.
¶ Nest pas la femme : de lhomme prouenue
De son coste : est substance venue
Tel dict ne doibt : point estre reprouue
Souffisamment : ie le vous ay prouue
Sy de son corps : femme est doncques sortie
Tout ainsy quest : elle bien aduertie
Nest elle pas : doncques de lhomme fille
Maulgre qui contre : argumente & babille
Il est ainsy : point ne le fault nyer
Car proprement : ne se peult desnyer.
¶ Par consequence : de sexe Masculin
Nest il doncq frere : le sexe femenin
Comme il se dit : & le tient pour certain
Tant arrogant : est il & tresbaultain
¶ Puysque de lhomme : doncq est fille la femme
Elle est bien doncq : irreuerante infame
De ce vouloir : a lhomme equipparer
Le filz au pere : ne se doibt comparer
A tout le moins : entre eulx quant a lhonneur

Honora patre tuũ et matrẽ tuã vt sis lõgeuꝰ sup terraz. Exod.c.xx.& Deut capitu.v. Qui ma lediterit patri suo & mr̃i extinguetur lumẽ ei̇̃ in medijs tenebris. puer.xx. capl.
Quicq̃ acq̃rit filius acq̃rit pr̃i.ff. d acq̃rendo rer̃ ðfilo l.acq̃rtur in.l pls cer.ff. de acq̃.here.

Tant esleue : soit il/ou grand seigneur
Ains filz ou fille : par mesmes consequence
Doybuent aulx peres : honneur & reuerence
(Auec Exode : vous en pouuez enquerre)
Sy longuement : veullent viure sur terre
Tant ayent peres : de petite valeur
Ou bref mourront : comme est dict par malheur.
¶ Et daultre part : qui auec le droict senquiert
Tout est du pere : ce que le filz acquiert
Sauf touteffois : afin que ie ne mente
Certaines gens : que le droict en exempte.

Contre le sexe Feminin — Feuillet xlii.

¶ Semblablement : aussy doibuent noter
Que le droict veult : a cause deuiter
Toutes villaines : infaictes souspecons
Et quen noz femmes : meschans tours ne pensons
Que tout le bien : que celles acquerront
Les maritz prendre : comme leurs les pourront
Et vous promectz : quest ung notable dict
Pour euiter : ce que dessus est dict
Ne descouurir : souuenteffois ce ques
Ou presumer : que cest villain acquest

¶ Pareillement : cest ordre naturel
Qui ne le croyt : est bien desnaturel
Que toutes femmes : doybuent seruir aulx hommes
Pour ce que chef : desdictes femmes sommes
Aussy les filz : doybuent seruir aulx peres
Silz veullent estre : exemptz de vituperes
Sainct Augustin : dit quest chose propice
Et ce faisant : que cest braue iustice
Aussy les moindres : doybuent aulx grandz seruir
Ou gloire aulcune : ne doybuent deseruir
Les femmes doybuent : reuerence de droict
A leurs maritz : au margeauez lendroict.

¶ Lon equippare : les mains que sont debilles
Et les genoulx : dissolutz imbecilles
A celle femme : que point ne beatifie
Le sien mary : q ne fault quon sy fie
Et pour ce doncq : qui le vous demandoit
Femme honnorer : lhomme son pere doibt
Non pas mauldire : comme publicquement
Font toutz les iours : souuent iniustement
Quest une chose : que nest de Dieu permise
Ains est mauldict : ainsy que dit Moyse
Ingrat meschant : digne de desbonneur
Cil qui ne porte : a pere q mere honneur
Puys dit au peuple : quilz dient quainsy soit
Qui ne le fait : lame q le corps decoipt
Nostre Dieu mesmes : comme dit sainct Mathieu
La dict aussy : au marge auez lieu.

*Acquisita p mulie
rē presumitur de
bonis viri constan-
te matrimonio: vt
eu illt suspitio tur
pis questus. l. v. ff.
de dona inter vi. et
vxo. glo. Bal. & ge
floris. pau. q cotūē.
in. l. cum opportet
C. de bonis que lib.
ber.*

*Est ordo natura
lis in hominibꝰ: vt
seruiāt femine vi-
ris: et filij parenti-
bus qr in illis bec
iusticia est vt maio
ri fulat minor Au
gusti. in qstio. no. q
vete. testa. et habeī
xxxiij. q. v. cap. bec
ymago. et Gen. ij.
t. ij. ad Corinth. xi.
Mulier viro reue
rentiā debet psta-
re p rex. in. l. alia. §.
eleganter. ff. solu.
matri. et in. c. vlti.
extra de pac.
Manus debiles
et genua dissolutu
mulier que nō bea
tificat virum suum
Eccle. xxv.
Maledictuꝰ qui
non honorat pres
sū et matrē suam
et dicat omnis po
pulus amē. Deut.
c. xxvij.*

*Honora pres t ma
trē q qui maledixe
rit patri morte mo
riatur. Matth. xv.
deuterono. v. cap.
Marci. vij. c. Leui
utici. xx. capitu.*

Liure second   Du sexe Masculin

Causas ingratitu-
dinis vide in auth.
vt cū de appella.
cognos. §. causas
col. viij. et. c. quīs
tauallis extra ti-
tu. tyran.

¶ Le filz ingrat : au pere pert de droict
Sa legitime : et tousiours la perdroit
Et tout le bien : la pouure creature
Que luy appartient : par le droict de nature
¶ Et pource doncques : touchant a ce passaige
La femme soit : dorenauant plus saige

De hac benedictio-
ne vide Gene. c. vij
et Iobēm ly cyrier
in suo excellentissi-
mo tractatu de pri-
mogenitura.

Cest que iamais : point ne veuille oultraiger
Lhomme son pere : pour le susdict dangier
Fort euitter : doibt malediction
Le filz du pere : et benediction
Luy demander : doibt vne foiz lannee
Pour que son ame : ne puysse estre dampnee
A tout le moins : quant de confesse vient
Tresgros proffit : et grand bien en aduient
¶ Le temps passe : telle chose tenue
Estoit de toutz : et bien entretenue
Mais a present : aulcun nen tient plus compte
Sauf quelques gens : quen oster veulx du compte
Ainsy que sont : les enfans en ieune eage
Daultres le iour : quilz sont en mariage

¶ Maintenant lautheur laisse toutz argumentz
& change de propoz et vient a declairer quest ce a
dire que femme.

Quid sit femina.

TOus argumentz : prendront fin et repos
Nous changerons : maintenant de propos
Et parlerons : pour veoir quest ce que femme

Lucianus.

Dont femme vient : quest de son bruyt et fame
Car Lucian : de le dire me incite
Qui telle chose : dans son liure recite
Le docteur dit : vne telle parolle
Que femme est dicte : vrayement chose molle

Femina dr̄ a fedi-
tate quare accipit
pro inferiori pte se-
mord scdm Abar.
cū anthoniū ī Bu-
de īa pandectis.

Prouerbium cō-
mune, sanctas ec-
clesias, demones do-
mo, bubones in fe-
nestris, picas in por-
ta, capias tortose
tecū. Ia. lecto.

Dit puis apres : le tressaige docteur
Et marc Anthoine : que est dicte puanteur
Dont est sourty : le prouerbe commun
Que fort bien scauent : aussy bien cent comme vng
Et mesmement : quant deuers la fin dit
Puante au lict : quest veritable dict.

Contre le sexe feminin

¶Dict Origene: en certaine homelie
Que croyre fault: car ne dit point folie
Parlant des femmes: ie vous diray le lieu
Sur leuangille: du benoist sainct Mathieu
En la premiere: sepmaine de quaresme
Quinte ferie: sy ne suys hors de thesme
C'est que la femme: est le chef de peche
Dont genre humain: est tresfort empesche
Et daduantaige: dit il en sesdictz carmes
Que du diable: est la femme les armes
Semblablement: il maintient par ses dictz
Que expulsion: elle est de paradis
Et de delicte: aussy la dit il mere
Dont endurons: maincte douleur amere
Courrompement: le docteur auctenticque
Dict que la femme: est de la loy anticque
Cez cinq bons tiltres: a femme sont donnez
Ledict docteur: ainsy les a ordonnez
¶C'est bien pour Eue: ien suys bien informe
Que fut iadis: le paradis ferme
Dont pour louurir: le bon Jesus offrir
Doulsist son corps: & dure mort souffrir
Par lequel fut: nature rachaptee
Pour ladicte Eue: de grace deboutee
Quant trangresser: fist le commandement
Du createur: iadis villainement
Certains couplets: contre elle ien ay faictz
Excusez les: sy ne sont bien parfaictz

Homelia Orige.
sup Euäg. Egressus Jesus secessit
prie dominice quadragesi.fe.v.dicit,
Δλΐrareo.euangelista/mulier caput peti/arma diaboli/expulsio paradisi/delicti mater & corruptio legis antique.

¶Couplets espars contre Eue rentrans
sur chascun mot de Responde mihi.

Elas/helas: Eue/nostre grand mere
Par ton peche: mis en subiection
Nature humaine: dont nous fuz trop amere
Pour quoy creuz tu: folle temptation
Responde
¶Nostre grand pere: deceupz pour une pomme
Ton bon mary: Adam cest trop notoire

Dont obeyz : a femme ne doibt homme
Ne a son conseil : de ce chascun doibt croyre
Mihi.

¶ Sy neussies faicte : vne telle meschance
Dont tant de peine : mainct vng souffre τ martyre
De tant de ioyes : nous eussions habondance
Quon ne scauroit : narrer/compter/ne dire/
Quantas.

¶ Touchant de moy : neusse les malheurtez
Soucyz τ peines : que iay iournellement
Les pensemens : ne les necessitez
Que par ta coulpe : τ ton incitement
Habeo.

¶ Par toy nous sommes : toutz subgectz a peche
Hommes τ femmes : les foybles τ les fortz
Pouures τ riches : chascun as empesche
En cestuy monde : par toy nous nauons fors
Iniquitates.

¶ Nous neussions eu : iamais ne chault ne froid
Ne fain ne soif : ne peines ne trauaulx
Plaid ne proces : vng chascun eut fait droict
Tu as inuantez : trestoutz les plus grans maulx
Et peccata.

¶ En bonne paix : eussions vescu chascun
Car nous fussions : estez tous bons amys
Sans que iamais : eussions fait peche aulcun
Par quoy est seur : que ie neusse commis
Scelera mea.

¶ Sy dieu tu neusses : tellement offense
Neussions cherche : rien que suauitez
En ialousie : neussions oncques pense
Car trestoutz vices : nous eussions euitez
Atqz delicta.

¶ Dieu souuerain : quen as porte la peine
Pour le peche : que les femmes ont faict
Quelles sont cause : perdre nature humaine
De toute offense : de tout mal et mesfaict
Ostende.

Contre le sexe feminin.　　Feuillet.xliiii.

¶Pardonne aulx hommes: qui par lobeyssance
Quont a leurs femmes: se monstrent trop humains
Pardonne leur: et la peine et loffence.
Je ten supplie: mon Dieu a tout le moins
　　　　　Mihi.
¶Pourquoy fiz tu: femme si gros meschief
Bien te trouua: lennemy de saison
Quelle follye: auoys mys en ton chief
Pourtant que y pense: ie ne trouue raison
　　　　　Cur.
¶Feminin sexe: tu tormētes les hommes
Et ne deburoys: ainsy les tormenter
Car apres toy: tant ebettez nous sommes
Que tous les iours: ne faisons quappeter.
　　　　　Faciem tuam.
¶Par auant que Eue: ta grand mere eut forfaict
De nulz secretz: bas ny superieurs
Honte nauoys: maintenant par effaict
Voit bien chascun: que les inferieurs
　　　　　Abscondis.
¶Cest bien toy femme: par folle affection
Que ne voulsiz: de Dieu croyre les dictz
De quoy endures: maincte vne passion
Telle que tu es: me renommez a dis
　　　　　Et arbitraris me.
¶Croyre au serpent: Eue fist follement
Veu la deffence: de Dieu quelle scauoit
Elle fist mal: de tel enseignement
Pour telle chose: las croyre ne deuoit
　　　　　Inimicum.
¶Oncques point lhomme: neut faicte la follye
Qua ton moyen: refuse eut franc ā nect
Cellup dyable: qui souuent les folz lye
Par quoy la coulpe: ā tout le blasme en est
　　　　　Tuum.
¶De toute peine: tout malheur ā tourment
Quont les dampnez: ie veulx bien maintenir
Quen es en cause: principe ā fondement
　　　　　　　　　　　　f iiii

Liure segond   Du sexe Masculin

Et ne scauroie :a bon droict soubstenir.
Contra.
¶Qui sur papier, souldroyct : au long escripre
Trestout le mal : & secret et comun
Quas faict et fais : pour au vray le descripre
Je vous promectz : quil y fauldroyct mainct ung
folium.
¶Tant en as faict : et de nuyct et de iour
Quest impossible : que homme les sceut compter
Au grand iamais : tant fut il de seiour
Ny bien au vray : dire ne racompter
Quos.
¶Le cerueau as : sy tres fort variable
Tant decepuable : et legiere pencee
Que de plus pire : nen a point le dyable
Car droictement : elle est equiparee
Dento.
¶Communement : sen amours nul samuse
Mais quayes argent : tu recoipz tout venant
Largent finy : plus ne fault quon sy abuse
Sen vient ung aultre : quen aye/incontinent
Rapitur.
¶Situ cognois : quelque sot amoureulx
Lequel te viegne : faire la contrempyne
Incontinent : au pouure malheureulx
Mainct faulx semblant : et maincte faulce myne
Ostendis.
¶Et sy a ton veuil : le pouure peuz rager
Consumeras : son corps & tout son bien
Tant que le sot : naura plus que manger
A tout le moins : y mectras tu tresbien
Potentiam tuam.
¶Il est bien fol : qui ton amour pourchasse
Qui se dict tien : & qui ton plaisir suyt
Enuieulx est : de tresmauluaise chasse
Amer morceau : il desire & poursuyt
Et stipulam siccam.
¶Sy tu cognois : quelquun ou puysses prendre

Quelque sottard : ou quelque ieune gars
Qui de soy mesmes : a toy ne veuille entendre
Le pouure sot : par fainctz & faulx regardz
   Persequeris.

¶ Et sy de ce : tu ne le puys lyer
Messagiers : incontinent luy attiltres
Pour a ton veuil : le faire humilier
Synon/au fol : rondeaulx & mainctz epistres
   Scribis enim.

¶ Pour de toy dire : ainsy la verite
Par tes malices : & tes rudes audaces
Combien que point : ne laye merite
Feras tousiours : reproches & menasses
   Contra me.

¶ Mais ne men chault : car de semblans bagaiges
A ce ne fault : que nul face aulcuns doubtes
Je ne scauroie : auoir aultres breuaiges
Que force iniures : force oultraiges / et toutes
   Amaritudines.

¶ Jayme estre mieulx : en ta desamystie
Quen ton amour : car plus ie ny pretendz
Que me vauldroit : estre en ton amystie
Rien/ fors que perdre : lame/bruyct & le temps
   Et consumere me.

¶ Pour le seruice : de lhomme as este faicte
Non pas pour estre : de luy gouueneresse
Mais tu es sy folle : sy meschante & infaicte
Que de son corps : & biens / estre maistresse
   Vis.

¶ Point nest stille : que vne telle puissance
Et telle grace : de dieu te soyt donnee
Veu que tu nas : de raison congnoissance
Et que du tout : es sy fort adonnee
   Peccatis.

¶ Oncques ne fuz : & ne seras iamais
Dung sac dorgueil : dordure & de boubance
Telle tay veue : & te voys/ te promectz
De puys le temps : sy bien ay souuenance

f ij

Liure Segond　　　Du sexe Masculyn.
Adolescentie mee.

¶ Ie ne scauroys : De toy dire aulcun bien
Femenin sexe : malheureulx inhumain
Forsque tout mal : ¶ le merites bien
Deu le danger : ou pouure genre humain
Posuisti.
¶ Ton vouloir nest : fors quen meschancete
En mal penser : viure lubricquement
En paillardise : en deshonnestete
En folle amour : ¶ principallement
In neruo.
¶ Et par ainsy : cler est quen toutz endroictz
Tu ne sçaulx rien : le tout bien pourpense
Dont dung seul pas : certes plus ne vouldroys
Quoy que lon dye : pour toy auoir sexe
Pedem meum.
¶ Facillement : tu croys ¶ de legier
Et mesmement : meschans enseignemens
Et quil soit vray : iadiz pour abregier
De lennemy creux : les faulx mandemens
Et obseruasti.
¶ Pour vne femme : (ce fut bien desfortunne)
Sommes subgectz : a peche ¶ dampnement
Hommes ¶ femmes : O maulditte fortunne
Non vng tout seul : mais generallemēt
Omnes.
¶ Femme en ses laz : aultresfoys ma tenu
Me contraignant : sa charoigne pour suyure
Mais iamais plus : ny seray detenu
Quoy quil en viegne : ny ceulx qui vouldront suyure
Semitas meas.
¶ Pour femmes suys : alle/venu/tourne/
Et sy ay pour elles : de largent despendu
Mais tout pense : de tout ce demene
Tant ne regrette : que le temps quay perdu
Et vestigia pedum meorum.
¶ Iay pour toy femme : souuent faict le possible
Mais pour bien faire : ne men reste que mal

Plus te seruir : me seroit impossible
Ma grande peine : et seruice tresmal
   Consideraſti.
¶ Il ay ɔhommes : aqui tes adonnee
Et plus que moy : il ta pleu les amer
Aulxquelz souuent : tu/tes habandōnee
Mais pour ceste heure : nest besoing de nommer
   Qui.
¶ Aulx plus meschans : tu faiz plus tost plaisir
Quaulx plus grans gens : nes tu bien malheuree
Il est semblable : ton vouloir et desir
A cil des loupues : et toy equiparee
   Quasi
¶ De toy/mesdire : ne me pourois saouller
Ton vouloir est : chose trop deceptuante
Et ta charroigne : a verite parler
Au monde nest : vne si trespuante
   Putredo.
¶ En cestuy monde : ieusse faicte demeure
Pour tout iamais : car aulcun ne fut mort
Et maintenant : il conuient que te meure
Par ton peche : de quoy par telle mort
   Consumendus sum.
¶ Tu es imparfaicte : tant villaine et mauldicte
Las que noz peulx : de te veoir empoysonnes
Du demourant : nauons rien quen soit quicte
Tu nous in faiz : les ames et parsonnes
   Et quasi/ʒestimētum.
¶ Plus dangereulx : sont ilz le tout cōcludz
Ceulx la qui sont : soubz ton gouuernement
Destre mangez : que le drap/quest reludz
Dedans vng coffre : et cellui vestement
   Quos comeditur a tinea.
¶ Pource que tiens : bonne et iuste querelle
Redarguant : mainctz femenins propos
Quant mosteras : la vie temporelle
Et que vaincu : seray par atropos
   Memento mei deus.

Liure Second Du sexe Masculin.

¶ Il a long temps : que iay eu grosse enuye
Et gros desir : de composer ce liure
Dont faict que soit : ie ne plaindrois ma vie
Pour sy soubdain : quen deusse estre deliure
       Quia Sensus est Vita mea.
¶ Pour femme iay : este muet ct sours
Encor aueugle : quest bien plus que de louche
Mais dors auant : ie le diz franc ct court
Quaffaire nay : plus que femme me touche
       Nec aspiciat me.
¶ Car son regard : nest aussy que poyson
Deception : a plusieurs dommageable
Des complaignantz : lon en trouue a foyson
Las cest bien chose : aultrement estimable
       Visus hominis.
¶ Sy neut este : le peche de la femme
Comme iay dit : iamais ne fussions mortz
Elle fut bien : tresmalheureuse infame
Dict ny chante : neussions oncq pour les mortz
       De profundis
¶ Nous confesser : neut fallu daulcun prebstre
Ny mea culpa : crier a plaine voix
Ce que souuent : mon dieu / pour des tiens estre
De tresbon cueur : plus de cent mille foys
       Clamaui ad te Domine.
¶ Dieu qui fis lhomme : a ta forme ct semblance
Il est a toy : absouldre ou condampner
Aulx poures hommes : tout mal ct penitence
Ie te supplie : nous veuilles pardonner
       Domine exaudi vocem meam.

¶ Excuse de lautheur disant que bonnement il
ne scauroit prier pour les femmes. A cause des
maulx q̃ le poure genre humain a / et souffre par
leur faulse induction des pechez lesquelz ledict
Autheur narre par ses vers aumoins la plus part.

   Touchant les femmes : a toy ie men remectz
   Prier pour elles : de bon cueur le promectz

Contre le sexe feminin　　　Feuillet.xliii.

Je ne sçauroys : Veu le tresgrand meffaict
Qu'a genre humain : iadiz femmes ont faict
¶ Comment sçauront : elles bien satisfaire
Presuppose : que le voulsissent faire
A celle peine : que souffrent les damnez
Qu'en enfer sont : a iamais condampnez
Lesquelz repoz : n'ont fors peine et tourment
Cryer et braire : tousiours incessamment.
En mauldisant : les peres et les meres
Qui les ont faictz : pour les douleurs ameres
Que lesditz portent : tant la nuyct que le iour
Comme iay dit : sans iamais nul seiour.
Aussi mauldisent : iceulx malfortunez
L'heure et le iour : que iamais furent nez
Lesquelz priuez : sont de toute esperance
Sortir de la : pour auoir allegence
De leurs douleurs : et qu'est pys estre en lieu
Qu'ilz puissent veoir : le roy souuerain dieu
A leur proffit : et pour leur saulvement
Espoir perdu : en ont toutellement
¶ Comment sçauroient : celles femmes villaines
Bien satisfaire : aulx grandissimes peines
Que ceulx endurent : qui sont en purgatoire
Tant nuyct que iour : comme est chose notoire.
¶ Comment sçauroient : satisfaire les femmes
A tant de maulx : que nous faisons infames
Car cause sont : que subgectz a peché
Trestoutz nous sommes : despuis qu'eurent peché.
¶ Comment sçauroient : ses femmes estourdies
Bien satisfa[i]re : aulx grosses maladies
Aulx tresgrandz maulx : que souuent endurons
Dont a la fin : puis apres en mourrons.
¶ Comment sçauroient : quant bien nous y pensons
Au froid et chauld : que pour elles passons
Au faim et soif : satisfayre et commet
Impossible est : aulx femmes vrayement.
¶ Comment sçauroient : a celle passion
Que dieu souffrit : par leur induction

Liure segond　　Du sexe Masculin

Bien satisfaire : lesdictes malheureuses
Impossible est : point ne sont tant heureuses.
¶Comment scauroient : satisfaire aulx follies
Que font aulcuns : donnans merencolies
A leurs parens : comme vng tas de perduz
Ou par iustice : fouetez et penduz.
¶Comment scauroient : satisfaire aulx proces
A tant de murtres : et de villains exces
Souuent sans cause : perpetrez en ce monde
Impossible est : quant au vray ie me fonde.
¶Coment scauroient : satisfaire aulx grandz guerres
A maincte perte : de places et de terres
A mainctes gens : mortz sans confession
Sans cueur contrict : et satisfaction.
¶Comment scauroient : aulx grosses frenasies
Que mainctz vngs ont : par aspres ialousies
Bien satisfaire : nosdictes ennemies
Soit quant aulx femmes : ou soit quant aulx amyes.
¶Comment scauroient : bien satisfaire au temps
Las quont perdu : et perdent encor tantz
Apres vng tas : de rusees muguettes
Qui sont souuent : choses fort mal honnestes.
¶Comment scauroient : elles deubement rendre
Le tresgrand bien : qua mainctz ont faict despendre
En poursuyuant : leurs charoignes infaictes
Et pour leur faire : force banquectz et festes.
¶Coment scauroient : satisfaire aulx grandz maulx
Que spuuent donnent : aulx peines et trauaulx
Que mainctez endurent : cest en briefue parolle
Pour celluy mal : quon dit grosse verolle.
¶Point ne scauroient : ie veulx que toutz saichez
Rendre les biens : que mainctz sotz desbauchez
Ont despenduz : par prodigalite
Ensuyuant delles : la sensualite.
¶Point ne scauroient : oncq satisfaire en vie
Les grandz malices : les rancueurs et lenuye
Quentre nous est : ce que point neut este
Car vng chascun : se fusse contente

Contre le sexe Femenin.   Feuillet.xlviii.

Brief point subgectz: ne fussions a la mort
Que pour la femme: aulcun ne fusse mort
Car cest pour elles: que trestoutz nous mourrons
Et quen ce monde: sy petit demourons
Trestoutz les maulx: que nous auons en somme
Sont pour la femme: car iadiz pecher lhomme
Fit pour la croyre: Dont fit tresfollement
Depuis subgectz: sommes a dampnement.
Commencement: de peche fut bien elle
La malheureuse: pecheresse cruelle
Cuydant scauoir: autant que Dieu parfaict
Par quoy comectre: souffit vng tel forfaict.
Mais le bon homme: a ce point ne pensa
Pour aultre chose: quant ledict offensa
Il ne le fit: que pour vouloir complaire
Las a sa femme: et pour ne luy desplaire
Et daultre part: que Dieu luy auoit liuree
Icelle femme: & du tout desliuree
Pour luy tenir: & faire compagnie
Tant seullement: ce que la femme nye.
Or cuydoit il: que quant il eut despleu
A la susdicte: a Dieu il neusse pleu
Semblablement: pensoit il daduantaige
Que sy obey: il neut a son langaige
Luy eusse donnee: grande merencolye
Par quoy il fit: vne telle follye:
Et uous promectz: quil neut point souuenance
Que Dieu leur eut: faicte telle deffense
Quant luy en souuint: soubdain sen repentit
Et tresgrand deuil: ains que du lieu partit
En eut le pouure: & grosse repentence.
Mays point la femme: tout ainsy que ie pense
Plustost ie croys: quelle sen esiouyt
Femme de mal: tousiours se resiouyt.
Et quil soit vray: le morceau en passa
Puys en flatant: a lhomme sadressa
Ioyeusement: a fin le mieulx conduyre
Comme font toutes: sy aulcun veullent seduyre

A muliere enitin in!
tium factus est pec
cat et p illam omēs
morimur Ecclesio
sic.xxv.

Liure segond   Du sexe Masculin

Adam non est se-
ductus: mulier au-
tē seductaut: tenet
magister senten.li.
ij.distin. xxij.

Mais toutesfois : l'homme ne fut seduict
Sy fut bien elle : sy tresmal se conduict
A tout le moins : ie dis par mauuaistie
La ce quil fit : ce fust par amytie.
¶ Touchant la femme : par superbe mesfit
Pour aultre chose : ladicte ne le fit
Que pour vouloir : estre en equalite
Auecques dieu : en la diuinite

Et eritis vt dij scien-
tes bonum z malū
Gene.iij.

Toutellement croyant : celluy faulx dict
Que le serpent : vray diable luy dist
Quant dist sy grans : comme dieu vous serez
Et bien et mal : pareillement scaurez.

Nec credidit Adā
Nudesse verū nec
affectauit vt deus
habert.j.ad Thi.ij

¶ Mais le bon homme : cella ne voullut croyre
Ne oy penser : iamais nen fut memoyre
Par Eue fut : le bon Adam deceu
Ce que diable : cela faire neust sceu
Bien fut mauldicte : de tellechose faire
Et contre dieu : vouloir ainsy meffaire.

Eua: ve iterpreta-
tur siue calamitas
secundum Hiero.
In interpre. nomen
hebr. et scōm Isy-
do. lib. vij. c. vj.

¶ De ce nom Eue : linterpretation
Est tant a dire : que malediction
Mais aulcuns disent : veu sa qualite
Quest tant a dire : comme calamite
Cest sanict Hierosme : que la chose racompte
Aussy Isydore : duquel lon tient grand compte.
¶ Bref ce mot Eue : encor que le tournez
Deuant derriere : en vain peine prenez
Car tousiours Eue : pour vray sera trouuee
Telle chose est : pour certain approuuee
Car femme estoit : la pouure creature
Et toutes femmes : sont de telle nature
Que depuys quont : vne chose en la teste
Beau faire auez : ou par force ou requeste
Car iusque a ce : que cela faict auront
En aultre chose : iamais ne penseront
Sy femme folle : prenez en mariaige
Ne pensez point : iamais la faire saige
Sy folle estoit : tousiours folliera
Et dans sa teste : sans fin follie aura.

Contre le Sexe Femenin.　　Feuillet. xlviii.

¶Parquoy lon dict: au moindz communement　　Prouerbium cõe
Ung tel prouerbe: saige certainement
De bon planton: la Vigne planteras
Ainsy faisant: tousiours bon Vin auras
Du bon planton: il sort le bon Raysin
Sy tu veulx femme: prendz la de ton Voysin　　Alldz cõe puerbiũ
Car mainctes foys: tant par montz que par vaulx
Lon est trompe: en femmes et cheuaulx
¶Prendre de loing: femmes sont perilleuses　　Sepe solet filia si
Il en aduiennent: choses fort merueilleuses　　milis esse matri.l.
De bonne mere: aussy bien soyt la fille　　cipla.ff.de edil.edi.
Quelque aultre chose: que lon dye/ou babille　　Ioã.de platea in p
¶Communement: la fille ressembler　　hemio insti.ſ.cũ
Veuit a sa mere: et du tout luy sembler　　frater facit.l.in are
Le sien chemin: tres voulentiers supura　　nã.vbi Jaſ.colũ.ſi.
Dont mainct esclandre: souuent sen ensupura　　C.de inof. testa. vñ
A presumer: est ung chascun de viure　　insequitur leuiter
Semblablement: et telle mode suyure　　filia matris iter p
Que ceulx ou celles: que tousiours hantera　　sumitur quis viue
Ou auec lesquelz: celluy nourry sera　　re scõm mores eo
¶Lon dict souuent: par lecommun parler　　rũ inter quos ver
Qui les chiens hante: il apprendra de huiler　　satur.c.illam.ſ.ij.de
¶Dys moy quelz hantes: et quelz as tu suyuiz　　Allǒ Prouer.cõe.
Je te diray: pour vray comment tu viz
¶Parquoy nottez: puys quen fault deuiser　　Allud prouerbiũ.
Qua prendre femme: il fault bien aduiser
Souuent lon prend: femme tres vicieuse
En cuydant prendre: chose fort precieuse
¶Auec les sainctz: sainct aussy tu seras
Auec mauluays: tousiours empireras　　Catho cũ sãcto tẽ
¶Le Cathon dit: pour nous endoctriner
Quauec les bons: nous debuons cheminer　　Recõsillãdo mu
¶Sy elle a des vices: poinct ne se fault fyer　　lieré est lauare la
Comme auons dict: iamays la chastier　　terem qui quanto
Certes plustost: ie diz quempirera　　plus lauatur, tan
Et son vouloir: plus beaulcoup pire aura　　to plus lutum fa
Et sy pensez: la faire humilier　　cit de pe. dist. iij. c. il
Vous efforceant: la reconsilier　　le penitentiã. vnde
　　　　　　　　　　　　　　　　　　　　 ſus ille lauat la
　　　　　　　　　　　　　　　　　　　　 tere/q castigat mu
　　　　　　　　　　　　　　　　　　　　 lierem.

Liure segond — Du sexe Masculin

Vous perdez temps : de droict le veulx prouuer
Le Canon dict : qu'est autant que lauer
Le tieulle salle : lequel plus lauerez
Et plus dict il : salle le trouuerez

Et Innocentius sup eodem ca.

Auſſy Innocence : dit par semblable sorte
A celle fin : que de ce propoz sorte
Le tieulle laue : qui prend chaſtier femme

Tit. lxiii. de ca. pri.

Plus est laue : et tant plus est infame.
¶Bref Tite liue : dict que commencement
La femme fut : principe et fondement
Que tout le monde : iadiz fut fort trouble
Je vous allegue : dou tel dict i'ay amble
¶A bref parler : de grandz maulx sont venuz
Las pour toy femme : parquoy en rien tenuz
Certes ne sommes : de te faire plaisir
Ains te debuons : tout mal et desplaisir

¶De Adam.

¶Qu'il soyt ainsy : s'y Adam estoit ouy
Je te promectz : qu'il diroyt bien ouy
Veu mesmement : ce que i'ay dict dessus
Villainement : le bon homme deceupz

¶De Sanson.

¶Que feiz tu femme : de peruerse façon
Iadiz au fort : et trespuyssant Sanson
Las malheureuse : entre les mains le myz
Des Philistins : ses mortelz ennemyz
Par plusieurs foys : et ce traistreusement
Tu le deceupz : dont feiz meschantement

Iudicũ. xvi. capit.

Car puys apres : les traistres enuieulx
Cruellement : luy creuerent les yeulx
Et sy le mirent : dedans vne prison
Auquel la feirent : oultrages a foyson
Dont apres ce : que les poilz de sa teste
Luy furent creuz : lesdictz faisant grand feste
Ainsy que font : au iourdhuy en ces bancquetz
Quand ilz se furent : assez de luy mocquez
Ledict Sanson : sy fort s'esuertua
Que les susdictz : et soy mesmes tua

Contre le Sexe femenin

Car tomber fist : et nestoyt sans raison
Dessus les aultres : et sur luy la maison.
¶ De Dauid.
¶ Sy nous parlons : De Dauid le bon Roy
Las pour toy femme : fut en grand desarroy
Car tu le mys : en telle resuerie
Que mourir fist : traistreusement Hurie
Dont de grandz maulx : apres en vindrent tantz
Que plusieurs mortz : furent en bref de temps.
¶ De Salomon
¶ Parlons vng peu : de Salomon son filz
Questoyt sy saige : quest ce que tu luy feiz
Ydollatrer : le feiz totallement
Tu noseroys : soubstenir aultrement.
¶ De Virgille.
¶ Que dirons nous : du bon homme Virgille
Que tu pendiz : sy vray que leuangille
Dans la corbeille : iadiz en ta fenestre
Dont tant marry : fut questoyt possible estre
A luy questoyt : homme de grand honneur
Ne feiz tu pas : vng tresgrand desshonneur
Helas sy feiz : car cestoyt dedans Romme
Que la pendu : demeura le poure homme
Par ta cautelle : et ta deception
Vng iour quon feist : grosse procession
Parmy la Bille : dont dudict personaige
Qui ne sen rist : ne fut estime saige

¶ Daultres sans nombre : en as aussy trompez
En plusieurs sortes : aussy bien attrappez
Lesquelz nommer : Autheurs les mieulx disantz
Sans en laisser : ne scauroient de dix ans
De quoy le cueur : de dire me poursuyt
Ceste Ballade : tout ainsy que sensuyt.

¶ Ballade vnissonãte a refrain/leonine et batelée a
deux terminaisons tãt seullemẽt. En abhominãt les
femes/pource q̃ iamays a lhõme ne furẽt pffitables.

Vide.ij.reg.xj.cap.

Vide.iij.reg.xj.c.
et vide ludo vinal.
in tracta de magni
ficen. τ cantico.xvi

g ii

Liure segond   Du sexe Masculin
                Ballade.

Illaine femme: mauldicte miserable
Intollerable: malice incomparable
Peu desirable: traistresse deceptuante
Qui trop se vante: peruerse variable
Pys que dyable: fort preiudiciable
Insatiable: et de bien/peu scauante
Poinct ne se suente: qui te dict mal viuate
Car bien seruante: nes/ains fort esuitable
Folle importable: qui saiges espouente
Jamays a lhomme: tu ne fuz proffitable.

¶ Tant es infaicte: quest chose inestimable
Bien peu estimable: encores moindz amable
Fort diffamable: aulx ames indecente
Poure ignoscente: oncq ne fuz raisonnable
Mal conuenable: et tres desraisonnable
Abbominable: es et fort hayssante
Langue fissante: de mal faire la sente
Qui tes dictz sente: dira tel mot notable
Et veritable: que tant soyez puissante
Jamays a lhomme: tu ne fuz proffitable

¶ Paillarde infame: tu nes poinct excusable
Ains accusable: car nous es trop nuysable
Et mal duysable: tousiours es mal faisante
Fort medisante: de quoy es amandable
Faulce pendable: en enfer commendable
Jamays rendable: ainsy que insuffisante
Oncques plaisante: ne fuz/mays desplaisante
Lasche induysante: a tout mal detestable
Insupportable: nous es/et trop cuysante
Jamays a lhomme: tu ne fuz proffitable

                Enuoy.

Vde Princesse: en toutz vices feruente
Dhomme seruante: noz dictz mal obseruante
Et conseruante: a nous mal assortable

Contre le sexe feminin.   Feuillet.l.

Moindz acceptable : Saine delictz poursuyuante
Jamays a lhomme : tu ne fuz proffitable.

Virelay.

Sotte insaoullable
Bien peu ballable
Entendement dyabolicque
Irraisonnable
Fort reprenable
Meschante femme fantasticque.

¶ Tu ne saulx rien / poure lubricque
Car nas que orgueil / et gloyre inicque
Las dyablesse
Tu as le cerueau fort follaticque
Tu nas scauoir ne aultre praticque
Fors en finesse

¶ Ton cueur na cesse
Poinct oncq ne cesse
De trauailler pour decepuoir
Tu aymes rudesse
Hays fort noblesse
Et toutes gens de bon scauoir

¶ Chascun peult bien appercepuoir
Que nully ne beulx recepuoir
Poinct en ta grace
Sy argent tu nen pensses auoir
Quelques bagues / ou grand auoir
Par ta grimasse.

¶ Ton vouloir chasse
Fort et deschasse
Doulces gens tant soyent bien apris
Pour bien quon face
Mespris lefface
En ton cueur oncq ne sont compris

g iii

Liure segond   Du sexe Masculin

Sauf les maraulx: de peu de pris
Cella fault bien:presupposer

¶ Sensuyuent cinq Rondeaulx doubles conse=
qutifz de sens/et exhortatifz aulx poures amou=
reulx qui sont mestier supure la Dype Benericque
de laisser tel chemin/demonstrant les dangiers
et proffitz quen peuent aduenir/desquelz Ron=
deaulx les deux reentrent/et ne cloent poinct. Les
aultres cloent et reentrent.

¶ Rondeau qui reentre/et ne clost poinct.

Iamays iamays: a femme sabbuser
Qui saigement: sa vie veult vser
Et qui vouldra: quon tienne de luy compte
Ung tas de sotz: deussent auoir grand honte
Tant nuyct que iour: apres elles muser

¶ Auec leurs mynes: qui sont a despriser
Laissez les la: sans plus rien les priser
Car quand a croyre: que nully sen remonte
    Iamays iamays.
¶ Sy elles vous peuent: vne foys amuser
Par leurs semblantz:vous auez beau ruser
Car saincte Croix: fault quen rende le compte
Puys syl aduient: que Dangier vous affronte
Allez les puys: ny meurtrir/ne accuser
    Iamays iamays.

¶ Aultre Rondeau qui reentre/
    et ne clost poinct.

Oinct poinct: et quoy saller mectre en dangier
Pour vng pertuys: que a verite songer
Rien nest plus layd: ny plus abhominable
fy fy ostez: donnez les au dyable
Tant que lon peult: lon sen doibt estranger

Contre le sexe féménin   Feuillet.ii.
¶Et comment/perdre : souuent boyre et menger
Temps et proffit : le frain allant ronger
Au pres leurs fesses : faisant lentretenable
        ¶Poinct poinct.
¶Ung iour serez : mon pasteur/mon bergier
Mon mieulx aymé : mon meilleur sengaiger
Mon espoulsette : mamour/mon bien suysable
Mays sy voulez : frapper au poinct notable
Lon vous dira : deussiez vous enraiger
        ¶Poinct poinct.

        ¶Rondeau consequtif/qui reentre et clost.
Si elles le font : qui est ce qui le fera
Le plus meschant : que trouuer lon scaura
Le plus infaict : ou le plus miserable
Quelque coquin : ou quelque cure estable
Qui contre ung huys : tost leur con fessera.

¶A telles gens : rien ne leur coustera
Sy nont argent : on leur en donnera
Car cest lestat : qui leur est aggreable
        ¶Sy elles le font.
¶Puys qui damours : apres les priera
Suys ie de celles : bella quoy vous dira
Allez paillard : meschant corps detestable
Vous mentirez : traistre ribauld pendable
Ou vostre bource : tresbien le sentira
        ¶Sy elles le font.
        ¶Aultre Rondeau cõsequtif/ q̃ clost et reentre.
Pour lauoir faict : quest ce quon gaignera
Quel gros proffit : vous en demeurera
Quel gros honneur : y pouez vous acquerre
Rien fors ung soir : vous trouuer mort sur terre
Pour ung maraulx : qui a ce vous guettera.

¶Ou sy ce nest : lon vous en hayra
Et fuyra : mainct ung vous mauldira
Dela le bien : que lon y peult conquerre
        ¶Pour lauoir faict.

g iiii

Liure segond · Du sexe Masculin

¶Mays quel plaisir : lors que lon trouuera
Que ce nest rien : et que lon pensera
Aulx grosses mises : moyennant tel affaire
Douldriez vous poinct : que fust encor a faire
Et que vous teinsiez : tout ce que couste aura
   Pour sauoir faict.

  ¶Aultre Rondeau qui clost/et Reentre
A part a part : vuydez de mon vouloir
Abuseresses : ie vous fais assauoir
Que Destre a vous : ie renonce la place
Dors en auant : plus ne quiers Vostre grace
Veu le proffit : quon en peult receuoir
¶Pour vng pertuys : que chascun peult auoir
Pour deux lyardz : fault il viure en espoir
Vng sy long temps : souffrant telle grimasse
   A part/a part.
¶Vostre Vouloir : ne tend qua decepuoir
Comme chascun : le peult appercepuoir
Quelque gros bien : ou plaisir quon vous face
Vostre malice : toutes Vertutz efface
En tromperie : est tout Vostre scauoir.
   A part a part.

  ¶Nouuelle forme de Rithme/par laquelle vne let
tre satisfaict a deux vers tãt au cõmencemẽt desditz
vers/que a la fin diceulx lesquelles lettres toutes as
semblees tant celles dudict cõmencement que celles
de la fin/chascun en son endroict/font tel prouerbe:
femme folle est et follie/ẽ tousiours folliera

F — emme pour vray : tousiours a mauluays chie — F
  aisant faulx tours : mainct vng mal et meschie
E — t de la sorte : elle a tousiours est — E
  st et sera : tant lhyuer que lest
M — ere denuye : est dicte pour son no — M
  alicieuse : aussy bien par sur no
M — al conseille : en fut le bon ada — M
  ourir fist femme : iadiz le Roy pria

Contre le sexe feménin.   feuillet.lii.

E— smeue est elle: de naturalité —E
   uitable est: en toute qualité
F— olle est/et vaine: changeant propoz en brie —F
   ine/et mauluaise: a plusieurs faisant grié
O— ppiniastre: et fust elle dis —O
   beyssante: tousiours a cupid
L— uxurieuse: sans fin pensant en ma —L
   a ayde/et secours: du grand prince inferna
L— ibidineuse: quest grand peche morte —L
   asche et meschante: tousiours a le cueur te
E— sprit subtil: plus que homme pour mal fair —E
   ntierement: elle est preste a meffair
E— sceruellee: est femme en verit —E
   stre chassee: a tresbien merit
S— alle et mal nette: elle est par le dedan —S
   on cas nest fors: certes que faulx semblan
T— raistresses sont: femmes communemen —T
   outz qui sy fient: sont deceupz promptemen
E— n elles na: que malice et meschanc —E
   estat haultain: et folle oultrecuydanc
T— outes sont telles: aultrement nulz nentenden —T
   ant seullemēt: qua brupct mondain nentenden
F— ollastres sont: ie le diz de rechie —F
   aulces/et fainctes: dont a mainct ung est grie
O— bstinez cueurs: les repute plat —O
   euure imparfaicte: les a dictes crit
L— angues picquantes: ont par especia —L
   on les reoyt telles: toutes en genera
L— oupues sont dictes: quand a leur nature —L
   e pire cherchent: pour desduyct tempore
J— alouses sont: quoy quayent bon mar —J
   rraisonnables: faisant mainct ung marr
E— scandaleuses: sont en dict et praticqu —E
   spouentables: en art dyabolicqu
E— lles ne pensent: qua toute mauluaisti —E
   ntre elles nest: bon vouloir ne amyti
T— out mal prouint: de femme anciennemen —T
   esmoing Adam: deceu villainemen

Liure Segond Du sexe Masculin

T— erribles sont : et toutz vices soubstiennen —T
O— aquaignerie : tousiours auſſy mainctiennen —O
    z fussent elles : au manoir de Plut
O— ultre le seuil : et desir de Cloth —O
D— illaines sont : exemptes de vert —D
    allans bien toutes; ce quon dict Sng setu
T— restoutes femmes : sans ce que poinct sestōnen —T
    otallement : a mal faire sadonnen
I— nconstance ayment:ien suys bien aduert —I
    ncessamment : soubstiennent son part
    ultraiges disent : plus picquans que aleth
O— ides et salles : contrefont erat —O
D— isaiges fainctz : et fardez ie lay de —D
    oulentiers portent : ien faitz a dieu bon de
R— Baultes sont : a tout le moindz de cueu —R
    udes/et fieres : et plaines de ranqueu
F— relles sont dictes : rendans mainct sng pensi —F
    aulceant leur foy : dont mal cueur est plaincti
O— rgueil les faict : contrefaire iun —O
    u elles font pire:que iadiz celen
L— iberte nont : auſſy peu qun cheua —L
    eur cas nest rien : tant a pied qua cheua
L— opaulte nayment : auſſy nont cueur loya —L
    egier sont elles : et tousiours desloya
I— adiz Sanson : fut par femme trah —I
    l est certain : et Salomon auſſ
E— nco: rien nest : plus infaict que la femm —E
    xemple auez : de ses fleurs/chose infam
R— enyez les:vous qui voulez ayme —R
    ien nen demeure : fors mainct sng goust ame
A— tout iamays : mon cueur femme bayr —A
    u dyable soyt : qui plus sy fier

℃ Couplet en Rithme senee/dās lequel vous trou
uerez par le commencement de chascun mot tyrant
en bas/tel Prouerbe(sy de femme) lequel couplet
est retrograde de sens par chascun mot/en quelque
sorte que le veuillez prendre ou mesler/saillant ou
vous plaira.

Contre le Sexe Femenin.   Feuillet.liii.

Femme follastre   Fantasticque   Fascheuse
Infame   Luresse   Importable   Jaleuse
Dure   Doubtable   Decepuante   Dampnee
Errâte   Esclaue   Esuitable   Enraigee
Faulse   Fetarde   Fumeuse   Furieuse
Ethicq   Estrange   Esuidente   Esuentee
Maictte Mastine   Morueuse   malheureuse
Malle   Mutine   Meschante   Macullee
Enorme   Esmeue   Extresme   Escernellee.

¶Ballade Unissonante a refrain/Batellee et coronnee par Double coronne equiuocquee/chascune ligne portant son equiuocq. Aultremêt dicte rithme emperiere

Femme folle est: selon iugeans ⌊gens ⌊gentz
Delles disans: maictz imparfaictz ⌊faictz ⌊fres
Dôt bref refaictz: les mal contens ⌊temps ⌊tedz
Par argumentz: qua telz in faictz ⌊faix ⌊fais
Maulgre de leurs: faulx blasonnez ⌊nez ⌊netz
Maccorderez: que lon doibt fuyr femme
De corps et dame: Sous en souffrez ⌊frais ⌊frescz
Par femme Sient: tout malheur et diffame

¶Je proueray: telz mes puyssans ⌊sens ⌊sentz
Par Sers plaisans: ou desolez ⌊laye ⌊laictz
Leurs dictz folletz: qui decepuâs ⌊Sentz ⌊Sendz
Estre meschantz: telz Sous promets ⌊mes ⌊metz
Que ie les ayme: poinct poinct iamays ⌊mais ⌊mie hays
Et men croyez: quand plus ne les diffame
Soyt Belle ou infame: rend desollez ⌊les ⌊laidz
Par femme Sient: tout malheur et diffame

¶De toy ientendz: par mainctz marchâs ⌊châps ⌊chantz
Qui telz presentz: et malheurtez ⌊tes ⌊tais
Vers toy gectez: estoient dollentz ⌊lentz ⌊lancz
Plus esuitâs: que ieu entendez ⌊des ⌊dez
Par toy plusieurs: sont desbauchez ⌊ches ⌊chefz
Et sur Sarletz: tel est ton bruyct et fame

Liure segond   Du sexe Masculin

Maintz a ton blasme : ont faitz regretz ‖ greez ‖ greez
Par femme vient : tout malheur et diffame.

¶ Princesse folle : quen faintz repaix ‖ pays ‖ paix
Droictz ma parfaictz : qui tayme ny reclame.
De vice et blasme : as par expres ‖ prestz ‖ prestz
Par femme vient tout : malheur et diffame.

¶ Ballade vnissone a refrain, batellee par
termes leonismes, riches, hors mys le refrain
et son subgect, cordnee a deux coronnes par
coronnez mariez dicte Emperiere, par equi-
uocques, tant le Masculin que le fementin.

Paillarde nap : a mes compris ‖ pris ‖ prise
Ains la mesprise : oultre compas ‖ pas ‖ passe
Coupue rapace : peu bons espritz ‖ pris ‖ prise
Son entreprise : d'aigres repas ‖ vastz ‖ passe
Sans longue espace : de ses (helas) latz ‖ lasse
Mainctz sans fallace : que fort trouuent amer
De lestimer : dans briefz sol. las ‖ laas ‖ lasse
Meschante femme : lon ne peult trop blasmer.

¶ Pour tant de liures : que par delictz ‖ lys ‖ lise
Et bien relise : nest par combatz ‖ bas ‖ basse
Telle soubzbasse : nest dans iolis ‖ lictz ‖ lyse
Quelle que eslize : est des au bas ‖ bastz ‖ basse
Sa contrebasse : est par tracas ‖ cas ‖ casse
Quoy quaduocasse : mainct muguet sans pasmer
Pour la sommer : mainctz daduocatz ‖ cas ‖ casse
Meschante femme : lon ne peult trop blasmer.

¶ Dudict chant fais : et mainctz obmis ‖ mis ‖ mise
Que leur chemise : mainctz de prochatz ‖ chatz ‖ chasse
Quon la deschasse : soyt dennemys ‖ mis ‖ mise
Poure desmise : pys que deschatz ‖ chatz ‖ chasse
Qui la pourchasse : ne vault darras ‖ ratz ‖ rasse
Quoy que narre a ce : viuant ny sceut clamer
Moindz fault laymer : que des bourras ‖ ras ‖ rasse
Meschante femme : lon ne peult trop blasmer.

Contre le sexe femenin   Feuillet.liiii.
◊ Enuoy.

Oceanus: par les amatz ⸗ matz ⸗ masse
Leur grand grimasse : iusques les assommer
Sy bray quen mer: Daultz formas ⸗ mastz ⸗ masse
Meschante femme : lon ne peult trop blasmer

¶ Sensuyt vng Eschequier faict en forme deue/et selon
le vray terme de eschequier. Car cedict terme Eschequier a
este pris du ieu des eschecz. Et debuez notter que tout vray
Eschequier doibt estre faict a figure de la sorte que cestuy
cy vous mostre par exeple/auquel na que deux terminai-
sons tant seullemet/ainsy q au champ des eschecz na que
deux couleurs/Cestassauoir blanc a noir/car les places a
cellules des pieces dudict ieu/aultremet dictes cases, les
vnes sont comunement blanches/les aultres noires. Par
ainsy ny doibt auoir que deux terminaisons signifians ce
dessus. Daultre part doibt estre ledict eschequier subgect
a toutz les saultz des pieces dudict ieu/comme du Roy/
de la Dame/des folz/des cheualliers/des Rocz/et des
pions/ainsy quest cestuy cy/Car il peult faire le sault de
toutes lesdictes pieces/entre lesquelles est le cheuallier qui
a le sault le plus difficille de toutz/Et sy faict encores
daduantaige cestuy cy/Car apres toutz lesdictz saultz/
faict le sault du quynault/du mouton/et de la pye/quest
aultant a dire de par tout. Car ne scauriez prendre mot
audict Eschequier saillant ou il vous plaira que vous ne
trouuez sens/et sy ne scauriez predre troys lignes de quel
que sorte que les saichez prendre que vous ny trouuez sens
et rithme/ce q les aultres eschequiers que iay encores veuz
ne font/au moindz ceulx que lon faict communement. Et
ne doibt estre figure eschequier par Roues comme les fi-
gurent plusieurs qui se meslent de faire eschequiers/igno-
rans/lorigine dudict terme Eschequier/ lesquelz ne sont
sy bons que ceulx cy.

femme abuserelle	Infaicte meschante	Sans fin menterelle	Charongne puante	Source de tristesse	De cueur inconstante	Perverse traistresse	faulse decepuante
Lasche mesdisante	Inepte hardiesse	Mauldicte esuidente	D'honneur larronesse	Cruelle mordante	Usage dyablesse	Oeuvre insuffisante	Des vices la dieesse
Rigoreule piette	Au monde nuysante	Des hommes oppresse	folle impertinente	De bon sens foiblesse	Par trop Perplaisante	Muzet tout ruselle	De biens peu scauste
De maulz affluante	Grande tromperesse	Daultruy biz polleté	Contraire a largesse	Mal faict patente	Miroir de paresse	Parfaicte arrogante	D'orgueil la deesse
Royne de rudesse	En bien negligete	Conseil de destresse	Devices regente	En scavoir ainesse	De mal instiguate	De tromper maistresse	Decepyable entente
En mesditz feruente	Seure athinerelle	Miserable attente	Voye de tristesse	Obstinee errance	Rude lycenielle	faincte penitente	faulce accuserelle
Sotte inventerelle	Lourde malfeante	De fureur princesse	De meffaictz la sente	Noise moc querelle	Des bons hayssante	Vollage promesse	De l'homme seruante
Tresmal ce viuante	Vuyde de laigesse	En luxurs ardante	Diffimula taiesse	De vertu impotente	Grande pecherelle	A dieu malplaisante	Tresmaulvaise espesse

Eschequier   **en forme deue.**

Contre le sexe feminin. Feuillet.lj.

¶ Sensuyt une Ballade unissonante a reffrain/co/
ronnee par equiuocques/et batellee par semblans co/
coronnez/equiuocques/aultrement dicte coronnee par
equiuocques redoublez/ En laquelle est aussy coronne
le refrain par equiuocques.

Ie suys marry : quil y a de inconstans | tantz
Regretans | temps : que plus nont meffaictz | faitz
Dont de infaictz | faix : les ueoir mal côtêtz | têdz
Arcz constans | tendz : contre eulx de parfaictz | faictz
Maintz argumentz : leur fais par expres | prestz
Icy pres | prestz : pires que peruers | uers
Aulx amoureulx : dresse telz couuers | uers
¶ Amoureulx sont : de sens indigens | gens
Draps d'gens | Jehans : de dictz bien aornez | netz
Fortunez | naiz : comme faulx regens | geans
Ou sergens gentz : qui peu telz dampnez | ne hays
Or fussent ilz : trestoutz renuersez | ces
Dans fosses | secz : picquez de diuers | uers
Aulx amoureulx : dresse telz couuers | uers.
¶ Plus que le Roy : fussent ilz puyssans | sans
Oncq recentz | sens : nont telz margeoletz | laidz
Soyent folletz | laicz : ou clerc accroissans | cens
Moindz decens | sens : leurs cas quaffolles | laictz
En tel mestier : plusieurs en souffrez | fraiz
Par effraiz | frescz : plus que descouuers | uerdz
Aulx amoureulx : dresse telz couuers | uers
¶ Prince damours : qui maintz leur prometz | mes
Telz fames | mectz : penduz a trauers | uers
Aulx amoureulx : dresse telz couuers | uers

¶ Uirelay par equiuocques coronnez.

Oi sont en pensers | sers
Tout ainsy que incertz | certz
Les sotardz de sens tenuz | nudz
Fussent ilz greffiers | fiers
Telz ainsy te affiers | fiers
Oncq iore en ces mescongneuz | neuz.
¶ Plusieurs en ay ueroleux | leux
Plus secz que les bons esleuz | luez

Liure segond   Du sexe Masculin

Dedans amolitz|lyctz
faisans telz salles inozueulx|Seux
Et sy en ay mainctz mal pourueutz|Seuz
Desquelz tost coulitz|lis
Tristes leurs Ocuiz|Seiz
Ainsy qua rauiz|Sitz
Sy vray comme ie congnoys|noix
De veoir telz pourritz|ritz
Par mainctz bien nourritz|ritz
Desquelz puys sains nen congnoys|ne oys

¶ Rondeau dict Triollet monosyllabe retrograde en
plusieurs lieux/tant au rebours que aultrement. Du
quel se peuuent faire cinq Triolletz/ou bien Rodeletz.

Fol	Ders	Fait	Bruyct
Sans	Lueur	Nay	Nul
Soit	Vert	Laid	Nuyst
Fol	Ders	Fait	Bruyct
Trou	Sert	Plaist	Luyst
Prendz	Seur	Vray	Dueil
Fol	Ders	Fait	Bruyct
Sans	Lueur	Nay	Nul

¶ Aultre Rondeau de mesme sorte que le dessus/a
deux syllabes/duquel aussy sen font cinq.

Folle	Faincte	Lasche	Je Soys
Femme	Fine	Vraye	Tousiours
Molle	Maincte	Vasche	Congnoys
Folle	Faincte	Lasche	Je Soys
Volle	Plaincte	Fasche	Galloys
Femme	Myne	Vraye	Par cours
Folle	Faicte	Lasche	Je Soys
Femme	Fine	Vraye	Tousiours

¶ Aultre susdict Rondeau a trops syllabes/duquel
aussy sen font cinq.

¶ Meschante/ Ribaulde/ Paillarde/ Dampnable
Villaine/   Infaicte/ Inicque/ Mauldicte/

Contre le sexe féminin.   Feuillet.lvii.

Puante/   Maraulde/   Mentarde/   Vendable
Meschante/   Ribaulde/   Paillarde/   Dampnable
Dolente/   Touraulde/   Fetarde/   Nuysable
Mondaine/   Mal faicte/   Lubricque/   Surdicte
Meschante/   Ribaulde/   Paillarde/   Dampnable
Villaine/   Infaicte/   Inicque/   Mauldicte.

¶ Aultre Rondeau a quatre syllabes De la sorte de ceulx dessus/ Sauf que en cestuy ne se peuuent faire q̃ quattre Rondeaulx a cause de la superfluité des syllabes.

¶ Cueur decepuant/   Villain infaict/   Tu ne saulx rien
Traistre mauldict/   A tout propos/   Trop es haultain
Cruel souuent/   De dict et faict/   A faire bien
Cueur decepuant/   Villain infaict/   Tu ne saulx rien
Nul bien scauant/   Laid cõtrefaict/   Je le scay bien
C'est ung vray dict/ Oncq n'as repos   Il est certain
Cueur decepuant/   Villain infaict/   Tu ne saulx rien
Traistre mauldict/   A tout propos/   Trop es haultain.

¶ Aultre pareil a cinq syllabes / lequel ne fait q̃ trois Rõdeaulx a cause de lad. multiplication des syllabes.

Jamays de femme/   Ne faictes compte
Nayez fyance/   De leur promesse
De corps ny d'ame/   Quoy quon racompte
Jamays de femme/   Ne faictes compte.
Qui les diffame/   Naye point honte
Ce n'est meschance/   Qui les oppresse
Jamays de femme/   Ne faictes compte
Nayez fiance/   De leur promesse.

¶ Aultre Rõdeau de six syllabes en la forme q̃ dessus.

En grãd malheur viẽdra/   Qui prend fẽme seruir
Celluy qui a femme soit/ Ne fera son prouffit
Bref qui les mainctiendra/Los ne peult deseruir
En grand malheur viendra/ Qui près fẽme seruir
De ce vous souuiendra/   Ne la veuillez suyuir
Fẽme l'hõme decoipt/   Jadiz maict faulx tourfist

h

Liure segond   Du sexe Masculin
En grand malheur viendra/   Qui prend femme seure
Celluy qui a femme soit/   Ne fera son prouffit.

¶Aultre/ a sept syllabes duquel ne se peult
faire qun Rondeau pour les raisons dessus
de la quelle forme souffira aulx lysans car
le demourant est commun.

Femme: ce nest quordure
Sot est: qui se marie
Soit molle/ tendre/ ou dure
Femme: ce nest quordure
Ong nou: qui par trop dure
A mainctz: chose marrye
Femme: ce nest quordure
Sot est: qui se marye.

¶Aultre sorte de Rithme/ laquelle est p cou-
ronnes en forme de Dyalogue declairant quest
ce que femme/ et en forme de la Resonnace
de Echo.

Quest en ce monde: la chose plus infame? ｜femme
Apres le faict: qui est ce qui la diffame? ｜fame
Que la deliure: plustoft a labandon? ｜don
Dit la point saige: nulle loy ne canon? ｜non
Que souldroit elle: estre par sa complaincte? ｜plaincte
Quelle amour tient: dictez le moy sans faincte? ｜faincte
Que la dit on: que fort son cas affolle? ｜folle
Que fait par tout: sa pensee friuolle? ｜volle
Que monstre plus: que trop elle mesfait? ｜faict
A qui plus layme: que fait soit beau ou laid? ｜le hayt
Que fait a lhomme: tant de iour que nuyct ｜nuyst
Mays que fait elle: aqui moins la poursuyt? ｜suyt
Que luy fait faire: en mainctz lieux residence? ｜dance
Au lieu de dueil: que fait son imprudence? ｜danse
Que fait de langue: a maictz cueurs de noblesse? ｜blesse
Quel nom merite: pourtce quant a rudesse? ｜deesse
Quest ce de femme: que plus nostre cueur myne? ｜mine
Pour abuser: quest toute pentolfine? ｜fine
Quelle chose est: saichons leur procedure? ｜dure
Et pour mal faire: quest diz moy et me asseure? ｜seure

Contre le sexe femenin.   Feuillet.lViii.

Quant doibt pleurer : lors que fait la meschante⌊chante
A plaisir faire : quest elle la doulente⌊lente
Bref que fait elle : au moins communement⌊ment
Quest sa promesse : ie diz le plus souuant⌊vent
Que fait ladicte : pour peu que lon liniure⌊iure
Quest ce que dit : de qui contre murmure⌊meure
De tous les vices : quest la folle indecente⌊sente
Que fait a qui : delle ne se contente⌊tempte
Que luy desplaist : de faire scais tu bien⌊bien
Que vault la femme : au monde terrien⌊rien.

¶ Ballade Vnissonnäte en dyalogue leonisee de-
claitant quest femme.

Qest ce que femme : quoy/follie
Non est/sy est : tousiours follie
Qui le dit/moy : car ie le scay
Non fait/sy fait : dieu la mauldye
Pourquoy/oncq nest : que ne me dye
Comment/bref : ien ay fait lessay
De qui : de toutes trop est vray.
Quel remede : nully ny aura
Que non : ien suys en grand effray
Mauldict soit : qui sy fiera.

¶ Nen veulx tu pas : ie la renye
Raison : trop fault bourse garnye
Dequoy/dargent : ie le diray
Quoy plus : assez nest oncq fournye
Iamais ne prend : ie le vous nye
Est il vray : ne lescondiray
Tais toy : tousiours en mesdiray
Hee non : plus ne maffinera
Fais paix : oncq ne men desdiray
Mauldit soit : qui sy fiera.

¶ Comment cela : ie men deffie
Tu te mocques : plus ne my fie
Tu mentz : ie le luy mainctiendray
Durera : tant que soye en vie
Quest ce son cas : ce nest quenuye

Liure segond   Du sexe Masculin

Tu faulx/tel mot ie souzstiendray
Quel dit/aultre ne deuiendray
Jamais/oncq ne mabusera
Sauf/tant que ce vouloir tiendray
Maulsoit soit/qui sy fiera
¶ Prince escoute/iescouteray
Suis les/ains men exempteray
Croy moy/Jamays ne se fera
Hee sy/de ce ne me tayray
Mauldict soit/qui sy fiera

¶ Rondeau double en la sorte
de la susdicte Ballade.

Est dict/quoy/Jamays plus ie ne ame
Qui naymeras/fille ne femme
Comment/car trop sont dangereuses
Pour quoy/de toutz sont amoureuses
Non sont/sy sont/quest chose infame.
Est il vray/trop seray sur mon ame
Toutes/excepte quelque dame
Les aultres/fort sont perilleuses.
    ¶ Cest dict.

¶ Femme quest ce/rien que diffame
Mesdit elle/chascun diffame
Quoy plus/par trop sont malheureuses
Dy tu/oncq ne furent heureuses
Rayson/saige est qui les infame.
    ¶ Cest dict.

¶ Aultre Couplect de la sorte
plus mesle.

Est ce que femme/quoy/boyre/cest finesse
Elle/ouy/en tout mal/nest vray est ce
Dy tu/cest dict/comment/ainsy sans faincte
Desaict/a dit/apres/cest/Dy/rudesse
Et doncq/plus ya/non a/sy a/quest puresse
Tu mentz/non faiz/sy faiz/rien/quest plus faincte
Quel temps/tousiours/enuers/toutz la meschante
Pour certes/sans faulte/point/ou/quelle/maincte
Bref de la femme: nul saige se contente.

Contre le sexe feminin. Feuillet.lxi.

¶ Ballade Bniſſonnante a reffrain leonine
et batellee.

Aillarde femme : eſt vraye opiniaſtre
Accariaſtre : et folle lunaticque
Tres fantaſticque : proprement ydolatre
Faulce follaſtre : engin Diabolicque
Douloir inicque : langue trop ſatyricque
Cueur volaticq̄ : a nous mal prouffitable
Et moins tractable : dont de dire m'applicque
Femme lubricque : eſt tres fort eſuitable.

¶ Vous en ſoyez : des hommes plus de quatre
Murtrir et batre : pour leur corps impublicque
Sans iuridicque : querelle/ ſe debatre
Et ſe combatre : par grande freneticque
Malice anticque : la redis et refricque
Pour ma replicque : et choſe deteſtable
Inſupportable : de quoy noble ou ruſticque
Femme lubricque : eſt tres fort eſuitable.

¶ Souuentesfoys : fait pourter mainct emplaſtre
Dont toſt abatre : voyez mainct venericque
Qui ne les picque : ou rebat pour ſe eſbatre
Ainſy que plaſtre : ignore la practicque
Mainct vient ethicque : ladre ou paraliticque
Par leur trafficque : vrayement importable
Moins acceptable : quaſy que vng hereticque
Femme lubricque : eſt tres fort eſuitable.

¶ L'enuoy.
¶ Seigneurs fuyons : tel harnoys ſathanicque
Et cerbericque : de toutz maulx incitable
Car veritable : eſt tel dict aucteniticque
Femme lubricque : eſt tres fort eſuitable.

¶ Rondeau double par equiuocques.
Eſt a bon droict : que de femme ⌊ meſdiz
M'en repentir : non faiz/ certes ⌊ mais diz
Quaſſez encor : femme ie ne ⌊ diffame
Choſe euitable : vrayement la ⌊ dit fame
Qui bien calcule : et bien note ⌊ mez dictz.

b iii

Liure segond   Du sexe Masculin

¶ Daultrefffois dit: me suis de ses Lampes
Mays a desdaing: mon cueur le sien La mis
Ay je point tort: a ton aduiz dy femme

     ¶ C'est a bon droict.

¶ Tenue tay: pour la fleur de L mez pris
Mays tay cogneue: tel goust de tes L mez pris
Qua tout iamais: te hays de corps et L dame
Fiance na: en damoyselle ou L dame
Sy ie le diz: nen doibz estre L mespris

     ¶ C'est a bon droict.

¶ Sensuyuent certains diuers couplectz par Rythmes fort difficilles et de diuerses sortes/ lesqlz couplectz ne sont bonnement a propos de ce liure/ mays tel incident seruira par vne maniere de rethoricque aulx apprantis & tel art/ et ne contiet guieres chascun/ car ny sont que par forme/ Et qui en souldra plus quil en face/ Desquelz pour laduis de lautheur celluy qui en feroit vne ballade vnissonante de chascune sorte il meriteroit obtenir les trois pris et fleurs dor et dargent que chascune annee sont desliurees ala maison Comune de la cite de Tholose a ceulx qui mieulx dirot en Rythme et art de ladicte rethoricque/ combien quil ne sen donne que vne par vne fois a vng dictateur et nen donnent a vng diceulx deux annees cosequtiues. Parquoy lautheur veult dire que celluy qui feroit lesdictes Ballades feroit pl⁹ que ceulx la dessusdictz dictateurs. Et noterez que lesdictz couplectz ne peuuent estre plaisans ne si liberaulx que aultres a cause de leur difficulte/ parquoy les excuzerez.

Par faictz/ parfaictz: de sens/ decentz
Par vers/ paruers: te diz/ tes dictz
Mes criz/ me scripz: meschans/ mes chantz
Meffaictz/ me faiz: pourriz/ pour ris.

Contre le sexe femenin   Feuillet.ix.

¶ Aultre sorte de vers/ chesque mot faisant equiuocque/ auecques la ligne sequente / dont semble que les deux lignes soient redictes et vne mesme chose.

Femme meschante : par vers infame
femme me chante : paruers infame
Sottard deffaict : dhonneur apris
Sot ard de fait : donneur a pris.

¶ Aultre forme de vers qui sont coronnez achesque mot/ dont la coronne est equiuocquee.

Expresse/ presse/ opresse/ presse
Tendresse/ dresse/ par dresse/ dret ce
De endure/ dure/ laydure/ dure
procure/ cure/ obscure/ cure.

¶ Aultre forme de coronnez / par equiuocques dont les deux lignes ressemblent nestre que vne.

Es os/ les laidz : des parfaictz fais
Desolez laictz : des parfaictz fees
Mescogneuz/ neuz : ordz donnez nez
Mais cogneuz/ nuz : hors doncq nez nes.

¶ Vers en latin & francoys/ dont le francoys equiuocque au latin/ quest la premiere ligne le latin & la segonde le francoys/ laquelle equiuocque a la pronontiation/ non a la lettre.

Femina	Mala	Eua	Latin.
fait mina	Mal a	Et va	Francoys equiuoc quant en latin a la pronunciation.
Sarra	Juno	Helena	Idem.
Sarra	June	Elle na	Idem.

¶ Vers comme les dessus en latin & francoys equiuocquans a la pronunciation et a la lettre.

Issus	Dadit	Sine sua	Latin.
Mis sus	Da dit	si ne sua	Francoys equiuoc quant au surfis latin tant a la pronunciation que lettre.
Qui denus dedit		Tua	
Qui denus de dit		Tua.	

B iiii

Liure segond — Du sexe Masculin

¶ Aultre forme de rythme dõt chesque mot dit en retornant lettre par lettre comme en allant.

Eue   Apa   Seres   Ara
Semes Ama   Elle   Alla

¶ Aultre sorte de rythme dont tel sens et telz motz sont en retournant lettre par lettre comme en allant.

Ayma/ Mon/   Nom/   Amy a
Au/   Mort/ Elle/ Trop/ Da.

¶ Aultre sorte de rythme dõt en allant est françois et sens. Et en retournant est latin et aultre sens.

Mari/ Repus/ Ardi
Ire/   pure/   Salli
Sire/ Le mes/ Arret
Sarra/ Pures/ Amet.

¶ Ballade unissonnante par equiuocques a refrain, exhortatiue et demõstratiue, quest ce q̃ damour des femmes et des sotz amoureulx.

Sens aueuglez: qui desirez l'amer
Vous pourchasses: gouster mainct goust l'amer
En poursuyuant: estre damours lez laz
En bref de temps: trestout uostre parler
Fera getter: mainct ung regret par l'air
Et mainct souspir: disant souuent helas
Mal sauoureulx: vous fault hanter repas
Plus dangereulx: au monde chemin n'est
De sy euitable: n'en soyez en terre pas
Amoureulx est: sourd/aueugle et muet.

¶ Ong amoureulx: fault tant humilier
Que pour d'escuz: ie diz ung millier
Ie ne vouldroys: plus passer par telz pas
Qui se vouldra: bien garder de pecher
Fuyons les femmes: il s'en fault despecher
Et plus pour elles: ne voullons faire pas
Femme ne uault: n'en plus que ung de laz
Encores meins: ie le diz franc et nect
Tout homme saige: est de leurs cas tost las
Amoureulx est: sourd aueugle et muet.

Contre le sexe femenin   Feuillet.lxi.

¶ Qui pense bien: qu'est ce que de leur chair
C'est ung morceau: fort dommaigeable et chier
Qui ne proufite: a nul corps que pour chatz
Vraye poyson: son mesnil croit par iurer
Fort venimeuse: sans point me pariurer
Dont ne meritent: de gens de bien pourchaz
Leur amant estre: pour cent mille ducatz
Plus ne souldroye: il est foul qui sy mect
Parquoy redis: comme aduerty du cas
Amoureulx est: sourd, aueugle et muet.

¶ Prince d'amours: qui maintz ung fiers et chatz
Et d'aultresfois: de tout pouuoir es bas
Le pouure: aultheur soubstenir se soubmect
Que non obstant: trestous les sains esbas
Amoureulx est: sourd/aueugle et muet.

¶ Amant defaict
Tost est deffaict
De corps et d'ame
Soit beau ou laid
En brefz tours le baist
Samye et dame.
¶ La loupue infame
Dont ie la infame
Aux plus meschans
Sadonne femme
Telle est sa fame
Vrays sont ces chantz.
¶ Tel leur cueur sens
Dont tous mes sens
En sont rauis
Mais en brefs temps
Chasser les tendz
Plus que ratz vifz
¶ Mes bons amys
Sy nul amys
Bon cueur enuoye
Pour ung tel pris

Liure segond   Du sexe Masculin

Il a mal⸗pris
Quoy quon en soye.
Tant Vestu⸗soye
Dor ꝛ de⸗soye
Tost ira au⸗change
Au moins sy⸗croye
Fault/quon men⸗croye
Soubdain son⸗change.
Pourroit⸗estre ange
(Quest bien⸗estrange)
Car⸗changeront
De ce ne⸗mentz ie
Chascun en⸗mange
Tost⸗change auront

¶ Sensuyuent quatre cens quarante deux
bourdes par equiuocques sur ce deshonneste
Villain ꞇ de tresparuerse nature mot, Con.
Suppliāt les lysans diceulx/ ney vouloir
mespriser redarguer/ne aulcunemēt en blas
mer ny vituperer lautheur pour nōmer icel
luy. Et mesmement que ledict Autheur ne
le nomme pour volupte ne pour plaisir de
deshonnestemēt parler. Ains pour demons
trer les grādz maulx/malheurs/ꞇ pouure⸗
tez que par ledict meschant/en son venues ꞇ
viennēt ꞇ en peuuēt aduenir toutz les iours
Et principallemēt le fait pour labōmina
tion dicelle meschāte ordre sale trespuante
ꞇ abbominable beste dessus nommee.

Otz ebetez: mectans au⸗con fiance
Las vous auez: mauluaise⸗con fiance
A telle beste: ne vous fault⸗confier
Ne vous feuillez: iamais en⸗con fier
Il est bien fol: celluy qui sy⸗confie
Ung homme saige: ne se point en⸗con fie
Que mauldict soit: qui sy⸗confiera
Et qui son corps: en nul⸗con fiera

Contre le sexe femenin.　　Feuillet.lxii.

Mainctz vngs iadis : se (tant) au con fierent
Quilz en mauldisent : que tant sy confierent
Mainctz de grandz gens : se sont en con fiez
Quilz en sont mortz : pour sy estre confiez
Qui corps ou biens : en nul con fieront
A rien que vaille : ne se confieront
Seigneurs qui tant : noz corps en con fions
Dorenauant : ne nous y confions
¶ C'est belle chose : que de sen contenir
Peu ne se charge : qui entreprend con tenir
Bien eureulx est : celluy qui sen contient
Et malheureulx : celluy la qui con tient
Vous informer : pouuez du contenu
Auecques cil : lequel a con tenu
De grandz dangiers : telles choses contienent
Tesmoings ceulx la : qui nuyct & iour con tiennent
Grandz maulx contiennent : & sans fin contiendront
Mal en prendra : a ceulx qui con tiendront
Et pour ce doncq : de ce nous contenions
Sans que iamais : vous prie con tenons
De ce soyons : trestoutz vrays contenans
Et iamais plus : ne soyons con tenans
Saige sera : qui bien sen contiendra
Et tresgrand fol : celluy qui con tiendra
¶ Quelques moyens : quon saiche controuuer
Ne desirez : iamays plus con trouuer
Par les abuz : que pour luy lon controuue
Malheureulx est : celluy qui le con trouue
Tel dire n'est : sans cause controuue
I'en mauldiz l'heure : que i'ay oncq con trouue
Qui du contraire : sur ce controuuera
Est abuse : faulx tout con trouuera
Sur ce beaucop : sy bien y controuuerent
Que mortz en sont : pour ce que con trouuerent
Oncq bons remedes : ny furent controuuez
Mays sont destruictz : pour auoir con trouuez
De meschans tours : les femmes y controuuent
Mal fortunez : sont ceulx qui les cons trouuent

Liure segond　　　　Du sexe Masculin

Chose louable : point ne controuueront
Ceulx qui party : par le con trouueront
Au corps ne a lame : prouffit ne controuua
Celluy qui user : premier du con trouua
Pour les auoir : mainctz tours y cõtrouuons
Que fort nous nuyt : a nous qui con trouuons
Sy sommes saiges : plus ny controuuerons
Seurs ne serons : tant que con trouuerons.
Ce non obstant : que bien nous cognoissons
Quil est bien vray : que tous du con naissons
Petitz et grans : telle chose cognoissent
Que toutz humains : il fault que du con naissent
Toutz sont cogneu : et toutz les cognoistront
Hommes et femmes : trestoutz du con naistront
Cel dire vray : Duy chascun est cogneu
Trestoutz naissons : De ce villain con nud
Point aultrement : nully ne cognoistra
Car vrayement : chascun du con naistra
De ce nous sommes : trestoutz bien cognoissans
Saiges et foulz : sommes du con naissans.
Fallu nous a : trestoutz le con sentir
Bon gre ou maulgre : il sy fault consentir
Sy possible est : y estre plus consentant
Je ne vouldroys : trop est le con sentant
Toutz qui naistront : ilz sy consentiront
Soient Roys ou Roynes : toutz le con sentiront
Ceulx deuant nous : trestoutz le con sentirent
Sans resistance : ace se consentirent
De maccorder : ung chascun soit consent
Quau saguenas : vrayement tout con sent
Chascun men croyre : il se consentira
Au moins celluy : qui le con sentira
Et mesmement : trestoutz nous consentons
Quaulx grasses femmes : trop plus le con sentons
Plus ny approcher : ne my consentiray
Parquoy a peine : plus nul con sentiray
De les sentir : maintz sy sont consentiz
Bonne senteur : oncques du con sentis

Contre le sexe femenin   Feuillet. lxiii.

Plus consentir : a ce ne me consens
Je rendz ma gorge : despuys que le con sens
Ilz sont bien folz : ceulx la qui sy consentent
Villaine chose : certes toutz les cons sentent
Leur sentement : nest pas fort condecent
Au povure corps : quant il du con descend
Triste souuent : suis du con descendu
Dont les hayr : me suis condescendu
A telle chose : chascun condescendra
Sil dit le vray : quant du con descendra
Jeunes & vieulx : ilz y condescendront
Sy bien y pensent : quant du con descendront
Mainctz opinastres : y sont condescenduz
Apres quilz furent : dudict con descenduz
Facillement : ilz y condescendirent
Comme me dirent : quant du con descendirent
Cest par rayson : que toutz y condescendent
Sy bien y pensent : ceulx qui du con descendent
Il fault que toutz : nous y condescendons
Pour la senteur : quant du con descendons
Ne soyons plus : de nul con descendans
De les fouyr : soyons condescendans
Maincte on endure : par le con passion
Qu'a bref parler : grande est compassion
Ung de tel dire : sen compassionne
Mays despuis grande : par con passion a
De quoy qui sen : compassionnera
Par icelluy : con passion aura
Jen suys este : fort compassionne
Par quoy mainct vne : par con passion ay
Toutz ceulx qui sen : compassionneront
Par celle beste : con/passion auront.
Qui que sen veuille : rire ou desconforter
Bref il en sort : par trop des cons fort air
Qui du plaisir : doncq des cons fort aura
Auant long temps : sen desconfortera
Qui du confort : grand des cons fort auront
En laultre monde : sen desconforteront

Liure segond Du sexe Masculin

A mainctz tormentz : celluy fait con dampner
Et de grans gens : le villain con dampner
A grandes peines : mainctz en sont con dampnez
A tout iamais : par cez faulx cons dampnez
Ung chascun iour : le grand dieu en condampne
Grant est le peuple : que ce meschant con dampne
Et qui ny pense : quil en condempnera
Mainct ung paillard : dieu par con dampnera
Telz desmerites : maint ung condempneront
De quoy mainctz ungz : par le con dampneront
Semblans pechez : iadis mainctz condempnerent
Lon lyst de mainctz : lesquelz par con dampnerent
Mainctz de parolle : toutz les iours condempnons
Mays iay grand paour : que toutz par con damptons
Au grand deluge : dieu beaucoup condempna
Et de ce temps : maint ung par con dampna
Les saiges femmes : de cella se condampnent
Lesquelles tous : par ce meschant con dampnent.

¶ Sathan en a : gaignez et conuaincuz
Mainctz ungz lesquelz : il a par con vaincuz
Et sy me doubte : que plus en conuaincra
Bien fort sera : celluy qui con vaincra
Plus tost cent hommes : cinq cens en conuaincront
Quen cestuy monde : les susdictz cons vaincront
Point ne se trouue : que nul ait con vaincu
Dhomme mortel : ne fust oncq conuaincu
Bref noz ancestres : iamais nen conuaincquirent
Tant gaillardz feussent : oncques nul con vaincquirent.

¶ Et pource doncq : qui plus que dung con bat
Il entreprend : ung dangereulx combat
Il ne scait pas : quest ce que de combatre
Cil quentreprend : de plusieurs cons batre
Ceulx la qui sont : de plusieurs cons batans
Foulz arrogans : se monstrent combatans
En grand dangier : ie diz que cambatront
Tous et chascuns : que a mainctz cons batront
Ainsy que mainctz : que iadis combatirent
Qui meurtriz feurent : pource que cons batirent

Contre le sexe femmenin.　　Feuillet.lxiiii

⁋Pour ce toutz ceulx : que par raison combatent
Tant seullement : fors sans plus vng con batent
Et pource doncq : cellup qui con battra
Syl est bien saige : plus il ney combatra
Il y a mainctz : quont tant de cons batuz
Quen la fin sont : vaincuz et combatuz
Esuitons doncq : tous ces villains combas
Cest laide beste : que ce villain con bas.
⁋Bref telle chose : bien conuient compartir
Cest tresmal fait : plus que dun con partir
Bien ses aduiz : il ne compartira
Qui plus que dun : certes con partira
Comme ien scay : qui mal les compartirent
Car vrayement : ceulx mainctz vngs cons partirent
Mal par raison : leur cas compartiront
Ceulx la que plus : que dun con partiront
Tel fait surdict : doncq sy bien compartons
Que print iamays : plus que dun con partons
⁋De sen garder : nous est bien conuenant
Pour le mal quest : souttant du con venant
Plusieurs maulx : auons par cons venans
A nostre honneur : non guieres conuenans
Doncq les fouyr : nous est bien conuenable
Pour beau quil soit : ou duysant con venable
A ce nous fault : trestous bien conuenir
Que de grans maulx : soyons par con venir
Les esuiter doncques : tous nous conuient
Tresgros malheur : et dangier du con vient
Plusieurs hommes : iustice a conuenuz
Pour les esclandres : questoient du con venuz
Tout nostre mal : iay paour du con viendra
Parquoy chasser : trestous les conuiendra
De celles saiges : ne se desconuiendront
Que sy auons maulx : trestous des cons viendront
De ceulx quauons : aussy bien se conuiennent
Que vrayement : certes du dict con viennent
⁋Femmes de dict : vous pourriez con soler
Mais quant au faict oncques leur con sacuser

De quelques Dons : on les consolera
Du Demourant : nul oncq con saoullera
Quelque petit : les en consoleront
Mais nulz viuans : iamays cons saoulleront
On lyst daulcuns : qui femmes consolerent
De mainctz plaisirs : mays point leurs cons saoullerent
Aulcunesfois : Dargent en consolons
Mais de pasture : iamays leur con saoullons
Mainctz de parolle : ilz sont fort consolans
Mais quant au faict : ne sont oncq cons saoullans.
¶ Plusieurs foulz : ce faulx Villain con duyct
Mais quant aulx saiges : le disent laid conduyt
En quelque sorte : quon en soit conduysant
Au grand iamays : ne trouuiz con duysant
Dhonnestes gens : il nest point conduysable
A gens de bien : ne fust oncq con duysable
A celluy la : aqui le con duyra
Droict en enfer : celluy le conduyra.
¶ Sy honneur mondain : voulons bien compenser
Ne Vueillons plus : Doncques en con penser
Cest au rebours : que honneur mondain compense
Cil qui par trop : nuyct et iour au con pense
Ung chascun la : meschantment compense
Depuys quon a : au Villain con pense
Et sy tresmal : ilz le compenseront
Ceulx qui par trop : audict con penseront
Na pas long temps : que mainctz le compenserent
Villainement : car trop au con penserent
Dont toutz les iours : tresmal le compensons
Quant sy souuent : en ce faulx con pensons
Tresmal a point : il le compensera
Celluy qui doncq : en ce con pensera
¶ Bref par mesure : il ne compassera
Celluy qui plus : que dun con passera
Il nentend pas : quest ce de compasser
Celluy qui veult : plus que dun con passer
Selon bon art : icelluy ne compasse
Qui nuyt et iour : par plus que dun con passe

Contre le sexe femenin. feuillet.lx8.

Je croy que cil : qui premier compassa
Tant seulement : sans plus ung con passa
Jadiz plusieurs : par bon art compasserent
Mais oncq sans plus : fors qung seul con passerent
De bonne sorte : ceulx ne compasseront
Que plus que dung : ie diz con passeront
Dors en auant : seigneurs qui compassons
Je vous supplie : que plus nul con passons.
¶ Il ya mainctz : dont ie suys des compris
Qui de grans maulx : ilz ont par le con pris
Et toutz les iours : sy bien y comprenons
En mainctes sortes : de maulx du con prenons
Dont toutz ceulx la : qui bien ny comprendront
De tresgrans maulx : certes du con prendront
Qui a sen garder : ordre ny comprendra
Jay paour que pys : que moy du con prendra
Grant est le mal : qui bien au vray comprend
Que le pouure homme : de ce mauldict con prend.
¶ Le faulx pertuys : est plus mal competent
Que le trou nest : au pres du con pettant
Ceulx qui les ayment : sont pyres que conuers
Maincte vng y trouue : bien souuant au con verms
Vous le scauez : ceulx qui aues cons versez
Et qui plusieurs : encor en conuersez
Ordure telle : ne veulx oncq conuerser
Ny tant que viue : iamays plus con verser
Jen scay aulcuns : qui mainctz en conuerserent
Mays se repentent : que iamays con verserent
Sy feront ilz : ceulx qui en conuerseront
Mauldictz seront : ceulx qui cons verseront
Aussy sont bien : toutz ceulx qui les conuersent
Infames sont : ceulx la qui les cons versent
Ainsy sera : qui les conuersera
Mauldict soit il : qui plus con versera
Repentons nous : et plus nen conuersons
Dampnez seront : sy plus les cons versons
Qui soubstient con : par bonne contenance
Dampnez seront : toutz par le con tenance

Liure segond — Du sexe Masculin

¶ De ce me croyre : Ung chascun se concorde
Que mainct souuent : a gaigne par con corde
Je nay trouue : qui maye concorde
Que lon trouuast : iamays le con corde
Qui sera saige : il se concordera
Que de noz femmes : lon leur con cordera
On lyst daulcuns : qui a ce se concorderent
Et de leurs femmes : chascun le con corderent
Saiges seront : qui sy concorderont
Et de leurs femmes : tost le con corderont
A ce nous fault : trestoutz bien concorder
¶ Cost Beiullons doncques : trestoutz leur con corder
Ceulx qui ace faire : promptement se concordent
Ilz sont tressaiges : mays que bien le con cordent
¶ Maulgre quen ayt : prince ny connestable
A mainct ung bit : fera le con estable.
¶ Mon sens ne peult : bonnement comporter
Que sy gros faix : puysse le con porter
Grant est le faix : que le Villain con porte
Quant soy charger : une foys il comporte
Aulcun en scay : qui cela comporta
Mays grandissime : charge ce con porta
Plus que cheual : trestout con portera
Quant soy charger : celluy comportera
Jay scay plusieurs que cela comporterent
Et de grans faix : les mauldictz cons porterent
Et quant encores : ilz les comporteront
Plus que iamays : les faulx cons porteront
De grans malheurs : par ce faulx con portons
Quant de noz femmes : les plaisirs comportons
¶ Cause nous sommes : pour bien le con tracter
Que plusieurs viennent : a elles contracter
A celluy la : qui mieulx ce faulx con tracte
Cocqu le faire : plus tost femme contracte
Point ne merite : destre fort con tractable
Et qui ce faict : il le rend contractable
Je le cognoys : par ceulx qui mieulx cons tractent
Car veoys leurs femmes : qui nupt et iour contractent

Jen ſcay pluſieurs : qui bien leurs cons tracterent
Mays puys leurs femmes : autre part contracterent
Elles contractent : et ſy contracteront
Celles de qui : myeulx leurs cons tracteront
Ceulx la qui ſont : les meilleurs cons tractans
Ceulx la les rendent : aultre part contractans
Je vous promectz : qui mieulx con tractera
Il le rendra : qu'ailleurs contractera
Il neſt ſy borgne : ſy boyteux ne contraict
Quil nentrepreigne : de tirer au con traict
Bon e pythete : ne ſcaura au con poſer
Qui bien au vray : le ſouldra compoſer
Le plus ſcauant : qui iamays compoſa
Nul bon louange : oncques du con poſa
Ny ne feront : ceulx qui compoſeront
Sy le vray diſent : que de con poſeront
Ainſy que ceulx : que iadiz compoſerent
Leſquelz nul bien : iamays du con poſerent
Non comme mainctz : qui maintenant compoſent
Qui menteries : fort grandes du con poſent
Mays touchant nous : ainſy ne compoſons
Sont choſes vrayes : ce que du con poſons
Ainſy qu'appert : par ces vers compoſez
Car (que dictz vrays) n'auons du con poſez.
De grans biens couſte : a qui le tient condroit
Et ſy faict perdre : bien ſouuent le con droict
Quor feuſſent toutz : pleuſt a dieu confonduz
Car de grans biens : mainctz ont par con fonduz
Qui leurs ſouhaitz : ſur ce villain con fondent
De corps de biens : et d'ame ſe confondent
Au puys d'enfer : telles gens confondront
Et comme plomb : par ce faulx con fondront
Je cognoys bien : que mainct bien y confondz
Sans ce que trouue : point iamays au con fons
Cil qui ſy fonde : toſt ſon corps confondra
Et toutz ſes biens : par ce faulx con fondra
Pluſieurs iadiz : par ledict con fondirent
Puys en enfer : pour iamays confondirent.

f ii

Liure segond   Du sexe Masculin

¶ Dieu ayde a cil : qui ce conferrmera
Et qui de cueur : treſtout con fermera
Saiges ſeront : qui ſe conferrmeront
Et qui treſtoutz : leſdictz cons ferrmeront
A treſbon droict : toutz ceulx la ſe conferrment
Qui de penſee : et de faict tout con ferment
Jamays paillard : tel dict ne conferrma
Ny conſentit : quon iamays con ferma
Pluſieurs iadiz : telz dictz ont confermez
En deſirant : eſtre toutz cons fermez.
¶ Pour rien que ſoit : ne voulons con ſommer
Car corps et biens : nous feroit conſommer
Jen ſcayquelqug : lequel mainct con ſomma
Mays en bref temps : tout ſon bien conſomma
Auſſy feront : ceulx qui cons ſommeront
Bien toſt apres : ilz ſe conſommeront.
¶ Dicelluy hanter : lon ſe doibt contriſter
Car il en ſort : trop de ce con triſte air
Ceulx qui ſont ſaiges : ilz ſen contriſteront
Car mainct malheur : de ce con triſte auront
Qui de le hanter : ne ſe contriſtera
Maincte douleur : par ce con triſte aura
Mon cueur naguieres : tant fort ſen contriſta
Que gros regrect : deſpuys ce con triſte a
¶ Pour ſy treſbien : quon ſatche con parer
A rien que baille : ne le fault comparer
Par luy en iuſtice : mainctz y ſont comparuz
Et fort nuyſable : ont trouue con par eulx
Tant quen ce monde : aulcun con pareſtra
En iugement : mainct ung compareſtra
Mainctz y comparent : mainctz y compareſtront
Et durera : tant que cons pareſtront.
¶ Il ſeſt trouue : mainct malheureulx compaing
Qui ſa querant : par ce villain con pain
Villaine choſe : eſt ſcoir du con pattaige
Mays plus villaine : encor ſon companaige
Oncq en ma vie : aulcun plaiſant con biz
Quoy quon les veuille : en bancquetz et conuiz

Contre le sexe femenin.   feuillet.lxVii.

Mainctz bons gallans : ont perdu par con Vitz
Et mainctz sont mortz : qui feussent sans con Vitz
En quelque sorte : que lon ce mot con /tourne
Honneste nest : quoy que lon le contourne
Je scay Vng homme : qui tant le contourna
Que Vhomme saige : tresfol par con tourna
Jay paour que mainctz : tant le contourneront
Quaussy bien folz : par le con tourneront
Et pource plus : ne le Veulx contourner
Que fol ne puisse: ie par le con tourner
Comme plusieurs : que tant le contournerent
Que comme est dict : tresfolz par con tournerent
Par fantasie : tant fort les contournons
Que puys apres : grans folz par con tournons
Qui en sa ieunesse : trop les contournera
En sa Vieillesse : fol par con tournera.
¶ Sen abstenir : il nous fault contenter
Sans que iamays : Veuillons plus con tempter
Car celluy la : qui le con temptera
Apres ses iours : mal sen contentera
Ainsy que mainctz : qui iadis cons tempterent
Lesquelz tresmal : en fin sen contenterent
Sy sommes saiges : nous en contenterons
Et iamays plus : aulcun con tempterons
Et pour ce doncq : Vng chascun se contente
Nestre sy fol : que iamais plus con tempte
Heureulx serons sy plus nulz cons temptons
Les euicter : de ce nous contentons.
¶ De ce quest faict : Vng chascun se confesse
Auec propos : que iamays plus con fesse
De bon Vouloir : il sen fault confesser
Deliberant : de plus oncq con fesser
Jadiz mainct Vng : tresbien sen confessa
Sans que iamays : plus aulcun con fessa
Pardon aura qui sen confessera
Propoz ayant : que oncq plus con fessera
Ainsy que mainctz : lesquelz sen confesserent
Et Vors en la : iamays plus con fesserent

i iii

Liure segond Du sexe masculin

Les bien heureux: ilz sen con fesseront
Et plus iamais: aulcuns cons fesseront
Saiges serons: si nous en confessons
Sans ce que plus: ce villain con fessons
Au monde sont: de grans maulx par con faictz
Pource de ce: trestous soyons confez
En grand dangier: sont tous les con fessans
A sauluete: aussy vrays confessans
Entierement: toutz vous en confessez
Sans ce que plus: ce meschant con fessez
Bons catholicques: qui ces meschans cons fessent
De telle chose: de bon cueur se confessent
Sy men croyent: plus nulz cons fesserons
Et du mal faict: nous en confesserons.

¶ Combien que par Rethoricque soit deffendu ne coucher ny vser daulcuns termes latinisez en aucune composition: ce nõ obstãt Lautheur craignãt estre reprins & inculpé dignorãce de ce faire a faicte vne balade vnisonnãte a refrain & leonisee/ Sauf ledict refrain p̃ motz latinisez/ et aultres termes scabreux a tout le moins diceulx semee comme sensuyt.

¶ Balade latinisee p̃ motz & termes scabreux & latinisez.

Salut boueux: o femme frauduleuse
Faulce bellue: chymere scrupulleuse
Bourbe fatalle: de fabulosité
Austere Arpie: pluthonicque scabreuse
Beste barbare: thesiphonicque vmbreuse
Nompareil gouffre: de furiosité
Entente leue: par generosité
Acharonnicque: simulachre afflictee
Aspre boucquine: par curiosité
De tout honneur: cadauere expulsee
Furie immunde: cocodrille vibreuse
Hebegerie: sarousche tenebreuse
Salle appocrisse: recueil datrocité
Gloutte soudalle: fiere calumpnieuse
Vile appostate: soubdain agonieuse
Tost accroppie: par impudicité

Contre le Sexe femenin. Feuillet.lxViii.

Sans vernacule: plain de velocite
De bon vouloir: diuturne adtortee
Dray obstacule: las dinfelicite
De tout honneur: cadauere expulsee.
¶ Loupue rappace: fresle contentieuse
Clameur robuste: par trop audacieuse.
Cueur libidin: en sa totalite
Langue aspidicque: cerbere ambitieuse
Tartarinicque: trop maleficieuse
Tresimpudicque: par ta fragilite
Corps opposite: de vraye humilite
Acerbe amere: ampstie simulee
Tresmaculee: puys dimbecillite
De tout honneur: cadauere expulsee
       ¶ Lenuoy.
¶ Matte princesse: fleur de rusticite
Annichilee bref: dillustricite
Bien tost flaistrie: assopie assottee
Inconuincible: de pertinacite.
De tout honneur: cadauere expulsee
¶ Or retournant: a noz premiers propos.
Quauons tenuz: longuement en repoz
Disons encores: veoir quest ce que de femme?
Quest de son cas? quest de son bruyt et fame?
Auecques Tulle: nous en informerons
Et la responce: nous luy demanderons
Du philosophe: Second que fist a ceulx
Qui de leurs tiltres: nestoient bien apparceupz
Disans apres: interroge le dict
Quen telle forme: escriuant respondit
¶ Seigneurs sachez: sans nulle abusion
Que femme est qhomme: vraye confusion.
Et daultre part: ladicte miserable
Est vne beste: ie dictz insatiable.
Continuelle: aussi solicitude
Certainement: telle est son habitude
Journel combat: lequel na fin iamais
Qui nature maintt: au cueur se vous promectz

      i iiii

Lactentius de viris philosophorum. Cicero rhetoricorum nouorū. lib. iiij. Interrogatus Scōs philosophꝰ Quid est mulier? Rñdit hois cōfusio, insatiabilis bestia, cōtinua solicitudo indesinens pugna quotidianū damnū solitudinis impedimentū viri incontinētis naufragiū, adulteri vas perniciosum, prellum, animal pessimum, pōdus grauissimū, aspis insanabilis: humanum mancipium.

Liure segond   Du sexe Masculin

¶ Pareillement: quotidien dommaige
Est elle aussy: de faict et de couraige.
¶ De solitaire: repos empeschement
Il est ainsy: ie le dis franchement.
Nauigaige est: a l'homme perilleux
Tant nuyct que iour, a luy fort dommaigeux.
¶ Vaysseau est elle: aussy bien d'adultere
De telle chose: guyeres ne se peult tayre.
¶ Guerre et bataille: tresfort pernitieuse
A tout propos: femme est contentieuse.
¶ Tresque mauluaise: dist il est elle beste
Du bas du pied: iusques au bout de la teste.
¶ Faix trespesant: et charge grauissime
Qui de douleur: donne a mainct grandissime.
¶ Insaciable: fier serpend aspidicque
Plus dommaigeable: que pouuoir sathanicque.
¶ Pour faire fin: la pouure creature
Est seruitude: de l'humaine nature.

Johan. crisosto. su-
per illud Matth.
xix. non expedit nu-
bere vt sequitur.

¶ Jehan bouche d'or: le docteur excellent
Dict semblans motz: de la femme parlant.
¶ Ilz sont par toy: grans guerres et batailles

Per te bella sunt.
Per te sapietes se
perdunt.

Qui destruysent: tant les gens que murailles.
¶ Par toy sont ilz: perduz beaucop de saiges
Qui reputez: estoient grans personaiges.

Per te sancti occisi
sunt.
Per te ciuitates cō-
buste sunt.

¶ Par toy occiz: ont esté plusieurs sainctz
Qui sans toy feussent: en vie gays et sains.
¶ Par toy bruslees: sont villes et citez
Dont mainctz endurent: grandes necessitez.

Per te vita perdi-
ta est.
Per te mors inue-
ta est.

¶ Par ton peche: et ta mauldicte enuye
Le genre humain: a perdue la vie.
¶ Par toy la mort: las femme fut trouuee
Cest chose vraye: et non faulx controuuee.

Per te diuites
pauperes.
Per te pulchri tur-
pes.

¶ Par toy mainctz riches: fort poures sont venuz
Et mendyans: de par toy deuenuz.
¶ Par toy les beaulx: ilz sont deuenuz laidz

Per te fortes debi-
les.

Tant gens d'eglise: que nobles clercz et laicz
¶ Par toy les fortz: adroitz et bien habilles
Sont deuenuz impotens: et debilles.

Contre le sexe feminin.　　Fueillet.lxix.

⁋Par toy deuiennent : mainctes gens veritables　　Per te veraces mēdaces.
fort grans manteurs : controuuans mainctes fables.
⁋Par toy les chastes : se font luxirieulx　　Per te casti luxuriosi.
A paillardise : grandement curieulx.
⁋Par toy les humbles : tost superbes deuiennent　　Per te humiles superbi.
Et sont bien choses : que tous les iours aduiennent.
⁋Par toy souuent : mainctz corps penitens　　Per te penitentes inobedientes.
Inobediens : viennent en peu de temps.
⁋Dont fort hayz ilz se font au bon dieu　　Et deo odibiles sunt.
De telles gens : sont beaucops en mainct lieu.
⁋Huys dict que femme : est anticque malice　　Hec est mulier antiqua malicia que adam eiecit de paradisi delicijs.
Quadam gecta : hors du lieu de delice.
⁋Celle plonger : dit il fist en enfer　　Hec humanus genus merpsit i ifernū
Le genre humain : auecques Lucifer.
⁋Cest bien la femme : ou tant de mal habonde　　Hec vitaz abstulit mundo.
Que osta la vie : ainsy quil dit au monde.
⁋Pour vng fruict darbre : que lon appelle Pome　　Per vni9 arboris pomū hoc malum hominis duxit ad mortem.
De quoy ce mal : a la mort meine lhomme.
⁋Ledict docteur : dit encor dauantaige　　Doctor prædictus quid est mulier nisi amicitie iuimicitia.
Que la femme est : de faict et de couraige
Vraye ennemye : de parfaicte amytie
Dont de son cas : ay ie grande pitie.
⁋Cest vne peine : dict quon ne peult souffrir　　Infugabilis pena Necessariū malū
Que fort me fasche : vng tel malheur ouyr.
⁋Huys dict qua mal : est elle necessaire　　Naturalis tēptatio.
De lhomme femme : est le vray aduersaire.
⁋Bref naturelle : la dict temptation
Dont mainct endure : horrible passion.
⁋Calamite : dist il desyderable　　Desiderabilis calamitas.
De corps et dame : chose fort miserable.
⁋Dangier la dict : aussy bien domesticque　　Domesticū piculū
Dans la maison : femme est diabolicque.
⁋Huys delectable : la dict il detriment　　Delectabile detrimentum.
Souffrir le faict : fort necessairement.　　Io.chriso.sup.H.l. Supradictus Jo. chriso.in sermone decollationis Johannis baptiste.
⁋Encores dict : quest chose de noter
Mais qui scauroit : dire ny racompter
Dycelle femme : quant est malicieuse
Faulce et cruelle : et combien vicieuse

i K

Touchant a moy : dit le docteur ie pense
Quant sur son cas: ie contemple et pourpense
Qu'au monde n'est : beste tant dommageable
De a mauluaistie : de femme equipparable.
¶ Qu'est ce dit il : entre toutes les bestes
A quattre piedz : si aduertitz bien en estes
Que plus farouche : et plus cruelle soit
Que le lyon : poinct l'on n'en apparceoit
¶ Qu'est ce la chose ? dit il pareillement
Plus venimeuse : qu'est naturellement
Le fier dragon : il n'en est poinct sur terre
C'est sa nature : plus ne s'en fault enquerre
Bref ie vous diz : qu'en aulcunne saison
Dit il a femme : n'est il comparaison
Car le lyon : et dragon fier bestail
Inferieurs : sont de femme en tout mal
De le prouuer : mainctz exemples auez
Que fermement : les croyre vous deuuez
¶ N'auez vous pas : de daniel l'hystoire
A gens scauans : euidente et notoire
Que dans la fosse : les lyons bien traictirent
Et nul dommage : au bon homme ne firent

Jezabel regina fe
cit occidere Na-
both ignoscentem
ad habend vineas
suas.iij.reg.xxj.

A Jezabel : en pouuez prendre exemple
L'histoire auez : en la bible bien ample
Qui s'en vouldra : bien au long enquerir
Car fist naboth : iniustement mourir
Plus que les bestes : doncq fut inhumaine

Math.xvj.c

¶ N'auez vous pas ? dict il de la baleine
Qu'au bon ionas : puis que si parfond entre
Trois iours garda : et nourrit dans son ventre
¶ Ainsy ne fist : dict il point dalida
Quant son amy : sanson sy bien brida
Qu'il se laissa : tondre la pouure beste
A la susdicte : les cheueulx de la teste
De quoy celluy : incontinent fut mis
Entre les mains : de tous ses ennemys
Qu'auoient sur luy : fort grandissime enuie
Dont en la fin : il luy cousta la vie.

Contre le sexe feminin.   Feuillet.lxx.

Nattez vous pas : Du bon sainct Jehan baptiste
Ainsy que scait : ung chescun bon bibliste
Durant le temps : quau desert il vivoit
Que les dragons : et bestes quil y avoit
A luy portoient : honneur et reverence
Et sy trembloient : en voyant sa presence.
Ce que ne fist : icelle malheureuse
faulse perverse : fille de lenuyeuse
Erodiadee : que par son beau danser
Au roy Herodes : se fist recompenser   *Matth.xiiij.cap.*
Cest de la teste : du sainct homme trescher   *et Mar.vj.*
Laquelle a tort : elle luy fist trencher
Ung tresgrand mal : fort preiudiciable
Est dict il femme : vray harnois du diable.

¶ Par le commun : proverbe sont donnees   *Prouerbiu omne*
Sept proprietez : a femmes soubz nommees.
¶ De la premiere : il dict en telle guise   *Sanctas in ecclia*
Que toutes femmes : sont sainctes en lesglise
¶ Secondement : sy du vray me desvoye   *Angelos i accessu*
Dict quangelesses : elles sont en la voye.
¶ Puys dyablesses : les dict en la maison   *Demones in do-*
Dont de ce dire : mest aduis qua raison   *mo.*
¶ Aussy crapaulx : les dict en la fenestre   *Bubones in fene-*
Equipparees : trop mieulx ne pourroient estre. *stra.*
¶ Oyes les dict : aussy bien a la porte   *Picas in porta.*
femme na arrest : ca et la se transporte.
¶ Chieures sont femmes : en iardin terrien
Depuys qui sont : elles ny laissent rien   *Capras in orto.*
¶ La derniere est : ou nul ne prend delict
Que puanteur : sont elles dans le lict.

¶ Leaige de femme desparty en neuf
septaines des annees.

EN neuf septaines : est leaige comparti
Estat et vivre : de femme et desparty
Ainsy que disent : aucunnes gens notables
Qui telles choses : soubstiennent veritables
¶ Par la premiere : des susdictes septaines
Disent et tiennent : que ces femmes haultaines

Liure segond. Du sexe Masculin

Sans craindre point: leurs debatz ne querelles
En cedict temps: sont elles macquerelles
Pendant que sont: en ce susdict ieune eaige
Leurs meres seruent: de ce mauldict psaige.
¶ De la segonde: septaine lon les dict
Proprement vierges: et cest le commun dict
Mays vng tel dire: cest a la mode anticque
Car maintenant: il court aultre practicque
A quatorze ans: filles ne sont nouices
Et ne sont vierges: ains plus tost sont nourrices
De paillarder: au dixiesme an fort pensent
Mays quant au faict: a lunziesme commencent
Cest vne chose: en plusieurs lieux prouuee
Experience: (la demonstre) approuuee.
¶ Ne pense aulcun: estre cela impossible
Ains lautheur dict: que de moins est possible

Alberl̃. In dictiona-
rio in vñ. matrimo
nius ij. refert. vnã
pueilã noué anno
rũ pepisse filium.

Comme Alberic: dict en son dictionnaire
Qui de tel dire: est il additionaire
Cest qune fille: denfant fut accouchee
Au neufiesme an: pour dhomme estre touchee
Et dict lautheur: vng aultre peremptoire
Quen ce pays: nest chose plus notoire
Que dune fille: qung bergier tant hanta
Quen lhuyctiesme an: vng enfant enfanta
Dans la Guyenne: cest adacz il fut faict
Par la iustice: fust approuue le faict
Na pas dix ans: quil aduint vng tel bien
Audict pays: la chascun le scait bien.
¶ Quant a la tierce: ces femmes malheureuses
Ainsy quilz disent: elles sont amoureuses
Mays comme est dict: cestoit du temps iadiz
Car du present: ie vous promectz et diz
Que des le iour: que sortent de la tette
Logent amours: dedans leur cueur et teste
Et ne len sortent: oncq du temps de leur vie
Tant leur pensee: est en amours raupe
Mays ne croyez: quen vng lieu cela soit
Ains qui le croit: ie diz quil se decoipt

Contre le sexe feminin.   Feuillet.lxxi.

Car leur amour : elle est fresle et Bolaige
En ung lieu peu : elles ont leur couraige
De iour en iour : il leur plaist de changer
L'on ne scauroit : aultrement les renger
¶Touchant la quarte : ceulx les disent putains
Mays lautheur dit : que mainctz en sont certains
Que sy long temps : ne demeurent a lestre
A lunziesme an : elles sont en tel estre
Ainsy quest dict : dessus plus amplement
Sy non les toutes : aumoins communement.
¶Puys en la quinte : commencent sauualler
Et leur beaulte : grandement sen aller
Deuiennent grasses : importunes ridees
Sottes et lourdes : surannees cordees
Puys scrofeuses : bossues et chancreuses
Ayant les bras : et les iambes gouteuses
Tant que ceulx la : qui les tenoient pour pris
Les abandonnent : et mectent a despris.
¶En la sixiesme : aultresfoys les redisent
Les gens susdictes : macquerelles et disent
Car quant cognoissent : quon ne tient delles compte
Sans point du monde : ne de dieu auoir honte
Elles incitent : les aultres de mal faire
Dont ne scauroient : enuers dieu plus meffaire
¶Dans la septiesme : ces pouures dyablesses
Des surdictz sont : dictes reuenderesses
Pour mieulx a laise : parler a toutes gens
Et secourir : les pouures indigens
Quauoir desirent : fort de leur marchandise
Pource quen ont : de maincte sorte et guise.
¶Cest en lhuyctiesme . quelles uont le pain querre
Et mendier : auec le pot de terre
Supres les portes : les Esglises aussy
Cryant ayez : de moy pitie et mercy
Aulx Hospitaulx : est dresse leur affaire
Car aulx Bourdeaulx : delles nont plus affaire
¶En la neufuiesme : Je dis ces grossieres
Ainsy quilz disent : deuiennent sourcieres

De quoy ycelles: les poutres sont foulees
Car puys apres: en bref temps sont bruslees
Dela de femme: Doncq le commencement
Estat et viure: aussy le finement.
¶Et non sans cause: celles femmes predictes
De toutes gens: et de dieu sont mauldictes
Comme auons dict: par leur fragilite
En ce monde ont: toute calamite
De quoy liuree: mainct vne passion
De dieu leur est: pour la punition
Dycelle coulpe: et celluy grant peche
Que firent faire: dont mainct est empesche
¶Car comme est dict: quant au diuin seruice
Dieu na voulu: quelles eussent office
Tant en la terre: que royaulme des cieulx
Ou tient son throsne: le bon Roy precieulx
Nous entendons: auoir prouue cela
Au premier liure: Vous le trouuerez la
¶Quant a ce monde: soubdain et brefuement
Nous pretendons: prouuer facillement
Quoy que la femme: elle die ne face
Que le bon dieu: luy a faicte moins de grace
Qua creature: et la plus desprisee
Quau monde soit: ou moins diz baptisee
Et mest aduis: sy ie ne suys deceu
Qua la surdicte: le bon dieu il neust sceu
Fauoriser: moins ycelle imparfaicte
Que tant se prise: et se dict sy parfaicte
Syl neust du tout: a celle diffamee
Je diz la porte: de paradis fermee
Le quil na faict: car sy lont merite
Entrer y peuuent: et cest la verite
Mays aultrement: par les choses escriptes
Que sont dessus: au vray et long descriptes
Et puys de celles: que mainctenant dirons
Desquelles oncq: ne nous en desdirons
Leur monstrerons: que nul mondain honneur
Bref ne meritent: ains plus tost deshonneur

Contre le Sexe feminin. Feuillet.lxxii.

Infamete : abhomination
Toute rigueur : et malediction
Laquelle Dieu : en ce monde liuree
En plusieurs sortes : a femme a desliuree.
¶ Premierement : mauldictes les trouuons
En trois manieres : dont ainsy le prouuons
¶ La premiere est : en leur conception
De quoy toutz sommes : en tel subiection
Car par leur faulte : en grande iniquite
Sommes conceupz : aulcun nen est quicte
Comme Dauid : dict en son tresbeau pseaulme
Priant pour luy : pour son peuple et royaulme
Disant conceu : par iniquite suys
En grant peche : disoit il aussy puys
Dedans le ventre : vrayement de ma mere
Qui me enfanta : en douleur tresamere.
¶ La seconde est : en leur enfantement
Que nest sans peine : sans douleur et tourment
Selon le dire : de Dieu le createur
Comme Moyse : recite dict lautheur
Au tiers chapitre : quant Dieu a femme dict
En sa presence : vng semblant mot et dict
La penitence : dict il que porteras
En grand douleur : tes filz enfanteras
De quoy le texte : dict en ce beau chapitre
Du quel au marge : aues le nom et tiltre.
¶ Auant le temps : que les femmes enfantent
Comme bien scauent : toutz ceulx la qui les hantent
Elles se treuuent : grandement pondereuses
A lenfanter : tresque fort douleureuses
Apres auoir : enfante dit icelles
Laborieuses : estre plus que pucelles.
¶ Quant ala tierce : femme sterille est dicte
Et non sans cause : en ce monde mauldicte
Parquoy Rachel : apres queust enfante
Dict vng tel dire : certes bien inuente
Oste ma Dieu : dict mon reproche et blasme
Destre sterille : plus ne fault quon me blasme

Mulieres sunt tri
plici maledicto sub
dicte.

Primo.

Ecce eñ in iniqui
tatibus conceptus
sum: et in pctis con
cepit me mat mea.
Psal.l.

Secundo.

Genesis.iij.
Cu3 dolore paries
filios vt dictum est

Sunt ante partum
onerose: I partu do
lorose/ post partus
laboriose: vt est tex.
t.c.ex.litteris.de cõ
uer.in fi.
¶ Tertio.
Genesis.xxx.c. ab
stulit de9 opp̄briū
meum.

Moyse dict: Vnes telles parolles
En son trentiesme: que ne sont parabolles
Parquoy mauldicte: est elle et chose vile
A toute femme: estre dicte sterille.
⁋ Des fleurs des femmes.
Mauldictes sont: les femmes dauantaige
Car vrayement: despuys que sont en eage
De moys en moys: ont vne maladie
Mays nest honneste: que ie la nomme et dye
(Ce que feroient: vng grand tas de souffleurs)
Laquelle femmes: tousiours nomment leurs fleurs
Chose villaine: et par trop plus que peu
Car den parler: en est lair corrompu
Durant ce mal: leurs miroers en salissent
Leurs yeulx en enflent: et visaiges pallissent
Arbres en sechent: il en meurent les herbes
Comme plusieurs: tiennent par leurs prouerbes
Mays elles disent: que cest purgation
Et ie soubstiens: quest malediction
En sorte aulcunne: ne sont purgez les hommes
Qui plus viuons: et plus sains quelles sommes
Pendant ce temps: sy la femme a conceu
Enfant ou fille: ie men suys apparceu
Ilz porteront: merche rouge au visaige
Dit on aussy: quest poyson en breuaige.
⁋ Du liberal arbitre.
Femmes mauldictes: sont elles daultre part
Dont mesbays: que le cueur ne me part
Pour ce quau monde: nont liberal arbitre
Laquelle chose: ha le moindre belistre
Il est tout cler: que touchant a ce poinct
Jeune ne vielle: telle grace na point
Sauf de pecher: affin que ie ne mente
Ou faire bien: la chose est vehemente
Quant ieunes sont: et sont a marier
Peres et meres: les font droict charrier
Et sy les tiennent: fort en subiection
Rien nosent faire: sans leur permission

Contre le sexe femenin.　　Feuillet.lxxiii.

Subgectes sont: aussy de toutes gens
Je diz des riches: et pouures indigens
Car ne seroient: seulletes point aller
En aulcun lieu: pour craincte du parler
Disant que ce: ne sont filles honnestes
Et quon ne pense: quelles soyent deshonnestes
¶Sy mariees: sont elles au surplus
Subgectes sont: aleurs maritz trop plus
Car dieu ladit: ien suys bien informe
Dudict Moyse: au lieu dessus nomme
Disant par lhomme: tu te gouuerneras
Soubz son pouuoir: dominee seras
Parquoy nont point: arbitre liberal
Subgectes sont: toutes en general
Cest vne chose: que fort ne me plairoit
Quaulx hommes fut: ains trop me desplairoit
Car liberte: est chose tresamable
Vng grap tresor: (ie diz) Inestimable
Ainsy quest dit: par Linstitute en droict
Dont en ce marge: vous trouueres lendroict.
¶Les docteurs veullent: en droict bien soubstenir
Cest que la femme: la chemise tenir
Ne peult au lict: maulgre de son mary
Syl luy desplaist: et syl en est marry
Vous trouueres: au marge les susdictz
Qui cela disent: et soubstiennent telz dictz.
¶Et daultre part: dit Boyer le docteur
Parquoy ne suys: de ce dire inuenteur
Que de parler: il leur est deffendu
Maugre diceulx: tant soit mary perdu.
¶Et non sans cause: ycelle loy fut faicte
Dedans le Code: contre la femme infaicte
Laquelle dit: aumoyns a mon aduiz
Que sy la femme: en Bancquetz et conuiz
Sest transportee: oultre le bon vouloir
De son mary: tant soyt de peu saloir
Repudier: il la peult iustement
Et separer: de soy bien deduement

Genesis.iij.
Sub viri potestate eris et ipe dominabitur tibi et debet pstare opas suas[?] signū seruitutis.l. sicut.ff. de opis lib.

Est ei libertas thesaurus inestimabilis.§.cū ergo circa finem insti. qbus ex causis man. nō lice et.l libertas.ff.đ re. iur. q preferēda est lucro oī pecunia rio/istituta đ eo cui liber ceu.bona adi̅ cūt.§. hi aūt quos/ in fine.

Adeo sunt subdicte cp nec possunt tenere camisiam in lecto iusto marito Feely.in.c.illud.col.fi. pe sup. Luc.8 pē. i.l.đcū c̅ col.ij.7.l.9 de Re. milit.lib.i̅j. Nec loqui eo inuisto Nico.boerti cō meto. psuetu. bitu. rig. car.c.xxv.colū. iiij.per tex.in.c. mulierdz. xxxij. q. v.

Si mulier vadit ad cōuiuia inuito marito/vel pernoctet extra domū/ potest repudiari.l. psensu §. vir. quoqs. C. de respud.7.§. quia xo plurimas i auct en. vt liceat matri et auie.col.vij.

Liure second — Du sexe Masculin

Manifestū est ita legem voluisse feminā sub viro esse vt nulla eius vota abstinētie q̄ vouest rit reddāt ab ea ni si author vir fuerit pmittendo Augu. sup primā epist. ad corinthios habetur xxxiij.q.v.c. manifestū in.

Pareillement : par semblable raison
Sy elle acouche : dehors de sa maison
☞ Sainct Augustin : dung tel dire me infeste
Que la loy est : notoire et manifeste
Laquelle veult : de quoy fort les diffame
Qua son mary : soit subgecte la femme
Et preste soit : tant de nuyct que de iour
A luy obeyr : sans arrest ne seiour
Dit daduantaige : le vous dire bien seulx
Que point ne peuuent : elles faire aulcuns veutx

Hec sunt vba aplī ad ephe.v.c.τ prime ad thimo.ij.

Sans du mary : (dit il) auoir licence
Et quaultrement : elles nont la puyssance.
☞ Subgectes sont : nen soyent nulz marriz
Toutes les femmes : aultant a leurs maryz
Comme leurs chiefz : en toute sorte et guise
Quest a leuesque : certainement lesglise
Craindre les doybuent : comme seigneurs et maistres
Au marge auez : la preuue de cez mettres

Per tex.in.l.assa. q eleganter.ff. solu. matrimo. Ambrosius in lib. de paradiso. Hieronim⁹ in epl. ad nepotianum et habetur.xxxiij.q.v c.pe. Paul.ad corinth.ix. Lactā.fir.d ̄sui. Jn stitu.li.ij.

Semblablement : sans aultre difference
Porter leur doybuent : honneur τ reuerence
☞ Ambroise dict : Hierosme aussy Lactance
Gens approuuez : et de grande importance
Que dans lesglise : la femme descouuerte
Naye sa teste : ains la tienne couuerte
Pource que nest : point ymage de dieu
Comme auons dict : dessus en aultre lieu
Et daultre part : quelle soit demonstree
Subgecte a lhomme : et par ce remonstree
La meschantise : quant sit lhomme pecher
Car tel meffaict : luy pouuons reprocher
Point liberalle : na sa teste esseuee
Pource doibt estre : en lesglise velee
Femme ne doibt : et cela veult le droict
Dedans ycelle : parler en nul endroict

Sc̄dm ius ciuile in mltis articulis deterior est conditio feminay q̄ masculo.j.in multis.ff. pe sta.homi.

Pour le peche : originel / trestoutes
Subgectes sont : ace nen faictes doubtes.
☞ De droict ciuil : est la condition
De toutes femmes : et leur intention

Contre le Sexe feminin.

Deterieure : trop plus que nest de lhomme
En mainctz articles : qui bien les compte et somme
Tant en leurs faictz : que de leur myne et geste
Vous trouuerez : tel dict dans la Digeste.
¶ Regardez bien : sy le droict les desprise
Peu fauorise : et guieres ne les prise
Quant aulx honneurs : du monde terrien
Car elles sont : en ce/non plus que rien
Et mesmement : quant au faict de iustice
Femme ne peult : obtenir nul office
Tant soit scauante : ou bien experte en lettre
En tel honneur : elle ne doibt point estre.
¶ Premierement : tant soyent grandes clergesses
Estre ne peuuent : selon la loy Jugesses
Laquelle au marge : vous trouuerez nommee
Et dans quel lieue : elle est mise et sommee
¶ Semblablement : celles abuseresses
Estre ne peuuent : de droict arbitreresses.
¶ Et daultre part : quil bien encores moins
Ne peuuent estre : en testament tesmoings
Car corruptibles : et fragilles sont elles
Leur esprit folle : trop plus fort que Arondelles
Muables sont : variables aussy
De quoy mainct Ing : en dit en grand soucy
Je treuue en droict : dont ce dire me ingere
Quil nest au monde : chose sy treslegiere
Et ne le diz : par aulcunne rancueur
Quest de la femme : le vouloir et le cueur.
¶ Parquoy disoit : puys que appropoz me vient
Telles parolles : sy bien il me souuient
De ce chapitre : Forus/le glosateur
Tresexcellent : et souuerain docteur
Quest ce dit il : plus legier que fumee?
Quoy/cest la flamme : dict par chose affermee
Et plus que ycelle : tyrons plus alauant
Je vous asseure : dit il que cest le vent
Plus que le vent : la fumee et la flamme
Quest plus legier : certainement la femme

Mulieres non pñt
esse iudices.l.cuz p̄
ter.§. non aūt.ff.de
iudi.lj.q.vij.c.infa
mis.§.tria.

Nec pñt esse arbi
tratrices per textū
s.l.fina.C.de recep.
arbitr.

Neqs testes in te
stamēto.L. qui testa
mēto.ff.de testa.7.§
testes institut. eo
fragiles 7 corrupti
biles.glo.in dicta.L.
qui testamēto et.l.
qui testamētum.ff.
q̄ testa.facere pñt.

Varii et mutabile
semper/femina p̄
ducit.c.forus.extra
de ver.sig. Vergil.
lij.eneid.

Nil enizcorde mu
lieris leulus unde
V.19. Quid leuis fu
mo flame?quid fla
mine ventꝰ Quid
vēto mulier Quid
muliere nihil.

L. ij

Liure segond   Du sexe Masculin

Plus que la femme: qu'est ce de plus legier?
Rien/ie vous iure: ny tant pour abreger

Nec testes in cau-
sis feudalibus esse
possunt p ter. q ibz Soyent aduertiz: Daultre part toutz notaires
singularis s3 Bal.   Que tesmoings estre: en choses feudataires
lbi in.c.i.In fine qui Femmes ne peuuent: cecy doybuent scauoir
testes sunt necessa. Parquoy en ce: n'en veullent recepuoir:
ad preludã inuesti.
in vsibus feud.   ¶Et d'aduantaige: vous diz aultres nouuelles
                       Qu'estre tesmoings: en choses criminelles
Neqz testes in cau- Elles ne peuuent: de droict aulcunnement
sis criminalib9 esse Sauf toutesfoys: et singulierement
possunt nisi in illis En cez cas la: ou sont creuz les infames
casibus in quibus   En aultres choses: ne sont creues les femmes
infames admittun-
tur.glo.xxxii.q.v.c Telz dictz ne tient: le Barthole paruers
muliere. ita tenet   Car il soubstient: vng tel dict par ses vers
Barth. in trac.suo   Vieulx en latin: en ce marge couchez
ad repro. test. colñ. Parquoy a moy: ne me soyent reprochez.
ij.vbi inserit seque-
tes vf.femina falle- ¶Quant de mentir: la femme se tiendra
re falsaqz dicere qñ Et decepuoir: de ce vous souuiendra
carebit becchara pi- Lors dans becchaire: plus poyssons ne seront
scibus et mare flu-
ctibus tuncqz care- Et toutes indes: de la mer cesse auront.
bit.
                      ¶Et d'aultre part: debuez noter ce poinct
versicu. dicti Bar. Que aduocasser: femmes ne doybuent poinct
                      Ne postuler: en aulcunne maniere
Neqz psit postula-   Ainsy qu'est dict: par celle loy premiere
re.xv. q.iii §. s. c.l.j. En la digeste: syl la fault reueller
ff. de post. et rõ tri- En ce beau tiltre: qu'on dit de postuler
plex assignatur i di-
cto tex. prima q in Par troys raisons: dans celle loy descriptes
postulãdo requiritr Juste cause est: a tort ne sont escriptes
pudicitia sexus Se- Car aduocatz: c'est de necessite
cunda q illo est vi- Doybuent de sexe: auoir pudicite
rile officium, tertia
rõne turpitudinis   ¶La segonde est: ainsy que la loy tient
calphurnie impro-   Que tel office: aulx hommes appartient.
batissime mulieris
inuerecunde postu-   ¶Quant a la tierce: c'est pour la villennie
lantis q ptorẽ nul- De celle infaicte: nommee Calphurnie
lũ iquietauit onde- Qu'en iugement: son verrier mal bonneste
do ei pudibũda cũ
nollet ei9 petitioni Que fut a celle: chose tresdesbonneste
parere et illa dedit Au president: et iuge sy monstra
causam edicto vt di- Dont tresmal saige: elle se demonstra
cta.l.habetur.

Et cela : fist lors tant pleine fut d'yre
Quant obeyr : ne voulsist a son dire
Parquoy despuys : femmes ne sont admises
En telz honneurs : ains bref en son desmises.
¶ Pareillement : les femmes accuser
Nully ne peuuent : ce seroit abuser
Ainsy quest dict : par ces textes cottez
En cestuy marge : sy bien sous les nottez

Nec accusare possunt.l. qui accusare ff. de accusa. et l. de crimine.C. de his q accusa. non pos. et l. mulieri. ff. d populs. sct.

¶ Femmes aussy : ne peuuent adopter
Et cest de droict : ne vous y fault doubter
Dedans ce tiltre : ou ne sont fictions
En l'institute : cest des adoptions.

Nec adoptare vt ē tex. in. §. femine insti. de adoptio.

¶ Procureresses : estre ne sont point dignes
A tel office : le droict les trouue indignes
En ce marge est : ou s'en faict mention
Les loix et tiltres : sur telle intention.
¶ Notairesses : ne doyuent estre faictes
Car tromperies : seroient par mainctz faictes
Sy tel office : leur estoit despeche
De faulcetez : on auroit bon marche.
¶ Or seuueresse : femme ne se doibt mectre
Ung tel mestier : ne luy doibt l'on par mectre
De faire escutz : et monoye encor moins
Trop rauissantes : a la femme / ses mains
Et la raison : car est de sa nature
Tresfort auare : sur toute creature
Parquoy seroit : facillement induycte
A desrober : ayant telle conduycte
Le droict soubstient : tout ce quest dessus dict
Et dauantaige : dit tel excellent dict
Que sy la femme : donne cest grand merueille
Ou dit lautheur : quelle dort et ne veille
Pour ce que vient : contre directement
De sa nature : et sexe vrayement
¶ Semblablement : nen plus quorseuueresses
Ne peuuent estre : femmes sergentresses
Ny cellui office : que ne fault ung pourreau
Auoir ne peuuent : que l'on dit de bourreau

Nec p̄curatrices.l. neqz femina.ff. de p cura. et l. qui absente et l.alienā. C. eos dē z in. q. vij. §. tria. Neqz officiū argē tariorū seu nūmu lariorū exercere: vt est tex. in. l. femine. ff. de edend. Et ra tio pōt esse/qz de fa cili furtum cōmitte rent in pecunia cuius gen9 eap sit amari simū vt ē tex. et glo. in. l. que dotis. ff. so lu. matri. Et ita auarissimū est mu lierū gen9 cp si aliqd dent mirabile sit, et contra naturam se xus vt in. l. si stipu lata. ff. de dona. in ter vir. et vxo.

L₂ iii

Liure segond　　Ou sexe Masculin

　　　　Preuue de ce : il ne Vous fault plus ample
　　　　Par toutz pays : Vous en Voyez lexemple.

Mec in feudū succe-
dere possunt.c.i.§.
filia de succes.feud.
et in.c.j.§. hoc autē
de his q̄ feud. dare
possunt/ī ratio assi-
gnatur l. glo. dīc. §.
hoc aūt/q̄ vasall⁹
dīm defendere te-
netur multas alias
rōnes ponit Bal-
dus in.l. quotiens.
C. de suis et leg. libe-
re.

　Lfemmes ne peuuent : en feude succeder
　Sy contre droict : ne Veullent proceder
　Pour la raison : car trestous feudataires
　Qui de subsydez : ilz ne sont tributaires
　Et nobles tiennent : leurs places et leurs terres
　Ilz sont tenuz : daller seruir aulx guerres
　Et leur deust lon : leur cueur partir et fendre
　Pour leur seigneur : secourir et deffendre.
　¶Ce que les femmes : elles ne pourroient faire
　Car souffisantes : ne sont en tel affaire
　Le Balde en mect : aultres plusieurs raisons
　Lesquelles dire : pour le present taisons
　Quil soit mensonge : ne le controuuerez
　Au marge auez : ou Vous le trouuerez

Gaguinus.li.vij.c.
finis.

　¶Comme il est dict : femme ne peult en france
　Pour tant quil soit : des princes grand souffrance
　En la couronne : succeder iustement
　Guaguin le dict : et le tient fermement.

Domi.ni.i.c. graui.
de sup. neg. prela.
in.vj.

　¶Et daultre part : de droict commun aussy
　Ne se doibt faire : dessus est dict cecy
　Et syl est faict : diz chose singuliere
　Quest par coustume : ou loy particuliere
　Ou sy ce nest : cest Usurpation
　Dominicque est : de telle intention.

Et gñaliter ab om-
nibus officijs ciuili-
bus seu publicis re-
mote sunt. ff. de re-
gu. iur. l. femine et
ibi late de cius.

　¶Pour abreger : et generallement
　Priuees sont : de droict toutellement
　Toutes les femmes : de ne tenir offices
　Ciuilz publicz : encor moins benefices.
　¶Veu ce dessus : doncques bien dire lose
　Quen cestuy monde : femme nest pas grand chose
　Et sy Voulez : que sur ce Vous annonce
　Que disent elles : de telz dictz pour responce
　Elles respondent : puys que tant nous blasmez
　Et pourquoy doncques : sy tresfort nous auez?
　Lautheur replicque : sur ce soubdainnement
　Quen ce bas estre : toutz naturellement

Contre le sexe femenin.   Feuillet.lxxxi.
Sans que lhonneur : pense daulcun distrayre
Tresuolentiers : aymons nostre contraire
Quil soit ainsy : pour tel dit exprouer
Tout mainctenant : ie le vous veulx prouuer.
¶ Nauez vous pas : puys quil fault que le dis
Que sy nous sommes : en quelque maladie
Apeterons : soit en boyre ou manger
Ce que nous peust : porter plus de danger.
Ce que nous porte : plus de mal et dommaige
En telles choses : plus auons le couraige
Syl est besoing : que nous tenons couuers
Lors aymerons : estre plus descouuers
Sy de dormir : nous fault contregarder
Cest a grand peine : quon nous en peult garder
Sy lon nous dict : tiens toy pour sante chault
Serchons le froid : disans il ne men chault
Son nous deffend : de ne boyre du vin
Nul nen croyons : tant soit il bon diuin
Et sy le vin : prouffite / nous desplaist
Boyre de leaue : beaulcoup mieulx il nous plaist
Des aultres choses : aussy semblablement
Qui plus contraires : nous sont toutellement
Et daultre part : aussy nous le prouuons
Par aultre exemple : que fort vray nous trouons.
¶ Nature incite : vng chascun le veoit bien
A faire mal : plus tost que faire bien
Quil soit ainsy : sy nature gouuerne
Nous aymerons : mieulx estre en la tauerne
Boyre et manger : puroigner (cest la guise)
Que sen aller dieu prier : en lesglise
Iouer aulx detz : aulx cartes et toutz ieux
Blasphemant dieu : et mectant son nom ius
Hanter vng taz : de meschans ribaudeaulx
Courir les Rues : et suyure les Bourdeaulx
La sadonner : a toute paillardise
Vendre son bien : pour telle ribauldise
Danser / chanter : vung et daultre mesdire
A tout propoz : maincte mensonge dire
                                    L iiii

Liure segond   Du sexe Masculin

Du bien daultruy : estre fort desplaisant
De son bon heur : nestre guieres plaisant
Ouyr mentir : aussy trop plus aymons
Que descouter : la messe ne sermons
Daultruy le bien : plus tost nous souldrions prendre
Que den bailler : son nen craignoit mesprendre.
Pareillement : de maintz aultres meffaictz
Qui par nature : sans raison seroint faictz
Or que la femme : lhomme contraire soit
Qui ne le croit : grandement se decoipt
En cestuy monde : ie le diz franc et nect
Chose nest guieres : que son contraire naist.
¶ Nauez vous pas : sans faire plus seiour
Que la nuyct est : le contraire du iour
Le froid du chauld : en tout temps et saison
Comme follie : est de bonne raison
Leaue du feu : elle est contraire aussy
Et ne croy point : quon me nye cecy
Puys du beau temps : la pluye et la tempeste
Quon ne desire : ne bien souuent appette
Le fol du saige : cy bas en ce manoir
Comme du blanc : est contraire le noir
Le fort du foyble : de sante maladie
Le mal du bien : qui du contraire oye
¶ Pour abreger : sans ce que plus en nomme
Qui seroit doncq : le contraire de lhomme
Sy ce nestoit : ceste mauldicte femme
Qui nostre honneur : et bon bruyct tant diffame.
¶ Bien le demonstre : et le nous a monstre
Ainsy quest dict : dessus et demonstre
Par maintz exemples : a nous chose trop dure
Car genre humain : par elle trop endure
Or doncques bref : pour resolution
Cest de tel dire : braye solution
Que cest la cause : que nous faict tant aymer
Icelles femmes : quon deust plus tost blasmer
Pource quest vray : que naturellement
Nostre contraire : aymons toutellement

Contre le sexe femenin. Feuillet.lxxxii.

Ce que ne font : les bestes brutes point
Qui trop mieulx font : au regard de ce poinct
Car pas ne sont : en telles fantasies
Melencolies : douleurs/et frenesies
Que bien souuent : pour les femmes auons
Dont mainctes foys : qui sommes ne scauons.
¶ Moins raisonnables : sommes (par foys) que bestes
Comment le scay : sy esbahys vous en estes
Je vous promectz : que ien scay la science
Tant doulx dire : que par experience
Car ne pencez : que iamays ebette
Oncq fut viuant : plus fort que tay este
Sy tresrauy : et sy obfusque de sens
Ne quaye faictz : de tours plus indecens
Pour celles femmes : a chascun malheureuses
Car oncq a lhomme : bref ne feurent heureuses
Trestout le mal : que nous eusmes iamays
Auons ne aurons : de femme vous promectz
Il est venu : vient et nous aduiendra
Telle est et fut : aultre ne deuiendra.
  ¶ Ballade a doubles equiuocques.
Ouures muguettes : qua pres ╷ marchez ╷ marchez
En plusieurs lieulx : ou mainctz ╷ pechez ╷ peschez
En bref aures : vng tel ╷ aymer ╷ amer
De la substance : de noz ╷ costez ╷ coustez
Mays par villaiges : et grans ╷ contez ╷ contez
De nous mainctz maulx : par faulx ╷ parler ╷ par lair
Enfer voules : ╷ pourchasser ╷ pour chasser
Noz amytiés : quest a vous chose infame
Cest vng abuz : ╷ dy pancer ╷ dispanser
Des hommes est : le vray contraire/femme.
¶ Les pouures hommes : ╷ oppressez ╷ ou pressez
Desquelz a tort : plusieurs ╷ dictes ╷ dictez
Dont lon vous veoit : ╷ periurer ╷ par iurer
En ce mespris : ╷ obtenez ╷ ou tenez
Mays maulgre vous : et voz ╷ ordz nez ╷ ornez
Vous en ferez : ains vous ╷ laisser ╷ lasser
Ne nous deuries : ╷ mespriser ╷ mays priser
           h v

Liure segond   Du sexe masculin

Pour euiter : que lon ne Nous infame
Point ne Nous Seulx : par donner pardonner
Des hommes est : le Nray contraire femme.
¶ Sy par orgueil : Noz corps pansez pancez
Que au puys denfer : auec prez irez
Ou Nous feront : lame et la chair lascher
La seront Noz : cons dampnez condampnez
Et Nous pour eulx : den auoir faictz prestz prestz
Dont Nous larres : opresser ou presser
La Nous Nerrez : estacher et tacher
Nous reuancher : que ainsy lon nous diffame
Disant / sans Nous : oposer ou poser
Des hommes est : le Nray contraire / femme.
¶ Prince puyssant : par droict souloir souler
Pour mieulx noz corps : despecher de pecher
Faitz femme infaicte : bas descendre en la flamme
Pour tout iamays : au feu denfer dans fer
Des hommes est : le Nray contraire femme.
¶ Femmes ne sont : ie diz quabuseresses
Faulces traistresses : Villaines menteresses
Car de leur cueur : ne furent oncq loyalles
Moins de leur corps : ains tousiours desloyalles.
¶ Sy ie le diz : elles sont merite.
Jen puys parler : bien a la Nerite.
Elles mont dictes : sans nombre menteries
Faitz meschantz tours : et plusieurs tromperies
Dont ie cognois : quen elles na fiance
Et quest bien fol : qui y mect sa confiance.
¶ Elles mont faict : iadiz a bref parler
Trotter/courir : tourner/Nenir/aller
Souuent dancer : faire mainctes oeulliades
Neiller la nuyct : pour faire des aulbades
Siffler/chanter : seullet/ ou en compaignie
Deuant leurs portes : pas ne fault que le nye
Au deuant delles : pomper/bondir/saillir
Faire lhonneste : le fol/rougir/pallir
Causer/gaudir : et faire du plaisant
Puys aultresfois : du marry desplaisant.

Contre le Sexe femenin. Feuillet.lxxiiii.

Estre estonne : de parolle et de faict
Comme la quine : le faict et le deffaict
Faire et deffaire : souuent a tout propos
Nayant pour elles : vng bon tour ne repos
Jay compose : pour elles plusieurs vers
Rondeaulx/Ballades : de tort et de trauers
En les blasmant : et louant bien souuent
Et ce selon : que couroit lors le vent
Jen ay tant faictz : sur telle resuerie
Que vrayement : cest grosse mocquerie
Et sen auez : de les veoir appetitz
Non pas les toutz : mays bien quelques petitz
En pourrez veoir : icy dessoubz posez
Qui long temps a : ont estez composez
¶ Premierement : verrez vne complaincte
Pour vne femme : qui fut fort de moy plaincte
Lors que fortunne : son cueur ailleurs porta
Et son amour : aultrepart transporta.
¶ Aultre complaincte : aussy veoir y pourrez
Pour vne femme : blasonner comme orrez
Puys deux epistres : vous y verrez aussy
Lesquelles feiz : estant en grand soucy.
Desquelles choses : aulcuns ont voulu dire
Quilz auoient faict : et compose tel dire
Ce que nest vray : le contraire scay bien
Aussy font il : aultres mainctz gens de bien
Ce non obstant : que grand chose/ce nest
Telle parolle : ie leur diz franc et nect
Qui ceulx la sont : ne vous en fault enquerre
Aulcun prouffit : vous nen pourriez acquerre

¶ Complaincte de lautheur faicte en sa ieunesse/pour la perte dune dame par amours quil pretendoit durant le temps quil estoit detenu es prisons et laz de Venus/ soubz la charge/garde et pouuoir de Cupido son filz

¶ Ballade.

Liure segond — Du Sexe Masculin

Atropos : qui les humains aterre
Je te requiers : mainctenant me bien querre
Et que de moy : ne soit parle iamays
Desliure moy : au lymon de la terre
Puys aulx gros vermes : pour me faire la guerre
Nattendes plus : il est temps desormays
Puys que ie perdz : celle que tant iaymays
A dieu le monde : a dieu playsir et ioye
Entre tes mains : de bon cueur me soubmectz
Faiz de mon corps : que iamays plus ne soye.

Auance toy : faiz moy porter la bierre
Et que dedans : promptement lon men serre
Que lon me soye : du reng des trespassez
Le monde icy : ne mest plus necessaire
Fortune mest : plus que trop aduersaire
Plus ie ne puys : endurer ses excez
Des que ie soye : repentant et confez
Ton dard cruel : dessus mon cueur employe
En te priant : que par tes rudes faictz
Faiz de mon corps : que iamays plus ne soye.

Puys quil a pleu : a mamye soubstraire
Son cueur du myen : pour aultre part lattraire
Et se desdire : de toutz ses dictz passez
Mays aquoy tient : que ne me desespere
Et que moy mesmes : sans que plus ie tespere
Ne face fin : a mon iuste procez
Il mest aduiz : que iay souffert assez
Et que souffrir : plus grans maulx ne scauroye
Mordente mort : qui mainctz as rebaissez
Faiz de mon corps : que iamays plus ne soye.

Enuoy.

Prince puyssant : ala mort tu permectz
Que bien soubdain : de sa force me ploye
En te priant : que par fin dentremectz
Faiz de mon corps : que iamays plus ne soye.

Virelay

Contre le sexe Masculin. feuillet.lxxix

Ot il douleur
Jamays au cueur
Sy pyteable:
Ong tel malheur
Telle rigueur
Sy dommageable:
Cueur deceputable
Peu raisonnable
Enuers le myen
Tiens tu agreable
Ong miserable
Qui ne vault rien
Helas combien
Dhonneur et bien
En peuz auoir:
Par quel moyen
Pensez y bien
Bon est a veoir.
Ha bon vouloir
Me decepuoir
As tu permis:
Sans plus despoir
A desespoir
Mon cueur as mys

℞ Rondeau par vers enchainez.

Elas a tort: tu mas mis a despris
Pris/est mon cueur: dedans tes rudes las
Las/quay ie faict: que me priues desbas
Bas/est mon cas: destre tant a mespris
Visiblement: nuyct et iour amaigris
Gris/ma laisse: plaisir ioye et soulas
℞ Helas à tort.
Merueilles nest: sy de toy ie mesdiz
Dix/moys il a: que ie y prens mes repas
Pas/neusse creu: de passer par tel pas
Pas/a pas vroys: mes faictz estre mauldictz
℞ Helas a tort.
℞ Rythme sence.

Liure segond   Du sexe Masculin

Faincte/ faintise feminine/ finesse
Rude/ Rigueur Rigoureuse/ Rudesse
Malheur/ Mondain: Mal plaisant miserable
Malle/ Malice: Maistresse/ Menteresse
Train Tholouzain: Temeraire/ Tristesse Me
font souffrir: Douleur inestimable.

¶ Rondeau par equiuocques et batelle.

Orenauant: Venes plainctes et plainctz
Malheurs mondains: amenez la mort seure
Sans plus demeure: faictes que sa morsure
Me blesse aste heure: ou de sous ie me plainctz.
¶ Mes pouures yeulx: de chauldes lermes plains
De tristeur tainctz: de rire nont plus cure
    Dorenauant.
¶ Des que tristesse: meust mys entre ses mains
De tours soubdains: la chair de mez oz cure
Dont fault que meure: dans sa prison obscure
Car sans mesure: souffriray de deulz mainctz
    Dorenauant.
¶ Las iay perdue: celle que iaymoys plus
 Plus/ naymeray: tant que ie viue femme
 Femme/ iamays: ne me rendra confuz
 Confuz/ me soys: dont me repute infame.
Joye me laisse
 Laisse ma ioye
Plaisir me blesse
 Blesse moctroye
Peyne et soucy   ):(
 Soucy et peine
Deul anoircy
A la mort tu me meine.

    ¶ Rondeau p vers courdnez qui rentre
        et ne clost point.

Possible nest: quen sy griefz discordz corps
Fust a iamays: sans aulcuns meffaictz faictz
Oncq ne porta: sy grief portefaix faix
Que iay sur moy: ne telz desconfortz fortz
¶ Souffrir ne puys: sans cause telz tortz tordz

Contre le sexe Masculin.   Feuillet.lxxx.
Et tel malheur : pour telz marioletz⸜laidz
    Possible nest.
¶Cruelle mort : sans aulcuns remordz⸜mordz
Mon triste corps : lequel desormays⸜mectz
Entre les vers : pour estre a iamays⸜metz
Car endurer : ne puys telz transportz⸜portz
    Possible nest.

Quant me souuient : helas des iours passez
Que ie saultoys : deuisois et dencez
Entretenoys : toutesfois que souloye
Et que de ioye : ie brisois et cassez
Souspirs/regrectz : et toutz aultres exces
Et ne pensois : desuoyer de tel voye
Le cueur me fault : veu lestat ou iestoye
Estre souloye : maincrenant rien ne suys
A mon aduis : viure plus ne scauroye
Iay tant de mal : que durer ie ne puys.
¶Helas ma dame : vous me souliez aymer
Sur toutz louer : honnorer et priser
Et me donner : dix mille passetemps
Mays maincrenant : dung vouloir tresamer
Sans mappeller : vous a pleu me changer
Et me chasser : comme des plus meschantz
Sy ieusse sceu : endurer telz tourmentz
Il a deulx ans : que ie fusse soubz terre
Mort ala guerre : au lieu de mes parens
Vostre cueur est : trop plus dur qune pierre.
¶Ie vous aymois : plus que dame de france
En esperance : den auoir recompence
Croy/ignorant ce : le vostre sot mary
Et ne croys point : vous auoir faict offence.
Mon alliance : ma beaulte ma presence
Ma contenance : fault la de vostre amy
Par trop aymer : ie suys mys en obly
Dont suys marry : destre mys a refuz
Le tout concludz : vous auez prins party
Et ie demeure : malheureulx et confuz.

Liure segond   Du sexe masculin

¶ Ou sont allees : les ardantes promesses
Les entretiens : tant daultres gentillesses
Le doulx acueil : quaultresfoyz mauez faictz
Ou sont allees : les parfaictes promesses
Les doulx baysers : les plaisantes sagesses
Quenuers moy dame : auez mys en effaict?
Mays ou gist il : le noble cueur parfaict
Que lors estoit : selon sa demonstrance
Je ne croys point : quil nayt este deffaict
Par le souloir : de soubdaine Inconstance
¶ O desloyalle : Inconstance mauldicte
Ton traistre corps : quelle peine merite
De separer : deux cueurs dung seul vouloir
De toy me plains : tu mas faict la poursuyte
Des damoyselles : tu mas oste leslite
Ou de long temps : iauoys mys mon espoir
Je te promectz : sy iauoys le pouuoir
Me vengerois : de ta grand forfaicture
A ton moyen : ie suys vestu de noir
Quau Syble soit : ta paruerse nature.
¶ Que me prouffitent : (de iadiz) les plaisirs
Que ie prenoys : en allers et venirs
Le temps perdu : de deux ou troys annees?
Que me prouffitent : de nuyct les souuenirs
Dessus vng banc : sans nombre de souspirs
En adressant : deuers vous mes pensees?
Que me prouffitent : les aulbades donnees
Deuant vostre huys : des foys ne scay combien?
Je y ay tremble : de froid / mainctes nuyctees
Et tout cela : ne me prouffite rien.
¶ Que gaignes tu : a mon affliction?
Que gaignes tu : a ma destruction?
Que gaignes tu : que de toy ie mesdie?
Que gaignes tu : a ma perdition?
Que gaignes tu : a ma grand passion?
Que gaignes tu : que ton corps ie mauldye?
Que gaignes tu : que tu mostes la vie?
Que gaignes tu : de mauoir escondit

Contre le sexe feminin. Feuillet.lxxxi.

Quy gaignes tu? Diz le moy ie te prye
Plus y perdras : que nas eu de prouffit.
¶ Qui bien lyroit : les liures anciens
Et les cronicques : hystoriographes mainctz
Les infortunnes : queurent iadiz romains
Sur ce passaige.

¶ Trouueroit on : tant de faictz inhumains
Desloyaultez : meschantz tours et villains
Estre accompliz : sur viuans terriens
Ny tel oultraige.

¶ Je diz que non : certes a bref langage
Car ne fust oncq : vng tel cueur sy soulage
Sy desloyal : tel rude parsonnaige
Quant est daymer.

¶ Dis iay este : long temps dans son seruaige
De luy obeyr : ne suz oncques saulnaige
Dont ce faisant : bien souuent souffer ay ie
Mainct goust amer.

¶ Deux ou troys ans : nay faict que trauailler
Et bien souuent : toutes les nuyctz veiller
Sans ce que point : me faulsist esueiller
Pour son seruice.

¶ Je ne cessois : de venir et daller
Jusques a ce : qua elle pourrois parler
Et nest tresor : que meusse peu saouller
Que ne la veisse.

¶ Je laymois tant : dune amour sy propice
Que sy meust dict : que mon corps au feu myse
Incontinent : eusse faict sacrifice
Pour luy obeyr.

¶ Je nauoys bien : ne maison ny edifice
De cueur ne corps : qua elle ie ne offrisse
Jeusse laisse : parens droict et iustice
Pour la seruir.

¶ Pour son honneur : iestois prest a mourir
Et sa querelle : contre toutz maincteuir
A tort et droict : leusse alle soustenir
A toute oultrance.

c

¶ Mays la traistresse : pour luy auoir faict plaisir
Sy ma rendu : pour guerdon desplaysir
Car pour ung aultre : ma voulu dessaysir
De ma plaisance.
¶ A vostre aduis : qui prendroit patience
A toutz dyables : soit telle recompence
Et qui iamays : mectra plus diligence
De seruir dame.
¶ Amour de femme
Ce nest que flamme
Bien souddain passe
De nom et fame
Bien est infame
Qui les pourchasse.
¶ One dyzpasse
Aura leur grace
Plus tost cent foys
Ong chiche sace
Quoy quil mefface
Dung bon galloys.
¶ Bien ie cognois
Et mapparcoys
Dung curestable
Sera leur choix
Ou porte boys
Peu prouffitable
¶ Rien moins duysable
Et plus nuysable
Ne trouuerez
Plus variable
Fust le dyable
Quelles ferez.
¶ Plus aymerez
Hay serez
Cest leur nature
Plus leur donrez
Plus y perdrez
Sy bien ayment : cest aduenture.

Contre le sexe Feménin.   Feuillet.lxxxii.

¶Rondeau par Sers coronnez / mariez equiuocquez.

Faulte damour : mon cueur dans ses laz ┌ lasse
Et ne parmiect ouurir : de support ┌ porte
Dont mon vouloir : fault que aultre port ┌ porte
De me troubler : ne fut oncq (helas) lasse
¶Tant me tourmente : et par fins tracaz ┌ casse
Quores fust elle : en enfer de mort ┌ morte
        ¶Faulte damour.
¶Sy grand douleur : iusques au trespas ┌ passe
Que de guerir : ne trouue a tel sort ┌ sorte
Dont suys contraincte : que de mon ressort ┌ sorte
Car de promesses : trop oultre compas ┌ passe
        ¶Faulte damour.

Faulte damour : et traistre faulx semblant
Fierte despritz : lombard vouloir de vent
Sens imparfaict : et soubdaine inconstance
Despit couroux : haultain cueur mesdisant
Rude princesse : sot esprit peu scauant
Reyne dorgueil : dhonneur mescognoissance
Trop de largesse : auec trop daccointance
Fainct entretien : et maistresse trop fine
Faulce promesse : de faulx tours laffluance
Cause seront : que bien tost mes iours fine
¶Cause seront : que bien tost mes iours fine
Car tant de deuil : sur moy pouure domine
Que ie ne scay : quelle part me tourner
Je cognoys bien : que ma force decline
Car trayhson : celle faulce mastine
A menterie : ma contrainct gouuerner
Bref loyaulte : ne me veult raysonner
Toutz les malheurs : me viennent faire guerre
Las pacience : me veult abandonner
Adiourne suys : des gros vermis de la terre.
¶Adiourne suys : des gros vermis de la terre
Je nacttendz plus : fors la mort qui materre
Et me desliure : a mortel iugement
Face de moy : ce que luy plaise faire
Il me plaist bien : que me vienne deffaire

l ii

Obeyr seulx : a son commandement
Paciemment : seulx souffrir le tourment
Puys qua fortune : plaist ainsy quil ce face
Il ny a remede : cest de son mandement
Jamays ne fuz : bonnement en sa grace.

¶Ballade Unissonne/par equiuocques.

Elas fortune : mays que te ay ie meffaict
As tu ordonne : sans tauoyr iamays faict
Cause pour quoy : sy trescruel es dict
Contre de toy : ne pense auoir forfaict
Pour endurer : ung sy tresgros forfaict
Que de ta bouche : as faict : concludz et dict
Mon pouure corps : de toy oncq ne mesdict
Et tu le tractes : tant inhumainement
Quil sen appelle : (non faict certes) mays dit
Mourir men boys : bien miserablement.

¶Je suys tout prest : ia point ne me desplaist
Viegne la mort : sans faire plus de plaid
De viure ainsy : ie nay plus lappetit
Mon cueur ie sens : de uigueur sy tres nect
Et sy tresbas : que plus possible nest
De reconfort : mainctenant a/petit
Pour mon repos : nay plus cure de lict
Reposer soys en chaultain firmament
La/que iaymois : prent ailleurs son delict
Mourir men boys : bien miserablement.

¶Puys que ma mye : mamour du tout soubz mect
Et son beau corps : au seuil aultre soubmect
Qua son plaisir : la gouuerne et iouyst
Je nay pas tort : sy mon cueur bien fort lebaist
Car de mon bien : pour ung sot uillain laid
Je suys priue : que pas ne me esiouyst
Pour ung lourdault : quoncques honneur ne acquist
Suys mescogneu : las trop uillainnement
En tel malheur : iamays corps ne nasquist
Mourir men boys : bien miserablement.

¶Enuoy.

Contre le Sexe Feminin.　　Feuillet.lxxxiii.

A dieu le monde: a dieu honneur et bruyct
A dieu la dame: que tant contre moy bruyst
A dieu A dieu: tout bon loyal amant
A dieu vous diz: sans plus faire de bruyt
Mourir men voys: bien miserablement.

Mourir men voys: bien miserablement
Impossible est: de viure longuement
Voycy la mort: ie la sentz la venir
Lheure sapprouche: de mon trespassement
Lame du corps: veult faire partement
Tout mainctenant: elle est preste a partir
Pour vne dame: ie men voys (las) mourir
A qui iamays: ie nauois faict offence
Haa trop aymer: pour te faire plaisir
Helas helas: voycy la recompence.

Helas helas: voycy la recompence
Que iay acquise: de ma dame esperance
Que ma abuse: despuys deux ou troys ans
Vous qui damour: voulez suyure la dance
Dung tour en la: fuyez son ordonnance
Vous en pourriez: estre maulnays merchantz
Sy ie le diz: nen soyez desplaisans
Le cueur me deult: et sy nay ie pas tort
Compence suys: de rudes tours meschans
Prenez exemple: a mon grief desconfort.

Prenez exemple: a mon grief desconfort
Et vous souuiegne: dung amant qui a la mort
Est de sliure: pour vne damoyselle
Doncq sy voulez: euiter tel effort
A seruir femme: ne vous fondez sy fort
Car vous pourriez: estre de ma sequelle
Communement: la recompence est telle
Que dessus moy: voyez lexperience
Dont a genoulx: contre celle cruelle
Le temps qui vient: ie te requiers vengence.

Rondeau Double.

l iii

Liure segond   Du sexe Masculin

LE temps qui vient : ie te requiers vengence
A Cupido : nen donne cognoissance
Car il est cause : que ie suys en malheur
Ayez pitie : de ma griefue douleur
De ma tristesse : et de ma doleance.

¶ Pense vng petit : a ma grande souffrance
Et me reuanche : sy l te vient a plaisance
Des grosses playes : quon a faict a mon cueur
    ¶ Le temps qui vient.

¶ Ne permectz point : vne telle meschance
Estre a pugnir : veu quen as la puyssance
Il te seroit : vng tresgrand deshonneur
Iamays ne fut : sy tresaspre rigueur
Souuiengne toy : de la mescognoissance
    ¶ Le temps qui vient.

¶ Aultre complaincte de lautheur / par luy faicte le temps susdict / en blasonnant vne femme desloyalle.

VEnus deesse : aquoy mes tu sy amere
Ie te pensoys : sur toutes aultres mere
De cuydant estre : de tez plus amez filz
Tu mas sally : a mon plus grant affaire
Et mas chasse : sans en rien te meffaire
Ie ne scay pas : ou iamays te meffeiz
Las de ma vie : oultraige ne te feiz
Et tu me tractes : comme des plus meschans
Ie my consens : iaccepte le deffiz
Plus ne mauras : au nombre des amans.

¶ Il a deux ans : de cela suys ie seur
Que de ton dard : me frappiz sur le cueur
Sy rudement : que despuys ie men sentz
Tu me promiz : que iauroys du bon heur
Mays que ie feusse : ton loyal seruiteur
Et maintenant : ie voyps bien que tu mentz
Despuys nay eu : que malheurs & tormentz
Douleurs souspirs : sans aulcun reconfort
De toy me plaingz : et de tez faulx semblans
Faulce cruelle : tu me tiens vng grand tort.

Contre le sexe femenin. Feuillet.lxxxiiii.

¶ Aquelles fins?(diz le moy ie te prie)
Tu me soubmiz: en telle fantasie
Pour me tracter: sy trescruellement?
Tu madressas: a prendre pour amye
La diablesse: laquelle dieu mauldie
Qui ne me donne: fors que peine et tourment
Jamays ne fut: ung plus loyal aymant
Ne quaymast plus: que iamays la mauldicte
Mays du contraire: ma rendu poyement
A toutz dyables: ie la renonce et quicte.
¶ Lon eusse dict: des le commencement
Dung ange estoit(par dieu)toutellement
Sy doulce estoit: et sy tresamyable
Elle parloit: treseloquentement
Entretenoit: tant amyablement
Que de loupz: estoit chose admirable
Mays maintenent: elle est pys que dyable
Sy fiere elle est: et sy tresoultraigeuse
Je nen viz oncq: de sy desraisonnable
De sy paruerse: ne de sy venimeuse
¶ Le premier iour: que la traystresse veiz
Sy bien me pleust: et telle la trouuiz
Que incontinent: ien fuz tout amoureulx
Mon bon vouloir: et mon cas ie luy diz
Dont aprez queust: bien escoutez mes dictz
Son dire fut: bien me plaist/ie le veulx
Aduiz me fut: que iestoys plus heureulx
Quoncques Paris: le tresaffortune
Ores cognoys: que de plus malheureulx
Nen fut iamays: ne sy desfortune.
¶ De faulx semblans: indigeste pasture
Je fuz repue: a sy grande mesure
Que ie cudoys: que pour vray fut ainsy
Et sy fit tant: la paruerse creature
Que ie luy feiz: et mon cueur ouuerture
De mez secretz: dont ien ay grand soucy
A elle donne: il nya qua/ne cy
Mectoys du tout: dung bon cueur et couraige

l iiii

Mays la traistresse : en la fin ma trahy
De my fier : nestoys ie guieres saige
¶ Elle maymoit : ce disoit la traistresse
Tant que faignoit : ne pouuoir prendre cesse
Que ne me Vist : ou de iour ou de nuyct
Et me disoit : que iadiz oncq Lucresse
Naymit Eurial : de sy chaulde hardiesse
Quelle maymoit : tout cella fut desduyct
En tel estat : mauoit elle conduyct
Que ne pensoie : que touchant son affaire
Mays en la fin : en tel poinct me reduyct
Que ie la tiens : plus que Sathan contraire.
¶ Dung fainct Vouloir : inconstant et muable
Mentretenoit : la faulce miserable
Me donnant mille (bref) delectations
Iusques a ce : ie la tins aggreable
Que ie cogneuz : quelle estoit variable
Et quen mainctz lieux : auoit affections
Lors que ie Veiz : toutes ses fictions
Toutz ses abuz : et ses facons de faire
Dire luy prins : nayons dissentions
Rendez mon cueur : ie ne my Veulx plus faire.
¶ Celluy par quy : ma banny la Volente
Ie ne scay poinct : sy meschante seruante
Que le daignast : seullement accoller
Cest vng sottard : et tel ie le Vous Vante
Vng droict badin : la chose est apparente
Que ne Vault pas (par mon dieu) le parler
Son peu Valloir : ie ne scaurois celler
Il Vault trop moins : que ie ne scaurois dire
De sa beaulte : puys que sen fault mesler
A mon aduiz : ne pouuoit choisir pire.
¶ O desloyalle : miserable inconstante
Faulce meurtriere : de Vouloir et Ventente
La plus cruelle : dessoubz le firmament
Abuseresse : mauldicte deceputante
Par quel moyen : ne te tiens tu contente
Que ie te Oye : que ie suys ton amant

Contre le sexe femenin.   feuillet.lxxx8.

Je saulx bien toy : ne lentendz aultrement
Toy et celluy : qui te tient aueuglee
Pense en ton cas : car ie croys fermement
Quen bref de temps : mauldiras la iournee.
¶ Sy tu scauoys : que veult dire noblesse
Quest noble cueur : quest ce que de promesse
Neussez pas faicte : vne telle meschance
Sont ce les termes : de vraye gentillesse?
Faulcer la foy : ce sont tours de finesse
Cella est trop cler : nul ny faict difference
Aulcun ne doibt : se presenter en dance
Syl na appetit : et vouloir de dancer
De proceder : plus auant ne mauance
Tu scays le tout : plaise toy dy penser.
¶ A ton amy : quen dis tu par ta foy?
Luy feras tu : comme tu as faict a moy
De le changer : nas tu encores enuye?
Je le prendroys : et le prens sur ma loy
Quau plus meschant : qui sadresse vers toy
Du premier mot : te diras son amye
Soit qui ce soit : le premier qui te rye
Laultre sera : en lestat que ie suys
Sy ie te diz : ta decepuable vie
Pardonne moy : tenir ie ne men puys.
¶ Qui auroit le nombre : de tes amans passez
Et de toutz ceulx : que a tort as deschassez
Je ne croys point : quil nen y eust plus de mille
De toutz estatz : iusques aulx portefaix
Tu en as aymez : tel louange te fais
Et destrangiers : beaulcop plus que de ville
Ton amour est : a trouuer plus facille
Que la Gyrouete : que se tourne a toutz ventz
Ten abstenir : seroit fort difficille
Ta gloyre nest : que dauoir force amans.

¶ Dorenauant : ayme qui tu souldras
Car touchant moy : tant que au monde viuras
Ne taymeray : de cela ie te affie
l 8

Facillement : de moy te passeras
Et moy de toy : plus ne mabuseras
Des mainctenant : du tout ie te renye
De plus taymer : ce me seroit follie
Qui tayme plus : tu le tiens ennemy
A dieu traistresse : de moy plus ne te fye
Je te declaire : nestre plus ton amy.

¶ Petite Epistre dudict autheur faicte du temps sur
dict/pour scauoir le cueur & vouloir dune femme.

Vous madame : par qui mon cueur se blesse
Treshumblement : ceste Epistre iadresse
Vous suppliant : quil vous plaise escouter
Icelle Epistre : et celle supporter
La soubmectant : a la discretion
De vostre grace : et bonne intention.
¶ Dame des puys : que de vous prins conge
Dedans mon lict : iay plusieurs foys songe
Que ie voyois : la tant belle excellence
De vostre corps : la forme et la presence
Et que pour vray : seurement vous disoye
Que de bon cueur : fermement vous aymoye
Auec plusieurs : sur ce allegations
A mon propoz : et demonstrations
Cuydant du tout : que par bonne amystie
Veu mon vouloir : eussiez de moy pitie.
¶ Mays tout acoup : ma requeste acheuee
Me fut aduiz : tel responce donnee
Cest quau regard : et touchant cest affaire
Vous nentendiez : de moy auoir affaire
Dont me surprint : vne telle tristesse
Que banny fuz : de ioye et de liesse
Et sans scauoir : a cela contredire
Tout apar moy : ie commenciz a dire
Mays nest ce pas : vng piteux desconfort
A tel aymant : lequel ayme sy fort
Estre a reffuz : dune sy belle dame
Et pour laquelle : il mectroit corps et ame

Contre le sexe femenin.　　Feuillet.lxxxvi.

¶Bref tout souddain : sur ce point mesueilliz
Et pres de moy : personne ne trouuyz
Fors qung Lynceul : sur moy enuironne
De quoy ie fuz : grandement estonne
Souddain apres : ie malliz recognoistre
Cest dune dame : qui me vint apparoistre
Laquelle estoit : toute de gris vestue
Et la plus belle : que iamays iaye veue
Or Esperance : la dame se nomma
Que dans troys motz : fort me reconforta
Et par raison : me donna par entendre
Quen semblans songes : lon ne se doibt attendre.
¶Parquoy madame : ceste Epistre vous mande
Dont par ycelle : a vous me recomande
Vous suppliant : dung tresardant desir
Que me mandez : syl vous vient a plaisir
De cestuy songe : vraye exposition
Et sur ce poinct : la vostre intention
Et sy deffault : il y auoit en ce mectre
Excuserez : lignorance du maistre
Lequel nentend : de vous desboeyr
Ains vous vouldroit : sur toutes obeyr.
Pryant a Dieu : qui de mal les bons garde
Que longuement : il vous tiegne en sa garde.

　　　¶Aultre Epistre cõposee par ledict Au-
　　　theur/du tẽps susdict/pour cuyder gaig-
　　　gner lamour dune femme.

Le tien amy : qui mectroit corps et ame
Pour te seruir : tresbonnoree dame
Par cest Epistre : treshumblement te mande
Que de bon cueur : a toy se recommande
Autant de foys : que bouche scauroit dire
Cueur consentir : plume ny main escripre
Pour abreger : delaisse tout affaire
Aultant de foys : quest possible de faire.
¶Te aduertissant : dame tresexaulcee
Que nuyct ny iour : ie nay aultre pensee

Liure segond.   Du sexe masculin

Que de penser : a ta grande beaulte
Que toutes passe : par especiaulte
Tant que ie croys : en telle destinee
Que tu as este : de Dieu predestinee
Pour en ce monde : estre la plus parfaicte
Qua pres marie : iamays il aye faicte
Car nest possible : que par diuin ouuraige
Nayt este faict : vng sy beau personnaige
Comme est le tien : sy tresbien accomply
De bonnes meurs : et de vertutz remply
Sy tresparfaict : qui le veult bien comprendre
Quon ny scauroit : trouuer rien a reprendre
Despuys les piedz : iusquau bout de la teste
Ne fut iamays : femme sy tresreplecte
De toutes choses : qua beaulte sont requises
Combien quen y aye : mainctes sortes exquises.

¶ La beaulte que femme doibt auoir.

Premierement : tes cheueulx sont dorez
Sy tresbien painctz : et sy bien coulourez
Sy desliez : dont te peulx tenir forte
Que de les veoir : vng chascun reconforte
¶ Tes yeulx sont vairs : rians penetratifz
Sy tresplaisans : et sy tresattractifz
Quil nest point cueur : (tant soit rude compris)
Que (syl attend : vng regard) ne soit pris
Comme laymant : a soy le fer attire
Ainsy ton oeuil : tout noble cueur retire.
¶ De tes sourcilz : il nest point inuisible
Noirs sont et beaulx : chose a chascun visible.
¶ Touchant ton nez : il est gresle et bien faict
Long par raison : sy parfaict en effect
Que nen fit oncq : (sy belle pourtraicture
A corps mortel : en ce monde) nature.
¶ Quant a ta bouche : grand louange merite
Elle est fort doulce : et certes bien petite
Tes lyeures fresches : sy vermeilles que Guygne
Sy sont tes ioues : de couleur coralline

Contre le sexe Femenin. Feuillet.lxxx8ii.

¶ Forchu menton : le col bien long et gresle
Qui beaulcop sert : a dire femme belle.
¶ Tes tetins sont : blancz/rondz comme une pomme
Sy durs et fermes : que iamays en veit homme
¶ Loing lung de laultre : ie diz a brief langaige
Certes ung palm : encores dadvantaige.
¶ Tes mains sont blanches : doulces/nettes et belles
Sy sont tes doigtz : aussy bien longz et gresles.
¶ Touchant ton corps : cest oeuvre deifique
Il est sy beau : et sy tresmagnifique
Sy droict/sy grand : sans exceder mesure
Quil na pareil : qui (par art) le mesure.
¶ Ton petit pied : nest besoing que ioblie
Pour te nommer : du tout bien accomplye.
¶ Parquoy madame : veu les beaultes susdictes
Que bien au vray : sont tout au long descriptes
Je te supplie : que point ne tesmerueille
Sy ma pensee : pour toy nuyct et iour veille
Pour inuenter : quelque moyen et sorte
Que mon desir : a son plain effect sorte.
¶ Et sy tu penses : qua moy : qui ne suys beau
Plaisant ne riche : nappartient tel morceau
Je te confesse : que cest la verite
Mays te plaira : vser de charite
Nayant esgard : enuers le peu valloir
Arreste toy : (syl te plaist) au vouloir
Et cognoistras : que cueur oncq sy loyal
Ne fut iamays : sans estre desloyal
Entier et ferme : enuers aulcune femme
Que le mien est : enuers toy doulce dame
Car ie nay corps : or/argent/ny cheuance
Que tout ne soit : a ton obeyssance.
Pour te seruir : fust a tort sans remord
Je ne craindroys : (non plus que rien) la mort
Et sy tu penses : que ce soit menterie
Assaye le : ce nest point flaterie
Je tayme plus : que ne scauroys escripre
Ne de ma vie : par lettre te rescripre.

¶ Et pource doncq : dame tant souueraine
Je te supplie : mestre doulce et sereyne
Considere : le vouloir q̃ay en toy
Et que ie tayme : aultant et plus que moy
Cest quil te plaise : de recepuoir lautheur
Pour ton amy : et loyal seruiteur
Car sy le faiz : sur toutz les amoureulx
Je me diroye : estre le plus heureulx
Cil que fortune : auroit mieulx soubstenu
Au grand besoing : dont luy seroys tenu
Mays sy du contre : tu me vouloys tracter
Je ne scauroys : auec qui contracter
Qua pacience : confort des malheureulx
Et medecine : des pouures douleureulx.

¶ Ce seroit bien : dame tout mon espoir
Sy ie nestoys : surpris de desespoir
Dont tu seroys : la cause principale
Quil aduiendroit : vng sy grand escandalle
De quoy croyroys : quaymeroys mieulx mourir
Plus tost vouldroys : me venir secourir.

¶ Doncq clere dame : ne me reffuse mye
Je te supplie : veuilles estre mamye
Et syl est cas : que tu le veuilles estre
Mande le moy : par escript et par lettre
Le plus secret : que penser tu scauras
Et le plus tost : que faire tu pourras
A celle fin : que mon cueur soit desmys
De celle peyne : en quoy le pouure est mys
Jusques a ce : quil soit certifie
Que de taymer : il nest point deffie
Et sy estoit cas : que par ingratitude
Tu me voulsisses : estre sy fiere et rude
Qua mon vouloir : ne voulsisses entendre
Et fust conclud : a toy plus ne me attendre
Je te supplie : point ne men aduertir
Car ce seroit : mon cueur fendre et partir
Que de souffrir : sy grosse penitence
Jayme trop mieulx : de viure en esperance

Contre le sexe feminin. Feuillet.lxxxiii.

Que sy mon cueur : il auoit de vray sceu
Que pour tamer : il se trouuast deceu.
¶Auecques ce : ie faiz fin a mon dire
Car ne scaurois : aultre chose que dire
Fors que ie suys : (certes tu le scais bien)
A ton seruice : et de corps et de bien
En te priant : chere dame notable
Que sy mon dire : ne trouues agreable
Pour quelque sens : dont tu soyes faschee
Ou de parolle : a ton gre mal couchee
Il te plaira : pardonner telle offence
Consideranit : que ce part dignorance
Priant a dieu : quil te doint longue vie
Maulgre toutz ceulx : qui te portent enuye.

¶A la susdicte epistre y auoit telz vers ensuyuantz.
¶Allez a celle que scauez
Lettres : a toute diligence
La saluer : a mon instance
Puys luy dictes : ce que deuuez.

¶Lautheur retournant a son propos/ parlāt
de lestat de mariaige/ Assauoir mon syl est
licite de soy marier.

R retournant : pour noz espritz saouller
A noz propoz : il nous conuient parler
Quant a lestat : quon dit de mariage
Lequel contient : tres que grant charriage
Assauoir mon : qui veult droict charrier
Syl est licite : et se fault marier.
¶Sur ce voulons : protester deuement
Que nentendons : contre le mandement
De dieu venir : ne de sa saincte esglise
Quoy que lon die : en nulle forme et guise
Tant seullement : sur nostre intention
Par maniere : dargumentation
En parlerons : suyuant nostre desir
Priant chascun : ny prendre desplaisir.

Liure segond　　Du sexe Masculin

Non est licitū du=
cere vxorem vt ait
Plato.τ papa Pi9
ad turcū epist. vij.
car. ij.

Marsilius ficin9
epist.lib. xij.car.cx
c.ij. Episto. incipit
frater Sancte Pe
trarcha episto.lxiij

Fortunius/ø iusti
cia et iur. colū. ij.

Late examinarūt
Aristo. Plutarc. et
Seneca.
Petrarcha tenet
de vita solitaria cir
ca fi.
Frater Iacob9 ma
gn9 in sophologio
sapientie lib. ij. ca.
xvij. de regimine do
mus/ vxoris τ filio
rū clari9 lib. x. c. xj.
quō cōiugia legiti/
me sunt ᵱ trabēda.
Vxorat9 dresse in
igne. c. vlr cū ᵱpria
xxxiij. qō. iiij. Pres
pos. in ca. Rursus
co. v. qui clerici vel
youen.
Menander grec9
mell9 est mulierem
sepelire ᵹ in vxo=
rem ducere.
ca. nos nouimus.
xvij. q. ij. vbi ɹᵯa
vsgasti.i. vxorē du
xisti/ ᵱpter magna
onera matrimonij
que equiparantur
piculis que adue=
niunt nauigando z
ideo dicebat philo
soph9/ τ refert Be
ned. in fine repeti=
tio cap. Raynūti9
qō duodies sūt ᵃᶜ
ceptij/ pluGIo dies
mortis et dies nu=
ptiarum.

Premierement: cest Plato qui me incite
Dire quil nest: aulcunement licite
Soy marier: le Pape Pie aussy
En ses epistres: vous trouuerez cecy
Et mest aduis: quest lepistre septiesme
Dedans la carte (sy ie ne faulx) douziesme.
Marsilius Ficinus: en son liure
Ie dis douziesme: semblable epistre liure
Petrarche aussy: le dit en son epistre
Fortunius: pareillement au tiltre
De la iustice: que lon dit et le droict
Mieulx en ce marge: vous trouuerez lendroict.
Aussy Plutarche: et Seneque soustiennent
Le dessus dict: et pour vray le maintiennent.
Ledict Petrarche: duquel ne me puys taire
Pres de la fin: de vie solitaire.
Et frere Iacques: le grand/ plain de science
Au sophologe: nomme de sapience
Liure segond: chapitre mest aduis
Dix septiesme: sy nay mes sens rauis
Du regiment: denfans/ maison/ et femme
Homme scauant: de grand renom et fame.
Au dixiesme est: liure plus clairement
Quant mariaige: se faict plus saigement.
De droict canon: par maincts notables dictz
Les mariez: sont reputez et dictz
Toutz estre au feu: sans nulle exemption
Au marge auez: ou sen faict mention.
Menander Grec: dict/ que mieulx conuiendroit
A chascun homme: et trop mieulx il vauldroit
Ensepuellir: femme que lespouser
Sans cause na: tel dict voulu poser.
Nos nouimus: le chapitre commence
Dedans lequel: il est dict en substance
Tu as nauigue: (cest a dire) dict il
Tu es marie: dont es en grand peril
Car tout ainsy: que ceulx qui dans la mer
Sont nauigans: sentent mainct goust amer

Contre le sexe feminin. Feuillet lxxxix.

Des grans perilz : et dangiers ou sont mis
Tant nuyct que iour : obligez et soubzmis.
¶ Semblablement : les pouures mariez
Qui de leurs sens : souuent sont variez
Pour les grans charges : que sont en mariage
Comme dict est : et du grand charriage
Quest neccessaire : en tel estat auoir
Qui ne se peult : faire sans grand auoir
Dire se peuuent : (soustiennent les Docteurs)
Telz gens / en mer : estre nauigateurs
Au par son d gouffre : de malheurs et tormentz
De grans soulciz : et de grans pensementz.
¶ Petrarche dict : en son liure premier
Qui de mentir : ne fut oncq coustumier
En ses remedes : dictz de chesque fortune
Aussy bien est : a tous chose commune
Que nauigans : sur la mer ilz racomptent
De grandes choses : et pour vrayes les comptent
De sy tresgrandes : et si tresadmirables
Qua dire vray : souuent sont increables
¶ De Penna aussy : en a faict mention
Et Balde dict : que nauigation
Est vne chose : quest bien fort perilleuse
Tresfort incerte : et tresque dangereuse
Parquoy disons : par le commun parler.
Que celluy la : conuient en mer aller
Qui dieu prier : ne scait / et lapprendra
Incontinent : le mestier entendra
¶ Le dessus dict : aultant a dire veult
Comme chascun : bien entendre le peult
Que mariez : (pour le cas abregier)
Sont en grand peine : et tresque grand dangier
Et tant de maulx : racompter ilz pourront
Qua les ouyr : peu de gens les croyront
Car penseroient : que fussent inuentiues
Quant sy grans choses : diroyent admiratiues
Ledict Menander : homme scauant de grece
Dict que sans femme : tu viuras sans tristesse

Petrarcha de remedijs vtriusq fortune lib. j. dialogo.
lxv. de pluqh claritate et trib9 dyalogis sequentibus et
dyalogo. lxxvij. de
natoruz plurio nō
q nauigat enarrāt
pericula maris et
audien. admirātur.
Luc. de pena in l.
de naufrag. lib. xj.
ptereā dicim9 q na
uigatio semp est p̄
culosa z incerta.
Bal. in. c. pastorā
lis de offi. ord. co. ꝗ
Et est puerblum. ꝗ
nescit orare accedat
mare.

m

Dit aussy bien:(m'est aduis) en substance
Que celluy la: va droict a penitence
Qui va espouser: femme quelle que soit
Qui croit du contre: du vray ne sapparceoit.
¶ Aulx hommes est (dit il) en general
Desirer nopces: desir de tresgrant mal
Car (dit il) lhomme sans femme/te promectz
Mal ne dangier: ne peult auoir iamays.
¶ facille bien (dit il) au monde auras

Laertius Dioge-
nes devita et mori-
bus philosophor.
Quant pour espouse: femme ne nourriras.
¶ Il dit aussy:(ie croys sans nulle enuye)
Sy te maries: tu seras serf de vie
¶ Jadiz Letanter: dict a Diogenez
Qui cestoit mys: a lordre des geynez
Tout de nouueau:(dit il) marie suys
Je ne scay pas: sy bonne voye suys
Auquel fut faicte: vne telle responce
Je te promectz:(dit il) et te denonce
Que tu as gaigne:pour faire bref/prelude
Peu de solas: et grand solicitude.

Dionysius.
¶ Sainct denys dit: que ne doibt femme prendre
Aulcun qui soit: sil ne veult entreprendre
Dauoir mal temps: grans tormentz et tempeste
Car telles choses: ce faisant il aqueste.

Gregorius lib. xij.
¶ Gregoire dict: en son douziesme liure
Que telle chose: en substance nous liure
Combien (dit il): que mariage bon
Soit il de soy: plusieurs sequelles non
Car en ce monde: de grans maulx en aduiennent
Aulx mariez: tant nuyct que iour suruiennent
Dont vous promectz: que de les racompter
Seroit fort long: et le vray bien compter
Chose impossible: comme est dict la dessus
Car plusieurs sont: par leurs femmes deceupz

¶ Comment les femmes tuent leurs maritz
Es vngs en sont: murtrizet traistrement
De leurs paillardes: pour leur commandement

Contre le sexe feminin.　　　Feuillet.xc.

De coupz de main: ou estranglez au lyct
Pour mieulx: a laise cuyder prendre delict.
Aultres en meurent: de venyn et poyson
Quelles leur baillent: par grande trahyson.

¶ Comment les femmes donnent les biens de
leurs maritz.

Es aultres donnent: de leurs maritz le bien
A leurs ribauldz: cella maintz ung scait bien

¶ Comment les femmes faignent estre ialeuses.

Es aultres faignent: fort aymer leurs maritz
De ialousie: monstrant leurs cueurs marriz
Qui sen soulcient: aultant a bref parler
Que veoir getter: une plume par lair
Car ne le font: que pour preoccuper
De craincte quont: quon les veuille occuper
De leurs follies: et sy font les ialeuses
Pour quoy ne pense: quailleurs soyent amoureuses.
¶ Mays dieu le scait: sy la plus part le sont
Souuent lay veu: et scay bien quelles font
Car veu leur ay: faire de belles fainctes
A leurs maritz: et de finesses mainctes
Tant de passaiges: que ce seroit ung rire
Longz compter: bien au long et le dire

¶ Comment les femmes faignēt estre fort marries &
courroussees de ialousie/et de leurs fictiōs au naturel

Leur ay veu: aulx folles insensees
Vers leurs maritz: faire des courroucees
Faignant pleurer: faisant la contreinpne
Cryant/bruyant: pour meilleur troigne et myne
Disant bien ca: villain/meschant/paillard
Moins estimable: que ung vieulx maraud soillard
Est ce bien faict: dauoir une paillarde
Ne suys ie pas: sy belle/sy gaillarde
Que ta villaine: Oy/meschant personnage
Par la croix bieu: sy suys/et dauantage
　　　　　　　　　　　　　　　m ii

Je veulx que saiches : en toute qualite
Quoy que te oye : ta sensualite
Que ie vaulx plus : en mon dernier (te couche)
Quelle/ne toy : ne valez ala bouche
Dauoir tel femme : pas il ne tappartient
Da meschant corps : ie ne scay que me tient
Que ne men aille : crier publicquement
Tes meschantz faictz : et fol gouuernement
En plaine rue : par deuant tout le monde
Contente suys : quen bref Dieu me confonde
Que sy tu faiz : plus telle meschantise
Et continues : semblante paillardise
Je te feray : lhonneur quappartiendra
Et de ce faire : aulcun ne men tiendra
Car men iray : plaindre aulx gens de iustice
Qui te pendront : silz ne font iniustice.
¶ Las ien trouuois : daultres qui valloyent bien
Trop plus que toy : et de corps et de bien
Gens estimez : plains dhonneur et dauoir
Qui fort maymoient : enrageans de mauoir
Que mauldict soit : qui a toy me despescha
Et dung tel corps : (quest le tien) menpescha
Je ne fuz pas : a ce tour bien heureuse
Quant ie te prins : mays la plus malheureuse
Que iamays fut : et que iamays sera
Jamays bon iour : mon corps de toy naura.
¶ Vous diriez lors : que le cueur leur doibt fendre
Sy bien le disent : et se scauent deffendre
Pour leurs faintctises : ycelles tromperesses
De leurs maritz : faulces abuseresses
Car bien souuent : disent telles parolles
A leurs maritz : et celles parabolles
Dessoubz ung lyct : ou de bas ou de hault
Sera cache : en ung coing leur ribauld
Qui escoutera : toutz telz abuz en somme
Entre soy mesmes : se mocquant du pouure homme
Dopre Dieu scait : syl sen ha / le mary
Sy le galland : en sera point marry

Contre le sexe feminin. Feuillet.xci.

Et puys aprez : sy luy sera point chiere
Ladicte dame : et toute bonne chere
Je vous promectz : que lon sen saoullera
Et si tresbien : lon se consolera
De voluptez : qua la verite dire
Lon ny scauroit : trouuer rien que redire
Du tout sera : le galland applaudy
Mais le mary : mocque fort et gaulsdy
Tant du paillard : que de ladicte infame
Car luy dira : la tresmeschante femme
(¶Mon doulx amy : nauez vous point ouy
Ce que iay dit : (lors dira laultre) ouy
Dont suis este : la surpris de tel ryre
Que iay cuyde : quil meust entendu ryre
(¶Je luy en ay bien : baille (dira ladicte)
De tresbien chauldes : (sen mocquant la mauldicte)
Et si en aura : encor pour son partage
Bien de plus chauldes : mille foys daduantage
Le sot cocquart : comme chascun le corne
Par beau despit : baillons luy vne aultre corne
Las mon amy : sus/sus/acoup/soubdain
Hault et debaict : maulgre du faulx villain
(¶Aprez dira : a peu tient que ne rye
Quant me souuient : quil pense que marrye
Je soye fort : sil sen va en aultre part
Mais dieu le scait : ie luy quite ma part
Quoy que luy die : de tout ce quil scait faire
Car si gaillard : nest il en tel affaire
Quant il me touche : mest vng grand desplaisir
Auecques luy : ie ne prins oncq plaisir
(¶Mille aultres choses : diront la/tous ensemble
Desraisonnables : tout ainsy quil me semble
(¶En se mocquant : du pouure malheureux
Qui iureroit : quil est le plus heureux
Que soit au monde : et le mieulx marie
Sy fort sera : de son sens varye
Et bousentiers : seront les plus deceupz
Les bons maritz : plus honnestes et ceulx

m iii

Liure segond   Du sexe Masculin

Que mieulx les tractent: et plus leur complairont
Ce sont ceulx la: lesquelz moins leur plairont

¶ Aultre sorte de mocquerie pour deceptoir
leurs maritz.

Oltres se mocquent: ains que du propos sorte
De leurs maritz:(ie diz)en aultre sorte
Car quant les pouures: de quelque part siedrõt
Dailleurs soupper: ou disner/se prendront
Les faulces bestes: faire telle pippee
Que pye nest: quelle ny fust pappee
En quelque coing: de la maison iront
Faire la myne: et la mot ne diront
¶ Faignant pleurer: bien fort a chauldes lermes
Pource que pleurs: sont de femmes les armes
Desquelles toutes: saydent a tout propos
A ce leurs yeulx: tousiours trouuent dispostz
Quant leur plaira:tout soubdain pleureront
Semblablement: incontinent ryront

Duo lachrimaruz
genera sunt in ocu=
lis mulierum(dice=
bat pithagoras)ve
re dolozis vnuz/In
sidiarum vero aliõ
Laertiº diogenes
de vita et mo.philo
sophozũ et iõ dicit
Mãtuanº cas b ſe
lachrimas crocodi
li eglog.ij.qbus pa
rat.insidias homi=
nibº r eos iterficit.

¶ Pythagoras: disoit excellent dict
Aulmoins ainsy: que Dyogenes dit.
Car il disoit: que des femmes les yeulx
Ont deux manieres: de pleurer en toutz lieux
Lune (dict il): est de vraye douleur
Lautre de sainctes: et pour donner couleur
A trahyson: et par deception
Bien peu le font: par bonne intention
¶ Dont le mary: ne pensant quainsy soit,
Et que de vray: il point ne sapparceoit
Pour lamystie: qua celle portera
Incontinent: ladicte flattera.

¶ La brutalite et sotize des maritz qui sen=
dorment au dire de leurs femmes.

Osant/mamour: mamye/ quest cecy?
Venez ma femme: venez vous en ycy
Approuchez vous: quest ce quon vous a faict
Sur son giron: la mettant par effaict.

Contre le sexe Femenin. Feuillet.xcii.

¶Mays la traistresse : mot ne luy respondra
Sy bien son tour : De baston entendra
Ains gemira : la malheureuse infaicte
Faignant pleurer : Bayssant les yeulx et teste.
¶Ledict mary : encor luy redira
Sembl̃antz propoz : aladicte/et dira
Que veult ce dire : quauez vous contre moy?
De le scauoir : ien suys en grand esmoy
Quest ce ma femme? dictez le moy/mamye
Que ie le saiche : ne le me celez mye.
¶Lors la mauldicte : de place changera
Et pareilz motz : elle desgorgera.
¶Et venez ca : me desprisez vous tant
Quaupres de moy : ne vous tenez content
Menger et boyre : comme auec telz et telles
Je cognois bien : voz faintctes et cautelles
Mauldictes soyent : les villaines infaictes
La nest il plainct : en voz banquetz et festes
Lor ne Largent : bagues ou aultre don
Pour elles est : trestout alabandon
Mays pour moy pouure : vng denier seullement
Sy iay affaire : de quelque accoustrement
Lon me desnye : quores feusse ie morte
Mieulx me vauldroit : que viure en telle sorte
¶Je ne scay pas : quay ie plus faict a Dieu.
Quaultres plusieurs : que ien scay en mainct lieu
Qui tant que moy : ne vallent ne vauldront
Mays leurs maritz : tout ce quelles vouldront
Leur bailleront : et nont aultre desir
Que satiffaire : du tout a leur plaisir
Car tant les ayment : que de rien contredire
Ne leur vouldroient : ne de chose desdire
Noble vouloir : ont ilz et cueur entier
Quelque ribaulde : vous feroit il mestier
Que de grans cornes : vous fisse porter force
Helas tant plus : de vous plaire mefforce
Tant moins pouurette : vous me voulez de bien
Mays dieu mercy : ie suys femme de bien

m iiii

Nul ne me peult : aulcun mal reprocher
Sy contre moy : ne Veulent faulx coucher.
¶ Sy le mary : luy tourne le Visaige
La tresmeschante : tant de dict que de Vsaige
Fera la moue : au pouure malheureulx
Qui de la prendre : cuydoit bien estre heureulx
Et dauantaige : luy tirera derriere
De langue vng palm : dune estrange maniere.
¶ Brief ne pensez : que fusse desplaisante
De telle absence : ains ioyeuse et plaisante
Car elle aura : peult estre muguette
Tout ce iour la : ou certes bancquette
Le sien paillard : en iouant des cymballes
Et choses faictes : debonnestes et salles.

¶ Aultre sorte de tracter leurs marys/cest
De questions/de noyses/et courroux.

Es aultres tractent : leurs marys aultrement
Cest de couroux : de noyse/et de tourment
Et mesmement : celles quont folle teste
Car meneront : sy gros bruyct/et tempeste
Dans la maison : quil leur fauldra fouyr
Pour leurs debatz : et questions ne ouyr
Aultant vauldroict : estre quasi en enfer
Auec Sathan : ou auec Lucifer
Que auecques femme : (ie dis) malicieuse
Car ne scauroit : estre plus Vicieuse.
¶ Et non sans cause : Salomon le recite
En ses prouerbes : dont ce dire me incite
Que Vrayement : il est chose trescerte
Que mieulx Vauldroit : en la terre deserte
Lhomme habiter : tant fusse dangereuse
Que auecques femme : iracunde et rixeuse.
¶ Semblablement : tant par bonne raison
Que trop mieulx Vault : se seoir dans la maison
En quelque coing : tant soit celle Umbrageuse
Que auec dict il : femme litigieuse

Melius est habitare i terra deserta q̃ cum muliere rixosa: et iracundia. Prouebio.cxxj.

Melius est sedere in angulo domatis q̃ cum muliere liti glosa. Prouerbio. c.xxj.et.xxv.

Contre le sexe　　Femenin.　　　　Fo.xciii.

⁋Litigieuse : femme est equipparee
Au tuylle creulx : (quest casse)et comparee
Au temps Dhyuer : que quant pleut goutte a goutte
Dans la maison : si treffort il degoutte
De ce (dit il) : ie vous veulx aduertir
Que ceulx dedans : sont contrainctz en sortir
⁋Qui telle femme : en sa maison retient
Et pres de soy : ou nuyct ou iour la tient
faict quasi aultant : (soustient ledict deuant)
Que celluy la : lequel retient le vent
Et le bon huylle : de sa dextre il renuerse
Il euacue : et par terre le verse
⁋Troys choses sont : que principallement
Par le prouerbe : quon dit communement
Lhomme est contrainct : sa maison delaisser
Labandonner : voyre du tout laisser
⁋La premiere est : chose bien peu estimee
Car vrayement : lon dit / quest la fumee
⁋Lautre (dit on) : la tuylle non entiere
Laquelle faict : en la maison gouttiere
⁋La derniere est : digne de grant diffame
Cest teste folle : et malice de femme
⁋Teste de femme : est chose fort inique
Car (comme est dict : dedans Lecclesiastique)
Il nest de beste : tant soit elle diuerse
Que du couleuure : teste si tresparuerse
⁋Semblablement : nest ire equipparable
A celle la : de femme et comparable
Et daultrepart : il leur dit par reproche
Quil nest malice : certainement quapproche
A la malice : de femme aulcunnement
Il est ainsy : lon le veoit clerement
⁋La folle femme : iracunde et clameuse
Dit Salomon : quil ne fault quon samuse
Car celluy la : lequel si applicquera
Ou den vouloir : vser / practiquera
Il descendra : aulx enfers seurement
Et qui le dit : est bien seur quil ne ment

Tectap stillātia in die frigoris et mulier litigiosa cōparantur/ qui retinet eaz quasi qui ventē teneat et oleū dextere sine euacuet. prouer. xxvij. c.

Prouerbiō xmō.e.

Non est caput nequius super caput colubri et nō ira super iram mulieris eccle. cxxv. Baldus in. l. si. ap̄s. c. de reu. donationibus.

Mulier stulta et clamosa ꝛc. qui em̄ applicabitur illi descē det ad inferos/ naz q̄ abscesserit ab ea saluabitur. prouerb. c. ix.

m 8

Pareillement : qui celle foupra
En paradiz : il se resjouyra.
¶ Menander dict : que femme lon nappete
Dans la maison : est a lhomme tempeste
En quelque sorte : que lhomme se marie
Je vous promectz : sans nulle flatterie
Que tant soit hault : de noblesse et dhonneur
De par sa femme : il aura deshonneur
Sy saige elle est :(que ne veulx consentir)
Ou a le bruyct : affin de ne mentir
Mainct ung dira :(tant soit de sens legiere)
La voyez vous : cest une mesnagiere
¶ Cest une femme : qui scait beaulcoup de bien
Il luy appartient : ung gros honneur et bien
Sy son mary : estoit(quelle sy saige)
Sen trouveroit : par trop mieulx son mesnaige
Car vrayement : qui quen soye marry
Elle vault plus : que ne faict son mary.
¶ Par le contraire : il est aussi certain
Que si la femme : est meschante et putain
Folle esuentee : ou sotte negligente
Et de vertutz : et bon sens indigente
Le bon mary : parauant fort prise
Il en sera : grandement desprise
Gauldy mocque : pour bien quil ait vescu
En le nommant : oyseau / mouton cocu /
Et plusieurs aultres : parolles malhonnestes
De luy seront : dictes et deshonnestes
¶ Et par ainsy : en sorte que ce soit
Ledict mary : par sa femme receoipt
Bonne ou maulvaise : deshonneur(comme est dict)
Par quoy disons : cestuy notable dict

In medio mulie=
rū non cōmorari deue=
stimētis enim pce=
dit tinea, et de mu=
liere iniquitas viri
Mellior est eniꝫ ini
quitas viri quā mu
lier bn̄facies. eccle.
xlij. c.

Que le mary :(tant soit il honnore)
De par sa femme : sera deshonnore
¶ Lecclesiasticque : dict que homme ne demeure
Auecques femme : et ne face demeure
Car tout ainsy : que le verm teigne vient
Des vestemens : il procede et prouient

Semblablement : liniquite de lhomme
Vient de la femme : (dit cil que dessus nomme)
Dit aussy bien : ung tresque beau notable
Qua toutes gens : debuement est notable
Car dit le texte : parlant en equite
Que trop myeulx vault : lhomme liniquite
Certainement : que femme qui bien faict
Quest une chose : grandissime en effaict
Quest mariage : chascun y vueille attendre
Icy dessoubz : le vous donray entendre
¶ Mariage est : quasi de mere office
Pour nuyct et iour : faire a lhomme seruice
Les aulcuns disent : et tiennent aultrement
Disant de mere : estre le muniment
Ou mouuement : de mere (disent ilz
Les bons docteurs : trescauans et subtilz)
Les aultres disent : maire dung/quasi aultant
Ou bien a matre : (disent ilz) et lenfant
Trop mieulx est dict : de mere que de pere
La raison est : pour que mieulx vous appaire
Que femme est faicte : et principallement
Pour telle chose : lhomme non proprement
Et daultrepart : quest plus officieuse
Ders son mesnage : que lhomme/et curieuse
Par quoy trop mieulx : il est dict matrimoine
Que ne seroit : vrayement patrimoine
Combien que lhomme : par resolution
Soit vray aucteur : de generation
¶ Bref plus de charge : en ce femme supporte
Que ne faict lhomme : tant nuyct que iour et porte
Comme auons dict : dessus plus amplement
Quant nous parlions : de leur enfantement.
¶ Or mariage : institue iadiz
Fut par telz motz : et telz notables dictz
Que furent dictz : par le dieu pur et munde
Quant dict croyssez : multipliez le monde
Ainsy que dit : la glose du chappitre
Lequel au marge : trouuerez et le tiltre.

Matrimonium &t quasi mīs munius l.offm vel quasi im̄tremūties,vel mouens,vel quasi im̄terunius,vel quasi a mīe z nato dr̄:aūt magis a mīe qr̄ ma gis ptinet ad rōnes cl9 ꝑpr̄ nā mulier pticipaliter facta ē ꝓpter hoc,nō aūt vir,z mulier circa,p le est magie officiosa ex.b.rbo.iiij.sen. xvij.q.ar.j.

Mrimoniū potꝰ dr̄ qr̄ pt̄imoniū lz pr̄r̄ auctor gn̄atio nis qr̄ plura onera subit z tollerat mu lier est enī(vt dictē est) i̇ ceptu onero sa in partu doloro sa in lactando laboriosa de conuer.insidel.c.ex.lit̄is z Jo annes fabri et Jason inst̄i.de act̄io.ffuerat nume.iij.
Mrimoniū p heēba fuit institutū Crescite z multipli camini.glo.in.c.vl. de frig.et malefi.

Liure segond   Du sexe Masculin

Matrimoniuz est duplex videlicet spirituale et carnale. xxvij.q.ij.cū₃ societas.

⁋Deux manieres : de mariage escriptes
Vous trouuerez : icy dessoubz descriptes
⁋La premiere est : de charnel mariage
Que comme est dict : contient grand charriage
⁋La seconde est : lesglise auecques Dieu
Au marge auez : qui le dit/ et le lieu.

Ibidem. Matrimoniū spirituale/ cōtrahitur inter platum ecclesie/ τ eius ecclesiaz. vij.q.j.sicut vir.

⁋Tel mariage : spirituel dict
C'est de lesglise : auecques le surdict
⁋Ou bien auec : Leuesque / lequel tient

Matrimoniū spirituale eq̄paratur carnali.c.inter corporalia de transla. epis.

Le lieu de Dieu : droict canon le soustient.
⁋Daultre part dit : quil est equipare
Audict charnel : certes / et compare.

Matrimoniū spirituale est pūnctio rpī et ecclesie.xxvij. q.ij.cum societas.

⁋Brief mariage : spirituel cest
Coniunction : du vray Dieu / qui tout scait
Auec lesglise : au marge auez aussy
En quel lieu cest : et qui soustient cecy.

Matrimonio iūcti/ prima nocte debent abstinere/ propter reuerentiā sacerdotalis benedictiōis.xxx.q.v. spōsus.

⁋Tout fiance : cecy proposera
Que celle nupct : du iour quespousera
Charnellement : son espouse toucher
Il ne la vueille : ny delle sapprocher
Pource que cest : chose sacramentalle
Et pour lhonneur : de la sacerdotalle
Et tresque saincte : brief benediction
Ainsy quest dict : en la distinction
Vingct troisiesme : ou question (ie pense)
Trentecinquiesme : croy que (sponsus) commence.

Matrimonio copulati nō debent se libidinose diligere xxxij.q.iiij.or.go.

⁋Les mariez : ne se doybuent amer
Ce que mainct ung : trouueroit fort amer
Hommes ne femmes : libidineusement
Ou celluy droict : quauez au marge ment.

Ut supra.xxxij.qō. iiij.or.go.τ.c.liber. Matrimoniū cōtrahens ad finem saturand. appetitū suū nō est ligat9 si nō h₃ animū p̄trahend lib̄ǎ apta ad matrimoniū sunt platate. est scd̄m cōem int. llectū in c.tua nos desponsalib9.

⁋Au mesmes lieu : est dict / quil est peche
Voyre mortel : dont est mainct empesche
Par volupte : hanter auec sa femme
Aultant (dict il:) quauecques vne infame
Faulce adultere : et meschante putain
Au lieu surdict : auez tel dict certain.
⁋Le texte dict : du chappitre notable
Cest / Tua nos : (chose dict non doubtable)

Contre le sexe   femenin.   feuilet.xcʙ.

Que si lon prent: femme en intention
Ses appetitz: saouller sans fiction
Nayent propoz: voulente ne courage
Icelle prendre: par faict de mariage
Combien quentre eulx: sans estre differees
Soient les parolles: dictes et profferees
En mariage: aptes/appartenantes
Lon nest lye: sont choses excellentes
¶Les mariez: ne doibuent deseruir
Dedans leglise: pres de lautel seruir
¶De droict canon: qui sa femme mainctient
En sa maison: luy sachant et retient
Quest adultere: peche mortellement
La separer: de soy/doibt promptement
A tout le moins: quant au charnel delict
Et quant ace: quon dict plaisir de lict
Mays aulcuns disent: quant au tout/ et soustiennent
Par les raisons: quapparentes mainctiennent
Aulx euangilles: sainct Mathieu ilz se fondent
Auec lesquelz: mainctz arguans confondent
Car il est dict: au chapitre cinquiesme
Semblablement: puys au dixneufuiesme
Que homme ne vueille: disent se preparer
De ceulx que dieu: a conioinctz separer
Excepte disent: par fornication
Dieu mesmes fit: ycelle exception
Exception: de la regle doibt estre
Comme soustient: mainct bon docteur et maistre
Puys quil la dict: yl le fault ainsy faire
Doncq mariage: certes se peult deffaire
En ce cas la: selon nostre argument
Voyre du tout: par le vieulx testament
¶Sy lon disoit: licite nestre point
Prendre aultre femme: touchant le surdict poinct
Et de ladicte: point ne se despescher
Il sensuyuroit: que contrainct de pecher
Lhomme seroit comme le canon dit
Si quis vxorem: ensemble le susdict

Matrimonio co-
pulati non debet in
ecclesia z pcipue cir
ca altare deseruire
xxvj.q.ij. multor̄.
maris̄ optimū scit
vxorē adulterā dz
ab ea separare tho
rū/alias peccat.ca.
si vir/vbi glo. alle-
gat c̄cor.de adult.
Sūt q̄ dicūt tali ca-
su/licitū esse vxorē
in totū dimittere et
aliā capere sc̄do ꝑ-
ctor in rep. l.gall.
§.quib̄ recte car.lib
ff.de li.et posthu.al
legant p̄ hoc.Illud
Matthei.v.z.xjx.
vbi postq̄ saluator
dixit/quos de° con
iunxit hō nō sepa-
ret/sublū̄git/ dcū-
q̄ dimiserit vxorē
suā nisi ob fornica-
tionē/et adulteraz
retinens or̄ leno.ff.
ad.l.Jul.de adul.l.
ij.§.primo z.l.mari
tieta.C.eo.l.ij.

Deutero.ca.xxiiij.

Si diceremus nō ē
licitum alias in vxo
re ducere/seq̄retur
q̄ quis cogeretur
peccare/q̄ est inc̄-
uenies pbare/qr
vxorē adulterā co-
gnoscere prohibitū
est.c.si quis vxores
xxxij.q.j.c.si vir z.c.
ij.(vbi Panor. Jo.
de ana.)Badul.q dī
cūt hoc maxime p̄
cedere/qn mulier p
seuerat adulteraz-
do varijs et pluri-
bus.

Nomme si sir : lesquelz trestoutz ensemble
Disent et tiennent : aumoins comme me semble
Que(qui adultere : sa femme touchera

Si marit9 de adul-
terio vxoris no in- Charnellement) : certes il pechera
dignaretur, psume- Et mesmement : souftiennent les Docteurs
retur leno ferrari9 Panormitain : et mainctz aultres autheurs
cautel. xliij. icipien. Quant a plusieurs : perseuere ladicte
iura sunt §.j. et acci- Et plus que vung : auecques elle habite
pe alia cautel. in fi. De ferrariis : a dict que le mary
Sicut crudelis et Qui de sa femme : nest indigne et marry
iniquus est qui cas- Quant il scait bien : quelle est vne adultere
sta dimittit vxorem Est macquereau : de ce ne se peult taire
Sic fatu9 z iniuft9 A tout le moins : on le doibt presumer
est qui retinet mere- Ainsy le dit : ce ne fault resumer.
trice participes est
turpitudinis est q ¶ Jehan Chrisoftome : qui na faulx dictz escriptz
celat crime vxoris Sur sainct Mathieu : a dict par ses escriptz
Jo. chrisoftd. sup Que tout ainsy : que cruel et mauluais
matheu et. xxxij. q Est le mary : (dit il)cropre debuez
§. siquis vxorem. Qui femme chaste : gecte de sa maison
Maritus cognoscens Pareillement : par semblable /raison
scienter mulierem Iniuste et sot : est celluy qui souftient
adulterā etiā pacta Femme putain : en sa maison et tient
penitētī. reconsilia- Vray patron est : dinfamete et diffame
tā. Icurrit omnino Celluy qui celle : le crime de sa femme
bigamiam. Ana. Ananias : Jehan de montaigne aussy
in dicto. ca. si vir de Au marge auez : ou disent ilz cecy
adul. Johānes de Que le mary : qui scait que sa femme est
montaigne. in tractu Vne adultere : le cognoit bien et scait
tu de bigama. q. v. Ce non obstant : sy tresgrande est loffence
co. viij. ,ppter quas
perdit priuilegium Quen aye faicte : bien grande penitence
clericatus. Syl la retire : et souftient franc et court

Propter adulteri- Bref Bigamye : vrayement il encourt
um mulier pdit om- De par laquelle : le priuilege pert
ne ius qō h3 in ma- De la clergie : que de droict nous appert.
rito Panormi. in. c. ¶ Par adultere : la femme pert le droict
literas de resti. spo. Quelle a au mary : au marge aurez lendroict
sic ridēs nec h3 ali- Et qui le dit : sy doibt faire le bien
quod priuilegiū ner Le priuilege : disent ilz aussy bien
in sti monio qō vio-
lauit Dec9 in. c. pa-
storalis col. pe. de
iudi. ergo nulla sibi
fit iniuria pta le dis-
pensatione, z.

Contre le sexe feminin.   Feuillet.xc8i.

De mariage: pour ce que Biole la
Ou Bous ay dict: Bous trouuerez cella.
ⒸEt par ainsy: si le Pape dispense
De mariage: deffaire/ comme pense
Quautreffoiz a: nul ne faict iniure
Ains est bien faict: ie Bous promectz et iure
Quaye este faict: il le fist Alexandre
Pape sixiesme: cest (Debuez Bous entendre)
Dune sa fille: ce fist pareillement
Au roy Loys: douziesme/ Brayement.
ⒸBarbace dict: de Penna auec luy ioinct
Que limiter: ce que Dieu a conioinct
Le pape peult: pour cause somme toute
A ce ne font: les surdictz aulcun doubte
ⒸIehan de la selue: en certain sien tracte
Et Ropelus: en ont aussi tracte
Disans pour cause: que le pape deffaire
Peult mariage: et telle chose faire
Et que sera: Bne chose eternelle
Le nonobstant: la copule charnelle.
ⒸAu marge auez: le docteur lequel dit
Lestuy notable: et tresexcellent dict
Que quant le Pape: mariage deffaict,
Doibt estre aduis: que Dieu mesme le faict
Car dit felin: sur ce certainement
Que sy le Pape: est esleu iustement,
Icelluy Pape: est dict Dieu dans la terre
Sy non / Dyable: qui audict sen Beult enquerre
Quil soit ainsy: quon puisse delaisser
Son espousee: et du tout la laisser.
Par argument: ie le Bous Beulx prouuer
Et sil nest Bray: le Beuillez reprouuer

ⒸArgument.

LE droict canon: tant estrainct et lye
Est il leuesque: et sy fort alye
Vers son eglise: qua femme mary soit
Qui ne le croyt: grandement se deceoipt

---

fuit dispensatũ p̃
Alexãdrum papã
vj.in fillã suaz. D.
Pisunel. τ vt intel-
ligo de psillo p post
ti medio la. tũc car-
dinalis Et idẽ post
ea ipe dispensauit
cũ Ludouico. xij.
francoꝛ Rege vt
Gaguin 9 in princ.
vite illu9/ nihilom-
nus Boerij in tra-
ctatu seu psillo de
pote. lega.
Johannes de sel-
ua in tracta. de lu-
returan. in prima.
q. iiij. ptis co. r. vil.
xvij. dicit q̃ papa
ex causa dispensat
sup m̃imoniorā-
nali copula p sum-
mato.cap. ṕto de
diuoꝛ. Ropelus in
monarchia, cart.
lxxvij. vil. et ideo
q̃ ista doctrina.
Jacob9 de march.
Paulu in suo trac.
de incolẽtib 9 purg.
c. vi. vbi dicit q̃ qñ
papa dissoluit m̃i-
monium videtur q̃
solus deus sit ille q̃
dissoluit nã Papa
canonice elect9 est
de9 in terris/ alias
est dyabol9 fell. in.
c. Ego.N.de iure-
iurand.
In tantũ astring-
tur ep9 ecclesie sue
Sicut vir vxorisue
c.sicut i. vij.q.j. τ tñ
ex cã pot ad alium
trãsire ea relicta. c.
quia frater in si. ex
caus. et.q. ergo pa-
ri mō ex cã marit9
poterit alta capere

¶ Coniunction : et pareil mariage
Est de lesglise : au surdict personnage
Cel dire/vray : de droict est approuue
Par ce dessus : nous est assez prouue
¶ Or peult leuesque : leuesche abandonner
La resigner : changer voyre donner
Pour son plaisir : ou pour vne aultre prendre
Sans que de droict : on len puisse reprendre.
¶ Sy il est ainsy : cest bonne consequence
Que vrayement : sans aulcunne doubtance
Les maritz peuuent : leurs femmes doncq laisser
Donner/changer : et du tout delaisser
Ainsy que faict : leuesque son esglise
Car pour espouse : aussy bien il la prise.
¶ Mariage est : vne chose fort dure
Qui bien souuent : a plusieurs par trop dure
Mariage est : chose fort dangereuse
Et chose tresque : a plusieurs malheureuse
De mariage : souuent mainct se complainct
A iuste cause : et de luy fort se plainct
Mariage est : a plusieurs desplaisir
Le desirer : nest pas trop bon desir
¶ Mariage est : trespondeureuse charge
Bien heureulx est : celluy qui ne sen charge
Mariage est : de mainctz destruction
En mariage : a maincte passion.
¶ Mariage est : a mainctz commencemēt
De reculler : au lieu daduancement
Mariage est : a plusieurs desbonneur
Moyen est cause : de perdre tout honneur
¶ Mariage est : chose forte a tenir
Beaulcoup il cousté : a bien lentretenir
En mariage : a beaulcoup de malheurs
Pour vng plaisir : cinq cens mille douleurs
En mariage : gist mainct vng pensement
Plusieurs y souffrent : maincte peine et tourment.
¶ Mariage est : a seruir difficille
Le contenter : il nest pas fort facille

Combien quil soit : mariage commun
De luy content : ie nen trouue pas ung
Pour bien quon aille : et sy droict qune ligne
Sy nen est il : quaye gaigne la vigne
Que commun dict : promect par son party
A qui dans lan : ne sen soit repenty
Pour mariage:(quest chose fort amere)
Lon abandonne : et laysse pere et mere
⸿Qui se marie : il se faict attacher
Sy fort que puys : ne se peult destacher
⸿De mariage : sont tousiours communs mes
Peine et soucy : et regrect/a iamays
⸿En mariage : il nous fault estimer
Estre pareilz : a nauigans en mer
Qui nuyct et iour : sont myz a laduanture
En grand dangier : et peril/ dheure en heure
⸿Les plus subtilz : y sont les plus deceupz
Et plus trompez : mays/ derniers apparceupz
En mariage : il fault bourse garnie
Sa voulente : assez nest oncq fournye
Tel cuyde auoir : sante loyalle au sein
Touchant sa femme : qui nest pas guieres sain
Tel de gaudir : quiltruy/ se veult mesler
Qui dessus luy : a trop plus a parler
⸿En mariage : a plusieurs tromperies
Dont sen ensuyuent : de grandes mocqueries
⸿Pour mariage : cuydans estre fort bien
Plusieurs y perdent : le corps/honneur et bien
Aussy font ilz : pour auoir prinse femme
(Quest bien plus fort : et plus a plaindre) lame.
⸿En mariage a mainctes fantasies
Grandz ialousies : et plusieurs frenaisies
⸿En mariage : a maincte inuention
Force mensonges : et grand deception.
⸿En mariage : fault auoir grandz oreilles
Pour escouter : parolles nompareilles.
⸿Les yeulx bendez : fault auoir somme toute
Faisant semblant : souuent de ny veoir goutte

Car qui Verroit : trestout ce quil se faict
Pas ne seroit : guieres ioyeulx Du faict
Maincte parolle : fault tenir renfermee
Auoir la bouche : le plus souuent fermee
Puys De sa langue : fault estre tempere
Et ce sur peine : Destre Vitupere
Car qui Souldroict : a toutz propoz respondre
Il se feroit : De parolle confondre
Ce sera bien : grosse confusion
A celluy la : et Vraye abusion
Qui De parolle : cupideroit femme Vaincre
Jamays Viuant : nulle nen peult conuaincre
Il nest celluy : quen puysse auoir la fin
Tant soit expert : cauteleux et bien fin.
¶ Qui mariage : prend pour seigneur et maistre
Ailleurs subgect : tant ne se pourroit mectre.
¶ Bref mariage : qui De luy bien senquiert
Principalement : et femme et enfans requiert
Puys chambrieres : Varletz/aussy nourrices
Que ne se trouuent : sans auoir De grans Vices.
¶ Pour ce Dessus : bien nourrir est raison
Auoir Des rentes : bledz/Vins/aussy maison
Ou trauailler : tant la nuyct que le iour
Sans oncq auoir : ny repoz ny seiour
En la maison : mainctes choses exquises
Sont Dans ycelle : certainement requises.
¶ Premierement : il y fault pour les lictz
Coytes/couuertes : cuyssins/lynceulx/chalictz
Rideaulx/courtines : oreilliers/mathelas
Quant sur les coytes : De Dormir lon est las
Prouision : grande De boys y fault
Pour faire feu : ou seroit gros Deffault
Des potz y fault : poteaulx/et cullieres
Metaulx/bassins : trepiers/cremaillieres
Landiers/et broches : chaulderons/grilles/pelles
Darain/Dacier : Destaing/platz/escuelles
Eschaufferetes : Varletz/et chambrieres
Pour soustenir : les potz et chauldieres

Contre le sexe feminin. Feuillet.xcviii.

Pales au feu: casses dessoubz les broches
Que luchefroyes: sont dictes par reproches
Eschaufelictz: pelles/chastaignieres
Potz a pisser: aussy moustardieres
Semblablement: grans tenailles/hauetz
Godetz/mouffetz: et graps/auoir debuez
Puys escumoyres: fricquetz/et cuillieres
Des couuertures: potz/et chandelliers
Cruseaulx: chandelles/huylles/meches aussy
Qu'a mainctes gens: donnent bien du soucy
Brydes/et selles: des basses/aussy ceaulx
Qui pour tenir: de leaue sont bons sayssealx
Luues/cyuieres: ou de boys/ou de terre
Maystz pour prestir: aussy fault il acquerre
Pipes/barriques: tonneaulx/tercenieres
Pressoyrs y fault: aussy cartanieres
Sercles moyens: siez non guieres secz
Des antonnoirs: ouilletz/bondes/faulcetz
Dousilz/canelles: gymbelletz/et tenailles
Dans les pertuys: des caues es murailles
Tables/dressoirs: bancqz/celles/et treteaulx
Chaires/estrains: napes/trenchoirs/couteaulx
Puys seruietes: tabliers/et longieres
Qu'on baille en garde: aulx bonnes lingieres
¶Pareillement: y fault tapisserie
A gens destat: et de cheuallerie
Tapitz de bancq: de buffetz/et de tables
Que dans maisons: sont choses tresnotables
Aulx chempnees: il y fault aussy bien
Mays daduantaige: en fault a gens de bien
Desquelz ientendz: les gens de grand estat
Car chambre et salle: il leur fault en lestat
Carreaulx y fault: pour les femmes asseoir
Pour deuiser: le matin et le soir
Couffres/ferrez: des bahuz sans doubtes
Mulletz puyssans: aussy pour les porter
Leurs couuertures: oblier ie ne ueulx
Ou sont leurs armes: pour estre mieulx cogneuz

n ii

Liure Segond   Du sexe Masculin

Des lictz de camp : il y fault bien garniz
Que beau coup coustent : auant estre fourniz
Et puys lictieres : y fault pour les grans Dames
Chariotz bransſlans : pour elles ou leurs femmes
Mulles y fault : grans cheuaulx malliers
Des hacquenees : auſſy bien troutiers
Apres y fault : de la faulconnerie
Pour telles gens : ou seroit mocquerie
Faulconniers / sacres / faulcons / lanners
Esmerillons : auberaulx / esperuiers
Auſtours / ſonnettes : leurres / et chaperons
Petitz courtaultz : des houſeaulx / esperons
Anelletz / gans : y ſont auſſy ſubgectz
Porteſonnetes : tournetz / loges / et gectz
Leuriers / et chiens : de toute Venerie
Y ſont requis : pour telle ſeigneurie.
¶ Buffetz dargent : il y fault bien complyz
De toutes choſes : requiſes et remplyz
Puys pour le train : il fault de toutes gens
Mainctz ſeruiteurs : ſylz ne ſont indigens
Maiſtres dhoſtel : eſcuyers / et chambriers
Palleffreniers : cuſyniers / bouteilliers
Auſſy argentiers : barbiers / et ſecretaires
Pages dhonneur : qui ſont de beaulx myſteres
Des boulengiers : lacays / ſolliciteurs
Et mainctes aultres : ſortes de ſeruiteurs.
¶ Touchant leſtat : des Dames et ſequelles
Des chambrieres : et de leurs Damoyſelles
Pource que ceſt : proprement faerie
Nen veulx parler : car ſeroit faſcherie
Paracheuer : du commun le meſnaige
Il nous conuient : car y fault dadvantaige
Fuzil y fault : pierres et allumetz
Qui donnent feu : quant bien ſont allumez
Souffletz au feu : des fallotz / et lanternes
Quon ſa querir : le vin par les tauernes
Puys de la chambure : il y fault et du lyn
Quaualler ſont : mainct Ving Verre de Vin

Contre le sexe ffemenin. ffeuillet.xcix.

Aprez quenoilles : rouetz pareillement
Des desuydoyres : trauolz semblablement
Pesons y fault : et fuseaulx mainct pareil
De quoy lon fille : bien souuent au soleil
Pour telles choses : il y fault des ferrans
Pareillement : aussy faict il cerans
Brayes a groges : il y fault aussy peignes
Qui de mesnage : sont tresbonnes enseignes
Plateaulx y fault : aussy bien des terrasses
Bouchons et poches : si faict il/des besasses
Balaiz escoubes : rables palles a four
Aussy bien nayes : et fourgons pour leur tou
Boyxeaulx aussy : des mesures et sacz
Grulleaux et grilles : passeurs/tamiz et saz
Pareillement : y fault des raclemaistz
Plumaulx souuent : y sont bien reclamez
Duys des charruez : charrettes/et verseurs
Aguillons toncz : pour tenir les beufz seurs
Palles et fourches : aussy bien des rasteaulx
Desquelz lon fait : du foing plusieurs bouteaulx
Besches/crocz/picz : tranches/y fault auoir
Picques/coinges/bourres/pour du tout se pourueoir
Aussy faucilles : et faulx y sont propices
forges/accoutz : pour leur faire seruices
Beaulcoup arates/y sont proffiteresses
Et cpuierres : a bras et rolleresses
Douleins et cerpes : aussy bien des lyntois
Pour boys et signes : aussy faict il des grays
¶Rondeaulx/ecclices : corbeilles et paniers
Qua grosses sommes : ne coustent de deniers
flascons y fault : aussy bien des ferrieres
Barrilz/bouteilles : ampolles/et asguieres
Des goubeletz : aussy verres/et tasses
Semblablement : y fault il des carbasses.
¶Encor y fault : pour les femmes deaulx
Toylles/filletz : aguilles/et cyseaulx
Du fillet dor : dargent/de soye/et laine
Pour ouurer bourses : et mouchoirs chose saine

n iiii

Liure segond — Du sexe Masculin

¶ Apres conuieut: pour les enfans petitz
Pour les nourrir mieulx a leurs appetitz
Berceaulx lations: maillotz et lysieres
Des couuertures: fontaines/testieres
Louches/paillons: cremeaulx/aussy courtines
Des puillons: couurechiefz/laictz/farines
Des bauerettes: bonnetz/beguins/brayeres
Des dauantelz: mouchoirs/des Santrieres
Des brassieres: dentz de loups/et sonnettes
Cheuaulx de boys: siffletz et pyrouettes
De mainctes sortes: il y fault de iouetz
Moynes et trompes: si fault il des fouetz
Chaires/charrues: tabourins et poupines
Choses a ce duysantes: et propines
¶ Tant daultres linges: (il y fault) et drappeaulx
Tant pour plaisir: que nourrir chair et peaulx
Que nen scauroys: la centiesme part dire
Les ignorant: ie ny veulx contredire
Pour ce quest chose: que ne me faict mestier
Et que des femmes: est le prope mestier.
¶ Apres aulx femmes: fault mainctz accoustrementz
De plusieurs sortes: et mainctz habillementz
Chaines/aneaulx: de bagues abondance
Pource que femmes: ayment toute boubance
Tant daultres choses: il leur fault tout compte
Que de dix ans: ne laurions racompte
Encor iamays: ne sont assez garnies
A leur plaisir: soulente/ny fournies
Moulins a vent: ressemblent (dire veulx)
Quau grant iamays: ne sont assez pourueus.
¶ Gens de mestier: mainctes choses requierent
Tesmoings ceulx la: qui de leur cas senquierent
Car tantz doutilz: a telles gens/il fault
Qua moy pourroit: estre tresgrand deffault
Les vouloir dire: par escript et par metre
Chose impossible: seroit toutz les y mectre
Au moins a moy: qui ne scaurois nommer
(Je croy) le dysme: qui les pourroit dismer.

Contre le sexe femenin. Feuillet.L.

¶Quant aulx merchantz: ie les vous mectz apart
Car de leur cas: ie ignore la plus part
Pource que y sont: mainctes choses exquises
Et tres diuerses: a telles gens requises
¶Aulx laboureurs: tant de choses conuiennent
Que bonnement: au long ne me souuiennent
Or il leur fault: oultre ce dessus dict
(Ace ne facent: aulcuns deulx contredict)
Des beufz/des vaches: des cheuaulx/et iumentz
Mulletz/et mulles: auec mainctz instrumentz
Quil leur conuient: pour faire leur affaire
Dont sans lesquelz: ne le pourroyent bien faire
Asnes/asnesses: Moutons/brebis/pourceaulx
Vers/boucz/et chieures: couches/aigneaulx/cheureaulx
Coqz/et chappons / poulles/pouletz/oysons
Canartz/et canes: que toutz mourceaulx disons
Tant daultres choses: il leur fault admirables
Que proprement: les trouue innumerables.
¶Or retournant: a nostre intention
Lon nous pourroit: faire distinction
De mariage: premier/segond/ou tiers
Quart/quint/sixiesme: que mainct faict voulentiers
De ieune femme: ou vielle comme aduient
A plusieurs gens: vng chascun iour et vient.
¶A semblant dire: respondons a chascun
Par vng tel dict:(de prouerbe commun
Que lon deburoit: escripre en parchemin)
Par tout sept lieues: a de mauluais chemin.

¶De prendre ieune femme en mariage.
Si ieune fille: prenez en mariage
Le philosophe: nous dit sur ce passage
Que ieunes femmes: ne sont point difficilles
A prendre espoux: ains y sont fort facilles
La raison est: car pensent que ce soyt
Plus doulce chose: que nest/qui les deceoipt
Et comme il dit: des quon leur vient parler
De mariage: si tost ne sont par lair

n iiii

Philosoph’dul-
cius putant quod
nūq̄ experte sunt
Maphe’ Vegi’
de educatioē libe-
rorum car.vj . Et
postea q̄ oē a ia-
post coitū ē mesti-
scōm philosophū
in ethicis/que re-
fert regimen cast.
car.iij.c.ij et car.
ix co.iij.dolent q̄
nō inuenerūt tan-
tā voluptatem vt
putabant nā inde
laboris plus hau-
rire n a.it est q̄ ex
re decerpere fru-
ctus scr̄ in Horas
tiū/ymo āteq̄ nu-
bāt caperēt quer-
cunq̄ vilissimum
sepultore postea
vo si maritus est
vn’ rex sunt male
cōtente / de eo cō-
querūtur q̄ omī
mēse vellē virum
mutare.

Liure segond		Du sexe Masculin

¶ Semblantz propos : De ioye de telz dictz
Aduiz leur est : que sont en paradis
Et ia vouldroient : estre la chose faicte
Et que ce iour deussent faire la feste
De leur vouloir : pensent estre au dessus
Par les raysons : que sont dictes dessus
Et quant seroit : celluy des plus meschantz
Que lon leur parle : des villes ou des champs
Certainement : ne le refuseront
Ains de bon cueur : elles lespouseront.

Philosophe i ethi-
qs.

¶ Mays comme il dit : pource que toute beste
(La chose faicte : villaine et deshonneste)
Triste deuient : et fort melencolicque
Comme bien scauent : ceulx quen ont la praticque
Lesdictes filles : ne trouuans tel plaisir
Quelles cuydoient : et questoit leur desir
Au bout dung moys : que cella faict auront
Celluy auoir pris : fort se repentiront
Et sy deuiennent : en sy grand desarroy
Que pourroit estre : leur mary filz de Roy
Quelles vouldroient : sen pouuoir estranger
Ou que le puissent : soubdain rendre et changer
De moys en moys : vouldroient changer maritz
Dont si pouuoient : en verriez mainctz marriz

¶ Et daultre part : grande charge entreprent
Qui ieune fille : pour mariage prent
Car magister : luy fault estre/ et nourrice
Long temps auant : quaye delle seruice
Au poing des verges : tant nuyct que iour luy fault
Ou seroyt bien : a luy tresgrant deffault
Vng chascun iour : leur en fault vne estraincte
Car rien ne vallent : qui ne les tient en craincte

¶ Les ieunes filles : a peine desdiront
Leurs poursuyuans : de ce que leur diront
Car ne se pensent estre si gros forfaict
Que la chose est : en faisant vng tel faict

¶ Parquoy les fault : tousiours tenir de prez
Aue. les vismes : comme auons dit exprez

Contre le sexe Feménin. Feuillet.Li.

Cyl qui le dit: iure sa conscience
Quil en a veu: souuent lexperience
Dont non sans cause: cyl quest au marge dit
A son amy: vng tel notable dict
Quant ieune fille:(dit il)espouseras
Bien tost aprez: plusieurs cornes auras
¶ Cest vne chose: grandement perilleuse
Que mariage: et treffort dangereuse
Car Buste dit: que homme nest malheureulx
Ains se repute: estre fort bien heureulx
Que Vierge pense: espouser pour sa part
Que naura faict:(dit il)fors qung bastard
Dire Seuillant: le bon docteur et saige
Que la pluspart: en font bien daduantaige
Le bon docteur: remply de grant scauoir
Par sur toutz aultres: le pouuoit bien scauoir
Car cordelier: estoit de lobseruance
Lequel des femmes: en tresgrande abondance
Pour confesser: chescque iour receputoit
Dont leurs secretz: et tout leur cas scauoit.

Fulg. dicebat cuidam amico suo Si capias iuuenculā faciet tibi cornua vt p̄ cō in
l.ṕcipi sunt ediles. ff.
de edi. edic.
Felix eris si illā quā
credis virginē nō
fecerit nisi vnū spuriū Rosariū Busti
prima p̄te Sermo.
exliij.l.fa.ij.

¶ De prendre vielle femme.
Si femme vielle:(mes amys)vous prenez
Chose que vaille: auoir nentreprenez
Car Hubert dit: que sont tant curieuses
En volupte: et tant luxurieuses
Que si ne trouuent: quelque secret amant
Pour paillarder: elles secrettement
Se feront masques: braues officieres
De lucifer: pires que sorcieres
En aultre forme:(dit)se transmueront
De vestementz: et de lieu mueront
Ou quant seront: sans leur cas recongnoistre
Dit quau diable: elles se font congnoistre
Auec vng membre: quil nomme bissoulqueu
Dont mieulx vauldroyt: que tant neussent vescu
Syl est ainsy: ce que croyre ne puys
Mettre les fault: trestoutes dedans vng puys

Hubertus in sacrī
ed lo car.vij. ṕfessionib; nā vt ibi dr
p̄te pila q̄ sunt vetule nec repiunt̄
matores tanta feruēt luxuria q̄ faciūt
se strigas τ transfumunt aut se in malores figuras q̄ pongantur euāgeliste ē
hūs Matheꝰ mat
riꝰ q̄ leo vituꝉ Lugl. in autē ius iurā,
q̄ p̄stat ab his l. ij,
quatuor. τ cū demo
nibꝰ cause expleēdē
libidinis se agitāt
q̄ cognoscū eas cū
mēbro buff.l.nto
et valleꝰ malefic.

Liure segond — Du sexe Masculin

℄ Le Docteur dit : quau marge trouuerez
Que quant le tout : bien vous regarderez
Il est bien sot : cyl qui vielle prendra

Syluanuptialis. Quest ung dict vray : qui bien le comprendra
Et si soustient : quest chose veritable
Quil nest au monde : chose plus euitable
Quest de la vielle : vrayement la semence
Car na chaleur: ne vertu ne substance
Il nest al homme : chose que plus luy nuyse
Pour sy tresbien que la vielle luy duyse
Sur toutes choses : lhomme plus enuieillist
Ainsy que dans : mainct bon autheur on list
Qui despouser : la vielle est enuieulx
Il a desir : bien tost deuenir vieulx
Bref a la vielle : il donne plus a viure
Et luy bien tost : a la mort se desliure

Philosophs. ℄ Au philosophe : il sen fault enquerir
Vetulam non co- Quant il disoit : pourquoy doy ie mourir?
gnoui cur debeo- Je ne scauroys : congnoistre par quel poinct
mori. Car (dict il) vielle : ie nay congnue point
Pareillement : ie puis bien deposer
Que cyl qui va: femme vielle espouser
Il ne viura: (cest) sans dissention
Sans bruyct et noyse : quest grosse passion
Car plus que luy : tousiours dira scauoir
Tant soyt il homme : de bon sens et scauoir.
Et sy vouldra : par sur luy dominer
Son corps et biens : tout vouldra gouuerner
℄ Si le poure homme : luy demonstrer samuse
Que nest raison : certainement abuse
Car vous promectz : quil a beau dire et faire
Quelle sera : maistresse en tout affaire
Or vous lauez : beau menacer et battre
Et fust battue : toutz les iours comme plastre
De son propos : ne se destournera
Ains le dernier : mot / luy demourera
Bref de la sorte : quelle sera nourrie
Viure vouldra : et seroit bien marrie

Contre le sexe femenin. Feuillet.Cii.

De la laiser : quoy quen Deußst encourir
Cent mille foys : aymeroit mieulx mourir.
¶ Et non sans cause : Aristote soustient   Aristo.lib.vij.Po=
Que mieulx fault prendre : ieune femme (et mainctient) lyticorum.
Et ce (dict il) : ainsy Debuez comprendre
Pour bonnes meurs : ala surdicte apprendre
En telle sorte : que nourrie sera
Comme il est dict : celle ne laissera
Or il fault doncques : prendre leage moyen
Comme ledict : Vous apprend le moyen
Prendz femme (Dit) : De lan Dixhuyctiesme   Aristo.lib.ij.
Et te marie : en lan trentesixiesme.
¶ Combien que femme : (comme Dit le Canon)   De Desponsa.im=
A lunziesme an : nen Diront poinct de non   pube.c.ptinebatur
Il a Voulu : tout ainsy proposer
Quen cedict temps : est preste Despouser.
¶ Qui Vieille prend : est banny de plaisir
En regret Vit : et tresgrand Desplaisir
Et ce ne fut : que pour la Vauerie
De plusieurs gens : et grosse mocquerie
Et quil Verra : que chascun le Desprise
Disans / Vela : cil que la Vielle a prise
¶ Or celle Vielle : pour se tenir bien chault
Loustera plus : de drappeaulx que ne fault
Sy luy fauldra : maincte Vne chambriere
Pour luy eschauffer : le deuant et derriere
Tousiours Dira : quelle a gros mal de mere
(Las) qui luy Donne : grande douleur amere
Toute la nuyct sourres : plaindre et gemir
Disant (ie meurs) : Dont ne pourres Dormir.
¶ Et Daduantage : Dit le Droict au surplus
Que lhomme peche : certainnement trop plus
Quant femme Vielle : prend par effect e::fer
Que ne feroit : la ieune femme hanter.
¶ Baptiste Dit : que le bas instrument
De la Vielle est : puant Villainnement
Et sy Dit plus : entendez bien ce Vers
Que bien souuent : il engendre des Vers

Esto memor, q̃ for
nicarí cū vetula : est
turpe et grauis pec
catū, τ̃ cuz iuuene
pulcra / glo.fina.in
c.fur.xliij.q.v.p Fe
lij.in.c.cū qdaz.col.
iiij.de iure iuran.
Baptista pl9 l.c.xv.
q̃ cūnus vetule est
fetidus et vermes
quandoq̃ generat.

Liure Segond — Du sexe Masculin

Glo.in.l.sō gallic⁹
tūc dicebat se male
plumā q̄ carnes.

¶La Vieille femme: sans plus sen enquerir
Plus que la ieune: elle coste a nourrir
¶La ieune chieure: mord le sel du bissac
Pour Brap la Vielle: deuore sel et sac.
¶Rien nest plus laid: que la Vielle ridee
Et mesmement: depuys quelle est fardee
Ainsy que dict: ycelle glose en droict
Dont en ce marge: Vous trouueres lendroict
¶Lors il est dit: sil fault que le descoeuure
Que la matiere: superabonde loeuure
Telle parolle: lon peult lors destacher
Que trop plus vault: la plume que la chair
Tant plus se fardent: et plus se farderont
Je vous promectz: que plus laides seront

Fell.in rubri.de he-
reticis.in fi.veni.cō
silij.iiij.angelics in
vii.lex.col.vj.

¶Le felin dit: que quant sont enchaynees
De chaynes dor: pour estre plus aornees
Lors ne fault faire:(dict il)coniurementz
Pour la tempeste: ne aulcuns adiurementz
Car les dyables: sont tresbien attachez
Bien enchaysnez: de nous nuyre empeschez
¶Tost vieille femme: a sa saison passee
Rien ne peult faire: que de langue et pensee
Or daultre chose: en brefz iours ne proffite
Qua demourer: au pres dung feu(ladicte)
Le verre au poing: la faisant la fascheuse
Se complaignant: faignant estre ialeuse
De toutes femmes.quelle ouyra parler
Gectant de mainctes:plusieurs brocardz par lair
La rottera: pettera/vessera/
La faulse puresse: quant bien saoulle sera
Cest vng martyre: quest fort dur a passer
Encores pis: car mainctz font trespasser
(Las)sans enfans: chose fort lamentable
Au corps et lame: non gueres proffitable
¶Qui femme vieille: il tient en sa maison
Il est pourueu:en tout temps et saison
De toutes choses: escriptes cy debas.
Dont la premiere: est noyses et debatz

Contre le sexe femenin. feuillet.LIII

Merencollies: de gringz/de plainctes/
De grandz reprocbes: menasses/et complainctes
De ialousies: de peines et tourmentz
De grandz despences: et de gros coustementz
De tant de maulx: qui les souldroict compter
Que fort fascheux: seroit les racompter.

¶ De prendre femme veufue.
Qui veufue prend: il se faict quasi infame
De droict est dict: se me semble bigame
Le priuiliege: il pert de la coronne
Que de mourir: garde maincte personne
Et maictes aultres: fort belles choses perd

In ducendo viduā incurris bigamiaz et pdis priuilegius clericatus / et alia plura, de quib? l' ti tulo de bigamis.

Ansy que plus: clerement uous appert
En ce beau tiltre: des bigames uous ditz
Ou sont escriptz: mainctz tres exellentz dictz
¶ Et dauantaige: qui quen soye marry
Le droict nous dict: que quant leur feu mary
Eust bien este: sy peruers que ung dyable
Et vers pcelles: fort preiudiciable
Et vous seriez: ung ange proprement
Le non obstant: elles iournellement
Les traictementz: bons/vous reprocberont
Que pceulx marytz: iadiz faictz leur auront
Et de ce dire: nen feront de la cane
Car pour ung palin: en mettront une canne.

Sicut priusqz consuss, vidue, fuissét vnus demō, ta vn sanct?, semp obij= ciet nobis hō a tracta menta priūs. glos. in autentica.de fi deiussorib? in prin cipio.in versi.appa rente.

¶ Et dit que lame: du feu mary passe
Qui de ce monde: il sera trespasse
Sen tristera: et sera tresmarrie
Quant sa feue femme: elle se remarie
Au marge auez: cil quen faict mention
Cest que de nopces: reiteration
¶ Honneste: est chose fort contraire
Quelque proffit: que lon en saicbe attraire
Disant que plus: est beaucoup conuenable
Quant a la chose: publicque et raysonnable
Honneste: garder sans fiction
Quil nest: de peuple multiplication

*Ex scōis nūptijs contristatur anima deffuncti maruti.s. nos igitur vidētes l' autē.de nup. vis Bald.in autē.cui relictū.C.de iudic. col.iij.
So3.i.l.bec pdisō col.ij.ff.de pdi.t de mo.dices q' reitera tio nuptiarum, est contra honestatez, et q' magis expedit respublice honesta tem seruari q' mul tiplicatiōes populi q' ostēt ex corrup tiō moȝdȝ*

Liure segond   Du sexe Masculin

Et mesmement : nottez telles primeurs
Quant ce procede : de corrompues meurs
¶ Ainsy nest il : dit le Jason de lhomme
Quant il est veuf : la raison est en somme

In marito aute͏̄ vi͏̄-
duo sec͛ est : q͛ non
potest vacare nego-
tijs dom͛. Jason i͏̄
aucte͏̄.cui relictū.in
fi.C.de indic. vidu.
tol. ideo nullas pe-
nas patitur/etiam
si nubat infra annū

Pource que lhomme : ne pourroit point vacquer
A mainctes choses : ne vouldroit sappliquer
Que neccessaires : sont dans vne maison
Dont me ressemble : quest tresiuste raison
Parquoy combien : quaille femme espouser
Je diz dans lan : debuez presupposer
Que de droict est : chose tresque certaine
Quauoir nen doibt : pour cela aulcune peine

Capiens viduā ol-
citur fornicari/ li sit
honesta fornicatio.
c. hac ratione. xxxi.
q. i. Mō frā. in rep.
l. si constante. ff. solu-
to. matri. col. xiij.

¶ Le Canon dit : quest fornication
De prendre veufue : mays son intention
Nest/ quelle soit : (comme dit) deshonneste
Aussy la Loy : car la disent honneste.

Vidua pl͛ peccat
q͛ virgo afflicta. i͏̄
xxxij. rubrica cō͛ti-
tum. col. iij.
Angelus in suo te-
stameto͛ / in versi. eu
tores. coll. vj. sub-
pingēs / q͛ si secre-
ta viduarū patefie-
rent / multe tutele
corruerent.

¶ Aussy la veufue : plus que la vierge peche
Quant elle faire : lacte charnel sempeche.
¶ Lange nous dit : en son beau testament
Que quant aulx veufues : sy manifestement
Toutz les secretz : estoyent bien sceuz de telles
Bien tost tumbees : seroyent mainctes tutelles.

Secu͏̄de nuptie nō
debent bn͛dici. xxxi.
q. i. de bijs. &c.
In matrimonio or-
dinate cōtracto nō
licult : nec apud gre-
cos / li secu͏̄das nu-
ptias facere : ppter
notā bigamie. xxxiiij
di. si quis de laicis.

¶ Segondes nopces : de riche ne beliste
Dit le canon : ne se doibuent beniſtre
Car proprement : ce nest honnestete
(Comme auons dit) : ains est infamete
¶ Il fault bien dire : que le cas est infame
Car syl quaura : eu plus que dune femme
Ou que vne veufue : il espose aura
Aulx sacrez ordres : admys il ne sera
Dont deffendu : luy est de chanter Messe
Aultant icy : quaulx parties de Grece
Il ne sest faict : ne se doibt faire mye
Tant est de droict : infaicte Bygamye.
¶ Distinguer fault : aussy pareillement
De belle femme : ou layde franchement
De riche ou pouure : en douaire / ou de bien
Car vous promectz : quil y fault penser bien.

Contre le sexe femenin. Feuillet.LIIII.

De prendre belle femme.

SI belle femme : prenez pour espouser
Il vous conuient : cecy presupposer
Qua tout iamays : vray serf de ialousie
Las vous serez : aussy de resuerie
Car sy voyez : (ce ne fault que vous celle)
Quelque gallant : parler auecques celle
Tel froid aulx piedz : et challeur en la teste
Vous surprendront : que serez pys que beste
Jrraisonnable : pour ce que tout pense
Vous deuiendrez : O homme saige insense.
¶ Et pourroient ilz : parler de Leuangille
Que penserez : tant serez lors fragille
Que ceulx ne parlent : fors que de paillardise
Et que daccord : ilz sont de ribauldise
Contre le dire : (mest aduis) Dalexandre
Lequel a dit : sy bien lay sceu comprendre
Que cil quembrasse : la femme en lieu secret
Dit le docteur : fort scauant et discret
Que de celluy : est la presumption
Cest que luy donne : la benediction
Et syl la bayse : (dit il) en verite
Presumer fault : que cest pour charite.
¶ Ce que ie treuue : chose fort bien estrange
Et quant a moy : suys de laduis de Lange
Et de mainctz aultres : tresexcellentz autheurs
Gens bien scauans : et tressaiges docteurs
Disans / de telle : charite nous deffendre
Il plaise a Dieu : ce seroit le cueur fendre
Car presumer : (fust il quasi vng apostre)
Il ne seroit : quil dist la patinostre.
¶ Et daultre part : (sy belle est) vous promectz
Perdre de veue : ne la souldrez iamays
Dont en larmes : bien souuent mainct affaire
Que prouffitable : vous seroit fort le faire
De ialousie : ne la scauriez laisser
Et vostre bien : deussiez tout delaisser

Amplexans mulierē in occulto, psumitur ei dare bndictionē, et si vident q deosculetur psumendum est q fiat zelo charitatis Alexā. lttj.vol.pst. c.xxvij.visa inquisitione.iij.col.vltj. ¶ ppterea. Sed a tali charitate libera nos dñe, quando si secrete loquuntur, et quo non psumitur dicere pater iij. Ange.in maleficijs.glo.col.ij. Frācisco Bouini in trac.de iudicijs peruf.in.c.yt offi. co.j. de hereticis li bro.vj.pic.in repet.¶ titla glo.lxiiij.in fi. facit Panor.in.c.si cut prio d simonia. Auge.i dicto trac in vsi.fama publica.col.v. ¶ely.in.c. preterea de testi.

De quoy mainct ung : de vous se mocquera
Quant telle chose : apperceue sera.
¶ Vous noserez : aussy faire conuitz
Car vrayement : il vous seroit aduis
Que toutz ceulx la : qua celle parleront
Incontinent : la chose luy feront
Sans vous fier : damys/ne de parens
Vous sera aduis : telz cas estre apparens
Tant nuyct que iour : en elle penserez
Oncq plus ioyeulx : ne gay vous ne serez.
¶ Par fantasie : belle femme prendrez
Mays de ses vices : enquerir ne tendrez
Dont le prouerbe : (quest commun) nous demonstre
Ce quen aduient : toutz les iours et nous monstre
Ceulx qui damour : se prennent, cest lusaige)

Amore se capletes
rable se dimictunt.
Prouerbiū cōmu.

En fin se laissent : de grandissime raige.
¶ Et ce prouient : pour ycelles les vices
Quilz nauront sceuz : ou leurs grandes malices
Ou certes bien : il vient telle discorde
Qua telz maritz : (ie vous dis) leur recorde
Les mauluais tours : de iadiz et folies
Dont souffert ont : mainctes merencollies

Difficile custodi‍
tur/quod plures
amant. Hieronim9
ptra Iouinianum.

¶ La belle femme : de garder nest facille
Ainsi sainct Hierosme : dit/quest fort difficille
Pour ce que cest : chose quest fort amee
Fort desiree : couuoytee/et sonnee.

Supbares est pul
chra mulier. Picta
cus et Menāder.

¶ Pyctacus dit : veritable prouerbe
Que femme belle : est chose tressuperbe
De quoy Iehan fabre : il la voulut nommer sotte

Pulchra ergo fa‍
tua. Iohan. Fabr.
supbus z arrogās
vocatur indoctus.
prouerb. xlx.c.mu‍
lier speciosa z pul‍
chra/templum est
sup cloaca edifica‍
tū/dicebat Socra.

Et Salomon : aussy la dit/indocte.
¶ Socrates dit : et baille tel exemple
Que la beaulte : de femme/cest le temple
Sur la cloaque : (dit il) ediffie
Aussy tout saige : en est certifie.
¶ Femme quest belle : est sy tresglorieuse
De sa beaulte : et sy fort orgueilleuse
Quil luy est aduis : que ung Roy la regarder
Ne seroit digne : ny delle sabordre

Contre le sexe femenin. feuillet.LX.

Et dauantaige: que homme aulcun ne la sault
Sauf de certain: mays cest de leur Ribauld
Et leur ressemble que chascun les regarde
Pour leur beaulte: et que sen donnent garde
Aulcuns qui delles: au plus pres passeront
Mays la pluspart: a elles ne penseront
Sy de beaulte: elles ont vne dragme
Auoir en pensent: vng quintal sur mon ame
Et nest si laide:(ie diz)en ce bas estre
Que ne se pense: fermement fort belle estre
Bref qui vouldra: delles se faire aymer
Sur toutes choses: les fault belles nommer.
❡Beaulte de femme: a faictz beaulcoupz marris
Mainctz mys au bas: voyre du tout periz
Legierette: Properce dict amye
Cest des formeulx:non iamays enuye.
❡Des formeulx diz: desquelz par asseurance
Auec les beaulx: a grande difference
Le nonobstant: des beaulx icy tenendz
De toute sorte: aultrement ne pretendz
Les docteurs disent: sy bien lay visite
Quaulx petitz estre: peult il formosite
Non point beaulte: car aux grans appartient
Au marge assez: qui tel dire mainctient.
❡Beaulte de femme: cause beaulcoupz de maulx
Beaulcoupz de vices: de peines et trauaulx
Cause souuent: que des femmes/lamy
Le mary tue: plustost quaultre ennemy
Comme dauid: lequel sans menterie
Pour bersabee: il feist tuer Orye.
❡Beaulte de femme: est moyen et practicque
Ainsy quest dict: dedans Lecclesiasticque
Que le pouure homme: humaine creature
Est contrainct faire: plus que ne veult nature
❡Sur quoy le droict: tel dict a voulu mettre
Que de ses membres: lhomme nest alors maistre
❡Florentin dit: homme repute saige
Si tu prendz belle:(dit)tu prendz ton dommage.

Propter speciem/
mulieris multi pe
rierunt.Ecclesiasti
ci.xxv.c. Formosi-
leuitas semp ami-
ca fuit. Propʼ li-
bro.iij.elegia.xviij.

Joānes. Fabri.in
sti.de nup. Egidiʼ
ix.de regimine pri
cipũ lib.ij.pte.j.ca
xiij. Sozi.lib.j.cōst.
j.col.ij.vii.cum er-
go iste/quia pul-
chri materni sunt in
corpore ideo visi
capiunt formosam
magnitudinē e pul
chritudine et ra-
tio est q̃ pulchritu-
do semper est in ma
gno corpore vnde
Parui formosi di-
ci possunt non au-
tem pulchri.
Quādo sūt adeo
pulchre copellunt
naturā agere vltra
que facere possit.
Eccle.xvj.c.
Tunc nō est ho do-
minus membroruz
suoʳ.Liber.homo
ff.ad.l.Aquil.Mp-
in.l.questionis ha
bende.col.ij ff.de cō
stio.declus in.l.ne-
mo fraudare.ff.de
regu.iur.

o

Liure segond   Du sexe Masculin

Modici temporis
tyranus est pulchri-
tudo. Teophrast.

¶ Bref Theophraste : par especiaulte
Dit que de femme : vrayement la beaulte
En peu de temps : vient tyrant proprement
Dont mest aduis : quil parle saigement

Salomō. Pertran-
sit decor mulieris,
velut flos agri. Et
Stephanus niger
choria.j.car.ſ. Et
Baptista plʰ in an-
notationibʰ poste-
rioribus.c.liij. ante
finem.

¶ Pour abreger : Salomon nous denonce
Telles parolles : et semblans motz prononce
Que qui beaulte : de femme bien compasse
En si bref temps :(que la fleur des champs)passe

¶ De prendre laide femme.

Semblablement : sy prenez femme layde
Certes chascun : fault que ce me concede
Quaultre/ne vous : oncq ny prendra plaisir
Ains en regrect : viurez et desplaisir
Et daultre part : mainct ung sen gaudira
Sen mocquera : et vous en mauldira.

¶ Les belles femmes : a prier se feront
Mays quant aux laides: ie diz/que prieront
Pource que delles : muguetz ne tiennent compte
Elles les prient : pour vray ie le vous compte.

¶ Ainsy que chiennes : et loupues/pourchasser
Dont telz gallans : au lieu de les chasser.
Parquoy verrez : plus de laides putains
Bref que de belles : sont dictz vrays et certains

¶ Communement : par villes et par champs
Putains se font : mays cest des plus meschans
Or pour les belles : vient mainct bien terrien
Mays pour les laides : lon ne peult auoir rien.

¶ Plustoft donront : dont mainct ung est destruyct
Mays cest pour vray : ien suis tresbien instruyct

Turpes vxores
sunt similes scan-
nis , Macellario-
rum que die noctes
qʒ sine custodia ab
sʒ latronum peri-
culo remanent in
plateis. Bustus in
prima parte Rosa-
ri. ccccxxj.lſa.s.et
sermo sequē.lſa.o

¶ Le susdict Buste : dict sur certain passaige
Que laides femmes : ont semblant aduantaige
Quont ilz les bancz : nottez bien des bouchiers
Dessus lesquelz : ilz couppent maintes chairs
Qui par les places : sont nuyct et iour sans garde
Mays de peril : destre pris ilz nont garde

¶ Iehan de la place : nous dit telle doctrine
Que quant aulx femmes : lon scoit laide poictrine

Contre le sexe feminin.   Feuillet.CVi.

S'ensuyt laid con: dont suys de son aduis
Car approuuez: ont plusieurs telz dictz
Sur ce propos: pour vray mainct ung soubstient
Que si long pied: aussy bien femme tient
Son con a long: dont ie le croys ainsy
Et que iamays: ne peult estre accourcy
Et d'aultre part: il conuient presumer
Que layde femme: l'on ne peult guiere aymer
Car c'est la face: ie vous promectz qu'on ayme
Dict Iuuenal: non pas certes la femme.
Plaute nous dit: que femme en regret prise
Vray entiemy: est du mary comprise
Qui prent doncq femme: en regret vous promectz
Qu'a bonne yssue: il n'en viendra iamays
Car a grant peine: vient a bon finement
Ce que natura: eu bon commencement.

De prendre femme grasse.
Pareillement: ne prenez femme grasse
Quelque mainctien: qu'elle aye et bonne grace
Grant puanteur: au lict vous donnera
Car a l'espaulle: du mouton sentira
Au faguenatz: et puanteurs susdictes
Donc ne prenez: telles femmes mauldictes.

De prendre femme maigre.
Touchant des maigres: n'en prenez aussy poinct
Car il est dict: et nottez bien ce poinct
Que sont troys choses: maigres tresq mauluaises
Fastigieuses: tant et plus que pugnaises
C'est assauoir: la femme/chieure/et loye
Est qu'est bien pis: ie veulx que chascun l'oye
Disent que c'est: viande si mal duysable
Que ne conuient: a menger que au dyable.

De prendre femme blanche.
De femme blanche: aussy n'ayez enuye
Molle et treslasche: sera toute sa vie.

Et longitudinẽ pedis lõgitudinẽ vulne. Michael scot' in phisono.vñ.vsus ad formã pedis cognosces vsas mulieris.

Iuuenalis, et auctores fregẽlis circa sine facies nõ vxor amatur.

Dicit plaut'. q bolis est vxor inuita q ad virũ nupti dastur et nuptie inuite par sunt malum extum. c. requisiuit de spõ. Iune.in.c.tue col.xvj.eodez.titu. Coine.lib.iij.consti lio.cxvj.

Raro bono pagatur exitu que male sunt inchoata principlo.i.q.i.c. princi patus.

Prouerbium. Tria mala macra/ ancet/mulier/ capra nõ nisi de monibus conuenit illecibus.

Bien tost ridee : tost deffaicte et rompue
Pour bien que soit : entretenue et peue.

¶ De prendre femme noyre.

Y tu prendz noyre : garde que ne te eschauldes
Car elles sont : trop ardentes et chauldes
Et ne sont dictes : espece de beaulte
Et soulentiers : ne tiennent loyaulte.

¶ De prendre femme riche.

Pour mariaige : ce de moy aprenez
femme quest riche : mes amys ne prenez
Car qui la femme : quest riche espousera
De ouyr reproches : il se disposera
A chesque noyse : on luy dira tel tiltre
Da/sa meschat : sa malheureulx beliftre
Queusses tu faict : sy ne fusse mon bien
Quoy/mort de fain : et chascun le scait bien.
¶ Et daultre part : sy sont en leur maison
Lon leur dira : sans propoz ny raison
Patay Quoquin : cella ie te mainctien
Sortz de ceans : tu nes en rien du tien.

Gell⁹ lib. ij. c. xxij.
qr ligurg⁹ legē tul
lit qr vxores sine do
te ducerentur nam
intollerabilius ni=
hil est q femina oi=
ues. Plutarch⁹ in
vita Ligurgi.
Sapiens dicit au=
thoritas vxores ne
ducas sub noie do=
tis.

¶ Gloire et fierte : de nourrir entreprend
Et mainctz reproches : qui riche femme prend.
¶ Gellius dit : que Ligurgue porta
Icelle loy : et quil se desporta
Donner entendre : par icelle ordonnee
Que sans douayre : femme fust amenee
Disant que chose : sy intollerable nest
Que riche femme : espouser franc et net.
¶ Telz ditz le saige : a voulu composer
Ne sueilles femme : pour douayre espouser.

Ascensius. et mar=
tialis lib. viij. Epi=
gramarum.

¶ Ascense dit : aussy bien Martial
Ung tel prouerbe : ie diz especial
femme quest riche : disoit ung chascun deulx
Comment quil soit : espouser ie ne veulx
¶ Le Philoph̃e : nous dit chose notable
A mainctes gens : grandement proffitable

Contre le sexe fementin. Feuillet. CVii.

Cest que qui pouure : mect en sa maison femme
Pouurete mect : en icelle et la fame
Mays qui la riche : en sa maison aqueste
Soustient le dit : quil y mect la tempeste
Mieulx souldroit prendre : femme queust bon vouloir
Quil ne feroit : tant de richesse auoir
Car le droict dit : quamour honneste pend
De bon vouloir : non de gaing, ny deppend
Ce nonobstant : que mainct aultrement face
Pour bon vouloir : saige tout gaing efface.

℄ De prendre pouure femme.

E femme pouure : prendre pareillement
Je vous promectz : quil nest faict saigement
A sainct Hierosme : il sen fault enquerir
Qui dit que chose : difficille a nourrir
Est pouure femme : sy, dit semblablement
Nourrir la riche : porter/est gros torment
℄ Le Canon dit : touchant a cest affaire
Que mariaige : il ne doibt aulcun faire
Cest sans douaire : sy lon en peult auoir
Chascun y face : doncques bien son debuoir
Contre le dire : de Ligurgue susdict
Qui loy porta : de contraire intendit.
℄ Menander dit : dont il a bonne grace
Que sans douaire : na aulcunne espouse audace
Argent ou gaige : il fault en mariaige
Car comme est dit : requiert grand chariaige.
℄ Dit Plaute aussy : quil nest poinct bien heureulx
Qui femme espouse : ains est tres malheureulx
Estant luy pouure : et cest la verite
Il entreprend : grosse temerite.

℄ De femme saige.

E femme saige : ne feray mention
Source quest dit : par resolution
Et bien prouue : que touchant a ce poinct
Drape saigesse : certes femme na poinct.

o iii

Hystoria Valerii, prepte allegando Aureolum Philosophus, q̃ qui ducit vxorē pauperē ponit idoiho sua paupgtatem; q̃ diuitem ponit tempestatez.

Honestus amor procedit ex animo, non ex lucro gl̃o. in l. hic ratio. ff. de do. inter virũ & vxo. & c.vi. de vxoris bus cendis diuitijs.

Vxorem pauperē difficille est allere difficulterre tormentum est hieronym9 cõtra Jouinianũ.

Matrimoniũ siñe dote Strabl. nõ dz si poteſt haberi xxx.q.v. nulliũ sine dote.

Sponsa sine dote non bz audariam. Menander.

Plautius in Aulularia. Æter infelix q̃ existēs pauper ducit vxorem.

¶ De prendre femme docte.

Arristoteles pte.
xxx.pbleu.j.in.j.co
lu.consequés.
Pamphilus sap̃s
intret nullã domũ
coniunx/ij si tamẽ
intret/nec sit pul-
chra nec docta illa
minus.

La femme docte: nous fault aussy parler
Au rantz des aultres: les nous conuient mesler
Le nonobstant: Quaristote veult dire
Que sont bien claires: dont ny veulx contredire.
¶Pour abreger: Pamphille nous apprend
Bonne doctrine: a qui bien la comprend
(Il dit ainsy): quil nentre espouse aulcunne
En la maison: soit pour biens ou pecune
Ou sy elle y entre: pour ce que maintz deceoipt
(Dit il) trop docte: ne trop belle ne soit.

Qñ sunt docte in-
trant in quadã ãm
bitionẽ dominand̃
taliter q̃ dubitan-
tes ne dominio ex
pelluntur ppulos
filios enecant vt
exẽplo recitat fre-
gosius in valeria
n.l.li.ix.capi.xi.de
sceleratedictis aut
factis dũ loquitur
de laudice regina
capadocie.
Talibus enim mu
lierib9 oĩa chario-
ra sũt q̃ pudicitia
aut decus(vt iñdit
Salusti9)ante me-
diũ catellinarij de
Sempronia q̃ litte
ris grecis z latinis
erat satis edocta/
psallere/cantare/
qz/instrumenta lu
xurie sunt elegãti9
q̃ necesse est pbe
mulieri

¶Fregose dit: par exemple telz dictz
Lesquelz: ainsy: le vous declaire et ditz
Quant elles sont: (nous dit il) sy tres doctes
En sont aulcunnes: tant meschantes et sottes
Lesquelles entrent: en telle ambition
Que pour ne perdre: leur domination
Leurs propres filz: elles mectent a mort
Sans en auoir: ne pitie ny remort.
¶A telles femmes: dit Saluste tant chier
Nest rien au monde: ce leur veult reprocher
Que honnestete: et que pudicite
Tant ont le cueur: a mal faire incite
Lequel susdit: allegue Sempronie
Que de scauoir: estoit fort bien fournie
Aultant en lettre: Grecque(dit) que latine
La miserable: et paruerse mastine
Sy scauoit elle: (disoit il) bien chanter
Saillir/dancer: dont plus nest a vanter
Car instrumentz: il les dit de luxure
Aussy sont ilz: dece ie vous asseure
Chose elegante: plus est a femme honneste
Que necessaire: souuent est deshonneste

Qñ sciũt scribere
non opus est alio
lenones secũdum
philelphum.

¶Philelph nous a: telz ditz voulu descripre
Que quant la femme: elle scait lire et escripre
Lors Macquereau: ne luy conuient auoir
Ce quil luy plaist: par lettre faict scauoir.

¶ De femme indocte et sotte.

Contre le sexe feminin.   Feuillet.C.viii.

E femme indocte: et sotte ne nous fault
Tenir propoz: chascun scait quelle vault
Pour rien q̃ vaille: dõcques noz̃ la lairrõs
De quoy repoz: ace propoz pourrons
En concluant: comme est dit et par fin
Par tout sept lieues: a de maulnais chemin
¶ Qui veult le fol: sans verge chastier
Le droict remede: cest de le marier
Car vrayement: qui se mariera
Je vous promectz: quil se chastiera
¶ Bref quant le loup: il se marieroit
Dit le prouerbe: quil se chastieroit
Boyre la Mer: quest chose sumptueuse
Ne seroit tant: quelle est impetueuse.
¶ Quant mariaige: se fait en ce bas estre
Soit quelque soit: interroge doibt estre
Premierement: le mary que la femme
Dit mainct docteur: de bon renom et fame.
¶ Thomas le More: dit que les Opiens
Ont de coustume: tant ieunes que antiens
De veoir leurs femmes: et de ce sont tenues
Auant les prendre: ievous ditz toutes nues
Et sont aulcuns que les dictes retiennent
Pour concubines: premierement et tiennent
Et cella font: pour experimenter
Si pourroient elles: filles ou filz porter
Aultrement ceulx: ne les espouseroient
Plus tost den prendre: ilz se reposeroient
¶ Joseph dit: mest aduiz vng tel conte
Que les hebrieux: philosophes et compte
Se marier tenoient: pour mocquerie
Et leur venoit: en grosse fascherie
(Non pour mespris): de mariaige dit
Mais pour fouyr: nottez lexcellant dict
Lintemperance: des femmes car pensoient
Trestoutes estre: et croy quencores soient
Tant inconstantes: que tant seullement vne
A son mary: ne tiengne foy aulcunne.

Prouerbium com-
mune q̃ si lup9 vxo-
rem duceret casti-
garetur, et si mare
haberet vxorẽ nõ
esset ita p̃cellosũ
Ca3is. lup. in cõsi-
lio, p̃ monachis cõ-
tra canonicos. col.
ante penult.

De iure mariti eã
q̃ dignior̃dz prio
iterrogari. Jas.in
stit.deiur.natur.ge.
et ciuil.et deadop.
col.iij. Panor.in.c.
si inter virũ despõ.
glo.et Ang.in.l.ij.
ff. de adop.
Thomas morus
in sua republica. li.
ij.et cor̃.lxxiij. dicit
q̃ opienses volunt
videre mulieres
nudas ãteq̃ eas
desponsent nec sm̃
merito et aliqui re-
tinent eas prio in
cõcubinas ad p̃o-
lis sperimentũ ans
teq̃ eas plant in vxo
res glo.in.§. ne nõ
ln vii. §. stiterũt inst
de hered̃ ab intesta
ta.facit regula q̃ cũ
alio.ff.de regul.iu.
Nota de hebreis
philosophis esse is
de quib9 Joseph de
bello iudaico lib. ij
c. ij. qui nuptias fa
stidiebãt non quis
coniungia vel hu-
mani generis suc-
cessione cessant p̃-
hẽdã sed qt̃ cauẽ
dum putent intem
perantiam femĩ iz
nulli earum vinu-
ro fidẽ seruare cre
dentes.

q iiii

Liure segond				Du sexe Masculin

¶ Par ce dessus: lon peult apparcevoir
De mariaige: aussy clerement Veoir
Les grandz dangiers: en quoy lhomme se mect
Quant despouser: la femme se soubzmect
¶ Inestimables: ce ie Veulx mainctenir
Sont les grandz maulx: quen peuuent aduenir
Quen sont venuz: et chascun iour en viennent
Sy les dessus: choses bien vous souuiennent
Cent mille foys: ie Vous dis au surplus
Que nen ay ditz: il en ya encores plus
Cest belle chose: qui le tout bien aduise
Certainement: que destre homme deglise
Non de porter: vne si grosse charge
Que lhomme faict: quant de femme se charge.

¶ Des ioyes des amoureulx/ et syl est bon dayiner
damour folle/ Cest a dire Genericque.

Pres auoir: parle de mariaige
Souffisamment: et de son equippage
Il est besoing: dire quelque parolle
Si proffitable: est amer damour folle.
Des grãs pffitz: ⁊ plaisirs quen aduiẽnẽt
Et des malheurs: que souuẽt y suruiẽnẽt
¶ Ie vous promectz: que toutz telz amoureulx
Nommer au vray: lon les peult malheureux
Car telles gens: deliurez de malheurs
Ne sont iamais: de peines et douleurs
Pour vng plaisir: mille douleurs endurent
Leurs passetemps: ritz et ieux/ bien peu durent.
¶ Vng iour seront: marriz de ialousie
Qui leur donrra: tresgrande frenaisie

Prouerbis ōnib. Car nest celluy: qui ialoux il ne soit
Et nest sans cause: qui bien sen apparceoit
A telles femmes: ne se fault fier mye
Iamays ne fust: vne loyalle amye
Car depuys quelles: au Vueil dung sabandonnent
Ne croyez point: qua daultres ne se donnent

Contre le sexe femenin. Feuillet.c.ix.

Despuys pour Srap: quelles ont commence
Ne sen tiendront: le tout bien pourpense
Non seullement: auec vng le feront
Mays auec toutz: qui les en prieront
Et bien souuent: en prient elles mainctz
Tant de parolle: que des piedz et des mains
Par beaulx semblans: de soubzris et doeillades
Et mainctes foys: aussy par ambassades
¶ Dung seul aymer: ne se contenteront
De iour en iour: Sous promectz changeront
Bien peu de Sous: en bref leur souuiendra
Car Srapement: au premier qui viendra
Plus beau que Sous: plus riche ou mieulx parlant
Mieulx accoustre: quelque estranger gallant
Lequel iamays: elles nauront congneu
Incontinent: il sera bien venu
Delles repceu: en disant par leur dire
Quen icelluy: il nest rien a redire
Bien tost apres: elles sen fascheront
Et pour vng aultre: soubdain change lauront
¶ Vng aultre tour: seront marriz lesdictz
De mainctz brocardz: mainctz reproches et dictz
Que lon dira: voyant la resuerie
De telles gens: et srape feerie
¶ Puys daultres foys: ilz seront bien marriz
Que ne sen vont: quelque part leurs maritz
Pour cella faire: que de dire me taise
A tout le moins: pour mieulx le faire a laise
Ou que leurs dames: poinct ne se trouueront
Au lieu que ceulx: assigne leur auront
Ou bien si tost: que trouuer sy debuoient
A laduenture: pource que ne pouuoient
Ou quaultre part: auoient tenu promesse
Faignant aller: au sermon ou a la messe
Soubz lequel mot: mainctes faultes excusent
Et leurs amys: et marys en abusent
¶ Ou si ce nest: ilz seront bien peneux
Sy leurs maritz: ont leurs secretz congneuz

o 8

Ou quilz en soyent : pour daultres informez
Car leurs plaisirs : sont alors reformez
¶ Les dieulx secretz : ne seront point ouuertz
Dont fort marritz : sont quilz soint descouuertz
Et les honneurs : de leurs dames hantees
Sont au neant : et faultes esuentees
Consyderans : quilz sont cause pour quoy
Que a tout iamays : les fauldra tenir quoy
Et quen dangier : ilz sont tres apparentz
Tant des maritz : quaussy de leurs parentz
Des vituperes : et cops pareillement
Quelles endurent : et mauluais traictement.
¶ Semblablement : ont grandes facheries
De mainctz faulx tours : et mainctes boucheries
Que font icelles : mineuses/glorieuses
Abhominees : folles luxurieuses
Et mainctes aultres : aussy merencollies
Ont les susdictz : suyuans telles follies.
¶ Sylz nen toyssent : il est encores pis
Plus en endurent : telz sottardz assoupis
Car vrayement : fault que lon presuppose
Que leur pensee : nuyct et iour ne repose
¶ Encores moins : leurs piedz daller tenir
Trotter/courir : sans sen pouuoir tenir
Parmy les rues : esglises/et repaires
Dont sont chargez : de bien grandz vituperes.
¶ Despuys que sont : telz gens dantour surpris
Bien peuuent dire : certes le Rat est pris
Car vng bon iour : ilz nauront ne bonne heure
Ien suys passe : parquoy vous en asseure
¶ Deuant leurs dames : mainctes foys passeront
Et sy leur rient : vrayement penseront
Quil est certain : que la chose vault faicte
Aulx compaignons : en vront faire feste
Disans amy : sy tu scauoys les tours
Lesquelz ma faictz : madame par amours
Lors tu diriez : quest chose nompareille
Et que nas veu : iamays amour pareille.

Contre le sexe féménin.　　Feuillet.Cx.

¶Mays syl aduient : que ceulx ne tiennent conte
Lors vous promectz : quil en est bon le compte
Ne iour ne nuyct : ne font que souspirer
Dont leurs visaiges : en verrez empirer
Blanchir/pallir : amegrir et deffaire
Gemir/pleurer : delaisser tout affaire
Pour moyaner : en quelque sorte ouurer
Quen brefilz puyssent : leur grace recouurer
Ilz les pront : sur vre par les esglises
Eulx et leurs paiges : pourteront leurs deuises
Des reuerences : il nen fault point parler
Ny des bons tours : que lors gectent par lair
Des tours / des mynes : ny des mugueteries
Des grantz oeillades : gestes/affaiteries
Que deuant elles : les pouures sotz feront
Dont ce voyant : beaulcopz sen moqueront.
¶Ne nuyct ne iour : telles gens nont repos
Fors qua pancer : erangues et propos
Pour desgourger : quant seront deuant celles
Soient mariees : soient veufues/ou pucelles
¶Mays la plus part : de telz sotz amoureulx
Ou pour mieulx dire : abusez mallheureulx
Quelques erangues : quilz ayent sceu fourger
Deuant lesdictes : nouseront desgorger
Troys motz entiers : de leurs dictes ententes
Doubtant ycelles : en estre mal contentes
Par mainctes foys : la bouche en ouuriront
Cest pour le dire : mays en fin noseront
Ains questplus fort : ayes en souuenance
Ne scauront ilz : lors tenir contenance
Iambes/et bras : plus tost leur trambleront
Et de parolle : sy fort tituberont
Que leur propos : on ne scauroit comprendre
Ny ce que disent : vrayement bien entendre.
¶Et veulx bien dire : quauient souuant a mainctz
Que lors ne scauent : comment tenir les mains
En croix/ou ioinctes : dans leurs seins/ou pendentes
Par leurs sottises : tresque fort euidentes

Puys en leur lyct : deuuez presupposer
Que telles gentz : au lieu de reposer
Rumineront : les parolles quont dictes
Et les responses : de leurs dames susdictes
Soy desbatant : entre eulx mesmes des dictz
Que parauant : ilz seront estez ditz
En se frappant : souuent sur leurs poyctrines
Quest vng plaisir : veoir leurs gestes et mynes
Ilz se prendront : bien fort a souspirer
Tendre les bras : aulcuns gemir et pleurer
En se tirant : les cheueulx de leurs testes
Hors de raison : ainsy que poures bestes
Disant (helas) traistre/meschant/perdu
Tu nas pas bien : brayement respondu
Quant elle a dit : et telle chose/et telle
Ains as pense : que ce fusse cautelle
Nest pas sans cause : que cella te disoit
Pour telle chose : brayement le faisoit
Et tu nas sceu : malheureulx le comprendre
Certes cestoit : bien aise de lentendre
Celluy propoz : te fault recommancer
Et sy telz motz : plus te bient auancer
Tu luy diras : vne telle parolle
Quoy quen aduiegne : deusse deuenir folle
Deliberant : lendemain sy en aller
Mays sylz y sont : nen oseront parler
Ne ouurir la bouche : pour luy dire cella
Sy tres honteulx : et raulx seront la
Car amoureulx : oncq ne furent harditz
De quoy des femmes : maintes foys sont mauldictz
De telz en ya : que de craincte quauront
A leurs amyes : parler ilz noseront
De vng an/ & deux : ne de dix/peult il estre
Sy tres sottardz : sont ilz en ce bas estre
Tousiours seront : tristes/peneulx/pensifz
Pasles/deffaictz : maigres/et fort plainctifz
Souffrans de maulx : trop plus chose certaine
Que ne font ceulx : quont la fiebure quartaine

Contre le sexe femenin. Feuillet.Cxi.

Les Vngs en laissent: de grand merencolie
Viens et parentz: que font grande follie
Aultres en changent: Clymat et Region
Beaulcoupz en sont: aussy en religion
Adueugles/sourtz: et muetz/en toutz temps
Comme auons dit: sont et tresmal contens
Bref/mainctes aultres: ont ilz vexations
Les gens susdictz: et tribulations
Tresque fascheuses: bien les narrer au long
De ce quest dict: il vous suffise doncq.

¶ Signification damour venericque selon aulcuns.
DEmander: lon pourroit a Lautheur
Quelque escoutant: ou bien quelque Lecteur
Quest ce quamour: au vray que signiffie
Quest de son cas: et si fault quon si fie
¶ Senecque dit: que ce nest aultre chose
Nul ne men blasme: si apres luy dire lose
Fors que vne force: grande a lentendement
Laquelle donne: mainct vng trouble et torment
Vng flattement: de chaleur au couraige
Lequel engendre: tost aulx gentz de ieune eage
Oysiuete: Lubricite/et meschance
Se nourrissent: soubz le delict et chance
Cest de fortune: a mainct mal proffitable
Par ce moyen: et tresfort esuitable
¶ Amour a lhomme: est si tresnuysant hoste
Qua luy bien tost: lentendement il oste
Tout iugement: peruertist vrayement
Le sens hebette: aussi pareillement
Couraige estainct: de mainctz hardiz tenuz
Despuys que sont: en ses latz detenuz
¶ Certainement: des lors que tu aymes femme
En elle sitz: non en toy chose infame
¶ Rien pire nest: ce quaduient bien souuent
En cestuy monde: que non viure viuant
Que sens auoir: sens le sentir pouuoir
Auoir beaulx yeulx: et point diceulx veoir.

Senecca in tragedijs (vt refert Eneas Siluius) Hypolito Mediolaneñ. s.p.ol. de remedio amoris.

Liure segond   Du sexe Masculin

¶ Et dauantaige: il fault notter en somme
Que celluy quayme: il se mue en aultre homme
Car il ne parle: comme requiert l'affaire
Et sy ne faict: cella quil souloit faire.
¶ Therence dit: quest vne maladie
Que l'homme mue: puys quil fault que le die
En telle forme: que ceulx qui lont congneu
Auparauant: lors ilz sont mescongneu
¶ Hypocrates: dict que totallement
Le mal assault: gens ieunes rudement
Les vieulx il sexe: dont dire maduenture
Que maintz en sont: soubz terre a pourriture.
¶ Sy tu aymes bien: tu ne testimes rien
Quoy que taduiegne: en ce lieu terrien
Ne ten soucies: ta pensee na cure
Fors en l'ampe: aultre bien ne procure
¶ Non tes parentz: non tes augmentateurs
Tes necessaires: ne aussy tes bienffaicteurs
Tu magnifies: en ton ardant desir
Tant seullement: tu nas aultre plaisir
Que de penser: enuers tadicte ampe
Sans loublier: iour/heure/ne demye
¶ Tu laymes fort: celle esmeulx et prouocques
De celle songes: celle souuent inuocques
Delle cogites: delle parles aussy
Tu ne faictz rien: pour le vray ditz cecy
Que ta memoyre: vers icelle ne soit
Voyla comment: les gens amour deceipt
¶ Lespaignol aultre: signification
Baille damour: tresbonne inuention
Dung sentenditz: a l'ampe parlant
Disant ainsy: icelluy bon gallant.

        ¶ Signification damour despaignol.
L amour es: caluo y tuerto
Tiene cerdas: com vn puerco
Quando le hazen: plaser eslora
Este es el amor: sehora

Contre le sexe femenin.   Feuillet.Cxii.

¶La signification de lamour de Lautheur.

N aultre forme : lautheur amour applicque
Cestascauoir : ladicte amour lubricque
Car dit que amour : en tout temps et sayson
Totallement : il adueugle rayson.
¶Semblablement : dit/quest chose certaine
Que cest acquest : de trauail et de peine.
¶Vraye nourrice : de deuil et de soulcy
Que mainct vng cueur : a tost rendu transy.
¶Dentendement : est obfascation
Tres euidente : interpretation
¶De tout honneur : est aussy le contraire
De verite : proprement laduersaire
¶Mescongnoissance : pareillement de bien
Est il amour : et mainct vng le scait bien
¶Baston est il : aussy de Lucifer
Resiouyssance : des esperitz denfer
¶Grand ennemy : de vertutz et bienfaictz
Vraye esperance : de pechez et mesfaictz.
¶Amour aussy : est tiltre de follie
Car cest amour : qui bien tost les folz lye
¶De biens mondains : est prodigalite
Ruynement : de corps/sa qualite
¶Puys nen desplaise :(dit) au seigneur ny dame
Amour pour vray : est destruction dame
¶Qui plus les ame :(comme est dit) hayront
Qui plus les hayst : celluy plus aymeront
Et par ainsy : ne les fault plus amer
Ains leurs amans : peu debuons estimer
¶Ong amoureulx : il ne vault pas vng sol
De droict est dict : en plusieurs lieux vng fol
¶En disputant : les docteurs vrayement
Sy lamoureulx : peult faire testament
Pour ce quil na : ny bon sens ne rayson
Et que trouble : est en toute sayson
Vng furieux : le tout bien dispute
Est lamoureux : par lesdictz reppute

Bald.in rubrica de
coha.cle.t mul.qui
pulchre loq̃tur Ba
uerius insti.de tes
ta.§.pater col.xliii.
in §. Ité furiosi in
st.quibus nō est p̄
miss.fa.testa.col. affi
penul.et fi. dum df
sputant an philoca
pt ꝯ possit condere.
testamentū quia sī
milis est furioso.

Liure Segond — Du sexe Masculin

Aristo.pte.xxvij.
pble.li.iiij.q̃ iuue-
nis cast⁹/est mar-
tir absq̃ sanguis
effusione facit An-
thonius de plato.
f.trac.de secñ.nup.
car.xxvj.col.j.di-
cit q̃ sp̃ma retẽtũ
generat venenu3.
quod probat Ga-
lenus

¶ Ce nonobstant: que Aristote soustienne,
Au quart probleume: et ce dire mainctiene
Que ung ieune chaste: il soye vray martyr
Sans effusion: de sang dit sans mentir.
¶ Il est certain: que celluy qui se lye
Femmes aymer: il faict grande follye
Car de ung aymer: femme ne se contente
En diuers lieulx: elle mect son entente.

Amor et regnum
noluit socijs. Oui-
dij.li.iij. de Arte
amandi/ nõ bene
cum socijs regna
venusq̃ manent.

¶ Ce quest de hayr: ainsy que Ouide dit
En lart daymer: par tel excellent dict
Amour ne regne: compaignon ne demandent
Mot de notter: a ceulx qui bien lentendent.

Vir duplex ani-
mo est inconstans
in omnibus vijs.
Bal.in.c.ex teno-
re ad sines Rescri-
pt.

¶ Sur quoy le Balde: de ce dire sextend
Que celluy la: est pour vray inconstant
Qua double cueur: (fort belle authorite)
Et mest aduis: quil dit la verite.

Plurib⁹ intentus
minor est ad singu-
la sensus. glos.in.
cap. accusatus de
hereticis lib.vj.z.
c.cum diuersis fal-
lacijs de clerī. cõ-
iug. z nemo potest
duobus dominis
seruire Math.vj.

¶ Et dit aussy: de droict pareillement
Que qui mect sens: et son entendement
En diuers lieulx: ou son corps il y applicque
Nest destimer: maulgre/ quoy quon replicque
Il ne se fault: fors entendre en ung lieu
Ainsy que dit: le benoist sainct Mathieu
Quant dit (dont gloire: il en doibt deseruir)
Aulcun ne peult: a deux maistres seruir.

¶ Contre lesdictes: dont peu sont estimees
Quant de beaulcoups: desirent estre aymees
Car a ces fins: se fardent a toute heure
De vestementz: de bagues/ et paincture
Dont la pluspart: tant plus laides en sont
Et le seront: tant que se farderont
¶ Soyent mariees: ou soyent elles pucelles

Nec omni Asino
ȩ uenit deferre sel-
lam.Ange.in.l.itẽ
apud.ff.addicitur
ff.de iniur.et dici-
tur postea equari
vult rana boui.

Car a toutz asnes ne conuiennent bien selles
¶ Comme dit lange: au lieu quauez au marge
Ou daduantaige: encores il les charge
Que la Raynette: lors se veult comparer
Ainsy faisant: au beuf equipparer.
Mainctes se fardent: pt leurs accoustremens
De gays parlers: aussy entretenemens

Contre le sexe feminin.　　Feuillet.CxliiI.

Disans souuent: maincte parolle grasse
Cuydant auoir: pour cella male grace
Mays Balde dit: que lon congnoyst la lire
Certes au son: Loyseau au chant qui tire
Veult le susdict: sur la loy dexcellence
Que dans le Code: comparaisons commence.
¶Daultres Docteurs:ung tel dire/conferment
Par les exemples: que comme Serrez forment
Le Pelerin: sy de luy lon sapproche
On le congnoist: au Bordon et a la posche
Puys a la merche: le Cheual est congneu
Ou seroit sot: qui lauroit mescongneu
Quant femme porte: semblablement deuises
(Petrarque dit: sy bien son dire/aduises)
Ou Bestement: de diuerse couleur
Quaulx maritz est: ung tresque grant malleur
Car signes sont:(dit il) lasciuieulx
Quest tant a dire: comme luxurieulx
Bref ausdictz signes: ycelles malheureuses
Lon peult congnoistre: nommees amoureuses
Quon le congnoisse: ne pencent(cest le sens)
Pour ce quamour: leur adueugle leur sens.
¶Syl vient nouuelle: sorte dabillementz
Danneaulx/de bagues: ou daultres parementz
Porter feront:ycelle marchandise
A leurs maritz: ouyes la fainctise
Elles auront: parauant entreprins
Auec le maistre: fauldra que petit prins
Lesdictes choses: pour lamour de luy donne
Et qua son veuil: trestout il habandonne
¶Mays les traistresses: le surplus payeront
De leur argent: oncque desrobé auront
Aulxdictz maritz: desquelz tant seullement
Elles ne veullent: que le consentement
De cellup achept: et souuent tout concludz
Sont leurs amys: qui payent le surplus.
¶Les aultres trouuent: encor aultre practicque
Escoutez bien: vous prie la theoricque

p

Quãdo loquitur verba lasciua quã lasciua cognoscitur ex sono,et quis cantu scõz Bal.in.l.pp̃a rationes/col.ii.C. de fide instrumẽto rum.

Franciscus Bar batus de re. vxoria. li.ij.s.ij.de modera tione vxoris/nã si cut peregrinus co gnoscitur ad escar cella et ad Bordo num. Bauer.in.§. di quos institu. de heredi.instit.ita pbt loca trap hec signa cognosci potest, lz ipse nõ putent hoc quia amor execat eas. Et paris i trac tatu de sindicat v/ sic. pbatio q equs cognoscitur ex mer co. Et Petrarchã epistola.xx.semiso pitum post mediũ. q qn mulieres por tant diuisias seuua rias colores sunt signa lasciue gloin. l.pal. de solicita toribus alienarũ nupt.

Mulieres semper inueniunt mercato rem fingenteegere pecunia et coactus vendere vili precio et ita simulabunt marito et tamen cũ ipsum vel amasius reliquum supple bit ipsi mercatori. Silua. nuptialis li. ij.cap.xliij.

Liure Segond   Du sexe Masculin

Sy elles congnoissent : les susdictes ou sentent
Que leurs maritz : a ce ne se consentent
Elles diront : que leurs peres et meres
(En le prouuent : fort bien par leurs commeres)
Leur ont donnees : les choses dessusdictes
Dont faulcement : auront dict les mauldictes
Ains leurs amys : comme auons dict dessus
Et de la sorte : sont maintz maritz deceupz
¶ Elles desirent : aussy destre fardees
Pour que de maintz : elles soyent regardees
Aulx fins que Erasme : leur declaire le tour
Que des regardz : naist/et sengendre amour
Et sy soulez : qui plus ayment congnoistre
Meilleur moyen : ie ny peulx recongnoistre
Que leur taster : le poulx sans nul semblant
En nomment maintz : le quel sera tremblant
Et sarie : des que sera nomme
Celluy qui delles : sera le plus ayme
Le poulx (dit Balde) : est le proclamateur
Lequel iamays : ne se trouue menteur.
¶ Le felin dit : sy bien il me recorde
Dont le Prouerbe : commun aluy saccorde
Que chose belle : plaist/et nourrist brayment
Quil soit ainsy : cest naturellement.
¶ Et daultre part : aultres disent et tiennent
Et pour certaine : telle chose mainctiennent
Que sy grand nest : seurement le plaisir
Auec sa femme : ne sy feruent desir
Quauec les aultres : et ce debuez scauoir
Disent les dictz : a cause du debuoir
Car disent ilz : sans plus prolixite
Que ce quest faict : bref de necessite
Nest sy plaisant : que cela que se faict
De voulente : ny iamays sy parfaict
Dont le Canon : de ce ne se peult faire
Quant dict nul bien : nest/syl nest volentaire.
¶ Quant a felin : cela debuez entendre
Damour honneste : ou ne sy fault attendre

Ex spectu nasce-
tur amor. Erasm⁹
car.xxx. Prouerb.
clxxviij.et tangen-
do pulsum mulie-
ris nominando
plures viros/dum
deueneris ad eu a-
micum secundum
aliquos pulsus va-
riabitur:q̃ pulsus
est p̃co cordis q̃ nõ
mentitur/secũdũ
Bal.in.c. quoniã
p̃tra.col.ij. de pro-
batio.

Quod sapit/nu-
trit. §eli.in ca.tua
nos. de homicid.
colum.j.

Aliquid scunt se
adeo nõ delectari
cum vxore/qͥ hoc
faciũt ex debito,ͦ yͤ
qd̃ ex necessitate sit
non tantuz placet
sicut q̃ voluntate ar
ripitur.c.quicquid
enim de consecra-
tione distin.v. nul-
lum enim bonũ nĩ
si voluntarium.

Contre le sexe femenin Feuillet. CxIIII

Quant au surplus : ie ditz trestoutz infames
Qui se delectent : plus quauecques leurs femmes
Auec vng tas : de saulces deshonnestes
Quant touteffoiz : leurs femmes sont honnestes
Et que ne sont : folles ne vicieuses
Irreuerentes : ne trop audacieuses
Malicieuses : ialeuses/ fantasticques
Voulans auoir : les dernieres repplicques
Fainctes/lombardes : en riant des oreilles
Disans dyceulx : des choses nompareilles
Et quant decroyre : de legier sont hastiues
Car alors sallent : trop plus mortes que vifues

Contre les Bastardz.

Ref rien ne vault : celle amour Senericque
Car cest amour : certes dyabolicque
De tresgrandz maulx : en peuuent aduenir
Et bien aulcun : il nen scauroit venir
Combien quen sorte : par frequentation
Souuenteffoiz (cest) generation.
Laquelle peu : Barbace celle prise
Ains par ses dictz : grandement la mesprise
Sy faict bien Buste : tresexcellent Docteur
Et certains aultres : dont ce ne dict Lautheur
Ledict Barbace : de dire ma incite
Cest que templye : doibt estre la cite
De legitimes : enfans non de Bastardz
En toutz honneurs : les dict estre fetardz
Du susdict Buste : est il lintention
Que tel lignee : et procreation
A legitime : nature est differente
Tresfort contraire : et tresque plus errante
Dit que telz gens : ingnobles sont sur terre
Et que vaillans : ilz ne sont a la guerre
De dieu armez : ne sont les miserables
En la foy fermes : ne dhommes honnorables
Cazial dit : que plantz infructueulx
Telles gens sont : et sy peu vertueulx

Barba.lib.iij. pst.
zl.clementissimus.
col. v. vbi dicit q d
uiras dz impleri li
beris legitimis et
non bastardis.
Rosarium Bust
prima pte. sermo.
xliij. lr̃a. u. vbidicit
q talis ples dz de
generes populi es
mutabilis nec bel
lo fortis nec fide sta
bilis/ nec deo ama
bilis/ nec honora
biles hominibz. c.
si . gens angloy. l.
vj. dist. iij.
Et dicit cazial tres
pe. l. si qua illustris
C. ad orsi. in fi. co. q
sunt plante infruc
tuose/ et q non da
bunt radices alras
et colu. rj. vj. q sunt
omnj iniur. exposi
et abbominabiles
ideo veneti nõ ad
mitunt eos in con
consi. etiã si postea
fuissent legit. mais
fulgo. qsi. lrij. esta
te statuto col. ij.

p ij

Livre Second — Du sexe Masculin

Que ne mettront: jamays racines haultes
Pour de leurs peres: et leurs meres les faultes
Abhominables: les disant au surplus
Hayneulx aussy: il les dit tout concludz
¶ Fulgose dit: que les Venitiens
Qui de saigesse: sont grandz praticiens
En leurs conseilz: ne les veulent admettre
Au grand jamays: ne sont voulu permettre
Encor (dit il): quilz soyent legitimez
Leurs estatuz: ne les ont tant aymez
¶ Je ne veulx plus: parler de tel fruictage
Parlons des femmes: encores dadvantage
¶ Pour quoy est il? puys quen venons a tant
Que sont plus tost: en eage competent
Hors de tutelle: que les hommes ne sont
Et recepuoir: plustost nostre dieu vont?
¶ De droict en ya: mainctes raisons descriptes
Au marge auez: ceulx qui les ont escriptes
¶ Car cest pource: pour le premier prouerbe
Que plus tost croyst: de bray la mauluaise herbe
Et plustost vient: que la bonne ne faict
Ung chascun jour: lon le veoit par effect.
¶ De la seconde: cest pource que nature
Bien peu sexcure: de telle creature
Parquoy la meine: tost en augmentement
Pour que plus tost: elle aye finement
Car aussy bien: femme a plus briefue vie
Que lhomme na: pour bien que soyt seruie
Et toutes choses: que bien tost sont venues
Plustost sen vont: soyent grandes ou menues
¶ Salomon dit: (sil vous plaist de lentendre)
En ses Prouerbes: quil ne se fault attendre
Lest aulx paroles: et fallaces des femmes
Tel bruyct leur donne: telz blasmes et diffames
¶ Dit il, leur langue: de ce, les redargue
Quasi ressemble: et si fort est ague
Que le couteau: qui de deux costez couppe
Ainsy la escript: nen faictes a moy coulpe

Cito mala herba crescit glo. in l. ij de his q̃ vent. et a. impe.

Cur citi9 pubescat femina q̃ masculus quia natura de eas modicũ curans cito eas perducit ad augmentum. Ba̧nerius instit. q̃ testa. ṡa. pos. in. §. pterea col. vj. egidius de regimine princ. li. j. pte. ij. cap. xxij. Et mulier est breuioris vite q̃ hõ Bar. in glo. ij. l. ij. de his qui vent. et a. impe. C.

Nõ intenderis sal lacie mulieris lingua et9 acuta quasi gladius biceps Prouerbio. v. c.

Contre le sexe femenin   Feuillet. CxB.

Qui de la femme : ne veult estre ennemy   Amic⁹ stultorū si/
Luy seroit bon : quil ne fust aussy amy   milis efficitur Pro
Le sus nomme : aussy dit en effect   uerb.xiij.
Amy de fol : tost semblable se faict
Sy lest ainsy : Doncq/que femmes sont folles
Comme dict est : sus par mainctes parolles
Leurs amys doncq : estre ne nous conuient
Pour nestre folz : ce que a mainct ung aduient.
¶Troys choses sont : que ne sont satiables   Tria sunt insatia/
Dit le susdict : ains sont insatiables   bilia, et quartus qd̄
Touchant la quarte : tant soit de grand prouffit   nunq̄ dicit sufficit
Certainement : iamays ne dict / Souffit   infernus/os vul/
¶La premiere est : chose mal conuenable   ne.et terra, q̄ nun
Car cest enfer : mauldict abhominable   q̄ satiatur aqua
¶De la seconde : cest chose fort infame   ignis vero nūq̄ di
Car vrayement : cest le con de la femme   cit sufficit/ puerb.
¶Quant a la tierce : dont de tel dire nerre   xxx.et Thomas ir
Soustient ledict : que pour vray/ cest la terre   lric⁹ in inuectiuis
Que iamays nest : saoulle deaue seurement   sexus masculini cō
Vous le voyez : certes iournellement   tra feminas quis
¶La quarte est feu : auquel tant de boys mectre   posset mulieris im
Lon ne scauroit : quil sous dist souffist maistre   plere vasculū/nā
¶Je vous demande : encores ung passaige   mulier fatigat po
Sur les parolles : du sus allegue saige   pulum insatiabilis
¶Par quoy les femmes : sont tant litigieuses   mulier quecq̄ viuit
Sy tres fumeuses : et sy fort oultraigeuses   nec vnam feminā
¶Cest dict par seur : pour vray en ses Prouerbes   vnus vir reficit.id
Que tousiours noyses : sont entre les superbes   circo mulier mul/
¶Or nest au monde : chose plus orgueilleuse   tis se subijcit et sem
Que la femme est : parquoy est riotteuse   per cupiens non di
Par consequent : elle est treseuitable   cit sufficit.
Au corps humain : noyse nest prouffitable   Inter supbos sem
¶Le susdict saige : nous dit/et cest rayson   per iurgia sūt Pro
Que le morceau de pain sec en mayson   uer.xiij.c.
En paix et ioye : vault myeulx que pcelle plaine
De biens en noyse : cest trop chose certaine   Melior est bucel
Le triste esprit : (dit il) seiche les os   la sicca cū gaudio
Clair est que noyse : oncq ne merita loz   q̄ domus plena vi
                                          ctimis cum iurgio
                                          puer.xvij.c.

Liure segond　　Du sexe Masculin

¶femme est noysifue : tousiours nottez laffaire
Enuers celluy : Duquel se veult Deffaire
Comme le saige : Dit par conclusion
Et ce/quant Dit : que serche occasion
Icelluy la : qui Deffaire se veult
De son amy : y faisant ce quil peult.

*Occasiones quæ-
rit qui vult rece-
dere ab amico. Pro-
uerb. xviij. c. x. xvij.
distinc. c. nec licuit.*

¶On ne scauroit : iamays femme Distraire
Que tousiours nayme : et serche son contraire
Car Dit le saige : encores au surplus
Que les folz ayment : et Desirent trop plus
Ce que leur nuyst : pour bref le reciter
Que ne font ce : que leur peult proffiter

*Stulti cupiūt quæ
sunt sibi nocuia.
Prouerbio. c. j.*

¶Que plus que folle : la femme/Dicte soit
Il est ainsy : qui bien sen apparceoit
Le susdict saige : Dit(a nul nen Desplaise)
Que sy le fol : Vrayement il se taise
Saige celluy : le conuient repputer
Tel est son Dire : pℏs nen fault Disputer

*Stultus quoqz si
tacuerit sapiens re-
putabitur. Pro-
uerbio. xvij. c.*

¶Or puys que femme : De parler oncq na cesse
Comme auons Dit : et que aussy le vray est ce
Soit soy louant : ou Daultruy mesdysant
Par sa malice : mainctz reproches Disant
Ou par enuye : mectant sus mainctz propoz
Nayant sa langue : ne nuyct ny iour repoz
¶Trop plus que folle : Doncq la fault baptiser
Veu que iamays : ne se pourroit taiser

¶Menander Dit : quil na point De fiance
A la nature : De femme ne asseurance
¶femme congnoistre : certainement ne peult
Dit le susdict : sinon ce quelle veult

Menander grec9.

*Supradictus Me-
nander.*

¶A lhomme/ femme : (Dit celluy sans enuye)
Est rarite : Vrayement De sa vie
¶Ce nest pas chose : De grande consequence
Que femme bonne : soit Dicte /sans Doubtance.
¶Entre les femmes :(Dict il semblablement)
Ne habite foy : iamays aulcunnement
¶La malle femme : il Dit/ plus farousche estre
Que les aggrestes : bestes / en ce bas estre

Contre le sexe femenin. feuillet.Lxvi.

¶Est ung venin: Aspidic en ce monde
Que femme male: tant soit daultres cas monde.
¶Il dit aussy: que tristesse est presente
Ou la femme est: tel beau loz luy presente.
¶Mal delectable: est aulx hommes la femme
Le susdict saige: de la sorte linfame.
¶Qui croyt a femme: il croyt a decepteur
Dit le susdict: Menander Grec docteur.
¶Plaute leur dit: apres aultres iniures Plautus in eu-
Certes femme es: parquoy daudace iures. laria.
¶Est dit que toutes: sont grandz babilleresses
Par consequent: aussy grandz menteresses. Plautus in milite.
¶Dit le susdict: ains que de propoz mue
Quen cestuy monde: nen veit oncq une mue.
¶Dit quil nest chose: sy tresque miserable Plaut' i Bachide
Que la femme est: ne sy peu desirable.
¶Hesiodus dit: leur dire contemplant Hesiodus.
femmes nous sommes: tresmiserable plant.
¶Salomon dit: une telle setitence
Jamays a femme: ne donne ta substance. Prouer.xxxi.c. nō
¶Et dit aussy: que(tant soit grande damie) dederis mulierib9
Ne donne a femme: puyssance de ton ame substantiam tuam.
Que ta vertu: nentre dedans ycelle Eccle.c.ix.
Et ne confondes: en la peine eternelle.
¶Deu ce dessus: doibt on femme priser?
Je diz que non: ains plustost mespriser Casta quaz nemo
Panormitain: guieres son cas ne prise rogault. Panor.in
Quant de vous dire: telle chose ma apprise. c.ij.de Bigamis.
Que femme chaste: est celle seullement col.fi. Ouidi9 lib.
Que homme pryee: il naura aulcunnement ij.de arte amandi.
Quest tant a dire:(bien entendu ce poinct) addens et nisi sim-
Que des requises: femme bonne nest point plicitas prohibet
Et sy des bonnes: lon dit en estre force quam rogat.
Icelles sont:(dit il)bonnes par force
Pource que point: nauront este requises
Nayant beaulte: ny aultres vertuz acquises.
¶De droict aussy: femmes communement
Sont presumees: males pareillement

p iiii

Liure segond   Du sexe Masculin

So*r.l.ij.§.lxxv*
difficultate nume-
ro.v. q̃ mulieres
sunt instabiles in-
festantes viros a-
uarissime et luxu-
riosum omnes esse
malas comuniter
q̃ hñt multas mali-
tias et vitia. q̃ nar-
rare difficile esset t
quod auare sint est
tex. i glo. in. l. sed si
auaritissime. ego. ff.
ad senatusc. velley.

Plaintes trestoutes : De tresgrandes malices
Insupportables : aussy de plusieurs vices
Fort difficilles : au vray le racompter
Et fort fascheuses : bien au long les compter.
¶Sy daduantaige : en est aulcunne bonne
Cyl quest au marge : telle raison vous donne
Lest quilz ne sont : (qui que sen veuille enquerre)
Guieres oyseaulx : noirs (dit il) sur la terre
Quau cygne soeynt : proprement bien semblables
Sur ce propoz : choses tresque notables
¶Diogenes dit : que nest tant bonne femme
Quelque bon bruyct : que lon luy donne et fame
Que ne luy soit : quelque chose trouuee
Sy verite : est bien sceue et prouuee.
¶Aussy Therence : vng tel dire recoulpe
Disant que femme : nest exempte de coulpe
¶Aulcunne femme : nest bonne par nature
Car de vouloir : change troys foys en lheure.
¶Et sur cela : dit le droict (non pas moy)
Des bonnes femmes : ne conuient faire loy
Car sont fort claires : cest la raison du droict
En cestuy marge : vous trouuerez lendroict
Bien des maluaises : disant en estre mainctes
Aussy en voyez : mainctes loix estre empraintes.
¶Or au vray dire : puys quen parlons a laise
Il ne conuient : qune femme mauluaise
Pour empirer : (ce ne fault que lon nye)
De bonnes femmes : bien grande compaignie
Au marge auez : les lieulx dont iay emble
Que bien petit : de froment et de ble
Qui soit mauluais : bien tost corromp et gaste
Toute la pille syl nest separe de haste
Une brebis : infaicte tost infaict
Tout le trouppeau : lon le scoit par effect
¶La poyre ou pomme : quest pourrie / pourrist
Les aultres saines : quaupres delle on nourrist
Et par ainsy : (quant a moy) il me semble
Quil nest honneste : de frequenter ensemble

Et si fit aliqua bo-
na rara aulo in ter-
ris nigroq̃ similli-
ma cigno. Lazel. i.
l. titla. §. marco. ff.
sit. lega.
Diogenes Nulla
tã bona vxor i qua
non inueniab quid
Theren. censes ne
te posse reperire vl-
lam mulierem que
careat culpa.
Femina nulla bo-
na q̃ ter mutatur
in hora. et Plaut.
In mercatore: nulla
mulier bona: Me-
nander mulierẽ bo-
nã consequi nõ fa-
cile.
Dicitur / ppter bo-
nas mulieres: non
est fienda lex / quia
rare sunt / sed pro-
pter malas: quia
multe sunt. argu.
tex. in. §. in aucte.
vt sine. prohibitio
matres credi. rgl.
in.l. naz ad ea. ff. de
legib.

Glo. in rbic. Inue.
in. l. si finita. ff. de
oĩ. infec. vbi modi
cum frumenti to-
tam messam cor-

Contre le sexe feminin.

Les bonnes femmes : ny les filles honnestes
Auec ces folles : perdues deshonnestes
Car comme est dict:auec sainct/sainct seras
Et tel que cil:a qui conuerseras.
¶Mainctes meschantes : (pour vray) ont este faictes
Pour conuerser : ces villainies infaictes
Que maintenant : sont a perdition
Lesquelles oncq : neurent intention
De faire mal : que par illusions
Dycelles folles : et grandz abusions.
¶Tantes en sont : quen est perdu le compte
Mays en sont peu : que lon en tienne compte
Pour deux lyardz : lon en a son plain saoul
Et des plus belles : au plus fort pour ung soul
  ¶Troys choses sont de grand valeur / desquelles
  on a fort bon marche.
Lorentin dit : que troys choses de prix
A bon marche : sont/et tresque vil prix
La premiere est:(sy ien ay souuenance)
Des portefaix : la force et la puyssance
Puys le conseil : des pouures dire haultain
La derniere est : la beaulte de putain.
¶Et pource doncques : est chose raisonnable
A toutes femmes : et tresque conuenable
Estre plus chastes :(soustiennent les docteurs)
Quauez au marge : tresexcellentz autheurs
Cest que les hommes : et sans comparaison
Pour ce dessus : et maincte aultre raison.
¶Aussy Jason : et certains aultres maistres
Corroborant : au dict des dessus metres
Disent/combien : que femme mariee
Que faicte aura : la chose desiree
Quest tant a dire : que dauoir fait cela
Estre pugnie : doibue estre celle la
Le non obstant : pugnir lon nen doibt point
Ceulx qui le font : quest ung notable point
Pource sen doibuent : elles contregard'r
Mieulx que les hommes : et chastete garder.

rumpit et inficit fa-
cit glo.in.ca.cam te
de rescrip.q̃ morbi-
da facta pec⁹ totus
cōrūpit ou ilē glo.
in.c.fi.de pcuratoꝛ
et.c.resecāde.xxiiij.
q.iij.

Dicit Florentinus
tres esse res ma-
gni valoris q̃ par-
uo prio possiden-
tur / fortitudo fa-
chi/consilium pau-
peris/et pulchritu-
do mulieris.
Malo: castitas re-
quiritur in mulier-
bus q̃ in viris gl.
l.l.pala.§.q̃ i adul-
terio.ff.de sec.nup.
Jas.in.l.in aureus
co.fi.C.de inoffi.te-
sta.Paul.de castr.
in.l. ex facto .§.est
autem col.ij.de he-
re.insti.late Job.
de mōtaigne i tra.
de bigamia.vj.qō.
colū.iiij.et.Ad or̃-
fic.l.si qua illustris
Nota q̃ lz marita-
ta q̃ patitur se pro-
stitui a multis de-
beat puniri ō adul-
terio/nō isi viries
cognoscentes: vel
quia boies publi-
ce ade’ vadūt Ja-
son.in.l.nō hoc.C.
yn leg.col.ante pe-
nul.Ange.insti.de
patris,pot.colū.ij.
Bologni.i repeti.
autē habita co.pe-
nul. C.ne.fil. p̄ pa.

Du sexe Masculin

Plus enī delins-
quit mulier adulte-
ra ꝓpter infāmiaꝫ
agitatiōis q̄ si su-
raretur ꜩre.psllo.
xxxj.cōsiderata sī-
li.ij.col.
Sophologium sa-
pientie inuehit in
eas mulieres que
partum suppōnūt
et dicit quod gra-
uius peccare non
possent et Ange.
de clauasio in sum-
ma in verbo adul-
terium.

¶ Aretin dit : que la femme plus pesche
Adulterant : (dont maincte vne sempesche)
Qua desrober : de quel estat que soit
Garder sen doibt : aultrement se deceoipt.
¶ Pour deux raysons : la femme plus meffaict
A son mary : et de tort plus luy faict
Adulterant (quil ne faict a la dicte)
Et trop plus pesche : telle femme mauldicte.
¶ La premiere est : sy la voulez scauoir
Que filz ou fille : daultruy peult conceuoir
Dont ne sera : ycelluy fruict a luy
De telle sorte : sera deceup ycelluy.
Aussy frustré : de son intention
Pour vne telle : grande deception.
¶ Car estre a luy : vng tel fruict pensera
Et de grand ioye : chantera/dancera
Feste fera : a chascun pour certain
De la venue : de ce filz de putain
Nourrice et fruict : nourrir luy conuiendra
Puys tel deceup : quant ala mort viendra
En cuydant faire : comme vng homme de bien
Luy laissera : de bon cueur/tout son bien
Plustost dix foys : qua cyl que a luy sera
Car la meschante : a ce le poussera
Par mainctz moyens : quelles scauent bien faire
Lautheur en a : veuz mainctz en tel affaire.
¶ Or nest la femme : iamays en tel dangier
Par son mary : qui bien y veult songer.
Car sy le dict : mille bastardz auoit
Nourrir a telles : nul dyceulx lon ne veoit
Heritier celle : aulcun deulx ne fera
De corps et bien : plustost les deffera
Et par ainsy : chascun soit aperceup
Que le mary : en est trop plus deceup
De par sa femme : quant elle est adultere
Quelle de luy : pour sy fort quadultere
Plus luy fait tort : et dommaige luy porte
Dont ala fin : le dyable sen porte.

Contre le sexe féminin.   feuillet.Cxviii

¶La seconde est : que veritablement
De leur nature : femmes totallement
Ayment trop plus : celluy la qui dernier
En aura vse : que ne font le premier
Par ce prouerbe : sont telz dictz soubstenuz
Les myeulx aymez : sont les derniers venuz
¶Et pource doncq : quoy qu'ayment le mary
Si sont amy : qui quen soye marry
Ledict mary : ne sera plus aymé
Tant soyt de biens : et dhonneur estimé
¶Ainsy ne faict : lhomme de sa nature
Quelque party : quil trouue ne aduenture
Car sy sa femme : est aymee dudict
Quelque ribaulde : que luy donne credit
Ne obliera : la susdicte iamays
Cest la nature des hommes vous prometz
¶Or quant a ce : tout ainsy quil me semble
Lhomme/lestouppe : (quest bien seiche) ressemble
Quaupres du feu : est bien tost allumee
Bien tost bruslee : despuys quest enflammee
Mays la chaleur : bien peu de temps luy dure
Incontinent : recouure sa froydure
¶Ladicte femme : lon equippare au fer
Qui beaulcoup couste : vrayement deschauffer
Pource quelle est : (ou soyt elle au dyable)
Selon aulcuns : fort froyde et variable.
¶Le fer/il couste : deschauffer grandement
La femme aussy : disent pareillement
Le fer beaulcoup : il retient sa chaleur
Sy faict la femme : si vient en tel malheur
Combien que dient : quest froyde les susdictz
De sa nature : par mainctz excellentz dictz
¶Le nonobstant : nest chose naturelle
Du philosophe : ouye la querelle
Car il soustient : quest plus chaulde que lhomme
Et quest plus fort : ycelle beste nomme
Disant sur ce : (si aduertiz vous nen estes)
Quelle est plus chaulde : que toutes aultres bestes

Scdm Albertuȝ
magnū in secretis
virorum et mulie
rum/allegans phi
losophū/z ideo cū
ꝑūt sperma viri
cum spermate suo
misceri/quod sper
ma viri est callidū
sed mulieris frigi
dum et ideo sit bo
nū tēpamētū.z lō
qȝ sunt frigidi : non
possūt generare qȝ
vtrumqȝ sperma ē
frigidū/ et sic non
bn̄ ꝯuenīunt et ideo
mulier est frigida ē
varsabilis.

Et sunt callidio
res viris. scdm phi
losophū.v.de ani
malibus/dū loqui
tur de muliere/et
equs. Macro. rii.
Saturnaliū/z phi
losophꝰ vbi supra
lib.xv. dicit/qȝ mu
lier/ super omnes
bestias diligit coi
tū valde. Johā. de
platea.isti.de nup.
ij.no. dicit eas esse
callidiores viris/s
maiorē capiunt de
lectationē in coitu
qȝ vir.

Liure Segond   Du sexe Masculin

Et qui ayme plus : (Dit) se corrompement
Combien que parle : fort deshonnestement
Jehan de la place : auec luy se conforme
Toutz d'une mode : parlant en mesme forme
Qu'est bien la chose : que naturellement

Auerro. animalia multū coeūtia sūt breuioris vite. Item nullum crimen vi- ni/sed bibentis culpa/ Michael scotus in phisonomia in regul. gene. Nullūm crimen vi- ni/sed culpa biben- tis. Cato.

Plustost que l'homme : enuieillist brayement
La raison est : Auerro en faict grant feste
Que pour certain (dit il) tresttoute beste
Qui continue : fort souuent le mestier
Au corps humain : ne fait guieres mestier
Plus briefue vie : en ce monde tiendra
Et guieres sain : il ne s'entretiendra
Le nonobstant : que la coulpe (on le scoit)
Ne soit du vin : mays de cil qui le boit.

Il seroit bon : pour fin de telz parolles
De separer : ces malheureuses folles

Aliquando des pe- cussit innocentes ppter deffectuz so- ciorum Adria. pa- pa in quolibet. qo. rij. car. f. et. ij. et ibi. c. lij. co. iiij. qīsa nil tam nocet boi- q̃ mala societas Codr9 sermo. xliij. car. lij. q̃ fortuna recte pingitur in for- ma femine/ q̃ est va- ria. hinc Uerg. in. iiij. varius et muta- bile semper femina et Prouer. vij. gar- rula et vaga quies- tis impatiens nec valens in domo cō- sistere pedib9 suis nunc domi sunt in plateis./iuxta agu- los insidiantes. Ubi vis nollunt ∠ vbi non vis/cupiūt Terēt. ∠ Prouer. xliij. vult non vult. Fugiunt sequen- tes ∠c. Man. com- parās Crocodili. i Buccoli. bucol. iij

Leur deffendant : de plus ne s'adresser
Sur grosses peines : les bonnes conuerser
Car dieu pugnist : souuentesfoys les bons
Pour les deffaulx : c'est de leurs compaignons
Il n'est au monde : chose que plus mal duyse
Que compaignie : mauluaise/et que plus nuyse
Or retournant : a noz propoz susdictz
Disons encores : quelques notables dictz
Codrus recite : en ses sermons sans faincte
Que fortune est : a iuste cause paincte
En forme femme : car est comme dyable
Fort inconstante : et tresque varpable
Ainsy que femme : (comme auons dit) que change
Troys foys en l'heure : de vouloir chose estrange.
Veulx tu que femme : ce que tu vouldras face?
Je t'apprendray : le moyen sans fallace
Ce que ne veuilles : a celle tu demande
Et sera faict : a peine de lesmende
Therence dit : ou tu vouldras yront
Ou tu ne veuilles : aller desireront
Sy tu les suys : fouyront ten asseure
Et sy leur fouytz : te suyuront/chose seure.

Contre le sexe feminin.   Feuillet. Lxix.

¶Aulx femmes fault: estre toutes pudicques
Sobres/fidelles: chastes/non pas lubricques
Non mesdisantes: comme iournellement
Lon les veoit toutes:(aulmoins communement)
Et cest lhonneur:(puys quatant nous en sommes)
De leurs maritz: et de tous aultres hommes
Car tant superbes: sont elles/de nature
Quil nest au monde: beste ne creature
Sy tressuperbe: ne que desire plus
Estre louee: et prisee au surplus.
¶Et la rayson:(sainct Gregoire la dit)
Tresapparente: sy nottez bien ce dict
Cest que le fol: tant plus a de follye
Et lors tant plus: sa voulente/ se lye
Se demonstrer: estre dehors bien saige
Dont fault induyre:(contemplant ce passaige)
Que tant plus femme: est dedans deshonneste
Tant plus se veult: dehors monstrer honneste
Et pour que telle: lon la veuille penser
De moys en moys: sen yra confesser
Plustost ou tard: selon le temps et lieu
Se parforceant: trompper le monde/ et Dieu
Dela pourquoy: la femme tant se prise
Et que fort lhomme: doncques elle desprise.

Femine laudari cupiunt.

Grego. libr. xviij. moralium. c. xxvij. circa medium. tanto quisqz amplius stultus sit quanto conatur exterius videri sapiens.

¶Ballade vnisonante a reffrain Battellee a. xii lignes.
A femme nest: que orgueil presumption
Jactation: de insupportation
Inuention: de peche et de meschance
Mescongnoissance: de demonstration
Impression: dabbomination
Sans fiction: elle en scait bien la chance
Sa diligence: ne tend fors qua bobance
Irreuerance: mespris oultrecuydance
Impertinence: soit en maison ou rue
Car dissolue: est elle sans doubtance
Dont quantie y pense: de dire ie me advance
De trestoutz vices: est femme bien pourueue

Liure segond — Du sexe Masculin

¶ Qui congnoist bien : son indiscretion
Subiection : de humaine nation
D'affection : la dira sans doubte en ce
Par son offence : et sa transgression
Induction : folle instigation
Dieu passion : en souffrit par sentence
Diuine essence : en fist telle ordonnance
Sans difference : en ayant preeminence
Dont deliurance : par ce nous fut rendue
De la perdue : vision d'excellence
De quoy Lactence : disant par asseurance
De trestoutz vices : est femme bien pourueue

¶ Son cas n'est fors : dissimulation
Dissention : groing / murmuration
Pollution : grande concupiscence
Intemperance : et dissolution
Infection : et malediction
Desertion : de parfaicte constance
Experience : de mauldicte inconstance
Perseuerance : de desobeyssance
De souffisance : en tout temps despourueue
Pouure statue : de forme et contenance
Point ne te offence : qui te dit en presence
De trestoutz vices : est femme bien pourueue

¶ Enuoy

Prince des cieulx : ou gist toute puyssance
De penitence : donne luy congnoissance
Et demonstrance : de sa vie pollue
Tresmal esleue : pour elle a ma plaisance
Dont sans faillance : prise ay telle substâce
De trestoutz vices : est femme bien pourueue

Verba ad ephe. v.
c.i.f.ad Thimo. ij.

Omme auds dict : en tout femes subgectes
Aulx maritz sont : que sont aspres sayettes
A leur vouloir : mays prenent patience
Car soubz asseure : et sur ma conscience
Que tout ainsy : qu'est saincte mere esglise
A Christ subgecte : en telle forme et guyse

Contre le sexe feminin.   feuillet.Lxx.

A leurs maritz: femmes subgettes sont
Les doibuent craindre: mays le contraire font
¶Dont Hypolite: dit sur ycelle loy
Quau marge auez: iuste comme ie croy
Que celle femme: que son mary ne craint
Virago est dicte: tant leur sexe restrainct
Quest tant a dire: affin quon anticipe
Que plus a Lhomme: qua femme participe
¶Et celle la: proprement est barbue
Dont le Prouerbe: chante quon la salue
Et ce(dict il): certainnement de loing
Auec neuf pierres: pour se deffendre au poing
Dit le Docteur: au Bray ie men rapporte
Que du mary: celle les brayes porte
¶Tant est la femme: subgecte a son mary
Quelle ne doibt:(pour quil nen soit marry)
Tondre le poil: et cheueulx de la teste
fust il par veu: sans luy en faire requeste
Excomuniee:(si le faict) est de droict
Au marge auez: qui le dit et lendroict.
Car le mary: sy elle faisoit cela
Prendre et pugnir: ne la pourroit par la
¶Au mary/femme:(il fault que ie le die)
Est sy subgecte: que pour grand maladie
Quil sceust auoir: fust il ladre esprouue
Ou sy difforme: quil peust estre trouue
Et ne sault sist: le susdict ung denier
Lacte charnel: ne luy peult desnyer.
¶A chesque femme: que nous disons parler
Dont mainct brocard: auons gecte par lair
Seroit besoing:(dit le droict et Lautheur)
Quon luy baillast: vrayement curateur
Certainnement: celles luxurieuses
Lon equippare: a femmes furieuses
Les biens a celles: doibuent estre interdictz
Comme parsonnes: prodigues/ ie le ditz
¶Lecclesiasticque: dit que femme putain
Equipparee: est elle pour certain

Illa que parum timet maritum suū
dicitur Uirago. secundum Hypolytū in l.ſ.§.ad questionē.col.j.iiij.fal.
ff.de qſt. et deſſert
ſarrabulas viri.

Prouerbium co

Mulieres nō debēt amputare sibi
comā marito nō cō
sentiente sub pena
excomunicationis
p tex. singularē in
ca. quecunqz.xxx.
dist. Et p notata i
c. placuit. xxxiij.q.
ij. Paul.ad Cor.ix

Marito leproso/
vel quocunqz mō
difformatoyro: de
bitus reddere tene
tur.xxxij.q.v. hor
rendus.et.c.sequē.

Mulieri luxurio
se dandus est cura
tor. ratio est/ qua p
diga est siue psone
p quod psumitur e
rerum.l.et mulieri
ff.de cura. furio. de
ni.
Eccle.ix.c.ois mulier que est fornica
ria/ quasi stercus
in via cōculcabitur

Liure segond　　Du sexe Masculin

Mulieres nō deuent vinum bibere
A cellny estront : quen chemin son permect
Qui soubz les piedz : vng chascun celluy mect
¶ De vin les femmes : ne doibuent elles boyre
Mays ie me doubte : que ne men veuillent croyre
Ains de ce dire : me tiennent ennemy
Car le vin est : par trop leur grand amy
Boyre bon vin : certes et adulterer
Quant est aulx femmes : lon doibt equipparer

Valer. maxi. li. vj. titul. de seueritate.
Valere grant : nous en baille lexemple
Et ce parlant : De Metellus bien ample

Valer. maxi. lib. ij. titu. de institu. antiquis. c. j. vini vsus olim. ƶc.
¶ Iadiz lusaige : de vin fut incongneu
Par les Romaines : femmes / et mescongneu
¶ Que boyre vin : femmes ne doibuent poinct
La raison est : et notez bien ce poinct

Ibidem vt supra.
Iadiz la mere : de sainct Augustin / saige
En delaissa : toutellement lusaige
Pour le reproche : dune sa Chambriere
Dont toutes supure : en deussent la maniere
Car trop en prennent : immoderement

Dict Valer. in ti. de seueritate.
Sy non les toutes : mainctes iournellement
Dont a Vertutz : elles ferment la porte
Courrant a Vices : au Srap ie men raporte.
¶ Femme dans Romme : laquelle vin beuoyt
Lon la tenoyt : tel renom elle auoyt
Sy tresmeschante : que la femme adultere
Tant fort le vin : a femme estoit contraire
¶ Qui le conseil : de de Butrio supuroit
Disant que lhomme : par trop plus il viuroit
Auec seulle eaue : que auecques le seul vin
Ne seroyent tantz : diuers soir ne matin

Antho. de butrio. in. c. expte de celeb. missa. q doct. expti dicūt· q bō plꝰ vlneret eʒ sola aqua q ex solo vino / sed En hiridion militaris car. vj. j. dicit q bōi bibaces hoc nos adulterent.
Et cela tient : des docteurs (comme dit)
Expertz en lart : qui soubstiennent tel dict
Mays tel dict sray : bon beueurs ne diront
Ny de ladmectre : ne se consentiroint.
¶ Femmes se fardent : et dedans et dehors
Comme auons dict : dont viennent mainctz faiz ordz
Mays se repentent : bien souuent lauoir faict
Comme ouyrez : maintenant par effect.

Contre le sexe feme̅nin. feuillet. Cxxi.

Et mesmement : de dame caracouse
Le nonobstant : que ne fust de Tholose
Il mest aduiz : quen est bon lexemplaire
Car vrayement : cuydant qu mary playre
Tant se restrinst : pour le vray demonstrer
Quaultres/ne luy : oncq ny peurent entrer
Parrye en fut : sy fut bien son mary
Qua tout iamays : elle rendit marry.
¶ La femme forte : (cest a dire) constante
Honneste et sage : tant de faict que dentente
(Dit Salomon) : a trouuer nest facille
Ains vrayement : chose fort difficille
¶ Les femmes ayment : par plus de affection
De leurs amys : cest la pollution
Que des marytz : car leaue desrobee
Est trop plus doulce : que la/que nest emblee
Dit Salomon : aussy dict il le pain
Cache lon trouue : beaulcoup plus suaue et sain
¶ Il fault bien dire : quaulx marytz vrayement
Femmes subgectes : sont naturellement
Comme auons dict : par les raysons dessus
Et que dirons : sans que soyez deceupz
Car veritable : ce dessoubz vous diray
Au marge auez : par qui le prouueray
¶ Il est certain : quen maincts lieux de la terre
Aprez que mort : (que les humains atterre)
A les marytz : desditz lieux assommez
Dedans brefz iours : il est vray/vous promectz
Leurs femmes sont : subgectes sen aller
Dedans la fosse : et la les font brusler
Auec lesditz : aultrement celles femmes
Sont repputees : desloyalles infames
Desquelles plus : (comme Solin racompte)
Desheure en la : ny est plus tenu compte
¶ Tant aulx indies : quaultre part font cela
Mays les maritz : en toutz ces pays la
Ne trouuerez : que touchant tel affaire
Ilz soient subgectz : a leurs femmes ce faire.

De d̅n̅s ceratosa
qua̅ refert hpo.li̅
c. co̅sultatio de fri-
gi. et malefic. q̅ vt
placeret marito
suo tm̅ se retraxit/
q̅d nec ipe nec als
potuit eam cogno-
scere.

Mulier e̅ fortem q̅s
inueniet pcul. ꝛc.
Prouer. c. xxxi.

A que furtiue bul-
cio res s̅nt ꝯ panis
absconditus sua-
uioꝛ. Prouerb. c. ix.

Solin au secret de
lhistoire naturelle
contenant les mer-
ueilles du monde.
c. xxvii. feuillet.
xxxviii. z au liure
des nauigations.

q

En demonstrant: c'est rayson que s'ensuyue
Que toute femme: fault que son mary suyue
Non les maritz: a leurs femmes iamays
Car aultrement: ilz seroient diffamez
Auquel pays: les hommes fault scauoir
Toutz mainctes femmes: certes peuuent auoir
Mays non pas toutz: dit en equalite
Ains ung chascun: selon sa qualite
Et que sa force: estendre se pourra
Pour les nourrir: iusques ce quil mourra.

Ut supra dictum
est meli⁹ est ire ad
domum luctus q̄
ad dom̄u conuiui.
Eccle. vij. c.

¶ Comme auons dit: femmes suyure conuiz
N'est fort honneste: aulmoins a mon aduiz
D'estre putains: est grant presumption
Comme du sage: est il l'intention
Quant dit/qu'est plus: en deuil aller honneste
Que dans maisons: de conuiz et de feste
Ou le dyable: certainnemēt accueille
Maincte une femme: du peche de la gueulle
Par consequent: comme de Lyra asseure
Pareillement: du peche de luxure
Probation: ne vous en fault plus ample
Car toutz les iours: le voyez par exemple
Dedans Tholose: ainsy que lon ma dit
Mays ie ne scay: sil est vray ung tel dict.
¶ L'on dict quil y a: certaine compaignie
Et ce/de femmes: ce/ne fault que vous nye
Que nuyct ny iour: ne font aultre mestier
Que suyure festes: de tout leur cueur entier
Conuiz/banquetz: et toute aultre assemblee
Toutes sy trouuent: et ne soyt que d'emblee
Myeulx aymeroient: perdre trestout leur bien
Que d'y faillir: elles s'en trouuent bien
¶ La mainctes bagues: par elles sont acquises
Chaynes/aneaulx/et choses fort exquises
La danceront: sailliront/chanteront
Quacqueteront: gauldiront/ioueront/
Auecq les masques: que disent incongneuz
Lesquelz d'ycelles: seront tresbien congneuz

Contre le sexe femenin.　　Feuillet.Cxxii.

Auec lesquelles : feront telle entreprinse
Que tost apres : sera la beste prinse
¶ La leur serrez : les dances descouper
Le cul mener : tricotter/et couper
Bransler morisques : chascunne de sa guyse
Dont vous ririez : de veoir telle deuise
Et sy ne scauent : le cul bien temuer
Par celles dances : apprenent le mener
¶ La les serrez : pompees/gringotees/
Fort deshonnestes : tresfolles esuentees
Honte nayant : du monde/ny de dieu
Despuys que sont : vne foys en tel lieu
Fournyes sont : de mainctz bons sentementz
De fardementz : riches accoustrementz
Dessoubz lesquelz : (nottez bien la parolle)
Mainct bouton cachent : de la grosse verolle　　Ex francisco Petrarcha.
¶ Petrarche dit : helas qui trouueroit
En ce temps cy : quant bien lon chercheroit
Femme modeste : femme doulce et fidelle
Femme (dit il) : que ayt bonne amour en elle
Que patiente : enuers son mary soit
De la chercher : ie croy quon ce deceoipt
Humble/honnorable : sans aulcunne discorde
Obeyssante : aymant paix et concorde.
¶ En lecclesiaste : sur ce respond le sage　　Eccle.vij.c. Virum
Quentre mille hommes : dung tel noble courage　de mille vnum reperi mulierem ex omnibus non inueni.
Quelqun en trouue : mays touchant a ce poinct
De telles femmes : iamays ne trouua point

　　¶ Coupplletz en forme de Lyrielles et aultrement interrogatoyres et responces

Quest ce du monde : que plus a lhomme nuyst
Plus luy est contraire : et de iour et de nuyct
Que plus le faict : repputer estre infame:
Par mon aduis : ie diz que cest la femme.
¶ Quest ce du monde : que plus lhomme deffaict
Plus luy repugne : de vouloir et de faict

q ii

Plus le mesprise : et que plus le diffame
Par mon aduiz : ie ditz que cest la femme.
¶ Quest ce du monde : que plus lhomme desprise
Que moins le crainct : moins lestime et le prise
Que plus luy donne : de repproche et diffame
Par mon aduis : (ie ditz) que cest la femme
¶ Quest ce du monde : que plus dhomme mesdict
Et plus de mal : de meilleur cueur en dit
Et tant que peult : de son pouuoir linfame
Par mon aduiz. &c.
¶ Quest ce du monde : que plus lhomme deceoipt
De quel estat : et qualite quil soyt
Que luy faict perdre : plus son bon bruyct et fame
Par mon aduiz &c.
¶ Quest ce du monde : que plus lhomme dechasse
Plus son malheur : et deshonneur pourchasse
Et syl nest saige : souuenteffoiz laffame
Par mon aduiz. &c.
¶ Quest ce du monde : que plus cueur dhomme myne
Par faulx semblantz : et maincte faulce myne
Et de pecher : plus lincite et lenflamme
Par mon aduiz. &c.
¶ Quest ce du monde : ou lhomme plus se fie
De qui iamays : il point ne se deffie
Et plus le brusle : que du chault feu la flamme
Par mon aduiz. &c.
¶ Quez ce du monde : la chose plus ingratte
Et que de lhomme : trop plus desrobe et gratte
Et puys aprez pour prodigue le clame
Par mon aduiz &c.
¶ Quest ce la chose : que fuyct a qui la suyt
Et qui luy fuyt : elle suyt et poursuyt
Et rien ne faict : pour qui plus la reclame
Par mon aduiz &c.
¶ Quest ce la chose : que meilleur se dict estre
Sur toutes aultres : que soient en ce bas estre
Et que de honte : ne tient aulcunne dragme
Par mon aduiz. &c.

Contre le sexe feminin.　Feuillet.Cxxiii.

Quest ce la chose : de plus petit vallour
Soyt il de faict : ou soyt il de vouloir
Et plus se prise : que chose soubz la saincte
Par mon aduis.ℸc.

¶Quelle est la chose : quen cestuy bas domaine
fist tresbucher : pouure nature humaine
Dont en danger : nous mist le corps et lame
Pour mon aduis : ie diz/que cest la femme

¶Aultre sorte de Rithme que lon dit arbre fourchu.

Onsiderez : mes bons amys/que femme
Cest vne chose : tresque mauldicte infame
Que genre humain : par son incitement
A mys a mort.

¶Dōt malheureuse : est/ et cestuy qui layme
Car en danger : nous a mys corps et ame
De quoy subgectz : sommez/A damphnement
Aussy a la mort.

¶Pour vng plaisir : quon y prend et confort
Qui tost nous vient : a tresgrand desconfort
A gros mespris : deshonneur et diffame
Communement.

¶Malheureux sommes : pourchasser tel effort
Comme faisons : en ce monde sy fort
Deu mesmement : que femme nous infame
Incessamment

¶Pour femme vient : tout malheur et torment
Car a mal faire : a tout son pencement
Nous en voyons : maintes vne experience
Vng chascun iour.

¶Oultreceulx la : ditz/ du commencement
femme se efforce : encor iournellement
Nous decepuoir : a ce mect diligence
Sans nul seiour.

¶Qui se tiendra : (ie diz) de femme/au tout
Auant long temps : luy fera quelque tour
Dont congnoistra : pour veoir quelle scait faire
Par sa meschance

q iiii

¶ Telle amour tient : qu’enuers sa propre atithour
A qui la suyt : sil nen faict bref retour
Essayera son corps et biens deffaire
De sa puyssance.

¶ Les femmes ayment : fort seruir inconstance
Car ennemyes : elles sont de constance
Le cueur ont fresle : deceuant et follage
En tout affaire.

¶ En elles a : bien peu de resistence.
Souuent se changent : et sans longue distance
Fermes ne sont : de faict/ ny de courage
Fors qua mesfaire.

¶ Destre loyalles : veullent bien contrefaire
Mays qui sy fie : cest tousiours a reffaire
Dung vouloir/ femme : guieres ne se tiendra
Cest leur vsage.

¶ Sy telle chose : ie vous ditz et profere
Pour craincte delles : le dire ne diffère
Car qui le vray : par tout ne mainctiendra
Il nest pas saige.

¶ Aultre sorte darbre fourchu
sur le mesme propos.

Mes bonsamys : ie diz a bref langage
Qua gros dangier : le corps et lame engage
Celluy qua femme : desliure son entente
Sans longue attente
Mal luy en prendra.

¶ Sauf sy ce nest : pour auoir du mesnage
Car aultrement : ie vous promectz paour nay. Je
Que de ce dire : lon die que ie mente
Tost qui les hante
Le comprendra.

¶ Chascun de vous : a tel dire entendra
Dorenauant : aulcun ne se attendra
Cest de poursuyure : vng sy meschant breuage
Qui mainct dommage
A mainct vng faict.

Contre le sexe femenin. feuillet.Lxxiiii

Sy saiges estes : de ce vous souuiendra
Et iamays plus : il ne vous aduiendra
Vous adonner : d'aymer vng tel bagage
Qui mainct lignage
Fort sain infaict
¶ Femme est infaicte : de vouloir et de faict
Elle est marrye : si nest/tant que messaict
De faire mal : aulcun nen desdira
Qui le dira
Poinct ne se esuente
¶ Femme ioyeuse : point nest si ne forfaict
Tous les iours faict : a lhomme mainct forfaict
Menteur il nest : qui delle mesdira
Et redira
Quest deceptuante
¶ Combien que femme : soyt de lhomme seruante
Ses mandementz : est tresmal obseruante
Ains tout iour pence : si le voulez scauoir
Le deceptuoir
Par sa finesse.
¶ Craincte de dieu : oncques ne les pouuente
Tout iour faict mal : ou mesdict/ ou se vante
De ce chascun : sen peult apparcepuoir.
Clairement veoir
Par quel fin est ce
¶ Communement : femme par sa foyblesse
Est ennemye : de vertutz et noblesse
Et sil est cas : que son corps sabandonne
Elle se donne
Aulx plus meschantz
¶ Qui la poursuyt : bien fort son honneur blesse
En ce monde est : (comme est dict) dyablesse
Chascun tourmente : sans espargner personne
Son nom mal sonne
Telz sont mes chantz.
¶ Par femme sont obligez toutes gens
A souffrir mort : tant soient ilz/ laidz/ ou gentz
Aultant que dieu : vouloit estre maistresse

q iiii

Liure segond　　Du sexe Masculin

Comme deesse
La malheureuse
⁋De quoy nous sommes: Depuys toutz indigens
De mainctes graces: queussions estez regens
Sy neust este: ycelle abuseresse
Et tromperesse
Tres mal heureuse.

　　　Sensuyuent soixante epythetes, et synonymes
　　　contre les femmes, cōtenantz leurs vertutz & na
　　　turelz faictz intentions, et vouloirs feminins.
　　　Et nentend parler Lautheur que des meschan
　　　tes, comme il a dict et proteste.

Virtutes mulie
p̄ stipsasim Mu
lieres vt plurimuz
sunt.

　　　E dis que femmes: sont naturellement
　　　Toutes sans cueur: aussy pareillement
　　　Leurs langues coupent: toutes des deux costez

Decordes.
Bilingues.
Fallaces.
Versute
Fraudulose.
Callide

fallacieuses: sont, si les escoutez
Versutes sont (cest a dire) en malice
Par trop subtilles: vng tresdangereulx vice
⁋Puys frauduleuses: quest terme general.
Callides (cest): saiges a couurir mal.

Subdolose
Inconstantes.

⁋Pareillement: les voyez decepuantes
Semblablement: trestoutes inconstantes

Vage.
Dementes.
Stulte.
Insolentes
Arrogantes
Maligne
Auare.
Luxuriose

⁋Vagues aussy: vuydes dentendement
Et tresque folles: cest generallement
⁋Tresinsolentes: que sans arrest veulx dire
Aussy arrogantes: tant du faict que du dire
⁋Malignes sont: tres auaricieuses
Pareillement: aussy luxurieuses

Gulose.
Loquaces.
Garrule
zelotipe.
Petulantes
Rixose
Ficte.
Proditrices.
Assentatrices
Blanditrices
Lasciue
Voluptuose
Superbe
Vane
Leues.

⁋Gloutonnes sont: aussy bien trop parlantes
Garrules dictes: sans fin continuantes
⁋Jaleuses sont: et petulantes dictes
Quasi insaoullables: de ribaulder lesdictes
⁋Fort riotteuses: painctes aussy traistresses
Adulatresses: et grandes flatteresses
⁋Par trop sont elles: aussy lasciuieuses
Semblablement: par trop voluptueuses
⁋Superbes sont: vaynes et legieres
Pareillement: treffort mensongieres

Contre le sexe femenin feuillet. CrrB.

¶ En leurs parlers : aussy sont cauilleuses
Oppiniastres : et fort litigieuses
¶ Tenaces sont : tirant le tout vers elles
Tresiracondes : serchant tousiours cautelles
¶ Par trop aussy : sont elles enuieuses
Infestueuses : cest a dire fascheuses
¶ Acerbes sont : quest aultant que cruelles
Par leurs malices : austeres et rebelles
¶ Nuysantes/sales : laydes fort inhonnestes
Par trop infames : malades/deshonnestes
¶ Puantes sont : et tresfort odieuses
Tres impudicques : Ribauldes curieuses
¶ Trop esleuees : peruerses sont/et sottes
Insidieuses : aussy les ydiottes
¶ Puys insensees : mobilles/extrauantes
Les cueurs de mainctz : pour supure leurs ententes
¶ Bref variables : et supersticieuses
Sont les susdictes : tresque fort vicieuses
¶ Debilles sont en vertutz et de sens
Comme lon voit : par leurs faictz indecentz
Dont nest besoing : probation plus ample
Puys quon le voit : tous les iours par exemple
¶ Qui bien le sent : de ce marge comprend
Vous trouuerez : que tel dict nous apprend
¶ Que lhomme baille : plus que femme ne faict
Par elles mesmes : ie le preuue en effaict
Car quant la femme : a certes enfante
Lexemple en est : a chascun esuente
Incontinent : elle demandera
Sy filz ou fille : est ce /que faict aura
Et qui luy dit : que cest vne femelle
Luy sera fort : desplaisante nouuelle
Tant que la pouure ne sen contentera
Ains sa douleur : plus sen augmentera
Sy cest vng filz : recouurera couleur
Et sen yra : sa peine et sa douleur
Du grant plaisir : et ioye de tel cas
Que trop plus ayme : que cent mille ducatz

Mendaces.
Cauillose
Pertinaces.
Litigiose
Tenaces.
Iracunde
Maliciose
Inuidiose
Infeste.
Acerbe

Nocue.
Immunde
Turpes
Inhoneste
Infames
Morbose.
Fetide
Odiose
Impudice
Stolide
Peruerse
Fatue
Insidiose
Insensate
Mobiles.
Excordes.
Variabiles.
Superstitiose.
Et debiles.

Istud est satis notorium. Ideo probatione non indiget p̃ tex. in c. tua nos de cohabi. cleri. z mulie. z in c. ad nsam. in. iij. de sur. iur. z in. c. Vindemia. S accusa. et. l. emp. z l. ea quidem. C. de accusa.

Non seullement : elle en est esiouye
Ains nest la femme : que nen soyt resiouye
Ryant/chantant : louant/celle venue
Plus que sy fille : pour vray fusse venue
Car lors diroient : sy venoit tel affaire
A la gisante : que ne pouuoit prs faire
Et par ainsy confessent clairement
Que vallent plus : les hommes vrayement
¶ Cest belle chose : que dhomme/tout concludz
Plus que la femme : lhomme vault par trop plus
Sy noble femme/nest il en ce bas estre
Ny sy villaine : que ne voulsist homme estre.

¶ Conclud Lautheur que proprement les femmes
sont retraictz de lhomme

Pour faire fin : a nostre second liure
Et pour conclurre : pour verite vous liure
Sy de raison : ne suys en ce distraict
Que dhomme femme : est proprement retraict
La preuue en est : puys que sy parfond entre
Cest que les hommes : leur pissent dans le ventre
¶ Fault que lendurent : et neccessairement
Car mariage : le requiert iustement
En ce subgettes : sont de necessite
La vont ilz mectre : leur immundicite
Doncques les hommes : ne doibuent mespriser
Ny comme font : aultant que eulx se priser
¶ Nous ferons doncq : a ce second la fin
Aulmoins bien tost : Seigneurs a celle fin
Que ne vous soye : trop fascheux en mes dictz
Et trop prolixe : en semblables mes ditz
Mys qui en vouldra : scauo r plus amplement
Il pourra veoir : mainctz Autheurs briefuement
Toutz gens de bien : et saiges renommez
Que icy dessoubz : vous trouuerez nommez.

¶ Les autheurs qui blasment
les femmes/et en quel lieu.

Contre le sexe feminin.　　　feuillet.CxxXi.

Premierement : cez gentilz satyricques
Qui de telz dictz : sont tresfort iuridicques
Qui nommez sont : au lieu quau marge auez
Auec merlin : qui bien croyre debuez
La Bible dicte : voree en ses diffames
Dans ce beau tiltre : des fallaces des femmes
Platine auſſy : et le bon obseruant
Buſte nomme : iuſte/droict obſeruant
Claude auſſy bien : au cinquieſme traicte
Pareillement : beaulcoup en a traicte
Sempronius : leſpaignol auſſy bien
Dous en dira : quelque choſe de bien
Matheolus : qui fuſt iadiz bigamie
Lequel en partie : certes a haulte game
Veoir vous pourrez : auſſy daultre cartier
Les bonnes oeuures : dalain dict charretier
Pareillement : ou mainct beau dict repoſe
Celuy beau liure : le Romant de la roſe
Semblablement : les dictz de chicheface
Qui mainct vouloir : daymer femmes efface
La pacience : de femme/ et leurs mariz
Ou bien souuent : il les nomme matriz
Vous pouuez veoir : le Trop toſt marie
Qui de ce faire : ſe dit fort varie
Puys les secretz : et loix de mariage
Qui dauoir femme : nous oſte le courage
Voyez auſſy : bien les abuz du monde
Qui den parler : aulcunnement ſy fonde
Puys le debat : de la femme et de lhomme
Pareillement : les ſept ſaiges de Romme
Noui nupti : parle bien de cecy
Les quinze ioyes : de mariage auſſy
Puys zaroatan : auſſy bien aulx malices
Dycelles femmes : les chargeant de maintz vices
Sonaleum : des femmes ne te oublye
Regarde le : au long ie te ſupplye
La campanelle : des femmes que ne ment
Poups arrioſte : auſſy pareillement

Semblablement : ycelluy dit corbace
Et les nouuelles : De maistre Jehan Bocasse
Manganellum : Polintea laisser
Ne vous conuient : ny pour rien delaisser
Puys Alberic : en son beau dictionaire
Qui fort merite : destre leur pencionaire
Aussy malleus : quon dict des maleficques
Qui mainctz faictz delles : narre dyabolicques
Gammare aussy : ne vous dira mensonge
De Viridarii : Soyez aussy le songe
Erasme dans : la seconde partie
De ses Prouerbes : leur faict grande partie
Musonius : y faict bien son debuoir
Des noirs Estienne : vous pouues aller veoir
Simphorien : aussy veoir vous assigne
Ou de la guerre : parle de medicine
Maincte parolle : aussy bien en desgorge
Ycelluy Jacques : que lon dit de sainct George
Trente et sept cas : en baille debon nombre
Lespeculaire : qui bien au vray les nombre
Puys ysodore : neuf vices il en nomme
Pierre Subert : vne aultre grosse somme
Part la chapelle : que lon dict Tholosaine
Qui vous en nombre : pour plus dune douzaine
¶ Desdictz autheurs : ourq vous contenterez
Mays vng seul mot : encor escouterez
Cest que iay dict : que ie nentendz parler
Quelques propoz : lesquelz soient mys par lair
Comme souuent : ie vous ay proteste
Par le dessus : il vous est atteste
Et mesmement : parlant en mal des femmes
Que des meschantes : malheureuses infames.
¶ Le nonobstant : que veritablement
En soyt parle : fort generallement
Pour le contraire : nay pense tel meschief
Je le proteste : encores derechief
¶ Sy ie mesditz : des meschantes pretendz
Et sy diz bien : cest des bonnes que entendz

Contre le sexe feminin. feuillet. LxxVii

Ung mesme mot : est souuent sy tresample
Comme Verrez : maintenant par exemple
Qua bien et mal : il se peult adapter.
Et pource doncq : ny Veuillez plus doubter
Les troys Ballades : le Vous demonstreront
Consequtiues : et le Vous monstreront.
Ung mesmes Vers : et bien/ et mal dira
Et pource doncques : nul ny contredira
Que quant diz bien : des bonnes sont telz dictz
Quant ie diz mal : des meschantes le ditz.

¶ Sensuyuent troys Ballades a double sens Sonnantes retrogrades en plusieurs sortes demonstrant le Vouloir de Lautheur : desquelles Vne mesme chose dict mal / et bien / chascunne de cesdictes troys Ballades de sa sorte. Car la premiere en lisant toute la ligne dict mal des femmes / pareillement retrogradant au rebours cest moytie derriere Vers la pmiere moytie tirant et lisant toutes deulx / Et sy ne lisez q la moytie de ladicte ligne ou trouuerez sens et Rithme / dira bien des femmes / chascunne et chesque moytie semblablement retrogradant lesdictes moytiez en hault tirant du bas en hault ya sens et rithme et en dit bien. La seconde Ballade en lisant toute la ligne dit bien / et lesdictes moytiez disent mal retrogradant ains que la dessus, la tierce Ballade En lisant toute la ligne dit bie / et la premiere moytie dit mal / et laultre moytie dit bien / Et par ainsy sont differentes lune de laultre. Et en ce monstre Lautheur son Vouloir qui nest come est dict que de dire mal des meschantes femmes / dōt quant lesdictes Ballades disent mal / il entend desdictes meschantes femmes / Quant lesdictes Ballades disent bien il entend des bōnes femmes et painsy les honestes femmes ne fault q blasmēt Lautheur de la composition de ce liure aulmoins quant au sens.

Livre second　Du sexe Masculin

Femmes armer,
C'est tresbien faict.
Pour les blasmer
L'on est infaict
De dict et faict.
C'est ung gros bien
Poinct ne meffaict
Cyl quen dit bien

Jamays ne maduiendra
De mesdire de femme
Tout loz en paruiendra
Louer leur bruyct et fame
La chose est fort infame
Ne leur faire seruice.
Qui les blasme et diffame
Il est remply de vice

Il fault bayner
Qui femmes hayt
Les blasonner
Le cas est laid
Qui a femme n'est
Il ne sçault rien
De blasme est nect
Cyl quen dit bien.

Qui femme soubstiendra
Noble est de corps et dame
A iamays conuiendra
Soustenir qui les ame
Point nest mesprise dame
Qui dit femme propice
Celluy qui nayme dame
Il est remply de vice.

Femme estimer
Le droict parmect
Sot fault nommer
Qui au bas les mect
Qui sy soubmect
Il faict tresbien
Mal ne commect
Cyl quen dict bien

Saige ne mainctiendra
Que les femmes on blasme
Qui les entretiendra
Exempt est de tout blasme
Il n'entend pas sa game
Qui dit femme malice
Qui femme ne reclame
Il est remply de vice

Lenuoy.

De cueur parfaict
Femme a entretien
Point ne forfaict
Cyl quen dict bien

Oncqs femme neust dragme
De sainct vouloir et nice
Qui les femmes infame
Il est remply de vice.

Aultre Ballade vnissonante a double sens de forme côtraire a celle dess⁹. Car en lisant toute la ligne & ladite dessus Ballade on dit mal des femmes/& nen lisant q̃ les moytiez a part/ on en dit bie. Et ceste ycy en lisant toute la ligne dict bien/& en lisãt les deux moytiez a part dit mal/ et se peult retrograder/de la sorte que ladicte dessus/comme est dict.

Contre le sexe feminin   feuillet.C.xxviii.

Qui amoureulx nest   A sottise est donne
Il est bien sage   Qui dit bien de la femme
De vice est nect   Qui a femme est adonne
Qui femme oultrage   Il est meschant infame
Plain est de rage   Qui la femme diffame
Qui la soustient   Il faict tresiustement
Pour tout potage   Cest ung beau loz et fame
Bon bruyct ne tient   Qui nest dict vray aimant.

Qui la femme hayst   Bien est desordonne
Sage a courage   Celluy qui femmes ayme
Quel bruyct quelle ayst   Cest tresbien ordonne
Chose est saulvage   Naymer aulcunne dame
Ung tel ouurage   Noble est de corps et dame
Ne me reuient   Qui nayme aulcunnement
Qui la soullage   Il ne peult auoir blasme
Bon bruyct ne tient   Qui nest dict vray aymant

Qui amours ne faict   Jamays nest pardonne
Oncques nenrage   Cyl qui femmes ne blasme
Qui sen deffaict   Bien est hazardonne
Cest bel vsage   Qui la femme reclame
Sot personnage   Jamays femme ne clame
Amer conuient   Qui bien dit saigement
Qui est en seruage   Oncques raison ne infame
Bon bruyct ne tient   Qui nest dict vray aimant.

℣ Lenuoy.

A bref langage   Mainct ung nentend sa game
Qui amour mainctient   Aymant loyallement
Comme dit ay ie   Auoir nen peult diffame
Bon bruyct ne tient   Qui nest dit vray amāt

℣ Aultre Ballade/vnissonante/a double sens dau
tre sorte que les deux dessus/Car les aultres/si tou
te la ligne dit bien/les deux moytiez disent mal/et
econuerso:mays ceste ycy en lisant toute la ligne dit
bien/et lune moytie mal/et laultre bien.

Liure second — Du sexe Masculin

Vllaine femme
Est chose inicque
Corps de diffame
Fort fantasticque
Sotte rusticque
De dict et faict
Dyabolicque
Bref en effect

Nul ne doibt presumer
Que femme soyt meschante
Celluy conuient nommer
Doulente desplaisante
Langue quest mesdisante
Est chose deshonneste
Quoy que lon die et chante
Toute femme est honneste

Trop est infame
Pis que hereticque
De bruyct et fame
Quoy quon refricque
Tres impudicque
Vouloir in faict
Cueur aspidicque
Bref en effect

Qui ne veult femme aymer
Fault que lon le tourmente
Il nest rien destimer
Est chose mal plaisante
Rien ne vault telle entente
Ne la diz imparfaicte
Sot est qui ne la vante
Toute femme est honneste

De corps et dame
Pis que ung heticque
Que lon diffame
Son faict lubricque
Sens volaticque
Tousiours forfaict
Quoy quon implicque
Bref en effect

Il le fault infamer
Qui dit femme indecente
Cyl qui la veult blasmer
Fault que chascun esuente
Ce nest chose aduenante
Cyl qui tient soye infaicte
La raison est patente
Toute femme est honneste

Lenuoy

Sens frenaticque
Tousiours forfaict
Par sa practicque
Bref en effect

Qui dit la femme errante
Sy na rayson parfaicte
La chose est euidente
Toute femme est honneste.

Fin du segond liure.

Liure Tiers.

Le Prologue: Lautheur ſous liure
Des grandz abuz: quant au Tiers Liure.

Lautheur.

Atiſfaiſant: a la promeſſe faicte
Et q̃ noſtre oeuure: ne demeure impfaite
Le dernier liure: des troys deſſus pmys
A noſtre frere: le chief de noz amys
Maſculin ſexe: nous conuient commencer
Parquoy ma plume: il ſe fault auancer
Voſtre bol prendre: par deſſus ceſtuy liure
A celle fin: que ien ſoys toſt deſliure
(Non que ie vueille: que vollez a trauers)
Lair deſſus dit: ny pays ſy diuers
Vollez de forme: trop plus legiere et forte
En ſens et rithme: pour que toſt lon en ſorte
Voſtre vollee: ſera tant ſeullement
Pour ſatiſfaire: a certain argument
Quon pourroit faire: a celluy deſſus dict
Quant nous auons: pour vray maintenu et dit
Que quant parlons: (certes en mal des femmes)
Nous nentendons: fors parler des infames
Des vicieuſes: meſchantes/deſhonneſtes
Non point des bonnes: ny des femmes honneſtes.

Or pourroint dire: quelque femme ou lecteur
Toutellement: ie vous nye lautheur
Quaumonde fuſt: iamays femme meſchante
Eſt/ny ſera: cella que ie vous chante
Dont nous voulons: tel dire reprouuer
Et par exemples: le contraire prouuer
Par beaulx eſcriptz: de mainctes gens notables
Ou trouuerez: mainctz beaulx ditz proffitables.

Lautheur reprenant le deſſus dire/des temps preſent/et futur.

Dant aulx deux poinctz dictz preſent/ȷ futur
Ne vous ſera: lautheur long dictateur
Pour les raiſons: que icy deſſoubz orrez
Dont ſon vouloir: toſt entendre pourrez.

Du vice de superbe.　　feuillet.C.xxx.

¶ Des femmes du temps present que L'aucteur ne veult nommer.

Ont au present : L'autheur pourroit nōmer
Mainctes meschantes : et celles surnōmer
De toutz estatz : remplies de grandz vices
Allans ainsy : comme les Escreuices
Qui sont tousiours : (certes en reculllant)
Tout au contraire : que deussent faire allant
Tant de pechez : commectant sans seiour
Que de ce faire : nont repoz nuyct ny iour.
¶ Jen scay bon nombre : a dire verite
Questre nommees : ont tresbien merite
Pour les grandz maulx : que les meschantes font
Dont mesbays : que dieu ne les confont
Et mesmement : entendez noz querelles
Vng tas de vielles : ribauldes macquerelles
Que font de mal : plus quon ne scauroit dire
Desquelles trop : ne scauroit on mesdire.
¶ Et daultre part : de mainctes mariees
Tant obfusquees : et de sens variees
Quond les maritz : qui les tractent sy bien
Quelles gouuernent : tant leur corps que leur bien
Et sy les ayment : ie vous dtz au surplus
Tant que leur corps : ie croy encores plus
Mays les meschantes : ne font que ribaulder
A plusieurs : nuyct et iour paillarder
En se mocquant : de leurs susdictz marytz
Qui ce ne pensent : parquoy nen sont marrys
¶ Elles meritent : certes estre nommees
Tant fort soyent elles : en estat renommees
Mays pour ceste heure : point ne les nommeray
En cestuy liure : ny les surnommeray
Pour ne blesser : de leurs maritz lhonneur
Et ne leur faire : vng sy grand deshonneur
Les suppliant : ne le dis par enuye
Soy amender : et corriger leur vye
Car ie seroys : (bref) contrainct aultrement
Faire aultre liure : les nomment clairement

r ii

Liure Tiers

Ou sy ce nest: doibuent presupposer
Que cestuy icy: me mectroys a gloser
Pour les nommer: sans espargner aulcunne
Vous promectant: de nen laisser pas Vne

**¶ Lautheur parlant du temps futur
quant aulx femmes.**

Quant au futur: nen sçauroys seur parler
Ny verite: bien vous en reueiller
Car tout ainsy: que toutz saiges mainctiennent
Ce sont des choses: qua Dieu seul appartiennent
Mays touteffoiz: en dirons nostre aduiz
Tant seullement: par forme de deuiz
Et tout ainsy: que nous pouuons entendre
En nostre sens: et touchant ce comprendre
Pour abbregier: nous pouuons mainctenir
Que quant aulx femmes: encores a venir
Sy vicieuses: seront ie vous promectz
Que les presentes: et que furent iamays
Point ny faiz doubte: ains croys que daduantaige
Vous le verrez: qui ne meurt deuant aage
Et la raison: ie la diz souspirant
Car va le monde: tousiours en empirant
Et mesmement: quant au femenin sexe
Que fort le nostre: tant nuyct que iour il vexe
Vous le voyez: car doncq ne furent faictz
Tant execrables: habominables faictz
Que toutz les iours: lon veoit aux femmes faire
Quasy impossibles: a iamays satiffaire

**¶ Lautheur parlant du temps preterit
quant aux femmes.**

Du preterit: qui premier deuions mettre
Vous en dirons: mainct vng exemple et mettre
Lesquelz nay prins: certes a laduenture
Ains des hystoires: et la saincte escripture
Choses que sont: tenues veritables
Il en ya aussy: pareillement des fables

Du Vice de superbe. Feuillet. C.xxxi.

Mays nen diray: que ne trouuez au marge
Dont ie lay pris: tant soit il long ou large
Selon les vices: ie le vous rengeray
Et tant que puysse: le vous abzegeray

¶ Exemple de la saincte escripture de Eue nostre
mere/ sur le vice et peche dorgueil.

Premierement: ie vous mectray en lice
Le grant peche: dorgueil et premier vice
Duquel surprise: fust iadiz nostre mere
Eue nommee: que nous fut tant amere
Cest par orgueil: que ladicte pecha
Dont genre humain: grandement empescha
Car cupdoit elle: (ie le vous diz en somme)
Que pour menger: brayement de la pomme
Estre et scauoir: comme dieu tout parfaict
Par quoy fist faire: et fist vng tel meffaict.
¶ Bref elle fust: sy tresfort variable
Que quant Sathan: celluy mauluays dyable
Eust dict a celle: que des que auroient mengé
Dycelluy fruict: seroit leur cas changé
Car comme dieu: elle et Adam seroient
Et bien et mal: brayement ilz scauroient.
¶ Parquoy pour estre: aussy grande que dieu
Elle pecha: lors estant en ce lieu
Lequel on nomme: le paradis terrestre
Lieu plus plaisant: que soyt en ce bas estre
¶ Qui de mon dire: il ne se fiera
Certes Moyse: len certifiera
En son Genese: sy bien il me recorde
Et nest docteur: quauec luy ne se accorde
Plus long propoz: de Eue ie ne vous liure
Car mieulx son cas: ay dict au second liure
Doncques qui plus: delle vouldra scauoir
Au second liure: il le peult aller veoir

Ge.iij.c. Eritis si-
cut diisciente‍s bo‑
nū et malum.

¶ De Athalia mere
de Ochozias.

k iij

Liure Tiers

Thalia: que fust mere iadis
Dochozias: entendez bien mes dits
Apres la mort: De son filz/Allumee
Du feu Dorgueil: ladicte mal famee
Les filz Dauid: faulsement fist mourir
Pour sa semence: faire du tout perir
Et ce faisoit: pour seulle dominer
Estre maistresse: et du tout gouuerner
Mays elle fust: du temple degettee
Et de son siege: cruellement ostee
Pareillement: de son gouuern. desmise
Dans le palays: puys dung glayue a mort mise
Au quart des Roys: Sous trouueres lhystoire
Chappitre Onziesme: euident et notoire.

iiij. Reg. ij. c.

De Bersabee mere de Salomon.

Ne fust pas moins: Bersabee orgueilleuse
Du temps Dauid: ycelle glorieuse
Quand entendit: Adonyas regner
Quaudit Dauid: elle fist ordonner
Que Salomon: son filz domminerorit
Et comme Roy: et duc gouuernerott
Combien que fust: Adonyas susdict
De Dauid filz: et premier que ledict
Par le conseil: de Natham le Prophette
En flatterie: telle chose fut faicte
Au tiers des Roys: lhystoire trouueres
Premier chappitre: quant bien regarderes.

iij. Reg. j. c.

De Jezabel.

De Jezabel: Sous seulx ie faire ung compte
Lequel lhystoire quest au marge racompte
Car vrayement: de lhystoire iay eu
Que apres que fut: oinct comme Roy Jeha
En Jsrael: Vint il certainement
Dont aduertie: de son aduenement
Par sa superbe: ycelle Loupue infaicte
Pensant ladicte: quil en fist plus grand feste

iiij. Reg. ix. c.

Du vice de superbe. Feuillet.Clxxxij

Et celluy attraire : a libidinite
Et pour mieulx plaire : a son humanite
Tant se farda : et la teste et les yeulx
Que elle pensoit : ne pouuoir estre mieulx
Quant il entra : Jezabel salla mettre
Pour ce dessus : certes ala fenestre
Mays ledict Roy : la fist ruer en bas
Sans aultres noyses : questions/ ny debatz
Dont la mourut : celle folle enragee
Ou fust des chiens : soubdainement mengee
Au quart des Roys : vous trouuerez cella
Dans le neufuiesme : des chappitres est la.

De Agar chambriere de Sarra / et concubine de son mary Abraham.

Oinct oblier : ny plus mettre en arriere Genesis.xvj.
Ne fault Agar : de Sarra chambriere
Et concubine : de Abraham le sien mary
Dsant dicelle : a cause que marry
Il estoit fort : que ne pouuoit auoir
Fruyct de sa fe̅me : tãt fist il son debuoir
Sarra ladicte : telle chose inuenta
Dont Hismael : celle Agar enfanta
Mays la meschante : apres lenfantement
Ung tel orgueil : luy print lentendement
Que brayement : sy tost que leust surpris
Celle Sarra : elle mist a despris
Mays son mary : luy donna la licence
Dycelle Agar : en faire a sa plaisance
Sarra ladicte : en vsant de raison
Mist celle Agar : dehors de sa maison
Audict Abraham : de Sarra dieu donna
Isaac de quoy : Agar habandonna
Et par ainsy : le tout bien debatu
Lorgueil de Agar : fust tresbien abbatu
Cest du Genese : quay prinses les parolles
Dans le seziesme : que ne sont parabolles.

r iiij

Liure Tiers

¶ De la mere de monsieur sainct Jehan Euangeliste.

Mathel.xx.c.

Ie ne scauroye : bonnement excuser
Destre superbe : ains plustost accuser
La bonne mere : de sainct Jehan quant iadiz
Au bon Jhesus : dist telz ou semblans dictz
O mon seigneur : il te plaira de dire
Sans que de ce : tu me veuilles desdire
Que mes deux filz : que tu uoys de present
Desquelz te faitz : maintenant ung present
Quant tu seras : au royaulme des cieulx
Soyent sy treshault : bon Jhesus precieulx
Que lung dyceulx : tu mectes a ta destre
Laultre soit mis : seigneur a ta senestre
En son vingtiesme : sainct Mathieu vous denonce
Telles parolles : ou semblables adnonce.

¶ De Michol fille de Saul.

ij. Regum.vj.

Michol la fille : de Saul reseruee
Ne fust iadiz : de dieu ny preseruee
Destre superbe : tant questoit possible estre
Car elle estant : iadiz a la fenestre
Voyant Dauid : entrer a la Cite
Damour diuine : son cueur fort incite
Larche de Dieu : en grande esiouyssance
Faisant mener : en toute reuerence
Pompe excellente : et iubilation
Telle Michol : par sa presumption
Sy se mocquoit : quant telle chose veit
Des assistentz : et du bon roy Dauid
Dans le sixiesme : des roys ie vous desliure
Telle substance : et dans le segond liure.

Du vice de superbe. Feuillet.cxxxiii.
¶ De la femme de Job.

A femme Job: moindz superbe ne fust
Car quant Sathan: son dict mary mis eust
Sur le fumier: en grand peine et tourment
Ou le bon Job: enduroit patiemment
Tous ses malheurs: pour lamour du bon dieu
Sadicte femme: Job estant audict lieu
Lors que le deusse: certes reconforter
Par ses parolles: le venoit tourmenter
En se mocquant: et de dieu et de luy
Par sa superbe: en disant a cestuy
Quil benist dieu: lequel tant luy apperoit
Que seroit cil: que apres le tueroit
Pour ce que Job: de son mal traictement
Dieu benissoit: tout iour incessamment
En son segond: chappitre le mainctient
Le susdict Job: et pour vray le soubstient.

Job.ii.c.

¶ De la seur de Moyse.

LA seur Moyse: peult bien estre comprise
Dedans ce tiltre: et pour superbe prise
A mon aduiz: que ce nommoit Marie
Laquelle fut: pour tel vice marrie
Contre son frere: elle se prouocqua
Et dicelluy: ladicte se mocqua
Dont le bon dieu: len pugnist rudement
Comme gaigne: elle auoit iustement
Incontinent: la feist venir ladresse
Dont elle fut: en tresgrande tristesse
De quoy faulsist: que par son oraison
Son surdict frere: luy impetrast guerison
Au marge auez: qui tel dire ma appris
Pareillement: de quel lieu ie lay pris.

Numer.xii.c.

r ii

Liure Tiers
¶ De Vasti femme de Assuaire.

Hester.j.c.

Vasti la royne : la femme Dassuaire
Duquel piece a : est pourry le Suaire
Tant orgueilleuse : elle fut vrayement
Que refusa : venir au mandement
De son mary : qui enuoyez luy auoit
Sept ses Eunucz : seruiteurs quil tenoit
Dont elle fut : dudit Roy delaissee
Par le conseil : de Mamucha et laissee
Pour tout iamays : et crie tel edict
Par son royaulme : que estoit arreste et dict
Que toute femme : laquelle ainsy feroit
Et son mary : quel quil fust desdiroyt
Incontinent : pour tost expedier
Le mary/telle : pourroit repudier
Bref ledict roy : ycelle desposa
Et puys Hester : vrayement espousa
Hester susdicte : ainsy le nous apprend
En son premier : qui bien celluy comprend.

¶ De deux Nonains de certain Monastere/qui par superbe sen allerent au Pape pour obtenir se confesser lune de laultre/sans estre tenues sadresser aulx prebstres pour se confesser.

En ses Sermons : le disciple recite
Dont cest exemple : vous adnoncer mincite
Que deux Nonains : de certain Monastere
Escoutez bien : ie vous pry le mistere

Du Vice de superbe.   Feuillet.cxxxiiii.

Se transporterent : ie croy du mandement
De leur Abbesse : ou bien consentement
Deuers le Pape : pour cupder obtenir
En le pensant : en leur manche tenir
Quelles se peussent : entre elles confesser
Sans que tenues : fussent de sadresser
Pour telle chose : aulx præbstres nullement
Cella cupdoint : auoir facillement
Tant de superbe : estoient elles surprises
Comme il appert : par telles entreprinses.
¶ Audict sainct pere : feirent telle requeste
Lequel leur dist : et sans faire aultre enqueste
Que sy vne Boyste : quil leur bailla gardoynt
Et dans icelle : elles ne regardoynt
fins lendemain : que la luy eussent rendue
De leur requeste : nauroint : peine perdue
Ce que promisrent : et puys se retirerent
Auec la Boyste : au logeis sen allerent
Aulquel quant furent : par elles fut ouuerte
La Boyste dicte : et soubdain descouuerte.
¶ Mays tost en furent : marries grandement
Sen repentant : bien affecteusement
Car vng Oyseau : quil y auoit sen volla
Parmy les champs : et les boys sen alla.
¶ Or lendemain : le Pape les manda
Ladicte Boyste : a celles demanda
Dont recouuerte : que ledict Pape leust
Quelles lauoint : ouuerte bien congneust.
¶ L'une dycelles : sur laultre sexcusa
De tel meffaict : grandement laccusa
Disant que point : consentir en laffaire
Ne se vouloit : mays laultre luy fist faire
¶ Lors le sainct pere : leur dist/or entendez
Vous naurez point : ce que vous demandez
Car vous promesses : sur tel sainct seurement
Vous ne tiendriez : ny mon commandement
Comme iay veu : quand a ce ie contemple
Tout mainctenant : de la Boyste lexemple.

Liure Tiers

¶Et daultre part : si auiez permission
Vous confesser: Voſtre Confeſſion
Incontinent : diuulguee ſeroit
Tenir ſecrette : nulle ne la ſcauroit
Nomplus que vous : a laultre quauez dict
En ma preſence : et ſans crainte tel dict
Qua ſa requeſte : la boyſte ouuerte auez
Vous lauez dict : nyer ne le pouuez
Ce que ſans vous : ie ne pouuoys ſcauoir
Ou bien ſans elle : pour grand queuſſe ſcauoir
¶Ainſy feriez : ie le croy fermement
De ce quauriez : confeſſe entierement

Le diſciple en ſes ſermõs cõme eſt recité en la fleur des cõmandemens de Dieu, de nombre lviij. lettre. c. follo. lxxvj.

L'une de vous : a laultre/ de ce nerre
Au beau premier : qui ſen vouldroyt enquerre
Encores mieulx : ainſi quil me reſſemble
Au premier bruyt : que vous euſſiez enſemble
Or ceſt aſſez : ie vous tiens pour congnues
Retirez vous : ainſi queſtes venues
Au marge auez : dont lexemple iay pris
Qui le recite : le tout y eſt compris.

¶Dune femme que par le grand orgueil quelle auoit
De ſes Robbes et Veſtementz/lon veit vng iour (elle
eſtant a Legliſe) pluſieurs dyables ſur la queue de
ſa Robbe.

E dict diſciple : tel exemple vous liure
Comme recite : le ſus prealleguelivre
Ceſt que vne femme : de ſes accouſtrementz
Fut tant ſuperbe : et de ſes veſtementz
Que Dieu permiſt : quelle fuſſe vaincue

Supradicto nume. lxv. littera. o.

Dudict peché : en voyant ſur la queue
De ſa grand Robbe : elle eſtant en legliſe
Pluſieurs dyables : de vne eſtrange deuiſe
Tant du vicayre : quaultres pareillement
La choſe veue : fut euidentement
Dont la ſuſdicte : dudict lieu ſe partit
Sen confeſſa : et fort ſen repentit.

Du vice de superbe.

¶ D'une femme que pour aorner sa teste fut dampnee.

Edict Disciple: que ie vous ay nomme
Homme de croyre: et sage renomme
Dict que vne femme: de grant orgueil infaicte
Tant s'adonna: a bien aorner sa teste
Qu'apres sa mort elle fut condampnee
Par le vray Dieu: estre en enfer dampnee.
¶ De le scauoir: comment est possible estre
Vng filz auoit: ladicte qu'estoit prebstre
Auquel ycelle: qui auec ledict se informe
Se apparut elle: de fort estrange forme
Car elle estoit: toute de feu chargee
Que incessamment: brusloit celle enragee
¶ Dessus sa teste: deux dyables portoit
Et mainctz serpentz: si malheureuse estoit
Audict son filz: son malheur racompta
Pour quelle cause: tout du long luy compta

¶ D'une femme/ tant ayma sa fille que fort l'accoustroit pompeusement/ dont en fut bien pugnye.

Ict que vne femme: sa fille tant ayma
Que de superbe: le sien cueur enflamma
Dessus sa face: mectant mainct fardement
La vestissant: aussy pompeusement
Combien que fust: du seuil de son mary
Le tout puyssant: contre elle fut marry
Dont luy enuoya: le bon Dieu par vng ange
Que grandement: ycelle trouua estrange
Luy denoncer: telles bonnes estraines
Qu'elle mourroit: dedans quatre sepmaines
Et que dapmnee: seroit/ luy promectoit
Sy dans tel temps: fort ne s'en repentoit
¶ Oultre luy dist: que trestoutz ses enfans
Mourroient aussy: dedans le susdict temps
Et que ce iour: affin plus n'en presser
Les siennes mains: commenceroient seicher

Supradic. nu. fi.
litt. cra. c.

Liure Tiers

Supradi. disc.nu.
lxviij. littera. F.

Pource quauoynt : lesdictz fardementz faictz
Posez et mys : fort desplaisantz infaictz
Comme luy dist : il fut faict sous promectz
Dou ie lay pris : au marge men remectz

⁋ De vne femme / que pource penser estre fort de
uotte / et saincte / elle fut dampnee.

Ict que vne femme : de vayne gloyre ireuse
fut en ce monde : sy tresfort orgueilleuse
Questre deuotte : et saincte se disoit
Pour quelque bien : quen ce monde faisoit

Supradi. vj. pces
pto. nu. lxx. viij.
litteras D.

Sur quoy mourust : obstinee la dicte
Sans confesser : tel vice / la mauldicte
De quoy dampnee : fut auec Lucifer
Soubz le tourment : des dyables denfer
Ce que ne fust sans aulcunne doubtance
Sy leusse faict : en ayant repentence.

⁋ Sensuyuent les Hystoyres Ethnicques et gentil-
les / tirees des Hystoriographes / approuuez / tant chre
stiens que payens / sur le vice Dorgueil / Et premiere-
ment. De Cleopatra femme de Anthonius.

Leopatra : de Anthonius la femme
Par vaine gloire : soulsit le bruyct & fame.
Destre nōmee : sur toutz aultres acquestz
Superieure : de faire les bancquetz
⁋ Car il aduint : que son mary dās Rōme
fist vng bancquet : coustant dargent grand somme
Dont quant ladicte : fust a Romme venue
Elle aduertie : de la chose aduenue.
Pource qua toutz : estoit chose notoire
Deuillant auoir : sur son mary victoire
De telle chose : sy bien fist son debuoir
Que vrayement : nestoit possible veoir
Plus beau bancquet : que lors elle fist faire
Sy bien a poinct : elle conduyct laffaire

De Superbe.　　Feuillet.C.xxxI.

Pour mieulx monstrer: sa liberallite
Ou pour mieulx dire: sa prodigallite
Non contentee: de mainctz et diuers metz
Fust vne perle: quelle mist soubz promectz
Dans du vin aigre: la prodigue perdue
Dont tost apres: la pierre fust fondue
Laquelle puys: Cleopatra aualla
Et sy ne fussent: les Juges estans la
Vne aultre telle: en souloit aualler
De telz breuaiges: souloit son corps saoller
Ladicte pierre: que beust la sus nommee
Dix mille Escutz: elle fut estimee
¶ Superbe fut: Cleopatra daultre sorte
Que ie diray: ains que du propos sorte.
¶ Ledict Anthoyne: conceda adiournement
Contre ladicte: que personellement
Se eust a trouuer: Dont en fut peu transie
En certain lieu: quon nomme Cilicie
Cest pour respondre: a certains cas in faictz
Que lon disoit: que ladicte auoit faictz.
¶ Pource quen fleuue: la conuenoit entrer
Ong Gallion: elle feist accoustrer
Tant esquipper: et sy bien mectre a point
Que de plus beaulx: nen scauroit estre point
Sy riche estoit: sy tres mignon et gent
Quil auoit toutz: les Auirons dargent
Voilles de Pourpre: la Pouppe toute dor
Qui luy coustoit: grandissime tresor.
¶ Vref la surdicte: au surdict lieu arriua
De humilite: son mary les prouua
Voir sy rudesse: la souldroyt occuper
En linuitant: auecques luy souper
Mays de fierte: elle fut sy remplie
Et de vertutz: sy tresmal accomplie
Quelle luy fist: vne telle responce
A mon mary: vous direz que ie annonce
Que deuers luy: ie ne veulx point aller
Quoy quil deust faire: et quil sache parler

Liure Tiers

Plutarcha in vita Anthonii. Macrobius in Satur. Petrarcha in dialogis, dialogo de consulto Athene. Et Guill. Budé in suo lib. de Asse.

⁋ Mays sy souper : il veult vers moy venir
Mieulx que luy a moy : le scauray entretenir
Que fut a celle : grande presumption
Car elle estoit : en sa subgection
Vous trouuerez : au marge les docteurs
Dont ie lay pris : et le nom des autheurs.

⁋ De Ipsicrata / femme de Mitridates.

Ipsicrata : femme Mitridates
Superbe fut : sy bien vous mescoutes
Car pour auoir : en armes tel credit
Que son mary : Mitridates susdict
Meilleur moyen : ne saischant trouuer comme
Se difforma : et print vestement dhomme
Tondit sa teste : pour mieulx porter Charnoys
Dont de plus folle : que celle nen connoys

Plutarch. in vita Mitridatis. Strofa nec mitridateas, que comitata vias.

⁋ En toutz les lieux : que son dict mary alloit
De mesme sorte : aller elle vouloit.
Cuydant auoir : aultant dhonneur que luy
Tel bruyct auoir : en armes que ce luy
De ce Plutarque : ne me contredira
Allez le veoir : ou le marge dira

⁋ De Semiramis Royne.

Semiramis : Royne iadis superbe
Comme verrez : par le dessoubz prouerbe
Apres que fust : son mary trespasse
Et de ce monde : enuers laultre passe
Craignant la dicte : par tel trespassement
Estre troublee : quant au gouuernement
De tel Royaulme : et superiorite
Et ne venir : en inferiorite
De son mary : print les accoustrementz
Robbes / pourpointz : et aultres habillementz
En saccoustrant : comme vng homme de guerre
En diuers lieux : elle alla faire guerre
A toutz cherchant : bruyct / et dissentions
Faisant a mainctz : plusieurs extortions.

Du vice de superbe. Feuillet.Lxxxiii.

Ses subgectz furent: de la sorte tenuz Paulus Orosus
Jusques a ce: que le sien filz Ninus lio.j.
Fust en estat: et aage de regenter Diodorus lib.v.
Qui ne voulsist: ainsy les tourmenter Justinus lib.j.c.ij.
Au marge auez: qui mieulx vous en diront
Voyez les bien: point ne men desdiront.

¶ De Jehanne la Papesse / natifue de Maiance en Allemaigne.

Rescoutez: seigneurs ie vous supplie
Ung bon exemple: que ne fault que ie oblie
Et vous orrez: de vne femme lherreur
Du temps lotaire: lors de Rome Empereur
Que du sainct siege: elle obtint la regence
Laquelle fille: elle estoit de Maiance
En Allemaigne: ainsy que dict Bocasse
Qui son honneur: de la sorte fricasse
Icelle estant: iadis en son ieune aage
Aulx lettres mist: tellement le couraige
Que pour escolles: hanter plus seurement
De vng garson print: elle laccoustrement
Elle estudia: en mainctz lieulx de la terre
Tant en la Grece: quau pays Dangleterre
Duquel sortit: et puys sen vint a Romme
Comme il est dict: en accoustrement dhomme
Et la lisoit: la grammaire / et logicque
Semblablement: aussy la Rhetoricque.
¶ En scauoir fut: sy tresbien resollue
Que certes Pape: la dicte fut esleue
Apres Leon: cinquiesme de ce nom
Lequel auoit: assez eu bon renom.
¶ Pape Jehan fut: du propoz ie ne sortz
Elle nommee: par le liure des Sortz
¶ La malheureuse: sy se fist embrasser
Et quest bien pis: vrayement engrosser
Dont il aduint: que vng iour publicquement
Deuant le Clerge: et commun vrayement
Elle enfanta: estant sur vne Mulle
Deuant de la: Montaigne Janicule

f

Enuers sainct Jehan: de latran la rusee
Entre le lieu: que lon dict collisee
Et de leglise: quon nomme sainct Clement
La fut il veu: ledict experiment
¶Pres que troys ans: audict siege regna
Mays puys apres: ladicte retourna

Bocasse de casib⁹ viror illustriu̇.ca. vi.lib.ix.
Pis que deuant: car elle fut desmise
De son estat: et pouure femme mise
Son hault orgueil: fut bien tost descendu
Mis au neant: et ce luy estoit bien deu
Ledict Bocasse: au chapitre sixiesme
Ainsy se compte: dans le liure neufuiesme.

¶De troys femmes de Grece / nommees
Laschenea / Axiotea / et Mantinea.

Il est besoing: que ie vous mecte en dresse
Troys orgueilleuses: iadis femmes de grece
Dont la premiere: nomme Laschenea
Axiotea: laultre Mantinea
Ces femmes furēt: trop plus oultrecuydees
Que mainctes gens: ne les eussent cuydees
Car congnoissant: celles superbes folles
Nestre permises: se trouuer aulx escolles
Des philosophes: pour la dedans aprendre
Accoustrementz: de homme voulsirent prendre
Et puys Plato: ouyr elles alloient
Pource pour vray: que cupdoient et souloient
Aultant scauoir: que les hommes ou plus
Ainsy lauoient: en leur cerueau concludz

Cellius in lectioni bus antiquis.
Dou ie lay pris: Cellius se renomme
En quel lieu cest: le marge le vous nomme

¶De xantipe femme de socrates.
Xantipe femme: du chef de patience
Le bon Socrates: homme de sapience
Se voulsist mectre: tant fort a labandon
De vaine gloire: quen fut porte guidon

Du Vice de superbe.   Feuillet .c.xxxViii.

Car ledict saige : nuyct et iour tourmentoit
De ces parolles : et quest pis/le batoit
Et sy voulez : scauoir/que vng iour luy fist
Vous congnoistrez : que fort elle meffist
Pource que vng iour : respondre ne vouloit
Sondict mary : qui hors la maison alloit
A la susdicte : elle fut tant infaicte
Que du pissat : luy gecta sur la teste
Dugne fenestre : auquel dict personaige
La malheureuse : fist grandissime oultraige
Dont le bon homme : pour appaiser son ire
Telles parolles : ou semblables va dire
Je scauoys bien : sans men aller enquerre
Que de xantipe : apres le grand tonnoirre
Ma pronosticque : de ce ne mentiroit
Bien tost apres : la pluye en sortiroit
Ceulx qui le disent : ilz sont au marge escriptz
Lesquelz en ont : faitz plusieurs beaulx escriptz.

Diogenes Laertius in vita Socratis.
Aulus gellius lib. j.c.xvij.
Valerius maximus de patientia.
Sciebā inquit xatipez tonantē quōq pluuturam.

¶ De Arthemisia/femme de Grece.

Arthemisia : que fut de grece femme
Par son orgueil : souslfist le bruyct et fame
Des beaulx sepulchres : car en fist vng tel faire
Que de sy beau : lon neust sceu contrefaire
Pour telle chose : elle ne fut pas chiche
Sy beau estoit : tant excellant et riche
Que sainct Hierosme : dict (dont croy que point ne erre)
Quon nen a veu : despuys pareil sur terre
Qui de prodigue : chose vouloit parler
Vng tel Sepulchre : lon mectoit lors par lair
De Mansolee : lon disoit le susdict
Car femme estoit : Arthemisia dudict
De Mansolee : tel nom luy mectoit
Car dans celluy : il sepulture estoit
Dudict Hierosme : ie lay pris qui ne ment
Puys quil le dict : croyez le fermement.

Hieronimus contra Rufsinianum.

¶ De Lucillia fille de Marcus/et seur de Anthoyne
Comode/iadis Empereurs de Romme,

f ii

Liure Tiers

Oeilla seur: Dung Anthoine comode
Superbe fut: ie Vous diray la mode
Ledict Anthoyne: De Romme obtint lempire
Dont pour ycelle: ne pouuoit venir pire
Car a Crespine: ledict se maria
Que de Lucille: fort le sens varia
Et nonobstant: quelle eust entierement
Des biens dudict: tout le gouuernement
Pour ne aller point: a Crespine derriere
Dorgueil surprise: fust en telle maniere
Que auecques vng: de ses paillardz de Romme
Dict Quadratus: lors Rommain gentil homme
La mort dudict: Anthoyne conspirerent
Auec Quintanus: le tuer contraicterent
Vng ieune fol: qui ce faire promist
Dung sien poignard: et a son deuuoir se mist
Tant quil leust faict: qui nen eust prise garde
Mays le congneurent: quelques gens de sa garde
Quant de sa manche: il tiroit le poignard
Dont il fut pris: promptement le paillard
Qui descouurit: toute leur entreprise
De quoy Lucille: incontinent fut prise
Et mise a mort: auecques les susdictz
Meschantz infames: villains traistres mauldictz
Cela faisoit: la Ribaulde mastine
Pour plus dhonneur: elle auoir que Crespine
De la susdicte: estre gouuerneresse
Et de lempire: la regente et maistresse
Herodianus: le vous dire me incite
Au marge auez: en quel lieu le recite

Herodian⁹ lib. j. In vita comodi Imperatoris &. na ita res accidit. &c.

De lignes / femme de grece.

Ignes la grecque: fut tant acariastre
Sy tressuperbe: si fort oppiniastre
Que femme fut: oncq de sa faculte
Car apres queust: le sien filz occulte
De peur quauoit: des gens darmes ycelle
Sy pertinace: et sy fiere fut elle

Du Sire de Superbe. feuillet.Lxxxix.

Que pour tormentz : quon luy sceusse donner
Les plus maulvais : quon scauoit ordonner
La verite : ne souffist elle dire
Ains fort esmeue : de grand courroux et de ire
Monstroit son ventre : disant quil estoit la
Et se mocquoit : des susdictz celle la
Au marge auez : le docteur qui le dict
Du quel iay pris : vng tel notable dict.

Cornelius Tacit.

¶ De vne Contesse de Holande nommee Marguerite.

Vg beau exemple : vous reciter merite
De la Contesse : de Holande Marguerite
Que de superbe : fut sy tresfort liee
Que reprocha : a vne sienne alliee
Quil nestoit point : en ce monde possible
Dugne ventree : ains du tout impossile
Et dung seul home : plusieurs enfās auoir
Pour bien que lhomme : y feisse son debuoir
Et de ce fut : ladicte reprochee
Pource questoit : de deux filz accouchee
Dont la gisante : bien marrie en ce lieu
fist oraison : au roy souuerain dieu
Que ala Contesse : il souffist demonstrer
Que faulx disoit : et le vray luy monstrer
Dont par miracle : apres en saincte fust
Dequoy denfans : dugne ventree eust
Troys cens soixante : encor troys daduantaige
Toutz baptisez : miraculeux ouuraige
Lors recongneut : sa superbe mauldicte
Et que a grand tort : accusoit la susdicte
Au marge auez : qui men ont faict le compte
Ilz le mont dict : comme ie vous racompte.

La mer des histoires au second volume, en la vie de Henry Lēpereur. Guillaumes Benedicti i repetione capit. Raynutius. in verbo Et soboles q̄ in vter gestabat. numero. iij.

¶ Sensuyuēt les Histoires tirees des
Euangilles des Poettes, desqlles les
vnes selon mainctes oppinions sunt
vrayes, les aultres sont fabuleuses.

f iii

Liure Tiers.

¶ De Arachne Lidienne/ fille
d'ung nommé De Idmo.

De dirons nous: d'arachne Lidienne
Il n'est celluy: qui de dire me tienne
Que fort superbe: la susdicte ne fust
Viuant ne scay: qui couurir bien len sceust
Car nonobstant: quelle fusse maistresse
De bien tixir: ou bien inuenteresse
Comme dict Pline: ne debuoit entrependre
Mieulx que Pallas: sur tel mestier comprendre
Mieulx besoigner: quelle ne scauroit faire
Pallas estoit: princesse en tel affaire
Pallas vng tour: elle se difforma
Comme matrosne: se mist et se forma
Pour besoigner: contre celle orgueilleuse
Laquelle fut: si tres fort glorieuse
Que nonobstant: que Pallas peust congnoistre
La verité: ne soulut recongnoistre
Parquoy Pallas: quauoit l'auctorité
Veue la gloire: et la temerité
D'icelle folle: se remist en déesse
Dont bien pugnist: icelle habuseresse
Car en heraigne: ladicte conuertit
Et de sa forme: bien tost la diuertit
Luy commandant: que iamays plus mesler
Ne se voulsist: de rien que de filler
Le quelle faict: despuys incessamment
Sans en auoir: aulcun aduancement
De son orgueil: elle fut bien pugnie
D'ung beau mestier: minerue la munye
Au marge auez: iceulx docteurs nommez
Qui le mont dict: fort scauans renommez.

Ouidius lib. vj. me/
thamorpho.
Plinius lib. vij.
Vergilius/ Poly/
dorus in lib. iij. de
Inuentoribus rerū
cap. vj.

¶ De Rhodope royne de Trace.

As Rhodope: qui de Trace fut royne
Tant orgueilleuse: vint et sy tres haultaine
Que non contente: d'estre sy fortunee
En biens mondains: que iamays femme nee

Du Vice de superbe.　　feuillet.c.xl.

Par son orgueil: a ses subgectz manda
Et (quest bien plus): a chascun commanda
Elle adorer: et cella lors faisoit
Pource que Juno: deesse se disoit
Et comme telle: se faisoit honorer
Plus meritant: de la deshonorer
Par Jupiter: celle mal aduertie
Fut en montaigne: tost apres conuertie
Quaudict pays: est Rhodope nommee
Ainsy pugnie: fust celle diffamee
Ilz sont au marge: qui tel dire mainctiennent
Allez le veoir: de la sorte le tiennent.

Elucidarius car-
minū.in vbo Rho
dope. Et Ouidi
li.vij. Methamor-
pho.
Tresclam Rhodo
pem/hz angulus
vnus et hemū:nūc
gelidos montes
mortalia corpora
quondam minima sū
morum sibi qui tri-
buere deorum.

¶ De Anthigone fille de Larmedon/et des filles de
Cynara/roy des Assiriens.

Ne Anthigone: fille de Larmedon
Fort orgueilleuse: vrayement la dict on
Aussy les filles: du roy des Assiriens
Dict Cinara: lesquelles de grandz biens
Furent remplies: et de grande beaulte
Toutes ensemble: par especiaulte
Tant que lesdictes: se disoyent trop plus belles
Que Juno estoit: dont de ce mentoyent elles
La recompēce: que de telle chose eurent
Cest que pugnies: souffisamment en furent
Car Anthigone: fut conuertie apres
En ung oyseau: quon veoit souuent aulx predz
Nomme cicoigne: les aultres par exemple
En degrez furent: conuerties du temple
Qui le ma dict: vous trouuerez au marge
Allez le veoir: sur luy ie men descharge.

Vocabulariū poe-
tarū. Ouidi9.vij.
methamor. punple
et Antigonem sua-
sam cōtēdere quō-
dam/cū magno cō-
sorte Iouis qua re-
gia Juno in volu-
crem vertit. &c.

¶ De Niobe fille de Tantalus/et femme
Damphion

Niobe que femme: Damphion fut iadiz
Par trop superbe: ie la vous nomme et diz
Car pource quelle: auoit euz sept enfans
Aussy sept filles: en beaulte triumphans

f iiii

Liure Tiers

S'en orgueillist : tant de sa bien heurte
Que apres luy vint : en grande malheurte
Le sacrifice : elle dillependoit

Mater deorum.

De Latona : pource quelle entendoit
Et sy disoit : plus valloir que ladicte
Sy grand orgueil : auoit pris la maulsdicte
Dont la deesse : en eut intelligence
A Apollo : son filz cria vengeance
A Dyana aussy : lesquelz auoit conceupz
D'ugne ventree : de ce n'estes deceupz
Lesdictz se mirent : sans y guyeres songer
A leur debuoir : pour ladicte venger
De quoy pour mieulx : besoigner de leurs artz
Prindrent sayettes : et leurs dangereulx Arcz
Desquelz tuerent : filles et filz susdictz
De Niobe dicte : sans aulcuns contredictz
Qui cause estoyent : de la presumption
De la susdicte : et folle intention
De ce les dieux : ilz ne furent contentz
Car conuertirent : celle Niobe en bref temps
En pierre Marbre : que fors plorer ne faict
Aussy tout Marbre : est humide en effect
Sygnifiant : quelle est Niobe nommee
Qui pleure encor : ses filz de renommee
De son orgueil : portant la penitence

Ouide lib. vij. me thamor. Lidia totas tremuit phrisieqs p oppida facti ru mor zc. Et au sont Burdegalen. In libris epigrammar.

Pour tout iamays : sans aulcunne doubtance
Sy me nyez : ce dessus pour le moindz
Au marge auez : le nom de mes tesmoingz.

¶ De Cassiope, femme de Cepheus Roy des Ethiopes

Cassiope femme : iadis de Cepheus
Roy des Ethiopes : excuser ie ne veulx
D'estre superbe : et ce bien largement
Comme verrez : sy dessoubz clairement
Cassiope dicte : se voyant des plus belles
Qui fussent lors : entendez des mortelles
Print en son cueur : vne telle superbe
Que grandement : pour faire bref prouerbe

Du vice de superbe.   feuillet. CxLi.

Estre plus belle: de quoy fort abusoit
Que Nereides: deesses se disoit
Qui sont des eaues: les deesses poeticques
Sur toutes aultres: en beaultez magnificques
De son orgueil: ung tel guerdon en eut
Quen chariot: puys conuertie fut
Ayant dessus: ne scay par quel visaige
Tel chariot: vrayement ung visaige
Lequel dict char: chascun soyt aduerty
Puys en estoille: il a este conuerty
Que chariot: nomme depuys a este
Lon le peult veoir: tant lyuer que leste.
Ayant pres luy: trente estoilles de nombre
Qui bien au vray: lune apres laultre nombre
Quil soyt ainsy: nully ne sen deffye
Au marge auez: qui dous en certiffie

Iginius en son liure
des signes celestes
zen parle aussy au
liij. liure des Me-
thamorphoses.
Le commētateur
de Ouide.

De Athalanta/fille de Scheneus Roy de Cypre.

Thalanta: fille de Scheneus
De Cypre Roy: lesquelz oncq ne congneuz
En beaulte fut: estimee pour telle
Quon nen scauoit: de plus belle mortelle.
De quoy en print: vne telle arrogance
Quelle en perdit: raison et congnoissance
Et sy la mist: en sy grand desarroy
Que ne trouuoit: filz de duc ne de roy
Ne aultre viuant: qui luy fusse duysant
Pour mariage: plaisant ne suffisant
Ung iour aduint: que ladicte obfusquee
Fut de luxure: et sy fort suffoquee
Que sadonna: ce sont dictz vrays tenuz
Dedans le temple: la deesse Venus
Dous dict Ouide: sy bien le retenez
A ce paillard: quon dict Hyppomenez
De quoy Venus: offensa grandement
Dont tost apres: sen vengea deuement
Athalanta: en louppe conuertit
Et de sa forme: quauoit la diuertit

Liure Tiers.

De quoy depuys : lon a reproche aulx femmes
Que de nature : elles sont tant infames
Que sy a mal faire : seullent sabandonner
Aulx plus meschantz : ayment mieulx sadonner
Quaulx gens de bien : cest naturellement
Comme les Loupues : font aulx Loups vrayement
Ledict Ouide : telle chose ma apprise
Voyez au marge : du quel lieu ie lay prise.

Ouidi° lib. x. fab.
ij. Metamorph.
Forsitã audieras
aliquas certamine
cursus. ɾc. De qua
Propertius.

¶ Des femmes Trachienes.

Oe feirent elles : les femmes Trachienes
Plus orgueilleuses : et plus fieres que chiennes
A Orpheus : poete de Bacchus
Qui tant de gens : a mys ius, et sainctz
Helas vng iour : Orpheus sesbatoit
Auec son harpe : en certain lieu questoit
Lequel sonoit : de sy bonne ordonnance
Que de son son : et de sa resonance
Danceoyent les pierres : les arbres et fruyctaiges
Du tour de luy : et les bestes sauluaiges
Lesdictes folles : le vindrent assaillir
Et le frapperent : sy aigrement sans faillir
Que desliure : il en fut a la mort
Et fut dommaige : vrayement de sa mort
Le dieu Bacchus : pour Orpheus venger
Icelles femmes : sans y guieres songer
Il conuertist : en arbres seurement
De mainctes sortes : quon veoit iournellement
Vous trouuerez : ou marge qui le dict
Voyez le bien : de la sorte en me dict.

Ouidi° lib. xj. me-
thamorpho. Non
impugne tñ. scel°
ktult esse litus.ɾc.

¶ Lintitulation du vice de Luxure/et qui pre-
mier la trouua/ou mist en execution.

Pres auoir : de Superbe parle
Comme dessus : ie vous ay propale
La quelle fust : principe et fondement
Que genre humain : endure grandement
Et que subgect : est a dampnation.

De luxure. feuillet.C.xlii.

¶ Considerant: que la coniunction
De lhomme et femme: comme dict lescripture
Quauez au marge: est du droict de nature
Le nonobstant: comme aduertiz bien estez
Soit elle aussy: commune a toutes bestes
¶ Expedient: me semble/et fort vtille
De mesme sorte: et de pareil stille
Parler autant: ou plus de paillardise
Que si fort resgne: de maincte sorte exquise
Laquelle est tres: desplaisante au bon dieu
Comme est escript: en mainct notable lieu
Car par ycelle: moururent sous affie
Vingt et cinq mille: hommes/ce certiffie
La saincte bible: aulx iuges le chappitre
Quest le vingtiesme: dudict excellent tiltre
¶ Pour obeyz: dauid a la meschante
Second des Roys: lescripture vous chante
Que de son peuple: par aigre pestilence
Septante mille: moururent de loffence
¶ Par la susdicte: de Salomon le saige
Fut desprauc: le cueur et le couraige
Tant reffroidye: a dire verite
Fut par ycelle: dudict la charite
Quil desuoya: du chemin de la foy
Laissant raison: et la tresbonne loy
Car pour vouloir: aulx femmes obeyr
Totallement: sans leur desobeyr
Il se soubzmist: adorer les ydolles
Obtemperant: a celles dictes folles.
¶ Or de Sodome: et gomorre delaisse
Vous en parler: et daultres cas mainctz laisse
Pour briefuete: aussy ne vous fascher
Et du propoz: bien tost me despescher
¶ Me retirant: doncq' de digression
Pour retourner: a mon intention
Et bon propoz: prins du commencement
Pource que bien: compris le fondement
Dugne matiere: tant soit de grand scauoir

Vlpianus in.l.j.
§.j.versi.hūcdescē
dit maris et femine
coniunctio.

Iudicum.xx.c.

ij.Regum.xxiiij.

iij.Regū.ij.c.xxxij
q.v.ca. Salomon.

Vide genesi.xix.c.
z.xxxij.q.vij.cano
flagitia.et in cano
offerebat.eadez.q.

Caius in.l.j.ff.de
origine iuris.

Liure Tiers

Le residu : l'on peult apparceuoir
¶ Doncq pour pescher la matiere plus hault
Linuention : declairer il nous fault
De paillardise : qui premier la trouua

Lactentius lib.j. Et la practicque : d'en user controuua
Institutionū. Verg. Aulx Bons Autheurs : donc nous retirerons
polydorus lib. iiij.
de suet.lib9.c.xvij. Quauez au marge : et nous y arresterons
adde tiraquellum Historiographes : fort scauans approuuez
in.l.cōnubialib9.§.
quod tñ non ppes Dignes de foy : et non point reprouuez
suum est. Lesquelz suyuantz : de ce quauons compris
 Vous en dirons : comme lauons apris.
De inuentione ar Or puys qua tant : nous en sommes Uenuz
tis luxurie. Lart de luxure : premier trouua Uenus
 Laquelle fut : dit Ouide/ et Virgille
 Qui ne sont textes : de Canon/ ne Euangille
 Elle engendree : de lescume de mer
 Sy l'on s'en veult : auec eulx informer
 Elle trouua : mode premierement

Filij venus. De paillarder : a toutz iournellement
 ¶ Pour le premier : de mars elle conceupt
 Harmonias : apres de mercure eust
 Hermophrodite : aussy de iuppiter
 Eust cupido : par son precipiter
 Puys Danchises : elle conceupt Enee
 A daultres mainctz : fut elle habandonnee
 De quoy nommee : pour faire de telz tours
 Icelle fut : la deesse damours
 Et de luxure : la regente et princesse
 Car nuyct et iour : paillardisoit sans cesse
 Et promulgant : la susdicte peruerse

Persius. Lintention : a ce que nous dict Perce
 Que le scauoir : au monde terrien
 Quest incongneu : a qui la/ne vault rien
 Aulx Cypriens : ladicte sadressa
 Pour acquerir : de largent les dressa
 En prostituant : leurs corps aulx bons gallat
 Pour paillarder : deuers elles allans
 Despuys cela : la question nestoit

De luxure. Feuillet C.xliii.

Que auoir argent : a toutz lon permectoit
Le moyennant : sans aultre fascherie
Estre receupz : en telle boucherie
Et nestoit lors : tant meschant gallopin
Quauec argent : ney eusse son loppin
¶ Justin nous dit : encores dauantage
Que de leurs filles : despuys questoient en aage
Auoient coustume : les enuoyer pucelles
Sy tresmeschantes : pour lors estoient ycelles
¶ A la susdicte : deesse de tel vice
Ou celles filles : luy faisoient sacrifice
Dit le nomme : cest de leur pucellage
Pres de la Mer : quil appelle riuage
Ou se tenoit : celle de Vertutz nue
Pour que de mer : estoit elle venue
La demourant : celles filles maulsdictes
Jusques a ce : quauoient gaigne lesdictes
Leurs mariages : par telz faictz mal sonans
Sabandonnant : aulx allans et venans
¶ Pareillement : comme dit Herodote
Homme de croyre : fort scauant / et fort docte
Auoyent coustume : les Babyloniens
Despuys qua ceulx : deffailloient leurs biens
Vendre leurs filles : tenantz Bordeaulx ouuers
Jusques quauoient : daultres biens recouuers.
¶ Lart de Venus : ladicte diffamee
A bien despuys : plus loing este semee
Experience : euidemment le monstre
Par toutz pays : et clerement demonstre
¶ Sur quoy le Bon : sainct Hierosme disoit
A cil du marge : et cecy luy escripuoit
Quilz estoient plus : au monde de phenices
Que femmes chastes : par leur grandes mallices
De quoy mont dict : mainctz seurs practitiens
Que sy Pheron : Roy des egiptiens
Estoit en vie : en cestuy temps qui court
Certainement : disoient ilz franc et court
Aultant a faire : la practicque bien veue

Justinus. xviii. libr. Histoire.

Herodote.

Hieronymus ad Jouinianum.

Liure Tiers

Auroit ou plus : pour recouurer sa veue
Quil eust iamays : (perdue par effaict)
Comme est escript : pour quelque gros meffaict
Dont demoura : aueugle par dix ans
Auquel il fut : reuelle apres ce temps
Que syl lauoit : de la vrine ses yeulx
De femme chaste : serroit sy bien ou mieulx
Quil fist iamays : dont inquisition
Il fist par toute : sa iurisdiction
Mays eut grand peur : quil nen trouuast aulcunne
Tant seullement : il nen peult trouuer que vne
Qui bien gardast : au mary loyaulte
Vne en trouua : par especiaulte
¶ Car dit Ouide : et la Loy / non pas moy
Ains de le croire : ien suys en grand esmoy
Que chaste femme : est celle seullement
Qui nest priee : de nully fermement
¶ Disent aulcuns : qui bien leurs faictz regardent
Que sy par honte : ou craincte ne sen gardent
Qui ne les prie : elles vous prieront
Ou par semblans : le vous demostreront
¶ Parquoy vous dit : Iuuenal en mainctz lieulx
Que celle doibt : sacrifier aulx dieulx
Qui pour espouse : peult trouuer femme honneste
Et que desdictes : macullees soit bien nette.
¶ Or finissant : lintitullation
Du Vice dict : et son inuention
Retournerons : aulx exemples promis
Vous nommant mainctes : quont ce peche commis.

Herodote au liure segond de ses Histoires.

Ouidius et supra dic. lex casta: quam nemo rogauit xc. lib. ij. 8 arte amādi.

Iuuenal. satyra .j.

Carpelum lulem. Adoramus et auratam Iunonicē de iuuencam. Si tibi contigerit capitis matrona pudici.

¶ Sensuyuēt les Exemples sur le pe
che de Luxure. Et premierement des
Histoires de la saincte escripture.

¶ De Thamar belle fille de
Iudas Patriarche / et veufue
de Her / filz dudict Iudas.

Du Vice de Luxure.

On ne scauroit : excuser bonnement
Que ne merite : Thamar bien deuement
Estre nommee : vraye paillarde et dicte
Syl est ainsy : que Moyse recite
Car il mainctient : ainsy luy plaist dicter
Que celle veufue : du filz Judas dict Her
Elle entendit : que Judas sen alloit
Veoir ses brebiz : que tondre les vouloit
Parquoy sa robbe : que portoit desuestit
Et puys vne aultre : daultre sorte vestit
Et sen alla : dissimullee mectre
Ou cil passoit : pour luxure commectre
Le quelle feist : car luy qui ne congneust
Celle Thamar : ne iamays recongneust
Pensant que fust : quelque putain publicque
Sans faire a celle : long propoz ne replicque
Pour vng Aigneau : auec elle accorda
Delle iouyr : a ce se concorda
Duquel conceupt : Zaran aussy Phares
Croyez ledict : Moyse bien ferez.

Genesis.xxxviii.et
vj. distin.ca.no.cū
dominus.

¶ De Respha concubine de Saul/ Et puys Dabuer.

Respha demonstre : que nature de femme
Est sy meschante : que despuys que linfame
A commence : vne foys paillarder
Den faire office : ne pourroit esuader
Comme tesmoigne : le prouerbe commun
Que sabandonnent : sy bien a cent comme vng
La dicte fust : de Saul concubine
Et fust ycelle : tant en luxure encline
Quauec Abuer : puys fist coniunction
Dont Isboseth : en eust discention
Auec le dict : comme mieulx pourrez veoir
Ou dict le marge : sy le voulez scauoir.

Secūdi regū.iij.c.

¶ De Michol fille de Saul/ et espouse de Phaltiel/ filz de Lais.

Liure Tiers

Ichol la dicte: ne se tint pour contente
Enuers superbe: desliurer son entente
Car adultere: de Dauid soulsist estre
En delaissant: Phaltiel son mary et maistre
Mays la ribaulde: en faisant tel affaire
Pourtant que feist: sy tresbien ne sceust faire
Quelle engrossast: tant que fut auec luy
Enfans ne peult: elle auoir de celluy
Josephus dit: que son vouloir tourna
A son mary: puys apres retourna
Duquel conceupt: ladicte cinq enfans
Comme il recite: en beaulté triumphans
Ledict exemple: ie nay poinct controuue
Au marge auez: ou le tout iay trouue.

ij. Regum. lib. c.
Josephus lib. an-
tiquitatuz. vij. c. v.

¶ De Bersabee/ femme de Hurie/ et con-
cubine du Roy Dauid.

DE Bersabee: ie vous ay faict le compte
Quãt a superbe: mays fault q ie vo9 cõpte
De sa luxure: et de la paillardise
Quauec Dauid: feist elle/ et ribauldise
¶ Vng iour son corps: cest bien chose certaine
Lauoit ladicte: dedans vne fontaine
Que du Pallays: pouuoit appercepuoir
Le roy susdict: que le feist decepuoir.
¶ Or pource quelle: par especialte
Fort excellente: elle estoit en beaulte
Le Roy voyant: ladicte toute nue
Dedans son cueur: fut soubdain retenue.
¶ Laquelle estant: encores en tel estre
Le susdict roy: par messaigiers et lettre
Il luy manda: pour son cueur estoupz
Quil souldroict fort: de son beau corps ioupz
Dont la susdicte: a tel seul mandement
Deuers ledict: sen alla promptement
Et sy luy fist: de son dict corps plaisir
Pour contenter: et saouller son desir.

Du vice de luxure. Feuillet.C.xlj.

¶ Et pour vser: du cas plus seurement
La sus nommee: donna consentement
Que son mary: Hurie fust liure
Es mains Joab: pour estre desliure
A briefue mort: par quoy premier fust mys
En la bataille: contre les ennemys.
¶ Le fust Hurie: luy mesmes qui porta
Sa mort par lettres: dont tresmal se porta
Audict Joab: de Dauid lieutenant
En ses batailles: et le sien lieu tenant
¶ Lesquelles lettres: auoyent telle substance
Que briefuement: et sans longue distance
Ledict Hurie: lon feist aller combattre
Sur les plus fortz: pour celluy tost abbatre.
¶ Ce que fut faict: et la fina ses iours
Pour la luxure: de sa femme et faulx tours
Car cause fut: de sa mort la meschante
Pour paillarder: et saouller son entente
Au marge auez: par qui ie le vous proue
Fort approuee: et veritable proue.

ij.Reg.xj.co

¶ De Thamar fille de Dauid/ qui
fut congneue charnellement par son frere Amon.

Thamar la fille: de Dauid esgaree
Ne merite estre: ny de droict separee
Du cathalogue: et renc de paillardise
Qui bien contemple: enuers sa ribauldise
Car nonobstant: que repugnast vng peu
A la luxure: du meschant corrumpu
Amon son frere: par son dernier ouuraige
Lon peult iuger: de son premier couraige.
¶ Peu sefforcea: audict desobeyr
Ains a son veuil: tost soulsist obeyr
Auec lequel: paillardise commist
Mays puys Amon: hors la chambre la mist
(Et la maison:) pour vray le vous rapporte
Et sy luy feist: apres fermer la porte

i

Liure Tiers

De quoy marrie : fut grandement ycelle
Quauoit perdu : le tiltre de pucelle
Penseant Quamon : la Boulsisse tenir
Auecques luy : et bien lentretenir
⁋ Du despit queut : elle dudict reffuz
Qui luy rendit : lentendement confuz
Par elle en fut : Absalon informe
Vng de leurs freres : et le cas afferme
Dont cause fut : Damon loccision
Par Absalon : et Brayeoccasion
Comme est escript : au lieu plus amplement
Quauez au marge : especiffiement

ᴹ Reg. xiii. capi.

⁋ Des filles de Loth, qui en yurerent leur pere, pour
le congnoistre charnellement.

Ie seroys digne : de grand pugnition
A tout le moindz : a mon intention
Sy ie laissoye : des filles Loth les faictz
Tant execrables : quen ayent estez faictz
Car enpurerent : leur pere brayement
Affin que celles : congneust charnellement
Puys sen allerent : auec luy coucher
Pour eschauffer : ledict a les toucher
Ce que fut faict : sans en estre apparceu
Pource que fut : de ses filles deceup
⁋ Sans y penser : sy bien les embrassa
Que le poure homme : ses filles engrossa
Dont elles furent : la cause et fondement
De tel meffaict : par leur enpurement
De quoy paillardes : estime les mauldictes
Trop plus que femmes : que ie sous aye dictes

Genesis.xix. capi.
x.xl.dist.cano.quib;

⁋ Des concubines et femmes de Salomon lequel
auoit troys cens Concubines, et sept cens femmes.

Des concubines : de salomon parler
Vous veuil vng peu : et vous gecter parlair
Combien auoit cellui de ses infames
Semblablement : combien auoit de femmes

Du Vice de Luxure.   feuillet.CxlBI.

¶ De concubines : auoit ledict troys cens
Et sept cens femmes : ce que selon mon sens
Vray mariaige : ne vouldroys soubstenir
Que tant de femmes : deust auoir/ne tenir.
¶ Des concubines : raison veult encor moindz
Car faisoyent faire : et feirent pechez mainctz.
¶ Par les susdictes : audict grand mal aduint
Car par ycelles : ydollatre deuint
Comme dessus : lintitulation
De ce peche : vous en faict mention.
¶ Lesdictes femmes : ie ne vous nomme poinct
Et la raison : vous notterez ce poinct
Que mon autheur : aussy celles ne nomme
Tant seullement : en dict le nombre et somme
Au marge auez : le nom de celluy la
Sy l'allez veoir : vous le trouuerez la.   iij.Regum.xj.ci.

¶ De Dalida /ribaulde de Sanson.

S I Dalida : ie vouloye excuser
Le fort Sanson : me pourroit accuser
Que dissimulle : de la verite dire
En ne voulant : des meschantz tours mesdire
Quelle luy a faictz : et par lincitement
Des Philistins : tousiours traistreusement.
¶ Or sy voulez : la verite comprendre
Premierement : il vous conuient entendre
Que Dalida : la traistresse maraulde
Dudict Sanson : fut paillarde et ribaulde
Et moyennant : dargent quon luy promist
Entre les mains : des Philistins le myst
Par mainctes foys : ses mortelz ennemys
Traistreusement : quatre foys y fut mys.
¶ Vays quand aulx troys : sy bien se deffendit
Quil les battit : et fuytifz les rendit
Pource que poinct : ne vouloyt descouurir
A la susdicte : son secret/ains couurir
Ou sa puyssance : et sa force gy soit
Tout au contraire : ycelluy luy disoit.

f ij

Liure Tiers

¶ Quant ala quarte: il fut sy tresmal saige
Que obeyssant: a son fainctif langaige
Et flateries: luy descouurit laffaire
Dont ne pouoit: ledict Sanson pis faire
En sept cheueulx: quil auoit entendit
Celle traistresse: parquoy les y tondit
Ung iour quauoit: faict endormyr celluy
Sur son gyron: dont en print mal a luy.
¶ Les Philistins: ayans faict lentreprinse
Auec ladicte: de Sanson feirent prinse
Auquel creuerent: cruellement les yeulx
Cuydant dudict: se uenger pour le mieulx
Ayans de ce: long temps deuant enuye
Mays a la fin: a mainctz cousta la vie
Comme auons dict: dessus au segond liure
Ou telle chose: plus au long ie vous liure.
¶ Celle paillarde: par sa dicte facon
Fist plus de mal: au malheureulx Sanson
Que Philistins: nauoyent fait vous prometz
Ny pour vray eussent: sans elle au grand iamays

Judicum.xvj.c.

¶ De Balla concubine de Jacob/laquelle puys sa
donna a Ruben filz dudict Jacob.

Balla ie treuue: fort paillarde et meschante
Sil est ainsy: que Moyse nous chante
Car il nous dit: que Balla concubine
Fut de Jacob: et puys fut sy maligne
Quauec Ruben: paillardise commist
Auec ledict: la ribaulde dormist
Lequel Ruben: le filz aisne il estoit
Dudict Jacob: dont tresmal se portoit
Ladicte Balla: de se adonner au pere
Et puys au filz: malheureulx impropere.

Genesio.xxxv.c.

¶ De la femme de Phutiphar Eunuch/ maistre
dhostel de Pharaon/ laquelle prioit fort Joseph
filz de Jacob/ et seruiteur dudict Eunuch/ de cou
cher auec elle/ et en la fin elle le voulut forcer.

Du Vice de Luxure. feuillet.CxlVii.

Aulcunes folles: pour des hommes mesdire
Veullent conclure: totallement et dire
Que sy les femmes: par luxure meffont
A la requeste: de nous hommes le font
Que nous en sommes: pmiers instigateurs
Solliciteurs: et vrays incitateurs
¶ Encontre celles: mainctenant veulx respondre
Et comme faulx: ung tel dire confondre
Car nest ainsy: que tout iour cella soit
Qui de lexemple: cy dessoubz sapparceoit
Et daultres mainctz: quen ce liure verrez
Dont ce que ditz: bien congnoistre pourrez
Le cas est tel: sy le voulez entendre
Bon a comprendre: qui bien y vouldra attendre
¶ Ioseph le filz: de Iacob fut vendu
Sans que son pere: eust tel cas entendu
A Phutiphar: Eunuch maistre dhostel
De Pharaon: Moyse le dict tel
Ledict Eunuch: il auoit une femme
Par son meffaict: digne de grand diffame
Quau bon Ioseph: pource questoit beau filz
Par plusieurs foiz: luy donna le deffiz
De paillarder: ensemble/ et de pecher
En le priant: auec elle coucher
Ledict Ioseph: lequel estoit bien saige
Ne voulant faire: a son dict maistre oultrage
Qui de son bien: auoit gouuernement
Et que de luy: se fyoit grandement
A sa maistresse: tousiours il remonstroit
Questoit mal faict: et le vray demonstroit
En luy disant: quil ne vouldroyt meffaire
Enuers son maistre: ny pour rien tel cas faire
¶ Or la susdicte: tousiours audict penseant
Ung iour questoit: son mary dict absent
Dedans sa chambre: se voulsist efforcer
Ledict Ioseph: elle vouloir forcer
De la congnoistre: ie ditz charnellement
En lempoignant: au collet seurement

t iii

Liure Tiers

Mays pource quil ny Vouloit consentir
Ledict Joseph: pour fouyr sans mentyr
Apres auoir: faictz de grandz effortz mainctz
Il fut contrainct: laisser entre les mains
De la meschante: son Manteau vrayement
Et sen fouyt: certes habillement.
¶ Dont la mauldicte: quand ne le peult renger
A son plaisir: pour de luy se venger
Se myst crier: ayde contre ledict
Aulx seruiteurs: aultres/et sy leur dist
Que le nomme: auoit mise sa force
A la congnoistre: charnellement par force
Et quil fust vray: le Manteau leur monstra
Que grand oultraige: luy auoit faict demonstra.
¶ Sy tost que fut: puys venu le mary
Le/luy conterent: qui fort en fut marry
De quoy Joseph: en fut mys en prison
Iniustement: contre droict et raison
Car elle mist: la coulpe/et le meffaict
Au bon Joseph: de ce quelle auoit faict
Telles parolles: Moyse vous recite
Allez le veoir: sy le trouuez licite.

Genesis.xxxix.z.

¶ Sensuyuent six Exemples prises dudict disciple/ comme recite ladicte fleur des cõmandementz de dieu. Et premieremẽt/Dungne fille inhumaine que pour sa paellardise apres q̃ sa mere congneut quelle auoit affaire char‑ nellement auec son pere/les empoison‑ na toutz deux/par le conseil dungne vieille.

Il est escript: dungne fille inhumaine
Que pere et mere: au lieu leur estre humaine
Traistreusement: toutz deux empoysonna
Par vne vieille: qui tel conseil donna
Cella fut faict: pource que sapperceust
Ladicte mere: et pour certain bien sceust

Du vice de luxure. feuillet.C.xlviii.

Qu'auec son pere: paillardise faisoit
Dont enuers dieu: grandement meffaisoit
De la grand honte: qu'eust la susdicte de eulx
Par ses poysons: les feist mourir toutz deulx
Dont noterez: que le mal qu'en aduint
De la luxure: de ladicte prouint.

Petrus in.ij.libr.
de amore/vt refert
discipulus supra;
in dicto lib. nume.
lxxvij.lra d.v. pcep.

¶ D'une fille qui se feist engrosser / Et
puys accusa faulsement sainct Machai
re ce luy auoir faict / Dont ne peult ia
mays estre desliuree dudict fruyct que
ne sen fust confessee/et declaire que faul
cement auoit accusé ledict.

Continuant: les susdictz improperes
Ledict disciple: en la vie des peres
Dit que vne fille: se feist tant embrasser
Quelle se feist: vrayement engrosser
Puys sainct Machaire: accusa faulsement
Le luy auoir faict: de quoy iniustement
Fut mal traicte: par les gens de iustice
Pour vng seul dict: luy faisant iniustice
Dont dieu permist: que ladicte esuentee
De grandz douleurs: elle fut tormentee
Tant que n'en peult: oncq estre desliuree
Ny de son fruyct: estre a bon port liuree
Que moyennant: vraye confession
Que a tort faisoit: telle accusation.

Supradict9 discj
pulus in vitis pa
trum. numero.xcj.
littera.s.

¶ De vne femme qui vsa toute sa vie en
paillardise/et son mary au contraire/le
quel fut saulue apres sa vie/et ladicte fut
dampnee/comme fut demõstre par vne
vision a leur fille.

Oit que vne femme: elle estant maryee
Fut de son sens: sy tresfort variee
Qu'en paillardise: toute sa vie vsa
De quoy son ame: grandement abusa

t iiii

Liure Tiers

Le sien mary: se squit honnestement
Dont paradis: gaigna eternellement
Et la susdicte: elle fut condampnee
Dedans enfer: estre a iamais dampnee
Comme a leur fille: sans poinct dillusion
Fut demonstre: par vne vision
Car luy sembla: quelle fust amenee
Dedans vng champ: par ycelle et menee
De beaulx feupctiers: bien remply seurement
Ou veit son pere: paradis le nommant
Mays puys menee: elle fut en enfer
Ou veit sa mere: quon faisoit bien chauffer
Que recongneut: tost ycelle susdicte
En luy disant: celle pouure mauldicte
Que se regir: neusse iamays sceupe
Ainsy comme elle: ny tenir telle vie
Mays que se squist: comme auoit faict son pere

Supradi.dist.l vlt.
par.nu.xcij.lfa.a.

Dont paradis: il auoit pour reppaire
Pour euicter: la voye dangereuse
Ladicte fille: se feist Religieuse

¶ Dugne femme qui fut tant amoureuse dung
Clerc, quelle le pressoit toutz les iours de paillar
der auec elle, et de despit quil ne le vouloit faire
se alla plaidre au Iuge, disant icelluy la vouloit
forcer, dont fut mys en prison, et a la fin brusle cõ
me serrez.

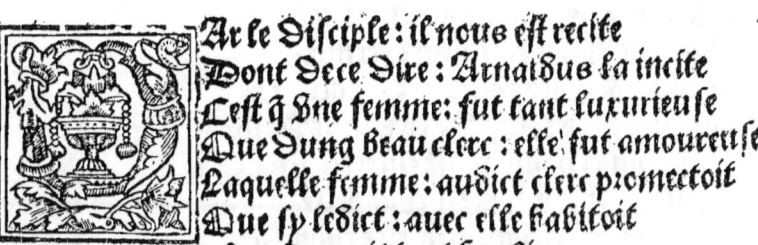

Car le disciple: il nous est recite
Dont dece dire: Arnaldus la incite
Cest q̃ vne femme: fut tant luxurieuse
Que dung beau clerc: elle fut amoureuse
Laquelle femme: audict clerc promectoit
Que sy ledict: auec elle habitoit
Charnellement: luy douroit tout son bien
Car par sur toutz: laymoyt elle fort bien
¶ Mays ledict clerc: ny voulut consentyr
Ains tel desir: luy vouloit diuertyr

Du vice de Luxure. feuillet.C.xl.ix

Par beau parler: et demonstration
Luy abhominant: sa folle intention
De quoy ycelle: par sa grande mallice
Et par despyt: se alla plaindre a iustice
Disant ledict: se estre voulu efforcer
Ycelle dicte: auoir voulu forcer
De quoy le Iuge: sans propoz ne raison
Le pouure clerc:il fist mectre en prison
Mays la meschante: de ce ne fut saoullee
Ains de luxure: pluffort estimullee
Sur la muraille: de la prison monta
Dont ledict clerc: pourement remonta
Car elle entra: ou ledict clerc estoit
Ou dudict cas: encor le tormentoit
Mays ycelluy: ny vousist oncq attendre
Ne quoy que dist: a son veuil condescendre
Des que le iuge: lequel fut bien deceu
Que celle femme: estoit dedans eust sceu
Pensant que fust: ledict clerc enchanteur
Sans aultre proue: sans aultre instigateur
Et de prouer: le contraire permectre
Le pouure clerc: dedans vng feu feist mectre
Ou fut brusle: pour le susdict affaire
A tresgrand tort: car ce fut pour bien faire
Lequel pouure homme: cependant quil brusloit
La mere dieu: par telz dictz saluoyt
Aue marie: vierge trespure et necte
Prie ton filz: quen paradis me mecte
Presque brusle: il faisoit tel sermon
Quon luy veoit: le cueur et le poulmon
Dont vng euesque: de ce digne de loz
Dedans vng champ: feist enterrer ses oz
Ou feist bastir: vne belle chappelle
Ne suys recordz: comment elle sappelle
Tant de miracles: toutz les iours y sont faictz
Quilz y sont maintctz: boyteulx et contrefaictz
Nous nosterez: quatort a bref parler
Fut paillardise: qui feist le clerc brusler.

Dupradicts disci.
nu.cent.littera.g.

Liure Tiers

¶ De vne femme qui fut tant enflammee
du feu damours/quelle par plusieurs foys
pria le portier de son Chasteau de la cognoi
stre charnellement/ce que ne voulsist faire.

Ict que vne femme: de sa lignee noble
Et de vouloir: comme verrez ignoble
Du feu Venus: fut tant fort allumee
Et sa pensee: si trestant enflammee
Que sadressa: vng iour a son portier
Dans son chasteau: seruant de tel mestier
¶ De paillarder: ycelluy fort pria
Auecques elle: et souuent reprya
Mays le portier: se monstra tant honneste
Que consentyr: la chose deshonneste
Il ne voulsist: ains ses affections
Luy feist changer: par demonstrations
Fort apparentes: et tresfort raisonnables
Au corps et lame: grandement proffitables
De quoy ladicte: congnoissant son meffaict
Dedans vng fleuue: se gecta par effaict
En leaue froyde: iusques fault que le dye
Que sa challeur: fust du tout reffroidie
Sa meschantise, cella faict recongneut
Et du portier: le bon conseil congneut
Tant que pour rien: ycelle chose infaicte

Supradi.dist.in di-
cto li.nu.cent.lfa.a.
Neusse voulu: estre par elle faicte
Bref paillardise: lauoyt a ce conduycte
Mays le portier: a bien leut tost reduycte

¶ Dugne femme sodomitte qui apres fut
dampnee.

E dict Disciple: nous racompte vng exemple
Abhominable: si bien lon y contemple
Dit que vne femme: au peche sadonna
De sodomye: et fort sabandonna
Dont elle en fut: puys apres condampnee
Dedans enfer: estre a iamays dampnee

Du vice de luxure.   Feuillet.C.l.

Brief en lesglise: de nuyct a plaine veue
Une grant Truye: toute noyre fut veue
Dessus la fosse: auec sept pourcelletz
Aussy toutz noyrs: tres hydeux/et fort laidz
Fouyans la terre: et leschant sans discordz
Tant que sortyrent: dessoubz terre le corps
De la susdicte: quen mille morceaulx misrent
Certainement: plusieurs cella veyrent
Puys cella faict: de veue on les perdit
Grand puanteur: restant au lieu susdict.

Supradict, nume[ro]
xcv. litera.E.

¶ Sensuyuent les Histoires Ethnicques/ des histo-
riographes/ approuees quand audict peche de Luxure.
¶ De Rhodope femme Egyptienne.

Rhodope femme: iadiz Egyptienne
Fut en luxure: grande practitienne
A toutz venans: son corps habandonnoit
Qui que se fust: sy argent lon luy donnoit
De ce richesses: en acquist a foyson
Et sy bastir: en feist une maison
Tant excellente: et sy tres auctenticque
Quon nen scauoit: aultre plus magnificque
Pline le dict: dans naturelle histoyre
Digne de croyre: comme a toutz est nottoyre

Plinius in sua na-
tu. histo.li.xxxvj. et
herodot⁹ in enter.

¶ De Barine femme Romaine.

Uand a Barine: laquelle estoit Romaine
Dedans ses carmes: Horace la pourmaine
De telle sorte: et pour telle la dict
Que de luxure: oncq homme ne desdict
Tant impudicque: estoit de sa nature
Celle meschante: mauldicte creature

Hora. vlla st luris ti-
bi peierati pena ba-
rine. nocuissent vn(qua)m
&c.

¶ De Spatale.

Qui veult ouyr: de Spatale parler
Cest Martial: qui sous en mect par lair
Mainct ung brocard: & mainct dict tres haultain
En concluant: questoit grande putain.

Martial. nouit las-
ciuas dasius nume-
rare poposcit num-
mosq; Spatale p(er)-
trib⁹ illa dedit &c.

Liure Tiers

¶ De Lays corinthienne

Aul. Gel. noctium
atticap. lib. ij. De-
mosthenes/cū au-
disset ingētē pecu-
niā/a se exigī. Non
emo/tātī penitere
et Propertius. Non
ita applebāt, ex hisce
laydos edes/ad cū
sus laudā grecīa to
ta sories. &c.

Ribaulde fut: Lays chorintienne
Pour sy meschante: chascun fault que la tienne
Villains/ et nobles: sy dargent leur scauoit
Pour paillarder: tout venant recepuoit
Demosthenes: a celle sadressa
Et de ioux: de son corps la pressa
Mays delle sceu: le pris fort excessif
Luy respondit: sans faire du pensif
Ie ne veulx poinct: ny le eux oncq de coustume
A sy groz pris: achapter amertume
Au marge auez: qui tel dire ma apris
Les principaulx: des carmes dont lay pris.

¶ De thays.

Menāder grec⁹ et
Propti⁹. Luba me-
nander fuerat nec
Thaydes olim tā-
taīn qua populus
lussite rīctonius &c.

On de Thays: me souldra demander
Le renuoyer: pretendz a menander
Poete grec: approue quoy quon dye
Qui faicte en a: fort belle comedye
En concluant: que grand Ribaulde estoit
Et dict Properce: que point il ne mentoit

¶ De phirne.

Quintil. Meqz tui
pfuit puelle hīperi-
dis actio patrocine
quā venustas fors
me/ et Propertius
lib. j. Meqz deletas
potuit anprimere
thelas Phirne cū
multis facta viris.

Iadiz y eust: vne Phirne nommee
Draye paillarde: et putain renommee
Que conuenue: vng iour certainement
Pour quelque crime: fust elle en iugement
Ou pour auoir: pure remission
Tant plaine fut: dhabomination
Considerant: a la grande beaulte
Quen elle estoit: par especiaulte
Publicquement: sans en estre tenue
Se despoilla: en la court toute nue
Deuant les iuges: ou telle troigne tint
Que de son crime: remission obtint

¶ De flora/dicte Laurentia.

Du vice de luxure.　　　Feuillet.C.li.

De dirons nous: de Flora la mauldicte
Laquelle aussy: fut Laurentia dicte
Habandonnee: fut elle a ribauldise
Et de grandz biens: acquist de paillardise
Son heritier: feist le peuple rommain
Quapres ses iours: se monstra tant humain
Que ordonne en fut: ung beau ieu par les dictz
A certain iour: chascun an ou mainctz dictz
Beaulx et plaisans: estoyent la recitez
En sy trouuant: mainctz sans estre incitez
Lequel lieu fut: Floralia nomme
Pour la susdicte: et pour tel renomme
Digne de loz: tel ieu ne pense quest
Car il prouuint: de tresmeschant acquest.

Aul.ge.li.vij.c.vij.
Lact.li.j.diuinap
institutionum, cele
brabātur hij ludi,
cum omni lasciuia
cōuenlētes memo
rie meretricis.

¶ De Lelia.

Lelia fut: sy tresfort adonnee
A paillardise: et tant habandonnee
Que de son corps: toupz ne reffusoit
Homme venant: chascun delle habusoit
Au marge auez: qui tel cas vous racompte
Plus amplement: vous en fera le compte.

Marti.lib.epig.vij
das catia, das ge
minianis, das ce
ladacis, nec illec
spnis cepadociūq3
thoros. Et tibi d
Pharia mēphitic3
vibe.ec.

¶ De Hermia.

Hermia femme: habandonnee aussy
Comme Origene: tesmoigne de cecy
Fut Daristote: qui celle mainctenoit
Plus honoree: qua elle nappartenoit
Grandes louenges: pour elle composa
Mais grādz mesonges: a son honneur posa
Dont le susdict: puys en fut accuse
Par Demophilus: a ce non recuse
Tant que constrainct: en fut habandonner
Le lieu dathenes: et manoir ordonner
Puys en Calcide: et la se retirer
Ou tout son cas: il soulsist attirer.

Origenes.ologe
ges in vita Aristo.

¶ De Abretome

Liure Tiers.

ABretome : ne meritoit auoir
Themistocles : pour filz plain de scauoir
fort preux et saige : a merueilles honneste
Deu quelle fut : sy trestant desbonneste
Car a chascun : sabandonnoit pcelle
A toutz venantz : faisoit de son corps celle.

Amphicrates, apud Cellium, de viribus illustribus

¶ De Manilia Rommaine.

MAnilia : Rommaine recepuoit
De quoy son amie : grandement deceuoit
Toutz les allans : et venans ribaulder
Auecques elle : pour a ceulx paillarder
En tel malheur : fut long temps detenue
Dont grand ribaulde : fut dans Romme tenue.

A. gel. lib. iiij. c. j.

¶ De Campaspe, vne fille que fut au Roy Alexandre, et puys a Appelles le grand Painctre.

CAmpaspe fille : de fort grand beaulte
Au moins de face : par especiaulte
Au temps iadis : sy le voulez entendre
Habandonnee : fut au roy Alexandre
Qui la bailla : au bon painctre Appelles
Le souuerain : que sur toutz appellez
Lequel sy fort : estoit delle surpris
Quil pouoit dire : certes le Rat est pris.

Plinius in sua historia.

¶ De Leena.

LIne recite : et Lactance aussy bien
Que Leena fut : sy tres femme de bien
Que fut putain : de faict et renommee
De toutz venatz : mays quen fusse somme
Or vng bien eust : la villaine incostante
Que se trouua : par vne foys constante
Car pour menasses : ny tormentz quon luy feisse
Sy bien sceust faire : pour ce coup tel office
Ne fut possible : luy faire reueller
Les meurtriers : ny contre ceulx parler

Du Vice de Luxure.   feuillet.CLII.

Dung faulx cruel: et malheureulx tyrant
Le bien vaultruy: souuent a soy tyrant
Desquelz les noms: sont/lung Armodius
Aristigite: laultre fort odieux   Plinius et Lert-
A la susdicte: nappartenoit tel faict   tius.
Peu de paillardes: le mectent en effaict.

            ¶ De Timandra.
Timandra fut: vne putain publicque
Iouant a toutz: dudict ieu venericque
Et pour le cas: plus a plain descouurir
Au lieu que deust: pluftost celluy couurir
Des quelle sceut: Qu'Alcibiade fut mort
Apres mainctz criz: et plainctz contre la mort
Ung beau Sepulchre: luy feist faire auctenticque Pluter.in Alcibia-
Sur toutz les aultres: du pays magnificque.   de.

            ¶ De Philenis.
Si chaulde fut: la luxure et lardeure
De Philenis: et de telle grandeur
Que iamays homme: celle ne refusoit
Pour paillarder: tant le ieu luy duysoit
Ains quest bien pis: les prioit bien souuent
Telz cas luy mect: Philocrates attant   Philocrates poe-
Qui contre celle: a faictz mainctz beaulx escriptz gre.t Martia.vij.
Allez le veoir: plusieurs en sont escriptz.   epigra.

            ¶ De Alce.
Alce ribaulde: fut si ne le scauez
Durant son temps: doubter vous ny debuez
Car Gellius: ainsy le vous annonce   Gellius aul.xj.cap
Croyre le fault: car le vray vous denonce.   lib.iiij.

        ¶ De quattre vierges Vestalles/cest
        assauoir/Laproma/Emilia/Munitia/
        et Septilia/Que furent toutes vifues
        enterres/pour sestre habandonnees au
        peche de Luxure.

Liure Tiers

SAinct Augustin: nous dit que Emilia
Lapronia: auſſy Septilia
Munitia: furent vierges veſtalles
Que chauldes furent: plus q̃ beſtes brutalles

Aug. de ciuita. dei. Toutes leſquelles: leurs corps habandonnerent
A paillardiſe: et de faict ſy adonnerent
De quoy en furent: les ſuſdictes chetiues
Sepulturees: comme dict toutes diſues.

¶ De Heleine femme du roy Menelaus.

QUe dirons nous: de Heleine a voſtre aduiz
En fera lon: quelque petit deuiz
Oui. in epiſt. Sit Menelaus: Roy ſon premier mary
ſacle quis inſignio feiſt elle poinct: bien peneuſx et marry
adultera certe e de Quant le laiſſa: par cautelleux moyen
ſeruit. In ſocios En ſen allant: au filz du roy Troyan
hoſpite capta bos Nomme Paris: lequel len amena
Et aliui. Quid pe Et par luxure: dedans Troye mena
titur tãto niſi tur Pour mieulx ſon veuil: acomplir et deſir
pis adultera bello. Vſant dicelle: du tout a ſon plaiſir
hora. Jã nec lace Qui cauſe fut: de la deſtruction
me ſplédet adulte De celle troye: et grand perdition
re formoſus hoſ De nobles corps: dignes de grandz regretz
pes ʔc. Qui la moururent: par la force des Grecz
De ce fut elle: la cauſe et fondement
Comme ſerrez: deſſoubz plus amplement.

¶ De Clytenneſtra/femme du roy Aga
menon.

OR toute femme: qui ſoit nee ou naiſtra
fort malheureuſe: trouue Clytenneſtra
Propert. libr. iiij. Qui femme fut: dagamenon le Roy
Quid clyteneſtre De mariage: rompant elle la Loy
ʔc. et Quid. li. j. de Auec Egiſtus: ſon principal amy
remedio. Queri Qui ſe monſtra: dudict roy ennemy
tur egiſtus ʔc. Tant la ſuſdicte: pour luy ſe eſuertua
De qua Stroza pa Que Agamenon: ſon dict mary tua.
ter diſit.
Arſit in egiſtus fu
it oſt ni forſitus ʔc.

Du Vice de superbe.   Feuillet. C.liii.

¶ De Leuina.

Il est ainsy : que Martial nous chante
Leuina fut : vne putain meschante
Car son mary : la dicte delaissa
Pour ses paillardz : et de faict le laissa
Sabandonnant : a mainctz meschantz infames
Comme lon voyt : que font plusieurs femmes.

Martia. Inflam̄mas venerem q̄z secuta &c.

¶ De Thelesina.

Sous compter : ie ne me scauroys faire
De Thelesina : Romaine ladultere
Considerez : sy elle fut bien paillarde
Car la mauldicte : malheureuse souillarde
Eut dix maritz : comme dit Martial
Que toutz quocus : feist par especial.

Martia. Vxo̅ res nolo thelesinā ducere. Quare m̄ e cha est. Sed pueris dat thelesina volo. Idem .lu. vj. Et nubit decimo s̄a thelesina viro q̄ nubit toties nō nubit adultera lege ē &c.

¶ De Hyppia Romaine.

Yppia fut : iadiz, femme romaine
Sa meschantise : parler delle me meine
Car elle fut : vne ribaulde infaicte
Que de son corps : a chascun faisoit feste
Ainsy que dit : Iuuenal et recite
Qui den parler : de la sorte me incite.

Iuue. Pr̄o̅ pti9 expeditu3 qu.d amauerit. hippia meschus &c.

¶ De Iulia Agrippina/ mere de Neron le cruel.

Iulia dicte : Agrippina iadiz
Mere du chief : de toutz cruelz mauldictz
Nomme Neron : par son bruyct ancien
Fut adultere : dung dict Domicien
Selon le dire : de Iuuenal susdict
Qui de la sorte : le soubstient/ et le dit
Cornelius : dict quelle sans doubstance
Eut dudict filz : charnelle congnoissance.

Cornellius/ʔ Iuuena. Quā tot abortis fecundam Iulia vuluā solue ret &c.

¶ De Messalina/ femme de lempereur Claude Tybere.

B

Liure Tiers.

Pli.li9.lib.x.ca.lxix
et lib.xxix.Bocass.
de cas. viro. illust.
li.vij.ca.iij. Juue.
in.vj.satyr. Clau-
dio Audi q̄ tulerit
dormire viru qui
senserat vxor ausa
palatino tegete p̄-
ferre cubili sumere
nocticones mere-
trix angusta cucul-
los linquebat co-
mite ācilla nō am-
pli9 vna/ et nigrū
flauo criues abscō-
dere gabere intra-
uit callidu3 veteri
cētone lupanar. &c

Messalina : o seroys ie parler
De ta meschance : et la mectre par laii
Je te promectz : que ien ay belle enuye
Pour reciter : vng petit de ta vie
Ne fuz tu pas : celle paillarde infame
De Lempereur : Claude tyhere femme
Auquel tu feiz : de sy tresmeschantz tours
Que le enyurops : bien presque toutz les iours
Luy donnant vins : les plus fors et puyssantz
Pour lendormir : et luy troubler le sens
De ypocras : et mainctz aultres breuages
Pour de ton corps : faire maulvays vsaiges
¶ Sans cueur constrainct : pour amoureulx ny amy
Sy tost questoit : Lempereur endormy
De son coste : te leuoys promptement
Pour ten aller : au Bordeau vrayement
Dissimulee : en forme de seruante
Tours de noblesse : tresque mal obseruante
A mainctz maraultz : te faisant la congnoistre
Pensant que toy : ne sceussent recongnoistre
Ou ne menoys : fors vne chambriere
Qui te suyuoit : a grandz pas par derriere
¶ Helas quel bruyct : helas et quel honneur
A ta lignee : faisoys tu deshonneur
A ton mary : a toy mesmes ditz moy?
Certes ouy : dont ien suis en esmoy.
¶ O malheureuse : o mauldicte traistresse
Tu meritoys : vne grande destresse
Vne tresaigre : ie ditz pugnition
Voyre la mort : pour satisfaction
¶ Puys qua luxure : tu mectoys ton entente
A quelles fins : nestoyes tu contente
Dung Sectius : Valens (tel nomine)
En medicine : homme bien renomme
Qui te faisoit : par ton incitement
Le ieu damours : quasi iournellement
Myeulx teust vallu : a luy seul te tenir
Que telle vie : quest dicte maintenir

Du vice de luxure. feuillet. C.liiii.

Supure la nuyct: les chambres des Bordeaulx
Pour tadonner: a Bougres et Bourreaulx
Quoquins/souillarde: laboureux/et varletz
Tant fussent ilz: difformez/et bien laidz
Et daultre part: Massalina susdicte
Nes tu pas bien: digne destre mauldicte
Quand feys venir: une faulse Ribaulde
Pour essayer: de toy/ou la maraulde
Qui plus feroyt: le ieu venerien
Infame faict: quasy Lutherien
Vingt et cinq foys: tu le feys dauantaige
Le beau essay: et fort honneste ouuraige
Dont ie te ditz: la plus paillarde infaicte
Qui fut iamays: en ce bas estre faicte

℃ De semele fille du Roy Cadmus Roy de Thebes

Ranc desdictes: fault la fille quon mesle
Dug dict cadmus: que lon nomopt semele
Adulteresse: auecques Juppiter
Le Roy de Crethe: sans len precipiter
Comme Bocasse: audict Chapitre compte   Bocass.ca.vj.li.j.
Liure premier: ou mieulx Bo⁹ faict le compte.

℃ De Olympias femme du roy Phelippe Seign̄
de Macedoyne de laquelle parlerons plus amplement
au tiltre de cruaulte.

Lympias: dung Roy phelippe espouse   Neptanus.
De macedoyne: le Seigneur come espouse   Bocass.li.iiij.c.xii.
Ledict Bocasse: au douziesme chapittre
Pour adultere: la susdicte chapitre
Au roy Degipte: elle sabandonna
Et iouyssance: de son corps luy donna

℃ De Pasiphee/femme de Mynos roy de Crethe/
qui se feist congnoistre a ung Thoreau.

S ij

Liure Tiers.

Que dirons nous: De Pasiphee Royne
De mynos femme: sy meschante et villaine
Que myst son cueur: sur vng ieune thoreau
Quelle apperceut: au dedans son chasteau
Et pour venir: au bout de son affaire
A dedallus: vne vasche feist faire
Secretement: de boys/comme ie entendz
Ou dans ycelle: se myst en bref de temps
Droict du pertuys: la faulce creature
Dycelle vasche: elle myst sa nature
Ou fut congneue: par le Thoreau surdict
Tres villain acte: deshonneste et mauldict
Dont engendra: de telle congnoissance
Dudict thoreau: et villaine semence
Le minothaure: homme et beuf a demy
Dudict mynos: apres grand ennemy
Lequel mynos: feist faire tout expres
A dedallus: vne maison apres
Que Laberinthe: est encore nommee
Estant iadiz: de grande renommee
Dedans laquelle: sy viuant sy mectoyt

Verg.in.vj.Buc. Certainement: iamays plus nen sortoyt
Et fortunatā si nū Le mynothaure: par la dicte raison
ʒ arméta vidisset Pour iamays fut: mys dans celle mayson
pasiphaen.zc. Sy ne voullez: de ce croyre Virgille
martia.ll.j.Epig. Ny martial: non testes deuangille
epigra.v. Junctá Croyez pour vray: quelle fust adultere
credite thauro. De vng questoy t lors: dudict Roy secretaire
pasiphaem dicteo Qui lengrossa: dung enfant pour certain
Vidimus accepit Dont ie concludz: questoyt vne putain.
fabula zc.

⸿ De Rosemõde/femme du Roy Albonin/qui adul
tera auec Emelchis escuyer dudict Roy/ de laquel
le plerons pl⁹ amplement au tiltre de cruaulte.

A Vostre aduiz: la Royne Rosemonde
De paillardise: fust elle iadiz munde?
Helas nenny: car elle adultera
Bocacc.ll.lij.c.rij. Trop que Bocasse: cecy ne voꝰ taira

Du vice de luxure. feuillet.L.IX.

Auec ung dict: Emelchis seruiteur
De son mary: meschant executeur
Lequel pour elle: ledict Roy myst a mort
Sans en auoir: ne pitie ny remors.

❡ De Brunichilde/ de laquelle sera plus ample
ment parle au tiltre suyuant.

As Brunichilde: quoy que lon sache dire
fut adultere: ny scauroyt contredire
Auec landric: adultere commist   Bocass.ubi supra.
Dont en dangier: le corps et lame myst
Qui de mon dire: il ne se fiera
Ledict Bocasse: len certiffiera

❡ De Cleopatra seconde de ce nom/ femme de
Ptholomee Roy degypte/ surnome Euergetes.

Cleopatra: seconde de ce nom
De paillarder: eust elle le renom
Combien que femme: fust du Roy Ptholomee
Voyans ses faictz: pour telle fut nommee   Bocass.li.vj.ca.iiij
A son beau pere: son corps habandonna
Demetrius: par luxure et donna.

❡ De Perixione femme de Aristoneus/ mere du
philosophe Plato.

Erixione: daristoneus femme
De appollo fut: adultere la infame
Dont engendra: et conceupt ung enfant
Qui philosophe: fut apres triumphant   Laertio in vita pla-
Plato nomme: homme de grand scauoir   tonis & hierony-
Qui fut bastard: sy sauiez a scauoir   mus aduersus Iou-
                                                          nianum.

❡ De Basine/ femme du Roy Childeric
Roy de france laisz

Asine femme: de Childeric le Roy
Myst son honneur: a tresgrant desarroy
Quand au beau duc: de thuringe permectre
Voulsist sur elle: paillardise commectre

H iiij

Liure Tiers:

Giaguin⁹ in vita   Et quest bien pis: eut de luy telle enuye
chuderū.   Que son mary: estant encor en vie
Le Duc susdict: brayement espousa
Et son beau corps: a son veuil exposa.

    ¶ De Gersonde concubine de Charles le grant/
    xxiiii. Roy de france/et Empereur de Romme.

Jehan Bouchet   Ibaulde fut: au temps iadiz Gersonde
en la Genealogie   De charlemaigne: seigneur de tout le monde
des Roys de frāce   Ou la plus part: le vaillant conquereur.
parlant de Char-   Vigt (t quatriesme: roy de frāce (t empereur
lemaigne. xxiiij.   Duquel la france: fut saigement regie.
Roy.

    ¶ De Regie/aussy concubine dudict.
Semblablement: fut sa putain regie
De laquelle eut: le susdict deux bastardz
Remplyz de vices: mauldictz ordz/et fetardz
Bouchet comme   Hue/puys drogues: de la sorte nommez
dessus.   Qui fort meschantz: furent ilz renommez.

    ¶ De adalinde/aussy dudict concubine.
Bouchet recite: et maintient pour certain
Cest quadalinde: fut du susdict putain
De laquelle eut: vng filz sy tresmal saige
Nomme Thierry: q eut vouloir et couraige
Bouchet au lieu   De conspirer: encontre son dict pere
comme dessus.   Qui le feist moyne: pour ledict improperte.

    ¶ De Romulde femme de Gysulphe/duc de
    fourly.

De dirons nous: de Romulde linfame
Qui de Gysulphe: duc de fourly fut femme
Helas apres: la mort de son mary
Nots quelle deust: auoir le cueur marry
Le fort chasteau: de forgueil desliura
A Cathanus: lequel a mort liura

Du Vice de luxure. feuillet.C.lX.

Toutz les dedans : bref les hommes moururent
Femmes et filles : charnellement congneurent

¶Puys sans contraincte : de nul celle attirer
Au Paueillon : sen alla retirer
De Lathanus : pour que fust son amy
De son mary : par auant en nemy
Et celluy la : qui lauoyt mys a mort
En la bataille : sans pitie ne remord

¶Lathanus Roy : estoit des Auarroys
Qui feist vng cas : que feroyent peu de roys.
Dans vne nuyct : delle fut fort fasche
Se repentant : de sen estre empesche
Dont feist venyr : douze de ses varletz
Les plus paillardz : les plus salles/et laidz
Quil sceust trouuer : en sa subiection
Pour resscoudir : labomination
De la luxure : quen Romulde congneut
Icelle nuyct : que iouyssance en eut
Aulx dictz soillardz : il feist commandement
De la congnoistre : trestoutz charnellement.

¶Mys en effaict : fut tel cas detestable
Par les susdictz : ie croy dans vne estable.

¶Puys lendemain : ses Bourreaulx il manda
Aulx quelz venuz : Lathanus commanda
Quau beau mylieu : de toutz ses paueillons
Vng pal fut mys : plus agu quaguyllons
Lequel fust mys : au dedans la nature
De la susdicte : meschante creature
Le que fut faict : en sen morquant ledict
Luy prononceant : mainct derrisoyre dict
Dont lendemain : (elle) de tel torment
Et de grand dueil : mourut meschantement
Se que gaigne : bien auoyt vous promectz
Aultant que femme : que ie veisse iamays.

Bocasse, lib.1

S iiii

Liure Tiers.

¶ De Ysis/fille de Prometheus/ et femme de Apis Roy des Argynoys/Egiptien/q̃ fut apres sa mort appellee Serapis/laq̃lle ysis, fut baillee en gouuernemẽt apres la mort de son pere a Empimetheus son oncle/ et puys fut appellee deesse de la Terre/pource quelle fuytifue de Grece en Egypte/apprint aulx Egypties de labourer la terre/dõt ilz la reputerẽt deesse nõ point fẽme/luy faisant sacrifices/hõneurs et puices diuins.

Ysis fut fille : Dung Roy dict Prometheus
Et gouuernee : par vng Empimetheus
Oncle dicelle : apres la mort son pere
Laquelle puys : vint a grand vitupere
A Jupiter : elle sabandonna
Le roy de Crethe : et plaisir luy donna
De son beau corps : pour ycelluy esiouyr
Bocasse.lib.j.c.v. De quoy de Grece : fut constraincte fouyr
Droict en Egypte : ou print le roy Apis
En mariaige : apres dit Serapis.

¶ De Philomena/fille de Pandion/ roy dathenes/et seur de Prognes.

Philomena : oublier ne te veulx
Paillarde fuz : du roy dict Theseus
Parmy les champs : il te feist la chosette
Pour son plaisir : dedens vne logette
Charnellement : auec toy eut affaire
Ce nonobstant : quil fusse ton beau frere
Dont de grand peur : que le dissiez happa
Bocasse.lib.j.c.v. Dedens la gorge : ta langue et la coppa.

¶ Des femmes Paniciennes.

De paillardise : grandes practiennes
furent les femmes : dictes Paniciennes
Sy peu estimerent : les susdictes leurs Dieux
Que ne trouuerent : plus conuenables lieux
Pour paillarder : quau Temple de Venus
Ou pour se faire : toutz estoyent bien venuz
Les filles la : continuoient telz vsaiges
Valerius lib.ij.c.j Jusques quauoyent : gaignez leurs mariaiges.

Du Vice de Luxure.   Feuillet.CLVII.

¶ De une malheureuse femme q̃ charnellement se
faisoyt congnoistre a ung Chien dans Tholose.

IE de narrer: Vous me voulez admectre
Ung villain cas: et reciter par mectre
Je vous diray: une grande merueille
Croy nest celluy: qui ne sen esmerueille
Ce nest poinct fable: ains certes vraye histoire
Aulx Tholozains: est il chose notoyre
¶ Dedans Tholoze: fut trouuee une femme
Sy malheurese: sy tresmauldicte infame
Que ores fut elle: pleust a mon Dieu a naistre
Qui se faisoyt: charnellement congnoistre
Cest a ung Chien: la inhumaine dampnee
Tant a luxure: estoit habandonnee.
¶ Cella congneu: par les gens de Justice
Prouue de veue: lexemple de tel Vice
Bruslee fut: auec le chien la dicte
Pres le Bazacle: dans ung Pre la mauldicte
Que lon appelle: le Pre de sept deniers
Ou trouuerez: la force mariniers
Quil soyt ainsy: la brusler ie la vys
Aussy plusieurs: qui sont encores vifz
Ce fut Lan Mil: cinq cens vingt et cinquiesme
Du moys Daoust: le iour vingt et quatriesme
¶ Par auant ueis: dedans le Consistoyre
Du Seneschal: ou bien dans Lauditoyre
Que la meschante: le conseil feist venir
Et le dict chien: ce puys ie mainctenir
Ou quand le chien: veit la paillarde infaicte
Incontinent: il luy alla faire feste
En sefforceant: la voulloir embrasser
De quoy son Membre: se print lors a dresser
Contre la dicte: celluy chien se ioygnoyt
De telle sorte: que syl la besongnoyt
Questoyt ung cas: tresmauldict inhumain
Tant de le veoir: que den parler villain
On la nommoyt: Esteuene gentille
Qui de Gregnague: lez Tholoze estoit fille.

H ij

Liure Tiers.

¶ De Circé fille du roy de Colcos, et de Persa sa femme.

Boca.li.j.c.rvij.

Irce pour vray : fut grande babuseresse
Magicienne : et grande enchanteresse
A paillardise : sy tresfort sadonnoyt
Qua toutz venantz : son corps habandonnoyt.

¶ De Sempronie, et Calfurnie, deux femmes rommaines.

Ubi supra.

Luxurieuse : fut iadis Sempronie
Pareillement : la dicte Calfurnie
Ayans dans romme : icelles leurs domaines
Car toutes deux : estoyent femmes Rommaines.

¶ Des paillardes incestueuses.
¶ Et premierement, de Myrrha fille du Roy Cynare, seigneur de Cipre.

Cinyre pigmallo-
nis filius fuit que
Myrrham filiam
insci us cognouit
quā ad eū deduxit
anus nutrix, ô ce-
reris sacro quo ma-
ter a viro secubabat
propter religiones
quod cereris opera-
ta fuisset tandem a
patre cognitis qd' e-
am educto gladio
assequi tentaret in
insulam profugit,
ubi in eius nomi-
nis arborē mutata
est. Ouidi9 li9.
x. metha. fabul. ℔.
Accipit absceno ge-
nitor sua viscera fe-
cto. rc. Proper.
li.iij. Crimine tū
li fuit. rc.

Yrrha que fille : du Roy Cynare fut
Commectre inceste : vng tresgrand tort elle eut
Et mesmement : auec ledict son pere
Dont a iamays : en aura vitupere
Elle incita : vne sienne nourrice
Pour mieulx venir : a leffaict de tel vice
Lest denhyuret : son dict pere vne nuyct
Le quelle feist : qua son ame fort nuyst
Puys sen alla : coucher auecques luy
Mays que fust celle : lors ignoroyt celluy
Sy bien conduyre : ledict affaire sceut
Que de son pere : la susdicte conceupt
Abscente estant : de ladicte la mere
Que puys en eut : maincte douleur amere
Ailleurs estoyt . faire a Dieu sacrifice
Luy cuydant faire : aggreable seruice
Bien malheureuse : fut telle chose faire
Plus ne pouoyt : encontre Dieu meffaire.

¶ De Biblis, seur de Chaynus.

Du vice de luxure.   feuillet.CLViii.

Iblis aussy: seur de Charnus mondaine
Fut sy meschante: sy paillarde villaine.
Quelle incita: ledict a paillarder
A tel peche: se voulut hazarder
Mays quãt ne peult: pour telle desraison
Vint hors de sens: et de bonne raison
Tant que ses tours: en fina promptement
Pres la fontaine: Biblis tournellement
Jadiz nommee: pour quil en fust memoyre
Voyez Vocace: sy ne men voulez croyre

Bocass.lib.j.cap
et Ouy.lib.ix.fab.
Ix.biblida quid refe
ra vetito.q̃ fratris
amore: arcet et est
gladio fortior vita
nephas.lo nõ ſoror
ut fratrem nec qua
decebat.

De Canace/seur du ieune Machareus.

Anace fut: sy tresaffectueuse
Enuers son frere: quen fut incestueuse
Machareus: le susdict se nommoit
Ung ieune filz: quelle bien fort aymoit
Lequel induict: par son ardant desir
De consentir: a faire son plaisir.

Ouid.lib.ij.trist.
nobilis est canace
fratris amore sui. t
In epist. E ino vnq̃
zc.calma.tinus tẽ
tauit Canace fra
ter zc.

De Cleopatra/seur du Roy Ptholomee/roy de Egypte.

Cleopatra: la seur de Ptholomee
Fut tant meschante: de faict et renommee
Que ledict Roy: voulsist elle espouser
A tel forfaict: se voulut exposer
A ce de faict: sy tresbien se exposa
Que son dict frere: la susdicte espousa.

Lucanus libr.viij.
degener inceste sce
ptris cessare soro
ris. zide nupsit ſo
rori: ipsa fratri zc.

De Julia femme dung Empereur que print son fillastre en mariage.

Julia fut: femme dung empereur
Ce nonobstant: celluy mort par malheur
Ung sien fillastre: espousa la meschante.
Ainsy Anthoces: quauez au marge chante
Bref Elius: aussy le vous dira.
De mesme sorte: il vous en mesdira.

Anthoces sext9 au
relius z Elius sper
tianus.

De Ansilena rommaine.

Liure Tiers.

*Catullus Anfilena
viro nõ cõtẽptã vl-
pere suo. Nuptiaꝛ
laus est laudibꝰ eſt
mult, sz culꝰ potes
succumbere fas est.
Qm̃ matrem fra-
tres efficere ex pa-
truo.*

Nfilena : estoyt femme Rommaine
Incestueuse : et Ribaulde inhumaine
Car Ung son oncle : a paillarder tempta
Duquel ycelle : deux enfans enfanta
Le mary estant : de la susdicte en Sye
Tant de lamour : du predict fut rauye.

¶ De Hypermestra.

*Ouid. in lbin. ꝗꝝ fut
venerẽ iussit cũ fra-
tre mariti, lactuus
in ancilla dissimula-
ta nẽcem.*

Ypermestra : doibt bien estre comprise
Au ranc desdictes : et comme telle prise
A paillarder : voulsist son frere induyre
Et sy tresbien : se sceut elle conduyre
Que par luxure : il en eut congnoissance
Et de son corps : parfaicte iouyssance
Dont elle fut : cause de choses telles
Par ses moyens : et subtilles cautelles.

¶ De Valeria tusculana fille de Valerius.

Malheureuse : O mauldicte perverse
Valeria : cautelleuse diverse
Nest ce pas toy : que par habilitez
Par tes cautelles : frauldes / subtilitez
Trouuaz moyen : a ton grand vitupere
Que iouyssance : charnelle eutz de ton pere
Valerius : durant son temps nomme
Homme de bien : et saige renomme
De ce blasmer : nully ne len debuoyt
Que ce fut toy : le susdict ne scauoyt
Et quil fust vray : que poinct il ne le sceust
Incontinant : que du faict sapparceust
Se myst a mort : luy mesme de sa main
Qui fut ung faict : malheureux inhumain
*Plutarchus in pa-
rall.*
De son dict pere : fut elle fondement
Quil se tua : sy malheureusement
Et quaffaire eut : auec la sus nommee
Charnellement : dont en est fort blasmee.

¶ De Lyane / femme de grece.

Du vice de luxure. feuillet.C.lix.

Jane grecque: fut tant habandonnee
Et sy tresfort: a luxure adonnee
Que se laissa: sans raison recongnoistre
Charnellement: a son pere congnoistre
Puys la meschante: dung cousteau myst a mort Plutar.
Ledict son pere: sans pitié ny remord
Plus viure au monde: celluy destitua
Dudict cousteau: puys elle se tua.

⁋ De ladicte Julia aggrippina mere de Neron
De laquelle auons parle au tiltre de adultere.
 Cornellius tacit⁹.

Cornelius: dit que Julia dicte
fut sy paillarde: miserable mauldicte
Quauec Neron: son filz elle eut affaire
Par mainctes foys: ledict cas permist faire

⁋ De semiramis Royne des Assyries/ et Babil
loniens/ de laquelle auõs parle au tiltre de supbe.

Ncestueuse: fut aussy mes amys
La dessus dicte: Royne Semiramis
Son filz Nynus: incita tellement
De la congnoistre: ie ditz charnellement
Que son vouloir: il fust mys en effaict
Par plusieurs foys: perpetrerent le faict.

⁋ De ce ne fut: Semiramis contente
Ains pour du faict: myeulx complir son entente
feist vne loy: quelle feist publier
A ses subgectz: que ne fault oublier
Cest que qui lacte: charnel faire vouldroit
Pour parentelle: plus ne sen abstiendroit Justin⁹ in prin.epi
Publier feist: vne telle ordonnance th᷈me.et Bocass.
Cuydant couurir: de son faict la meschance li.j.ca.xviij.
Meschamment feist: de la sorte messaire
Et de permectre: aulx aultres tel cas faire
Tel peche faire: a celle ne suffist
Mays quest bien pis: a mainctz faire le feist.

⁋ De Pelopia/ fille du Roy Thiestes/ iadiz Roy
De mycenes.

Liure Tiers.

Ocasse dit: dedans vng de ses tiestes
Vne fille fut: Pelopia de thiestes
Roy de mycenes: laquelle luy permist
Quauecques elle: par mainctes foiz dormist
Et que delle eust: charnelle iouyssance
Pour son plaisir: et sa restouyssance
Dont pour ce faire: Egystus fut conceu

Bocass.li.j.ca.xv. Par lequel fut: Agamenon deceu
Pelopia: fut sy tresmalheureuse
Que de son pere: voulut estre incestueuse.

¶ De Arsiure que fut femme du Roy Agas/
Roy de Cyrenes

L ne fault poinct: qua publier ie laisse
La paillardise: de Arsiure/ny delaisse
De Agas le Roy: de Cyrenes fut femme
La malheureuse: et tresmauldicte infame
Apres la mort: duquel tant charria
Que Deronices: sa fille maria
Auecques vng: dequoy fut diffamee
Demetrius: nepueu de Ptholomee
Le Roy degypte: homme dentendement
Venant la dicte: contre le testament
Dudict Agas: par lequel ordonna
Que Deronices: fust donnee/et donna
Au filz dudict: Ptholomee le Roy
Pour appaiser: le tresgrand desarroy
Quentre eulx estoyt: dont auoient grosse guerre
Mays dont senoyt: ne vous en fault enquerre
A ce propoz: derien ne seruyroit
A mon aduiz: plustost vous fascheroit
¶ Or ensuyuant: des femmes la nature
Ladicte Arsiure: meschante creature
De son mary: ne feist le mandement
Ains le contraire: feist elle seurement
Demetrius: elle feist appeller
Et pour son veuil: totallement saouller
Sa dicte fille: luy donna en mariage
Et le Royaulme: que dessus dict vous ay le

Du vice de luxure. feuillet. C.lxi

Mays feist bien pis : ycelle malheureuse
Car du susdict : elle fut amoureuse
Demetrius : sy tresfort incita
A la congnoistre : et tant precipita
Que nuyct/et iour : luxure commectoient
Ou bien inceste : sy malheureulx estoient
Dont Deronices : des quen fut apperceue
En se voyant : de sa mere deceue
Usans toutz deux : de telz faictz reprouuez
Feist sy bon guet : quau lyct furent trouuez
Ou son mary : elle feist mectre a mort
Mays de sa mere : elle eut pitie et remors

Bocass.li.iiij.capi. xviij.

Icelle Arsiure : Deronices prioyt
A ioinctes mains : et sans fin reprioit
Quon la tuast : et non poinct le susdict
Tant auoit elle : cueur meschant et mauldict.

De opis/seur du dieu Saturne.

Incestueuse : sy fut iadiz Opis
Comme Biblis : bien Cleopatra ou pis
Le nonobstant : qua Saturne fust seur
Cessuy espousa : dict Bocasse pour seur.

Bocass.li.j.ca.xiij.

De thetis/seur de Occeanus/dieu de la mer.

Pareillement : debuez estre aduertyz
Que incestueuse : fut aussy bien thetis
Car espousa : son frere Occeanus
Dieu de la mer : ou sõt maletz mal tenuz.

Bocass.li.j.ca.xiij.

De Juno/seur de Juppiter.

Ceste feist : sans long precipiter
Juno iadiz : auec Juppiter
Car espousa : ladicte le susdict
Comme Bocace : et mainctz aultres ont dict
Le nonobstant : que plus grande habondance
Mectre pourroye : a la susdicte dance
Des malheureuses : femmes luxurieuses
Quon ne scauroit : dire plus vicieuses

Bocass.li.j.ca.xij.

Liure Tiers.

Car ien congnoys : plus que dung an escripre
Je ne scauroye : pour leur cas bien descripre
Dedans maintctz liures : beaulcoup plus en trouuer
En pourroys ie : sans fable controuuer
Ce ne au moindz : pour le cas despescher
Pour nestre long : et pour ne Vous fascher
De ce dessus : Vous en contenterez
Et de ses faultes : Lautheur excuserez

¶ Sensupt le tiltre de Homicide/et cruaulte/ touchant les femmes/quont tuez les estrangiers/marpz Peres/Meres/leurs propres Enfantz/et elles mesmes en diuerses facons.

Lest besoing : que ie Vous mecte en lyce
Contre les femmes : ung tres inhumain Vice
Plus reprouable : que bestiallite
Chef de rigueur : et de crudelite
Cest homicide : des poures creatures
Peres/etmeres : et de leurs genitures
De leurs marpz : sans quelles delaissons
Et destrangiers : en diuerses facons.

¶ De Jezabel dessus dicte.

iij. Reg. xv. iij cap.

Premierement : pour le chief de la dance
Jezabel royne : Veulx que premiere dance
Jezabel dicte : qui dessus Veult querir
Ne luy suffist : Naboth faire mourir
Ains les prophettes : ycelle Jezabel
Estans dedans : la cite Jezrael
feist mectre a mort : et sans pitie en auoir
Combien que poinct : ne feisse son debuoir.

¶ De Judith.

Judith. xiij. capit.

Judith ie laisse : pour quen erreur ne incide
Combien que fust : mest aduiz homicide
Holofernes : dunne espee frappa
Dedans Vng lyct : la teste luy coppa.

De cruaulté. Feuillet.CIxi.

¶ De Dalida que fut cause de la mort de Sant-
son/ et de plusieurs aultres hommes et femmes.

DE Dalida: vous ay dicte lhystoire
A toutes gens: euident et notoyre
Elle fut cause: le moyen et facon
De laueuglaige: et de la mort Sanson
Et daultres mainctz: comme vous ay predict
Allez le veoir: ou dessus ie lay dict.

Judicū.xvi.c

¶ De Herodiadée femme du Roy Herodes/ qui feist
decoller sainct Jehan Baptiste.

HErodiadée: nest besoing oublier
Sa cruaulté: ie vous veulx publier
Trencher la teste: feist au bon Jehan Baptiste
Ainsy que scait: vng chascun bon bibliste
Du despit queust: quand ledict Jehan disoit
Au Roy Herodes: que tresmal il faisoit
Prendre la femme: de Phelippe son frere
Comme estoit vray: et ne le debuoit faire
¶ Estant pour elle: Jehan Baptiste en prison
Vng souppier feist: le Roy en sa maison
Auquel ladicte: sa fille feist venir
Pour a son veuil: et souhayt paruenir
Deuant le Roy: sa fille feist dancer
Et la ses dances: sy bien sceut compasser
Que fut au Roy: tresioyeulx passetemps
Semblablement: a toutz les assistens
De quoy le Roy: apres vng tel plaisir
Dist a la fille: dung tres ardant desir
Demādez moy: tout ceque vous vouldrez
Car ie vous iure: que le tout obtiendrez
Mays quil ne excede:(dist le Roy)la moyetie
De mon Royaulme:(et par bonne amytie)
¶ Herodiadée: a sa fille lors dist
Vng tel cruel: et dommageable dict
Demande luy: doncques par ta requeste
De Jehan Baptiste: tout mainctenant la teste

Liure Tiers.

Le quelle feist: mays au Roy bien ne pleut
Ains vrayement: grandement luy despleut
Et pour ne rompre: le Roy son iurement
Au Bourreau dist: et feist commandement
Math.xiiij.capit. Dans la prison: la teste aller coupper
Marc.vj.capitul. Audict sainct Jehan: auant qualler soupper
Et Luce.iij.
¶ Ce que fut faict: dont la teste promyse
Dedans ung plat: par le Bourreau fut myse
Et delliuree: a celle danceresse
Qui de la teste: de sainct Jehan fut maistresse.
¶ Faict lamentable: en tout temps et saison
Car il fut faict: sans cause ny rayson.

¶ Des femmes tharciennes que tuerent Orpheus.

Las Orpheus: mays comment te traicterent
Les tharciennes: faulcement te tuerent
Du grand despit: queurent tant seullement
Quaulx tharciens: donnas en mandement
Que quand pcelles: de leurs fleurs demandroient
Pour que congneussent: quand celles aduiendroient
Et se gardassent: de faict celles hanter
Certaine feste leur soulut inuenter
Durant ce temps: en faisant sacrifices
Au dieu Bacchus: dieu du vin et seruices
En la montaigne: de cytheron nommee
Que lors auoyt: tresgrande renommee
¶ De ce ne furent: les susdictes contentes
Ains pour venir: au bout de leurs ententes
Orpheus mirent: a lopyns et morceaulx
En plus de pieces: quon ne faict les pourceaulx
Plus sen venger: les traistresses ne obmyrent
Bocaff.li.j.ca.xij. Car Orpheus: dedans ung fleuue myrent
Ebrus nomme: pour leur grand desraison
Meschantement: en grande trahyson.

¶ Des femmes quont tuez leurs marytz/ Et premierement/ de Brunichilde Mere de Clotaire Roy des francoys.iii.de ce nom/fille de Lenichilde Roy despaigne/et femme de Sigisbert/aussy Roy de france.

Du vice de cruaulte. feuillet.C.lxii.

A trescruelle: mauldicte Brunichilde
fille du Roy: despaigne Lenichilde
De sigisbert:en ce temps Roy de france
Fut elle espouse: comme Bocasse pence
Sy fut aussy: mere du roy Clotaire
Quauec Landric: elle fut adultere
Lequel estoit: ung conte Palatin
Mainctient Bocace: en francoys et latin
¶ Or craignant elle: que Sigisbert le sceust
Que lon luy dist: ou quil sen apperceust
Ainsy qung iour: le susdict Roy chassoyt
Aulx grosses bestes: et celles pourchassoit
Le feist tuer: despieux traistreusement
Dans la forest: de Compiegne vrayment
¶ Theodoric: elle aussy empoysonna
Lequel mourut: de ceque luy donna
Et ses enfans: feist toutz mectre a lespee
Dont en fut puys grandement occupee
Tant quen la fin: de toutz lesdictz meffaictz
Et mainctz pechez: quen son temps auoyt faictz
Tant du vouloir: de faict que de pensee
En fut tresbien: certes recompensee
¶ Le sien dict filz: octroya mandement
Que Brunichilde: fust mise en iugement
Ou condampnee: fut par les gens de court
Le permectant: son filz pour faire court
A trops cheuaulx: tyree estre ladicte
Sy malheureuse: elle fut et mauldicte.
¶ Las Brunichilde: elle fut attachee
Deux les grandz vices: desquelz estoyt tachee
Par les cheueulx: lung des piedz et vne main
Et desmembree: cas tresfort inhumain
Ce nonobstant: quelle le meritoyt
Quand sy cruelle: et vicieuse estoyt

Bocass.li.ix.cap.i.

¶ De fredegonde femme de Chilperic iadiz
Roy des francoys.

x ii

Liure Tiers.

Guaguyn en son hiſtoirefrancoyſe en la vie de Chilperic. Et maiſtre Jehã bouchet en la genealogie des Roys de france.

Fredegonde: iadiz Royne francoyſe
Ne fuz tu bien: cruelle et deſcourtoyſe
Quand Chilperic: ton mary feiz mourir
Sy lon ſen veult: a Guaguyn enquerir
(Qui de menſõges: vo⁹ dire ne pourchaſſe)
Denant vng iour: le bon Roy de la chaſſe
Tuer le feis: ton mary Roy de france
Traystreuſement: dont en fuz en ſouffrance

¶ De Roſemonde/fille de Thurimond/ Roy des Gepides/et femme de Albonin/premier roy des Lombardz.

Pres auoir: parle de Fredegonde
Vous veulx parler: vng peu de Roſemonde
Que fort cruelle: fut et tres inhumaine
Laquelle eſtoyt: des Lombardz iadiz Royne
Le ſyen ſouloyt: ſy treffort empira
Que de tuer: Albonin conſpira
Son bon mary: et ce fut en effaict
Par Emelchis: et Peredeus faict
Du ſuſdict Roy: les nommez ſeruiteurs
De leur bon maiſtre: traiſtres executeurs
A la priere: et par lenhortement
De Roſemonde: et de ſon mandement
¶ Dont la ſuſdicte: auecques les ſuſdictz
Pour auoir faict: cella que ie vous ditz
Furent contrainctz: de Veronne tyrer
Droict a Rauenne: et la ſe retirer
Ou Roſemonde: Emelchis eſpouſa
Dont mainct Brocard: ſus elle lon poſa
Bref en la fin: aultrement ne penſez
Que bien nen feuſſent: toutz deux recompenſez
Car Roſemonde: vng iour elle ordonna
Dans vng vaiſſeau: vng venin qui donna
Audict Emelchis: et tant feiſt que le beut
Mays quand leut beu: Emelchis/ce congneut
Qui la forcea: pour quil en fuſt memoyre
Dudict venin: auſſy bien que luy boyre

Du vice de Cruaulte. feuillet.C.lxiii.

Et sans la faire: toutz deux plus longs seiours
Incontinent: ilz finerent leurs iours
Dont Rosemonde: par trop shabillite
En fut en cause: et sa crudellite.

Boc.li.viij.c.xxij

¶ De Olympias fille de Neptholo
mus Roy des Epyrothes / et femme
de Phelippe Roy de Macedoyne/pe
re du grand Alexandre/et filz de la
dicte Olympias.

E Olympias: a mon cas procedant
Vous ay parle: au tiltre precedant
En cestuy cy: encor en veulx parler
Sa cruaulte: ne vous scauroys celler.
¶ Arideus: le Roy par sa malice
Occire feist: sa femme Eridice
Et beaulcop daultres: nobles de Macedoyne
Sans luy auoir fait: cas/pour se faire ydoyne
¶ Aultre homicide: la dicte perpetra
Car feist mourir: la fille Cleopatra
Estant pour lors: au gyron de sa mere
Que fut a celle: grande douleur amere.
¶ Et dauantaige: pour oultre se venger
Cleopatra: se print elle oultraiger
Tant et sy fort: questoyt possible destre
Dont fut constraincte: elle prendre vng cheuestre
Duquel ladicte: tost apres se pendit
Et son esprit: aulx dyables rendit
De Olympias: nyepce estoyt la dicte
Que cause fut: de la chose predicte.
¶ Olympias: elle feist dauantaige
Car par auant: de ce que dit vous ay ie
Le sien mary: Phelippe estant a table
Feist mectre a mort: vng faict fort detestable
Pausanias: a linstigation
De Olympias: feist lexecution
Ce que luy fut: puys a pres cher vendu
Incontinent: au gibet fut pendu.

x iii

Liure Tiers.

¶ De tant de meurtres: faictz sy cruellement
Olympias: fut cause et fondement
Dont le bon Dieu: le droict souuerain iuge
Qui iustement: toutes les choses iuge
Permyst que celle: fusse recompensee
Dedans ce monde: de ses faictz et pensee
A force de armes: par Cassander fut prise
Boc.lib.iiij.c.xij. Dans la cite: Epidua comprise
Puys despecee: par Bourreaulx et Sergens
Qua mort la myrent: par leurs faictz diligens.

¶ De Agrippina/ femme de Tyberius Claudius.
Grippina: las tu fuz bien meschante
Syl est ainsy: que de toy Pline chante
Pour accomplyr: ton vouloir et despr
Et faire mieulx: ou tout a ton plaisir
Tybere Claude: ton mary sans raison
Tu feiz mourir: par venin et poyson.
Pli.l lb.xxxij.c.xij.

¶ De Semiramis/ Royne de Babyloyne.
Semiramis: feist vng tresgrand deffault
Quand pour monter: au Throsne Royal hault
Son bon mary: quoy quon sceust raisonner
Iniustement: feist elle emprisonner
Cel. Rhod. Ou pour du regne: celluy destituer
Cruellement: le feist elle tuer.

¶ De Clytenneftra/ fille de Tindarus roy de Laconye/ en Grece/ fille de Ledas/ seur de la belle Heleine/ et femme du Roy Agamenon.
Clytenneftra: ie ne te puys laisser
Ta cruaulte: nest besoing deslaisser
Dagamenon: fus femme ie loctroye
Mays ce pendãt: quil estoyt deuãt Troye
Pour Egystus: adultere te feiz
Lequel estoyt: de pere et fille filz
Mays nonobstant: auoir faict tel oultraige
A son mary: en feist bien dauantaige

De cruaulte. feuillet.C.lxiiii.

Incontinent : que de Troye reuint
Moyennant toy : tresgrand malheur luy aduint
Car luy faisant : tu vestir vne robbe
Dont de ce dire : ton honneur ne desrobbe
Pource quest vray : le poure enueloppis
De celle robbe : et pour vray quest bien pis
A ton ribault : Egistus le liuras
Dont ce faisant : la mort luy desliuras
Mays Egistus : Agamenon happa Bocass.li.s.c.xv.
Et dungne espee : sy aspzement le frappa
Que la mourut : certes soubdainement
A ton moyen : et ce traystreusement.

¶ De Erudice/fille de Thalaon/Roy
des Arginoys/et femme de Amphiaraus
Euesque de la cite Argos.

Erudice : tu feiz meschantement
De descouurir : ton mary franchement
Pour vng fermail : quauoyt la royne argie
Ta loyaulte : fut pour lors mal regie
Amphiaraus : ton mary mal ouurit
Quand son secret : le dict te descouurit
De le tayser : il pouoyt faire mieulx
Quand reuelle : te dist luy estre des dieux
Que syl alloyt : a Thebes en bataille
Il y mourroyt : non destoc/ny de taille
Et syl y alloyt.quil salloyt empescher
Dont le poure homme : fut constrainct se cacher
Sans que personne : que cache fust lors sceut
Fors toy meschante : que Amphiaraus deceut
Disant a celle : que sy donner vouloyt
Le beau fermail : que dessus elle auoyt
Luy monstreroyt : en quel lieu son mary
Estoyt cache : pourtant quen fust marry
Le que fut faict : le fermail desliura
A la susdicte : dont son mary liura
A Polinisses : espoux de Argie dicte
Dont Erudice : de mainct vng fut mauldicte

x iiii

Liure Tiers.

Contrainct aller: fut a la dicte guerre
Dont engloutp: par tremblement de terre
Amphiaraus: fut il soubdainement
Qui la mourut: par tel desliurement
Mays Erudice: ne fut quicte du faict
Car Almeon: filz dudict en effaict
Pour sen venger: sy bien se esuertua
Que la nommee: Erudice tua
Aussy son pere: cellup en auoyt charge
De quoy ce faict: il en fut descharge

Bocace.li.j.c.xviij

¶ De la femme de Cathonet venant au propos du dessus exemple/ de Erudice qui descouurit le secret de son mary Amphiaraus/ ainsy que fist ladicte femme de Cathonet.

Cathon le saige: en faisant testament
Troys poinctz laissa: especiallement
Tresque notables: qui besoing laisser nest
Pour estre enioinctz: a son filz Cathonet
¶ Pour le premier: que ledict voulsist mectre
Est que son filz: ne seruist oncques maistre
Pour se garder: de se mectre en dangier
Lequel il creust:(disoit il) de legier
¶ Quant au second: mist vng tel quolibet
Que rachapter: ne voulsist du gibet
Homme qui leust: bien gaigne deuement
Quelque priere: quen eust ny payement.
¶ Touchant le tiers: est vng notable dict
Cest qua sa femme: son secret oncque dist
Quelque promesse: quelle lup sceusse faire
Ou bien serment: de ne dire laffaire
¶ Or Cathonet: sans p guieres penser
Au premier poinct: il voulut commencer
Pour esprouuer: de son pere le dire
Le nonobstant: que fust lup contredire.
Pource qua mainctz: Cathonet dire opoit
Que Lempereur: fort de legier croyoit

De cruaulte. feuillet.Clx8.

Et pour scauoir: quen viendroyt de tel vice
De faict se mist: estre de son seruice
Et sy fist tant: queust le gouuernement
Dung ieune filz: quauoit tant seullement
Duquel il fut: le maistre et precepteur
Tant nuyct que iour: et le gubernateur
¶ Bref ce pendant: il est besoing entendre
Que dedans Romme: vng homme on alloit pendre
Qui merite: lauoit ie vous promectz
Aultant ou plus: quehõme quon veit iamays
Incontinent: il sen alla parler
A Lempereur: et telz motz mist par laer
Tant bien aornez: et de sy bonne grace
Quaudict meschant: obtint pardon et grace
Lequel estoit: a la corde liure
Par Cathonet: il en fut deliure.
¶ Or puys apres: pour le tout esprouuer
Vne finesse: il alla controuuer
Cest qune nuyct: quaupres sa femme estoit
Il souspiroit: gemissoit/lamentoit
Se tormentoit: sy trescruellement
Questoit pitie: douyr vng tel tourment
Lors que ladicte: lesditz plainctz entendit
A Cathonet: son mary celle dist
¶ Las quesse cy: quauez vous mon mary
Auez vous mal: ou vous estes mary
Que ie le saiche helas dictez le moy
Jen ay le cueur: certes en grand esmoy.
Lors il faignoit: que dire ne losoit
De quoy pcelle: encores luy disoyt
Bien malheureuse: ie me puys appeller
Que voz secretz: vous me veuillez celer
Ne feriez pas: a quelque loupue infame
Quelque Ribaulde: quelque meschante femme
Quant comme moy: le vous demanderoyt
La vostre bouche: celles nen desdiroit
Mays celle quayme: trop plus vostre proffit
Et que iamays: meschant tour ne vous fist

Liure Tiers.

En voz secretz : delle vous deffiez
Quay ie mesfaict : qu'a moy ne vous fiez
Lors Cathonet : luy dist en gemissant
Qui de souspirs : il gecta plus d'ung cent
Vous le diriez : ma femme a l'aduenture?
Dire pauurette : que la male aduenture
Tuer me puisse : sy iamays ie le dictz
Je n'euz iamays : sy meschantz intendis
Voſtre proffit : mays n'est ce pas mon bien
Voſtre dommaige : aussy bien c'est le mien
Las dire/quoy : pluſtost fusse deſtaincte
Ha mon mary : de ce n'ayez poinct craincte
¶ Doncques ma femme : (dist il) ie le diray
Certes a vous : ie me confesseray.
¶ Surpris este : suys de telle fureur
Que pensant battre : le filz de l'empereur
Je l'ay tué : il est mort brayement
Dont ie m'en voys : deffaict totallement.
¶ Comment tué : (dist elle) O quel mesfaict?
Las mon mary : pourquoy l'auez vous faict?
¶ C'est faict (dist il :) bref n'en fault parler plus
N'en dictes mot : une foys tout concludz
¶ Las dire (quoy :) poinct ne suys tant sommaire
Mays lendemain : s'en alla a sa commere
Que demouroit : au pres de sa maison
Et sans propoz : sans moyen/ny raison
Elle luy dist : en souspirant bien fort
Helas commere : grand est le desconfort
En quoy nous sommes : et grand melencolie
Mauldicte soit : (dist elle) la folie
¶ Comment commere : (dist la commere a celle)
Et qu'auez vous : doulce vierge pucelle
Que vous estes : bien fort pasle/et deffaicte
Vous a l'on poinct : aulcunne chose faicte
Que soit besoing : que voſtre bouche taise
Ou n'estes pas : bien (dist elle) a voſtre aise.
¶ Tout en plorant : lors ladicte parla
Certes commere : (dist) ce n'est pas cella/

Du vice de cruaulté.　feuillet.C.lxxi.

Vous le diriez : sy l'aviez entendu
Et mon mary : le m'a fort deffendu.
¶ Dire commere : ne plaise pas a Dieu
Que ie ne puysse : oncq bouger de ce lieu
Et que iamays : ie n'entre en paradis
Sy le me dictes : sy iamays ie le dictz.
¶ Lors la susdicte : tout au long luy compta
Ce que dessus : est dist et racompta
Mays la commere : la plus grand haste qu'eust
Fust de trouver : a qui dire le peust
Dont le tour mesmes : ce vint a la notice
De l'empereur : lequel sans aultre indice
Le Cathonet : il envoya querir
Et sans du cas : plus avant enquerir
Pour ledict meurtre : de son filz pretendu
Fut delivré : d'estre au Gibet pendu.
¶ Or le Bourreau : ne se povoit trouver
De quoy serrez : l'aultre poinct esprouver
Car celluy la : quil avoit delivré
D'estre pendu : et comme est dict livre
Hors de dangier et la mort ne souffrir
Fut celluy la : lequel se vint offrir
Pour recompense : du dessusdict service
Cathonet pendre : et faire luy l'office
Dont Cathonet : en presence de mainctz
Luy fut livré : et mys entre ses mains.
¶ Mays ce pendant : que le cours il faisoit
P'celluy la : qui l'enfant conduysoit
Mena ledict : au devant de son maistre
Qui marry en fust : tant qu'estoit possible estre
Voyant son maistre : prendre ung tel vitupere
Dont a grand cours : il s'en alla a son pere
Lequel voyant : de son filz la presence
De Cathonet : fist faire delivrance
Que sy tresmal : avoit voulu accoustrer.
¶ Cathonet puys : s'en alla demonstrer
A l'empereur : c'est quil pour abregier
Ne voulsist plus : croyre ainsy de legier

Luy declairant : le susdict testament
Faict par son pere : homme d'entendement
Prenant congie : de luy quant au seruir
Pour que tel faict : plus ne peult desseruir
¶ Tout le dangier : qui a Cathonet aduint
Comme auez seu : de par sa femme vint
Ne dictes plus : doncq voz secretz aulx femmes
Pour esuiter : mainctz dangiers et diffames.

¶ Sensuyt vne exhortation aulx hommes de
ne dire leurs secretz a leurs femmes/laqlle ay
voulu mectre en prose/pource que en rithme eust
esté trop prolixe et fascheuse.

Onsiderant les habuz du temps qui court/
et la grand follye de plusieurs hommes de
cerueau mal rassiz/qui sans meure delibera‑
tion de vng suente iugement (ou a vray pres
cher) sorte erreur/de toutz leurs secretz sont
ouuerture et communication aulx femmes/me suis aduis
se de les retirer par maniere de exhortation de leur voye
perilleuse/en leur monstrant le chemyn plainier de raison
par lequel doibuent estre conduyctz/pour paruenir a perfe
ction de bon gouuernement/dont a loccasion de leur bri
se cerueau/sont venuz a dire les legistes/les femmes estre
certaines le plus souuent des pensementz des hommes/τ
sont venuz a presumer/que sy lhôme faict rié/ce nest sans
que la femme y entende : ce que nest hôme tant soyt de ma
ternel esprit qui ne congnoisse sans y penser longuement
nestre rien plus contraire a rayson car par les anciens di‑
gnes dauthorite/nous trouuons tout aultrement/dont
Juppiter le souuerain τ monarche des dieux/sy aulx nar
rations poeticques voulons croyre selon la relation du ca
pitaine de toute poesie grecque/homere a Juno sa femme
ne souls fist iamays manifester les côseilz τ secretz/disant
ne appartenir a femme de les scauoir/pource que impossi‑
ble leur seroyt les celer et tenir occultez : les exemples vous
auez ouyes prealablemét de Sanson/et Dalida/de Am‑
phiaraus/et Eurydice eriphile : par quoy la tube de verite

Accursius in. l. aut
qui aliter. § sed et
Seruius. ff. quod
vi autcla. vxor pte
sumitur sche.q.dd
vir sciat.

Homer. 9. j. li. Jlia
dos. nolo tibi ersi
vxor mea es/consi
lia mea committere
difficillimû quippe
tibi esset illa non
palam facere.

De cruaulte. feuillet. CLXBii.

faict/ Jehan Chrisostome nous deffend de reueller les secretz aulx femmes congnoissant leur infidelite/ et pusillesoy vaincue par toute meschantise/ a laquelle se sont habandonnees totallement et contre nature des hommes raisonnables font tout au rebours/ mesmement attendu que la vertu singuliere de la femme/ selon le paragon de la secte peripateticque Aristote/ est taciturnite (et moderation de parolles/ resecation de toute superfluyte/ de parler ce que nature ouuriere primerayne nous a patemment enseigne/ considerons ung peu ie vous prie/ en ces langues assilees qui de gasouiller nō plus cesseroient que le feu de bzusler/ les bestes despourueues de rayson trouueront rarite de parolles estre tousiours beaucoup pl⁹ decetes aulx femmes que aulx hommes/ la Cygalle le tesmoignera/ ou le Rossignol/ entre lesquelz les masles/ non les femelles ont accoustume de chanter/ ce que experiēce maistresse de toutes choses nous enseigne clairement/ car entre les Papegaulx/ iamays les femelles ne trouuerez a perfection de voix condescendre/ que peult apprendre aulx femmes nestre rien plus indecent que la garrulite de leur langue se plussouuēt denymeuse/ et plus nupsible que le mortel arsenicque/ car come dict le vaisseau de election sainct Paul sont nees a toute prodigalite de parolles/ et Eunonia introduyct par Plaute/ ne soullāt musser leur iniquite (neautmoins que feust femme) plaines de parolles/ et iamays sans propos dist estre les femes. Et no⁹ certiffie en nulz tēps ne lieu nestre trouuees de muettes/ ce que les Allemans nation toute vertu fort studieuse par ioyeulx embleme nous ont declaire/ car pour designer les foyres ont painctes troys femmes signifiās en prcelles dictes foyres/ ou par habondante frequentation de gens impossible est ny estre cause/ groz troublemēt et enuenimeulx bzuyct/ nonobstant cella nestre sy impetueulx oraige/ q̄ cellny qui est cause de troys commeres assemblees aulx lieux propices pour tenir leur sabbat que a induyct les anciens comme ie puys persuader au pres lhomme en toute doctrine absolu Balde de reiecter les femmes de la succession des fiefz/ cōme peu fermes a retenir vne chose quest besoing celler/ ce q̄st des prin

Chrisostomus in omelia de decollatiōe scti Jobis baptiste a coniuge tua custodi te ne manifestes el cortuum Pla. in trī. vxorē ipsaz hāc rē pxotē ytceles face.

Aristote. viij. politi. mulier eornata citurnitas.

Cellius lib. lectionū antiquarū. ix. ca. xxxi.

Paul. j. ad Thīm. v. ca. dicit feminas verbosas esse.

Plaut⁹ in Aulul. merito loquaces oēnes habemur/ nec mutā psecto repertā mullerē vllā hodie dicūt yllo in seculo.

Germanoz embleīna ex bebello.

Bald. in. l. vltima col. iij. versiculo/ et dic qd mulier regulariter a feudo repellitur. et de suis et legit. hered.

Liure Tiers.

cipalles choses requises a ung vassal. ¶ Mays que fault il par argumentz et authoritez vne chose non mye obscure declairer/attendons vng petit a la confession de celles q̃ les anciens ont eues en plus grãde veneratiõ/Venez en place Portia fille de Cathõ vticẽ. De nul sire dãpnee mectez la main a la conscience/et deposez de vostre fermete/ certes dira elle ie confesse liberallemẽt tout sexe femenin estre fragille a ne declairer ceq̃ besoing est celler/Par quoy Seigneurs qui de legier manifestez voz couraiges aulx femmes Regectez toute pusillanimite/monstrez que estez hommes (cest a dire) fermes et constantz/et dorésnauant ne declairez rien aulx femmes que ne veuillez estre publie par tout. Suyuez la constance et magnanimite de Cathõ lequel reputoit les hommes malheureulx/qui ayans trop grãd confiance de leurs femmes ne laissent riens a leur reueller/pour les dangiers en aduenir/cõme auez ouy du dict Cathonet/et aultres susdictz.

Portia apud Plu tar. in bruto mulie brẽ naturã ad ar- chana seruãda fra gilẽ esse dicebat.

¶ Des cinquante filles de Danaus/roy des Arginoys/que tuerent toutes leurs maritz la p̃- miere nuyct de leurs nopces. lesquelz estoyent toutz filz de Egystus Roy/et frere dudict Roy Danaus. Lequel Danaus mõstra le p̃mier aulx Arginoys de faire les puys.

Boca.li.i.capi.v.

Danaus eut : cest de diuerses femmes
Cinquante filles : tant cruelles infames
Que leurs maritz : toutes misrent a mort
Le soir des nopces : sans pitie ne remord
Vne exceptee : Hypermestra nommee
De Linceus : femme (de ce estimee.)

De celles quont tuez leurs Peres et meres
Et premierement dugne fille que empoy- sonna son Pere et sa Mere.

Il mest aduis : quil nest gueres licite
Que vne aultre foys : ie vous compte et recite
La cruaulte : de celle malheureuse
Dessusnommee : comme luxurieuse

Du Vice De Cruaulte.　feuillet. C.lxViii.

Laquelle ay prise: Du Disciple allegue
Dedans le liure: qui vous est preallegue
Or: touteffoys: sil ne vous en souuient
Le cas dirons: puys qua propoz nous vient
Dict que vne fille: chose tresapprouee
Auec son pere: par sa mere trouuee
Au villain acte: fut elle de luxure
Faict a toutz deux: tresmeschant ie vous iure
De telle chose: eut elle sy grosse honte
Comme le dict: par chose vraye compte
Que pere et mere: la fille empoysonna
Pour vne vieille: qui tel conseil donna
Laquelle fut: cause que toutz deux beurent
Celle poyson: de quoy yceulx moururent.

Le diſciple en la fleur des commãdemens de dieu. exemple.lxxvij.lfa.o

De Cyana/ deuant dicte/ femme de grece.

Cyana: incestueuse dicte
Bien contenter: te debuoys tu mauldicte
Dauoir commis: le susdict vitupere
De paillardise: auec ques ton dict pere
Sans puys apres dung cousteau le tuer
Ce ne fut point: a bien te esuertuer.

Plutar.

De Sylla fille de Nysus/ roy des megerecoys.

Sylla tu fuz: bien paillarde inhumaine
De desliurer: ton pere/ et son domaine
Au roy mynos: son mortel ennemy
Pour du susdict: vouloir faire vng amy
Ce fut bien toy: qua la mort le liuras
Car sa cite: et Nysus desliuras
Audict mynos: qui assiege le tenoyt
Dedans la dicte: que bien luy appartenoyt
Par volupte: de coucher auec luy
Nysus ton pere: desliuras a celluy
Pour le tuer: et faire son plaisir
De quoy Mynos: auoyt bien grãd desir
O malheureuse: meschante creature
Tu ne feiz pas: selon droict de nature.

Bocaſſ.li.j.c.xvlij.

Liure Tiers;

¶ De celles que ont tuez leurs propres enfans.

Es femmes ont: fy cruelles ententes
Que ne se tiennent: de tuer pour cõtentes
Peres et meres: maritz, ne aussy: strangiers
Dont leur annonce: par mainctz seurs messagiers
Que tuez ont: mainctes leurs beaulx enfans
A leur honneur: faictz tresmal triumphans,
Comme Serrez: par les suyuantz exemples
Lesquelz vous mectz: bien au vray et bien amples.

¶ De Athalia que fut fille de Achas, Roy des
dix lignees des Juifz, fille de ladicte Jezabel, t
femme de Jorã, filz de Josaphat, roy de vierusalē

Remierement: ie vous mectz a laduant
Athalia: nommee parauant
Au dessus tiltre: mest aduiz de superbe
Ou vous ay mys: son cas a bref prouerbe
¶ Pour abregier: elle feist mectre a mort
Sans en auoir: ny pitie, ne remord
Tant ses enfans: comme mainct Vnglors dit
Que toutz venantz: de la ligne Dauid
(Qui se trouuerent): pour elle succeder
Audict Royaulme: et trestoutz preceder

iiij.Reg.xj.ca.z ij.
paralypo.xxij.c.et
Bocaff.li.ij.c. vij.

Le quelle feist: pour vng petit de temps
Car ne regna: mest aduiz que sept ans
Par Jonadam: du regne fut desmyse
Et puys a mort: par copz despee myse

¶ De Prognes fille de Pandion roy Dathenes
et femme de Theseus.

As theseus: mays quel present te feist
Prognes ta femme: quand par glayue deffist
Son filz Ythis: auquel couppa la gorge
Et dans vng plat: puys que le tout desgorge

Bocaff.li.j.cap.v.

Par philomena: fy tenuoya la teste
A ton disner: de cella te feist feste.

¶ De Medea, fille du roy Oetha, roy de lisle de col-
cos, t femme de Jason, nepueu de Peleᵍ roy de thessallie

Du Vice de cruaulté Feuillet.C.lxix.

Medea : poinct ne fuz contentee
Sy bien sauoyt : le Dyable temptee
De desrobber : le tresor de ton pere
Que fut a toy ung tresgrand vitupere
(Lequel tresor : on disoyt la toyson
Pour quen pcelle : a sy grande foyson
De tant de poils : quon ne les peult nombrer
Impossible est : de les bien desnombrer
Ainsy estoit il : de Oetha le tresor
Quon appelloyt : et nommoyt toyson dor
Questoyt sy grand : quon ne leust sceu compter
Comme a voulu : Bocasse racompter)

Ffaict plus cruel : las Medea tu feiz
Quand desmembras : Egialius ton filz
Ainsy que femme : que de bon sens desuoye
Et puys ses membres : tu semas en la voye
Pour que ton pere : se souhsist arrester
En te suyuant : et du tout se hebetter
Pceulx leuer : du chemyn et cueillir
Pour lesdictz membres : les faire ensepuelir
A celle fin : quattaindre ne le peult
Ny ton mary : Jason qui te deceupt
Et cause fut : que feis telle saillye
Pour te amener : chez soy en thessallye
Le que lors feist : et puys creuse espousa
Que pour ung temps : de luy te desposa
Dont par despit : tu meurtriz deux enfans
De toy et luy : petitz mays triumphans

Puys te vouluz : sy tresloing charrier
Qua Egeus : ten allas marier
Dathenes Roy : duquel ung filz conceupz
Au demourant : a bout venir ne peulz
Car a son filz : Theseus adapte
Ung tel breuaige : tu luy auoys appreste
Que sy ledict : ne sen fust apperceu
Bien grandement : il eust este deceu

p.

Liure Tiers.

Que Theseus : le sceut tu dire ouyz
Par quoy medee : promptement ten fouyz
En colcos lisle : de laquelle tu fuz
Et ton dict pere : qui tant rendiz confuz.

¶ Daultres exemples : ie vous pourroys lascher
Mays ie me doubte : que seropt vous fascher
A mainctes femmes : vous soyez pour ce vice
Trencher les testes : et pendre par iustice
Ong chascun iour : vous en voyez lexemple
Dont ne vous fault : probation plus ample
Tant seullement : vne ien veulx nommer
Laquelle fort : merite de blasmer.

 Dune fille de Rieux/nommee Guyraude Dyvos
laquelle en sen allant a la cite de Tholose/ enter
ra tout vif vng petit enfant quelle auoyt/ lequel
demoura enterre/ lespace de dixsept heures/ qui
fut trouue/et desterre par certains chasseurs de
lieure/ lequel enfant est encore en vie.

 Ans Rieux trouuee : fut vne fille enseincte
 Par les consulz : descouuerte la saincte
 Lesquelz a celle : feirent commandement
La creature : bien garder seurement
¶ Or des que fut : celle fille accouchee
Pour de tel cas : ne se veoir empeschee
Feist aulx consulz : lenfantement noncer
Et puys (leure) leur alla denoncer/
Que dans Tholoze : sen alloit habiter
Pour son enfant (disoit) alimenter

¶ Sur le chemyn : du diable temptee
Ycelle fut : et sy fort tormentee
Quil luy sembla : qua ce louer nourrice
Plus gaigneroit : que pour aultre seruice
Dont dans vng champ : son enfant enterra
Vif et bien sain : qui du vray senquerra

Du vice de cruaulte.　　　feuillet.Clxx.

Dix et sept heures : la demoura couuert.
Auant que fust : le susdict descouuert
Mays par myracle : des chasseurs la passerent
Et celle terre : meue de fraiz penserent
Estre le giste : dung lieure fermement
Dont sapprocherent : dudict lieu promptement.

¶ Bref/de la poincte : dugne dague fouyrent
La dicte terre : ou cellup enfant trouuirent
Lequel enfant : encor de presesent vit
Sy beau myracle : que de long temps on veit
Couuert de terre : comme dessus est dict
Dix et sept heures : demoura le susdict
De quoy fut prise : la malheureuse infaicte
Et par iustice : eut trenchee la teste
En lan que sommes : mil cinq cens trente et troys
Jen suys bien seur : au iugement iestoys

　　　¶ Des femmes qui se sont tuees
　　　　　delles mesmes.

Acruaulte : de femme est nompareille
Je ney scay poinct : au monde de pareille
Tuer estranges : iadiz furent sommaires
Leurs bons maritz : leurs peres et leurs meres
Comme auez veu : par les exemples ditz
Ou trouuerez : mainctz fort notables dictz

¶ Mays ont faict pys : car mainctes par effect
Se sont tuees : elles mesmes de faict
Comme meschantes : folles/desesperees
De paradis : et de dieu separees
Vous en verrez : tout mainctenant la preuue
Par les exemples : cy dessoubz ie le preuue.

　　　¶ De Lucresse noble femme
　　　　　Rommaine.

　　　　　　　　　　　　　　p ii

Liure Tiers.

Premierement : ie vous mectz en ladresse
Vne Rommaine : appellee Lucresse
Laquelle apres que violee se veit
Par le superbe : Tarquin qui la rauit
La miserable : sy tresmal sacoustrit
Que dune espee : ladicte se meurtrit
Dont iay grand peur : quelle soyt condampnee
Par le vray iuge : estre en enfer dampnee

Tit9 liui9 decade.s.
Strosa pr. libro.s.
eroticon.
Lacten.lib. diuina
ru institu. lib. vj.

De portia fille de Cathon, homme Rommain.

Portia : de grande renommee
Qui iusiadiz : sans vices estimee
De ton malheur certes ie suis marry
Quand pour scauoir : la mort de ton mary
Brutus nomme : estant par les Rommains
A lexercice : de bataille auec mains
Pour batailler : sur les philippiens
Ou furent turcs : mores/ethiopiens
Dune partie : et de laultre aussy bien
Ou se perdit : de mainct/le corps et bien

Incontinent : que sa mort ouyz dire
Impatiente : tant fuz/et plaine de ire
Que dung cousteau : te vouluz a mort mectre
Ce que les tiens : ne voulurent permectre
Par quoy tu prins des : charbons bien ardantz
Lesquelz tu mys : de la bouche au dedans
Qui promptement : te feirent rendre lame
Aulx grandz dyables : tant fuz meschante femme.

vale. mari co. vj.
lib.iiij. martia.li.
s. epigra.
Confuzis audisset
fatū cū portia bru/
ti. rc.

De Oppia.

As Oppia : il nest besoing de fayre
Quapres que tu euz : bref commis adultere
Tu te meurtriz : miserable chetifue
Cest dung cousteau pour nestre toute vifue

Titus liui9.liij. ab
vrbe condita

Du Vice De Cruaulte.   Feuillet.C.lxxVii.

En sepuelye: ce questoyt de coustume
De telles femmes: grandissime amertume

¶ De Aria amye de Petus.

O͞y Aria: las tu ney feiz pas moindz
Car te meurtriz: toy mesmes de tes mains
Des que tu sceuz: la mort de ton amy
Parquoy tu fuz: son mortel ennemy.

*Martia.lib.j. Ca
sta suo gladiu͞ cu͞
traderet Aria pe
tere ꝛc.*

¶ De Cleopatra/femme de Anthoyne.

Cleopatra: iadiz femme de Anthoyne
Pour toy ie veulx: encores prendre peyne
En recitant: la grande cruaulté
Quenuers toy euz: par especiaulté
Car aussy tost: que la mort entendiz
Dudict Anthoyne: a la tienne tendiz
De telle sorte: que y depend ton honneur
Car cela fut: a ton grand deshonneur
Mordre te feiz: au serpent venymeulx
Aspic/nomme: dont tost apres mouruz
Pour que Cesar: ne te menast a Romme
Apres la mort: Danthoyne ton dict homme
Comme vainqueur: de la bataille faicte
Pour le triumphe: dunne telle deffaicte
Car de ce faire: estoyt chose commune
Pour resiouyr: le senat et commune.

*Propertius lib2.lij.
Eutropi9.lib.vij.
Reru͞ nouarum.
Plutar.i vita An
thonini. Plinius
lib.xxj.cap.iij.*

¶ De Nera/et Cleomire seruantes de ladicte Cleopatra.

*Plutar.i vita An
thonini.*

Nera et Cleomire: de ladicte seruantes
Humanite: furent mal observantes
Apres la mort: de leurdicte maistresse
A mort se miserent: dont en sont en destresse.

¶ De Sabina mere de Lempereur Adrianus.

y iii

Liure Tiers

Sabina mere : de Adrianus nomme
Ung Empereur : lors ainsy renomme
Au rang veulx mectre : de ces cruelles folles
Pource quung iour : apres quelques parolles
Que dist a celle : Sabina (son mary)
En fut son cueur : sy despit et marry
Aurel? in vita au= Que se tua : de ses mains promptement
gusti. Dont en enfer : elle en souffre torment

¶ De Satyra / et Roxana / seurs du Roy Mitridates.

Plutar. in vitam
tridatis.
E Mitridate : vous debuez estre seurs
Que Satyra : et Roxana estoient seurs
Duquel lesdictes : entendu le trespas
A mort se mirent : a ce ne doubtez pas.

¶ De Theoxena.

Theoxena : trop fus oppiniastre
Trop pertinace : et folle achariastre
Ains que te rendre : tu voulus plus amee
Poure enraigee : te gecter dans la mer
Pource questoys : assiegee des gens
Du Roy Phelippe : de tauoir diligens

¶ De Lalluce fille de Lyceus homme cruel.

Apud Plutar.
li.iij.rer.abp:ica.
Elas Lalluce : ton cas mal entendiz
Quand par despit : meschamment te pendiz
Le demourant : Plutarque te dira
Sy tu len pries : poinct ne te desdira

¶ De Nerea vierge tresbelle.

Nerea : vierge iadiz tresbelle
Tresmal fut faict : a toy dicte pucelle
Quand tu ne peuz : iouyr de ton amy
Poure temptee : du mauluays ennemy

De cruaulte.　　　　feuillet.Clxxii.

Te aller gecter: comme feiz dans ung puys
Dont aultrement: certes croyre ne puys
Que la tienne ame: ne soyt au puys denfer
Soubz le pouoir: du prince Lucifer

Joulan⁹ pōten⁹

¶ De Derceto mere de Semiramis

DE Derceto: escoutez mes amys
Laquelle mere: fut de Semiramis
Apres que leut: sceu sa fille adultere
Auec son filz: ung tresmeschant mystere
Et que depuys: la mauldicte incensee
Auoyt este: sy bien recompensee
Que delaissee: il lauoyt pour certain
Comme meschante: et villaine putain
De ses mains propres: se tua meschamment
Dont en enfer: endure grandement

Cellius rodigin⁹

¶ De la belle Tisbee amye de Pyramus.

Elas Tisbee: de beaulte souueraine
Quād Pyramus: veiz pres de la fontayne
Ne fuz tu pas inhumaine amoureuse
De te tuer: et tresque malheureuse
De son espee: te meurtriz laschement
Dont es dāpnee: comme croys fermemēt.

*Ouid.lib.iiij.mes
thamopho.
Stroza pater.lib:
j.Eroticū. Archi-
trenius lib.iiij.epi
grammat.*

¶ De Dido Royne de Carthaige fille de Bellus/Roy de Phenice/ et femme de Acerbas/ou Sicheus

DIdo qui Royne: fut iadiz de Carthaige
En chastete: fut reputee saige
De Sicheus: fut elle iadiz femme
Homme bien riche: de bon renom et fame

¶ Pigmalion: pour ses tresors auoir
De Dido frere: sy lauez a scauoir

y iiij

Liure Tiers.

Tua Sichee : pource que sous ay dict
Lequel Acerbe : par aulcuns estoit dict

¶ Dido trouua : vng tel faict tresamer
Dont bien marrye : se alla mectre sur mer
Secrettement : auec ledict tresor
Et deuez croyre : quil y auoit beaulcoup dor
Car en Affricque : ladicte sen alla
Dont arriuee : et sy tost que fut la
Elle achapta : vne piece de terre
De la grandeur : qui sen souldroyt enquerre
Dung cuyr de beuf : comme lon luy promist
Mays en courroyes : celle peau elle myst
Dont en eut plus : qui du vray sapperceoit
Que cellup la : qui vendoyt ne pensoyt

¶ Et sy soulez : en scauoir daduantaige
Illec fonda : la cité de Carthaige
Laquelle feist : enuironner de murs
Et la peupler : de gens de bonnes meurs.

¶ Mays il aduint : quapres des iours certains
Vng Roy nomme : le Roy des musitains
Pour les grandz biens : que ouyt dire de celle
(Et sa beaulte) fut tant amoureulx delle
Que demander : la feist en mariaige
En laquelle eut : tellement le couraige
Quil menassa : aulx gens de la cite
Que syl nauoit : comme iay recite
Celle Dido : leur annonceoit la guerre
Et quil mectroyt : leur Carthaige par terre
Or elle aymoit : tant fort son feu mary
Tant de sa mort : estoyt son cueur marry
Quelle conclud : par son honnestete
Qua tout iamays : garderoit chastete

¶ Parquoy faignant : souloir sacrifier
Bestes/aulx dieulx : vous veulx certiffier.

Du Vice de cruaulté: feuillet.C.lxxiii.

D'ung feu feist faire: criant a plaine voix
A ses subgectz: au mary ie men voys
Dire voulant: Dacerbas trespasse
Qui tant auoit: aymé le temps passé
Sur lequel feu: se myst soubdainement
Et sur la poincte: d'ung espee hardiment
Se alla gecter: dont la desesperee
Eut de son corps: tost l'ame separee
Et la fina: ses iours meschantement
Dont en enfer: en brusle incessamment

Bocass.libr.ij.c.i.

¶ De la femme de Asdrubal/Capitaine fort Renomme.

Valeri⁹ maximus lib.iij.cap.ij.

A diz la femme: Dasdrubal Capitaine
fort renomme: chose tresque certaine
Dedans ung feu: auec trops ses enfantz
Elle se mist: et lesdictz triumphantz

¶ De Euadne/fille de mars dieu des batailles.

D'adne fille: de mars dieu des batailles
Ou lon y frappe: et destocz/et de tailles
Accompaignant: son mary trespassé
Le corps bruslir:(comme le temps passé)
Estoyt coustume: de faire aulx trespassez
Dedans le feu: se meist a bref proces
Ou se brusla: auecques le susdict
Ainsy quaulx indes: font encor comme est dict.

Martia.li.iiij.epi gra.

Ouid.li.iiij.fasto.

¶ De Anne/seur de ladicte Dido.

A seur Dido: Anne par sa malice
Dedans le fleuue: quon appelle Mumice
Se alla gecter: dont la fina sa vie
Pour lauinie: ayant sur elle enuie.

Liure Tiers.

¶ De Hyllor, le femme des Centhaures.

Ouid.lib.xij.me-
thamor.

Yllonie: des centhaures la femme
Que demy femme: et demy thaur linfame
Jadiz estoit: ainsy que Ouide chante
Dung sien cousteau: se tua la meschante

¶ De Jocaste femme de Layus Roy de Thebes.

Statius lib. ij. et
Bocca.ca.vilj.li.j.

Jocasta Royne: despee se tua
Dont en enfer: son ame institua

¶ De Amata/et Biblis

De amata.Uerg.
vij. De biblis.
Oui.de arte ama.

Bref Amata: dung cordeau sependit
Biblis aussy: ainsy que Ouide dict

¶ De Aragnes dicte/et de Philis.

De arag. Ouidi.
lib. vj. methamor.
De phills paphi-
lus satus

Ragnes dicte: se pendit de ses mains
Par Demophon: Philis ney feist pas mains

¶ De Anaxerette/et de Sapho

Pontanus lib.lij.

Naxerette: sceue la mort Iphis
Mourut de deuil: tant aymoyt le beau filz

Statius lib. v. Sil-
ua.

¶ Par Phaon sapho: sy se desespera
Lame du corps: pour ledict separa.

¶ Resolution des maulx venuz par femmes qui ont este dessus dictz

Es dictz exemples: doncq vous contenterez
Beningz lecteurs: vous prie/et notterez
Les maulx venuz: par sexe feminin
Qui tant diffame: le sexe masculin
¶ Premierement: vous auez peu comprendre
Sy le dessus: auez bien voulu entendre
Que gerre humain: en a perdu la vie
Mengeant pour luy: quisfeuyct nomme de vie.
¶ Aussy pour luy: la porte fut fermee
De paradis: chose seure/affermee
Pendant lespace: ie vous diz et le temps
Cest/De cinq mille: deux cens trente et deux ans.

Du Vice de Cruaulté. Feuillet.C.lxxiiii.

Pour ycelluy : en mengeant d'une pomme
Fut deschasse : Adam le premier homme
De paradis quon appelle terrestre
Le plus beau lieu : qui soit en ce bas estre

¶ Pour le susdict : de mainctz pechez immonde
Fut il deceu : lhomme plus fort du monde
Sanson nomme : qui la veue en perdit
Voyre la vie : comme dessus est dict.

¶ David prophete : pour luy fut adultere
Fort desplaisant : au bon dieu vitupere
De quoy de peste : par telles forfaictures
Septante mille : moururent creatures
¶ Idolastrer : il feist le personage
Quon estimoyt : du monde le plus saige
Et sy voullez : que sous die son nom
Il se nommoit : le bon Roy Salomon
¶ Pour luy Nysus : en perdit son pays
Aussy la vie : faictz dignes destre hays
¶ Oetha le Roy : de colcos ses tresors
Perdit pour luy : meschantz faictz et tresors
¶ Amphiaraus : par le susdict mourut
Telle fortune : de par sa femme il eut

¶ Agamenon : en fut a mort liure
De par sa femme : il y fut desliure
Comme dessus : auez veu par exemples
Et de mainctz aultres : par histoyres plus amples.

¶ Aultres maulx par femmes venuz/
oultre ceulx que ycy dessus aye este fai
cte mention/en ce present liure.

Oltre ceulx la : quauez ouy dessus
Aussy mainctz aultres : en ont este deceupz/
Comme Hercules : sy vaillant et puissant
Quil en valloyt : bien souvent plus que cent.

Liure Tiers.

Lequel iadis : tant de faict tormenta
Ung Antheus : que celluy acctauanta
Combien quil fust : ung horrible geant
Des creatures : mainctes en dommaigeant.
¶ Diomedes : il tua le tirant
Le bien de mainctz : deuers soy attirant
¶ A Gerion : quesse que Hercules feist?
Le treffort Roy : certes il desconfist
Lequel auoyt : troys testes comme disent
Aulcuns Autheurs : qui de celluy deuisent
¶ Le cruel bien : Cerberus abbatit
Quauoyt aussy : troys testes/et batit
¶ Ydra serpent : il occist a sept testes
Fort venimeux : sur toutes aultres bestes
¶ Il combatit : et vainquit le lyon
Daultres beaulx faictz : feist plus dung million
Et touteffoys nonobstant sa vaillance
Feminin sexe : neut point erubescence
De luy hebetter : sy fort lentendement
Quil en deuint incense proprement.
¶ Parmy les femmes : Hercules trauailloit
Faysoyt buees : il cousoyt/et filloyt
Exercitant : des femmes le mestier
Qui ne sont faictz : de cueur ferme ne entier
¶ Aussy de femme : portoyt accoustrementz
Tant de la teste : quen aultres vestementz
¶ Sy fort estoyt : le dict effemine
Que en tout pour femmes : il estoit domine.
¶ Bref en la fin : pour le feminin sexe
Fut mys a mort : qui mal faire ne cesse.

¶ De la perdition du Royaulme des Assyriens/faicte par Sardenapallus a loccasion des femmes.

DE mesme sorte : fut Sardenapallus
(Quād est aulx femmes:) faictz pareilz en ap leuz
Dont fut constrainct : de se desesperer
Du monde/et dieu : son ame separer

Du vice de cruaulte.

¶ Sardenapalle: Roy des Assyriens
Par le susdict: perdit le corps et biens
Car Arbatus: vng Cheuallier Dhonneur
Lequel estoit: pour ledict gouuerneur
Daultre Royaulme: et pays dict de Mede
A telz faictz lasches: Voulut mettre remede
A son dict Roy: il vint faire la guerre
Sy le vainquit: print son Royaulme et terre
Dont constrainct fut: ledict a bref parler
Dedans vng feu: luy mesmes se brusler.
¶ Trente et sixiesme: Roy fut le sus nomme
Effemine: plus que aultre renomme
¶ Vous notterez: que pour tel desarroy
En celle terre: certes despuys neut Roy
Dont en est cause: feminin sexe dict
A ce ne fault: y faire contredict.

Boc: ass. li. ij. xij. c.

¶ De la perte du Royaulme Dasie
et destruction de Troye.

Oure Paris: ce fut a toy mal pris
Quad de lamour: de Heleine fuz surpris
Ilz en aduindrent: grandissimes dommaiges
Tat sur mainctz biens: que sur maictz psonaiges
¶ Priam ton pere: par telle fantasye
Il en perdit: le Royaulme Dasye
¶ Troye en fut arse: par ta transduction
Et toute Frige: mise a destruction
Manietz mys a mort: dignes de grandz regretz
Tant des Troyens: que de la part des grecz.
¶ Le bon Hector: lumiere de proesse
De grand vaillance: de faict et de hardiesse
En fut meurtry: par les mains de Achilles
Le plus a plaindre: des mortz/ny mutillez
¶ Lequel aussy: tua puys Troyllus
Toutz deux tes freres: en armes resoluz
¶ Mys fut le temple: a sac Palladion
Myse par terre: la tour dicte Yllion.
Endromacha: dudict Hector la femme
Et Cassandra: ta seur de bonne fame

3

Liure Tiers

Par les cheueulx : elles furent tirees
Hors la cite : de troye/ et retirees
Aulx paueillons : des grecz pour leur plaisir
Serues/ constrainctes : a suyure leur desir
¶ Tue Pollices : fut au gyron ta mere
Le ieune filz : ton frere/ chose amere
Et de la main : de Pyrrhus assomme
Qui filz estoit : Dachilles sus nomme
¶ Lequel Pyrrhus : comme prouer espere
Tua Priam : ledict Roy ton bon pere
Dedans le temple : par son precipiter
Que lon disoyt : pour lors de Juppiter.
¶ Astranates : de Hector vng ieune enfant
Contre vne Roche : par faict non triumphant
Il fut froysse : Pollixene ta seur
En sacrifice : la myst Pyrrhus pour seur
Sur le tombeau : de son pere predict
Que tu meurtrys : tout ainsy que lon dict
Traystreusement : dans la cite de Troye
Historiographe : nest que cella nottroye
Et daultre part : il fault que men acquicte
Certes Paris : tu nen fuz pour lors quicte
Lon te frappa : et destoc/ et de taille
Dont mys a mort : tu fuz en la bataille
¶ Las Hecuba : ta mere fort aagee
Deu ce dessus : en deuint enragee
Parmy les champs : hullant comme les chiens
Voyant meurtryz : mary/ filz/ et prochains/
En tel malheur : de douleur/ et tristesse
Fina sa vie : disent aulcuns en grece

Dares Friglus.
Et Boccass. libr. j.
c. xlij. et multi alij.

¶ Tout ce dessus : et le mal quen aduint
Fut par Heleine : doncq de femme prouint.
¶ Or par Autheurs : entendre ie ne puys
Que Troye/ ou frige : fust Royaulme depuys

¶ De la perdition du Royaulme de
Romme par Lucresse.

Du vice de cruaulté. Feuillet .Clxxxi.

Voltre Royaulme : cest perdu par Lucresse
femme Rommaine : et de grande noblesse
Et ce pour estre : du filz Tarquin rauie
Dont a toutz deux : il en cousta la vie
Le ieune filz : la tresque mauluaise herbe
filz estoyt il : de Tarquin le superbe
Lequel Lucresse : il trouua tant plaisante
Queust myeulx vallu : de luy estre desplaisante
Dedans son lyct : la susdicte trouuit
Et meschamment : le traistre la rauit
Et la congneut : pour vray charnellement
Oultre son veuil : et son consentement
Dont fut constraict : aulx Sabynoys fuyr
Qui le meurtrirent : sy auez desyz louyz

Boccass.li.ii.ca.iii

¶ Et puys son pere : septiesme Roy de Romme
Et le dernier : fut remps en poure homme
Et deschasse : en tresgrand desarroy
Par les Rommains : dont depuys neurent Roy.
¶ Tant daultres maulx : sont par femmes venuz
Que vous narrer : grandz/moyens/et menuz
Je ne scauroye : de dix ans vous promectz
Ny bien les toutz : vrayement a iamays.
¶ Contentez vous : doncques des dessusdictz
Et nottez bien : cecy que ie vous ditz
Que ausdictes femmes : meschantes na fiance
Il est bien fol : qui y mect sa confiance
¶ En elles doncq : Seigneurs ne vous fiez
Ains en tout temps : delles vous deffiez
Sy ne voulez : estre delles deceupz
Comme les aultres : quauez ouyz dessus
¶ Les creatures : ont deceues mortelles
Et quest plus fort : encor les immortelles
¶ Sy cautelleuses : sont les insatiables
Que au temps iadiz : ont deceupz les dyables
Comme verrez : maintenant par exemple
Cas merueilleux : a qui bien le contemple
Lequel dernier : vous mectz a celle fin
Que de ce liure : il vous face la fin.

z ii

Liure Tiers.

¶ Exemple D'une femme Rommaine, qui trompa le Dyable.

Vne Rommaine: Dans Rōme mariee
fut par amours: tant de sens variee
Quelle commist: mainctes foys adultere
Auec certain: beau filz Prothonotayre
¶ Sō mary ung iour: q du cas sapperceut
Pour le scauoir: meilleur moyen ne sceut
Et dōt le dray: mieulx peulst appercevoir
Que ung pertuys faire: quil peusse le tout veoir
En quelque lieu: tant fut saige et discret
Dedans sa chambre: pour bien veoir le secret.
¶ Aduint que ung iour: par celluy pertuys faict
Il veit lesdictz: besongnans sur le faict
Venerien: quoy voyant le mary
Pouez penser: syl en fut bien marry.
¶ Les parens delle: toutz enuoya chercher
Pour a sa femme: ledict cas reprocher
Au deuant deulx: en la pensant abbattre
Et doubtenir: deulx la meurtryr, ou battre
Iceulx venuz: declaira son entente
Deuant yceulx: a ladicte meschante
Que respondit: aulx susdictes parolles
Comme respondent: communement les folles
¶ (Que ie lay faict): vous mentez faulcement
Meschant paillard: (en plorant fainctement)
Ce nest pas moy: que de la sorte sys
Mauldicte fuz: quand iamays te trouuys
Ha malheureux: tu veulx anticiper
De ce que faictz: tu me veulx occuper
Ne plaise a Dieu: que ie soye de celles
Ie congnoys bien: tes painttes et cautelles
Que mauldict soyt: de toy ou moy qui ment
Ie ny penseiz: iamays par mon serment
Ie suys trop plus: certes femme de bien
Que tu ne es homme: ung chascun le scait bien
¶ Lors le mary: a sa femme va dire
Il ne fault poinct: ycy tant se mauldyre

Du vice de cruaulte.

Voicy que cest : sans plus se pariurer
Sy vous voulez : demain aller iurer
Que ce quay dict : il ne soyt verite
A celle ydolle : bouche de verite
Et que miracle : nen soyt faict promptement
Que dictes vray : ie croiray fermement.
¶Or celle ydolle : laquelle est dessus dicte
Estoit darain : dans laquelle mauldicte
Il y auoit : vng dyable denfer
Du mandement : du mauldict Lucifer
Lequel faisoyt : de beaulx experimentz
Quand lon alloyt : faire telz serementz
¶Dedans sa bouche : la main celluy mectoyt
Qui lors iuroyt : et sy le dict mentoyt
Fermoyt la gueulle : luy retenant la main
Sans la lascher : iusques a lendemain
Sil disoit vray : ne faisoit nul semblant
La retenir : qui quen fusse tremblant.
¶Dont retournant : a nostredict propoz
La dicte femme : oncq ne trouua repoz
Que neust parle : auec lamy predict
Auquel ycelle : telles parolles dist
Plorant bien fort : comme femme esperdue
¶Ha mon amy : certes ie suis perdue
Las ie suys morte : ie suys deshonoree
Certes ie suys : femme plus malheuree
Que ne fut oncq : en toute nostre race
Helas mon dieu : ie ne scay que ie face
¶Quesse (dist il) : et quauez vous mamye
Dictez le moy : ne me le celez mye
¶Certes (dist elle) : cest pour lamour de vous
De moy (dist il) : mays sy le vostre espoulx
Vous a frappee : pour quelque ialousie
¶Iay bien (dist elle) : plus grande fantasie
¶Lors la meschante : le tout luy racompta
Que son mary : lauoyt veu luy compta
Et le contraire : iurer luy conuenoyt
A serement : son mary luy donnoyt

Dessus Lydolle : que dessus est nommee
Qui vray iuger : auoit grand renommee
¶ Las vous sçauez (dist elle) quil est vray
Que doibt ie faire? ien suys en grand effray.
¶ Certes mamye : ie ne sçay bonnement
Quel bon moyen y trouuer/ny comment.
¶ Je le sçay bien : sy vous le vouliez faire
(Dist la villaine): pour au bout de laffaire
Bien paruenir : certes a mon honneur
¶ Marry seroys : de vostre deshonneur
(Dist il) mamye : et nest rien en ce monde
Que ie ne face : ou mon dieu me confonde
Pour vous mamour : et deusse ie mourir
Sy me voulez (dist elle) secourir
Il fault demain : que vous dissimulez
Et que courir : par les rues allez
Disant des tours : a trestoutz les passans
Quont de coustume : ceulx quont perdu le sens
Et puys sy tost : que me verrez passer
Vous me viendrez : et baiser/et embrasser
Que mon mary : qui la sera le voye
Et mes parens : pres de moy en la voye
Puys me laissez : faire le demourant.
¶ Il sera faict (dist il) dieu secourant
Et plus grand chose : sy me le commandez
¶ Or de bon heure : doncques vous y rendez
A dieu vous ditz : (dist elle) mon amy.
Deoyr ie men voys : que faict nostre ennemy
¶ Bref lendemain : ainsy quilz sen alloient
Vers celle ydolle : ou veoir iurer vouloient
Ladicte femme : lamy ne faillit poinct
Venir vers elle : certes sy bien en poinct
Questoyt vng rire : de le veoir en presence
Deoyr ses habitz : façon/et contenance
De tours de fol : faisoyt sy triumphans
Que le suyuoient : toutz les petitz enfans
Incontinent : a celle sadressa
Il la baisa : fermement lembrassa

Du vice de cruaulté. Feuillet.CLxxViii.

Tant la pressa : qu'eurent affaire toutz
Luy oster ladicte : a force de grandz coups.
¶ Ilz s'en allèrent : puys complir leur voyage
Tant son mary : que ceulx de son lignage
Or quand la furent : pour le cas abreger
Le prebstre vint : pour les interroger
Qui garde avoyt : de la susdicte ydolle
En leur disant : une telle parolle
Celle/ ou celluy : qui vient pcy iurer
Garde soy bien (dict) de se pariurer
Il ne fault poinct : que cil qui iure songe
Qui que se soyt : ycy dire mensonge
Vous en verriez : miracle euidemment
Sy veritable : n'estoyt le iurement
¶ Lors la traistresse : a parler commenca
Et les parolles : sy dessoubz pronunca
Mectant la main : dedans la gueulle ouuerte
De celle ydolle : dyabolicque apperte.

¶ Le serement de ladicte femme.

¶ Je ditz/ et iure (dist elle) franchement
Que homme touchée : ne m'a charnellement
Que mon mary : qui me troubler n'est saoul
Et comme il scait : et bien a veu ce foul
Qui m'est venu : en la rue embrasser
Et m'accoller : quand nous a veu passer
¶ Incontinent : bien saine fut tirée
D'ycelle gueulle : sa main et retirée
Pource qu'avoyt : dicte la verité
A celle ydolle : bouche de verité
¶ Lors les parentz : de ladicte indecente
Pensans du cas : ycelle estre innocente
Esmeuz les dictz : de grand courroux et de ire
Audict mary : commencerent a dire.
¶ Da malheureux : va va meschant belistre
Bien mauldictes : accuser d'ung tel tiltre
Et faulsement : nostre bonne parente
Ainsy que voys : par la chose apparente

z iiii

Liure Tiers.

C'est a grand tord : comme chascun peult Bcois
Sy nous faisions certes nostre debuoir
Nous te mectrions : en cent mille morceaulx
Ou te ferions : deuorer aulx pourceaulx.

¶ Meilleur remede : ne trouua le mary
Que sen fuyr : bien peneulx/et marry
En confessant : le de sens despourueu
Que rien nestoyt : de ce quil auoyt Beu
¶ Vous notterez : Lecteur doulx et bening
Que par la fraulde : du Sexe femenin
Comme auez Beu : en diuers lieux dessus
Maincts corps mortelz : en ont este deccupz.
¶ Par ceste exemple : aussy notter debuez
Quil a deceu : comme ouy vous auez
Cellup immortel : esprit dyabolicque
Qui celle ydolle : gouuernoyt arainnique
Laquelle na : depuys miracle faict
Comme on disoyt : que faisoyt par effaict
Car aussy tost : que Lucifer eut sceu
Que pour la femme : auoyt este deceu
Cellup dyoble : son subgect (la) remmys
Du mandement : dudict Prince fut mys
En ses prisons : pour eternellement
La demourer : en grand peine et tourment

¶ Ballade Vnissone a refrain/coronnee par
equiuocques/et batellee par Coronnes equi
uocquees.

DE toy parler : femme suys helas las
Soyent debatz bas : au chef des mauldictz dis
En mespris pris : iay toutz tes soulas las
Sans combatz batz : semblans estourdits dicts
Ung dict des miens : Bault de tes predictz dix
Tes compris pris : nest que glopre et meschance
Oultrecuidance : dont par contredictz dis
Que Baincre : femme ce nest pas grand Baillance

Du Vice de cruaulte. feuillet.C.lxxix.

¶Plus n'en feroys : pour toutz les Ducatz|caz
N'y repas|pas : sy par mes aduis|vis
Par soubzris|ris : de mainctz aduocatz|quas
Nul compas|pas : oncq en leurs Deuis|vis
Fors presenter : en plusieurs conuiz|vitz
Ou nourriz|ris : sont en grande habondance
Tel dict aduance : maulgre tes rauis|vis
Que vaincre femme : ce n'est pas grand vaillance
¶Plus as noyez : dans les(de Prelatz)lacz
Que oncq Serras|ratz : sur tes amollys|lyctz
Tu descriptz|crips : auoir de Pallas|las
Tu en cherras|ras : par trop Sains delictz|litz
¶Incontinent : que de toy coulys|lis
Par escriptz|criis : que i'en aurois vengeance
Mays sy vray pense : que blancz sont iolis|lys
Que vaincre femme : ce n'est pas grand vaillance

¶Envoy

Princesse folle : souuent par conduyctz|duys
Tes desduictz|duys : commectât maincte offence
Bref sans doubtance:telz motz ie pduictz|duytz
Que vaincre femme : ce n'est pas grand vaillance.

Conclusion du present Liure.

¶Prenez en gre : ie vous prie humblement
Le dessus dict : Seigneurs entierement
En excusant les faultes grandissimes
Icy couchees:en sens/termes/et Rithmes
Ne regardez : a mon petit pouoir
Arrestez vous : s'yl vous plaist au vouloir
Comme peult veoir : vng chascun par effaict
En ce bas estre : il n'est homme parfaict

finis.

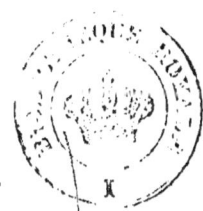

¶ Dedans Tholose: imprime entierement
Est il ce liure: sachez nouuellement
Par Maistre Jacques: Colomies surnomme
Maistre imprimeur: Libraire bien fame
Lequel se tient: et demeure deuant
Les Saturnines: Nonains deuot conuent
Lan Mil.ccccc.trente et quattre a bon compte
Du moys Januier.xxx.sans mescompte.

www.ingramcontent.com/pod-product-compliance
Lightning Source LLC
Chambersburg PA
CBHW071915230426
43671CB00010B/1611